Johannes Hürter und Tobias Hof (Hrsg.)
Verfilmte Trümmerlandschaften

Schriftenreihe
der Vierteljahrshefte
für Zeitgeschichte

―

Im Auftrag des
Instituts für Zeitgeschichte München–Berlin
herausgegeben von
Helmut Altrichter, Horst Möller,
Margit Szöllösi-Janze und Andreas Wirsching

Redaktion:
Johannes Hürter und Thomas Raithel

Band 119

Verfilmte Trümmerlandschaften

Nachkriegserzählungen im internationalen Kino
1945–1949

Herausgegeben von
Johannes Hürter und Tobias Hof

ISBN 978-3-11-063273-6
e-ISBN (PDF) 978-3-11-063658-1
e-ISBN (EPUB) 978-3-11-063277-4
ISSN 0506-9408

Library of Congress Control Number: 2019951578

Bibliografische Information der Deutschen Nationalbibliothek
Die Deutsche Nationalbibliothek verzeichnet diese Publikation in der
Deutschen Nationalbibliografie; detaillierte bibliografische Daten
sind im Internet über http://dnb.dnb.de abrufbar.

© 2019 Walter de Gruyter GmbH, Berlin/Boston
Titelbild: Regisseur Wolfgang Staudte (rechts) und Hauptdarstellerin Hildegard Knef (Mitte) bei den
Dreharbeiten des ersten deutschen Nachkriegsfilms: *Die Mörder sind unter uns* (Deutschland
1946), Foto: E. und H. Thiele, Filmmuseum Potsdam
Satz: bsix information exchange GmbH, Braunschweig
Druck und Bindung: CPI books GmbH, Leck

www.degruyter.com

Inhalt

Johannes Hürter und Tobias Hof
Einleitung: Kino der Ambivalenz —— 1

Margit Szöllösi-Janze
„Ein Film ist schwer zu erklären, weil er leicht zu verstehen ist".
Spielfilme als zeithistorische Quelle —— 14

Teil I: Vergangenheiten

Andrea Löw
Zwischen Kitsch und Aufklärung. Judenverfolgung als Melodram in *Ehe im Schatten* **(1947)** —— 33

Harald Salomon
„Ich bereue meine Jugend nicht". Freiheit und individuelle Verantwortung in *Waga seishun ni kui nashi* (1946) von Akira Kurosawa —— 52

Daniel Mollenhauer
Authentizität und Mythos – das Bild der französischen Résistance in René Cléments *La Bataille du Rail* (1946) —— 73

Teil II: Persönliche Beziehungen

Jörg Echternkamp
***Liebe 47* – ein unzeitgemäßer „Zeitfilm" (1949). Der historische Spielfilm als Seismograph diskursiver Verwerfungen** —— 97

Olaf Stieglitz
„I feel the same way now. Only more so." *The Best Years of Our Lives* (1946) und die diffuse Angst der weißen USA nach dem Zweiten Weltkrieg —— 114

James Jones
'Those years between, they've got a lot to answer for': British Experiences of Readjustment and Homecoming Presented in *The Years Between* (1946) —— 129

Annemone Christians
Schatten des Mondes. Vergänglichkeit, Hoffnung und Scham in *Nagaya shinshiroku* (1947) und *Kaze no naka no mendori* (1948) von Yasujirō Ozu —— 146

Hikari Hori
***Yoru no onna tachi* (1948): Male Complicity, Gender Equality and Democracy as Represented in an Immediate Postwar Japanese Film** —— 167

Teil III: Identitäten

Johannes Hürter
Aus Ruinen zu einem neuen Leben. Gerhard Lamprechts Film *Irgendwo in Berlin* (1946) —— 185

Andreas Kötzing
„Ein Film aus unserer Wirklichkeit"? Sozialistische Identifikationsangebote in Slatan Dudows *Unser täglich Brot* (1949) —— 209

Tobias Hof
Ein Land auf der Suche nach sich selbst. Italiens Zukunft in *Ladri di biciclette* (1948) —— 227

Thomas Raithel
Die Wiederaufrichtung der Nation. *Jour de fête* (1947) von Jacques Tati —— 249

Helmut Altrichter und Lilia Antipow
Der Sieg der Volkspädagogik über die Wirklichkeit. Von der Bewältigung der Sinnkrise im sowjetischen Film der Nachkriegsjahre —— 270

Teil IV: Religion

Benjamin Städter
Zwischen Zukunftsoptimismus und zu bewältigender Vergangenheit. Der religiöse Spielfilm *Nachtwache* (1949) —— 289

Michael Hochgeschwender
Gesellschaftlicher Wiederaufbau aus dem Geist des Katholizismus. Frank Capras *It's a Wonderful Life* von 1946 —— 307

Abkürzungen —— 325

Die Autorinnen und Autoren dieses Bandes —— 328

Personenregister —— 331

Johannes Hürter und Tobias Hof
Einleitung: Kino der Ambivalenz

Das Cover des vorliegenden Sammelbands zeigt das Werkfoto von einem Filmset. Es wirkt inszeniert, gestellt für die Presse: Klappe 1/1, gleich starten die Dreharbeiten für *Die Mörder sind unter uns*, den ersten deutschen Spielfilm nach dem Zweiten Weltkrieg; gleich surrt die Kamera, gerichtet auf das damals noch unbekannte Gesicht der Schauspielerin Hildegard Knef, im Hintergrund die Trümmer des Stettiner Bahnhofs in Berlin, rechts der Regisseur Wolfgang Staudte, der anders als seine Hauptdarstellerin bereits im Kino der NS-Diktatur reüssiert hatte. Das Foto signalisiert einen Neuanfang in Trümmerlandschaft, mit neuem und altem Personal. Das glatte Antlitz einer jungen Frau, die Kriegszerstörungen, der ehemalige Ufa-Regisseur – die Kontraste sind scharf. Das Bild vermittelt Ambivalenz und Mehrdeutigkeit, die sich in den Anfangssequenzen des Films wiederfinden und die insgesamt für den frühen Nachkriegsfilm charakteristisch sind.

Staudtes Spielfilm, der als erste Produktion der Deutschen Film AG (DEFA) am 15. Oktober 1946 im sowjetischen Sektor Berlins uraufgeführt wurde und zu einem gesamtdeutschen Publikumserfolg avancierte, beginnt mit einer doppelten Heimkehr in die zerstörte Großstadt Berlin.[1] Zunächst lenkt die Kamera in Untersicht die Aufmerksamkeit auf ein Soldatengrab an einer Trümmerstraße, fährt dann hoch und überblickt in einer Totalen die Straße, auf der Dr. Hans Mertens (Ernst Wilhelm Borchert), ein Arzt und ehemaliger Wehrmachtssoldat, dem Betrachter zwischen den Trümmern und dem Wrack eines Panzers entgegenkommt. Er wankt eher, als dass er geht. Offensichtlich angetrunken, ist sein Blick apathisch, in sich gekehrt, einem Vergangenen verhaftet. Später erfährt der Zuschauer, dass seine Einheit ein Kriegsverbrechen gegen polnische Zivilisten verübt hatte. Erst am Ende der Szene sieht er aus sich heraus, um ein Vergnügungslokal zu suchen, in das er sich wie aus der Realität flüchtet. Die ganze Szenerie weist ihn als traumatisierten Kriegsteilnehmer, als seelisches Trümmerfeld aus.

Dagegen ist die Rückkehr der weiblichen Protagonistin, zu der unmittelbar darauf übergeblendet wird, ganz anders in Szene gesetzt, obwohl sie sich in derselben zerstörten Stadt ereignet. Susanne Wallner (Hildegard Knef), die eine Haft im Konzentrationslager überlebt hat, geht und wankt nicht, sondern fährt mit dem Zug, dem Symbol für Fortschritt und Entwicklung, in Berlin ein. Als sie in einer Men-

---

[1] *Die Mörder sind unter uns* (Deutschland 1946); Produktion: DEFA; Erstverleih: Sovexport-Film; Regie und Drehbuch: Wolfgang Staudte; Kamera: Friedl Behn-Grund, Eugen Klagemann; Musik: Ernst Roters; Hauptdarsteller: Hildegard Knef, Ernst Wilhelm Borchert, Arno Paulsen, Robert Frosch; Länge: 85 Min.; Erstaufführung: Berlin, 15.10.1946. Die beschriebenen Sequenzen: 01:17–02.12 (Auftritt Mertens), 02:12–03:50 (Auftritt Wallner).

schenmenge den Bahnhof verlässt und wie Mertens zwischen Trümmern eine Straße entlanggeht, zoomt die Kamera auf ihr Gesicht. In ihrem Blick spiegelt sich ein gewisses Entsetzen angesichts der Zerstörungen, zugleich aber sieht sie klar, offen und neugierig nach außen – und damit anders als Mertens in eine Gegenwart und Zukunft.

Der Filmwissenschaftler Bernhard Groß hat darauf hingewiesen, dass die Trümmer, in denen nach dem stilbildenden Auftakt von *Die Mörder sind unter uns* noch zahlreiche weitere Filme spielen und die zu der erst zeitgenössisch-ironischen, dann analytischen Gattungsbezeichnung „Trümmerfilm" veranlassten, nicht allein als Allegorie gesellschaftlicher und individueller, materieller und psychischer Zustände interpretiert werden sollten.[2] Neben dieser naheliegenden und plausiblen Lesart plädiert Groß für die weitere Differenzierung, dass die zerstörten Gebäude und Gegenstände entweder als Trümmer oder als Ruinen eine unterschiedliche Sinnzuschreibung erhalten konnten (und können). Die Ruinen stehen dabei, in Anknüpfung an die traditionelle Bildsprache der Kunst, für das Vergangene, das nur ein nutzloser Überrest ist, während man aus den Trümmern und ihren Steinen wieder etwas aufbauen kann. „Die Trümmer verräumlichen das *noch nicht*, die Ruine das *nicht mehr*; und in der Unbestimmtheit beider Formen, ihrem fließenden Übergang wird das ‚Dazwischen' (zwischen nicht mehr und noch nicht) betont."[3]

Die Trümmerlandschaften in den Spielfilmen der ersten Nachkriegsjahre bieten demnach eine breitere Palette an Sinnhaftigkeit als oft angenommen. Die Raumbilder changieren in ihrer Funktion zwischen „Ruinen" und „Trümmern". Diese Ambivalenzen und Übergänge zwischen Auflösung und Refigurierung, ja überhaupt zwischen allen Erscheinungen und Bedingungen der Situation nach dem Krieg sind, so Groß, das „grundlegende Prinzip" des unmittelbaren deutschen Nachkriegskinos.[4] Entsprechend zeigen die emblematischen Eingangssequenzen von *Die Mörder sind unter uns* diese Ambivalenz in den kontrastierenden Auftritten von Hans Mertens, der sich zunächst noch nicht vom Verfallsprozess des Vergangenen lösen kann, und Susanne Wallner, die endlich wieder ein „normales" Leben führen möchte. Dass am Ende die Frau den Mann beziehungsweise das Opfer den Täter/Mitläufer vor einem Mord an einem Kriegsverbrecher bewahrt und mit dem Leben versöhnt, ist wiederum symptomatisch für die narrativen Angebote des Nachkriegsfilms, dem

---

[2] Vgl. Bernhard Groß, Die Filme sind unter uns. Zur Geschichtlichkeit des frühen deutschen Nachkriegskinos: Trümmer-, Genre-, Dokumentarfilm, Berlin 2015, insbesondere S. 419–429 (allgemein), 429–441 (am Beispiel von *Die Mörder sind unter uns*). Zum Begriff „Trümmerfilm" (der wohl erstmals 1950 von Wolfdietrich Schnurre, in abwertender Absicht, gebraucht wurde) und der Literatur über ihn vgl. ebenda, S. 41–48, und passim.
[3] Ebenda, S. 424.
[4] Vgl. ebenda, S. 38. An anderer Stelle (S. 427) nennt Groß die Doppelfunktion der Trümmer-/Ruinendarstellung die „Matrix des Nachkriegsfilms".

Publikum einen scheinbaren Ausgleich zwischen dem schwer zu verarbeitenden Gestern und einem „neuen Leben" heute und morgen zu vermitteln.

***

Der vorliegende Sammelband beschäftigt sich mit der Ambivalenz und dem Changieren der Bilder und Erzählungen, wie sie nicht nur das deutsche Kino, sondern weite Teile der internationalen Filmproduktion in den ersten Jahren nach dem Zweiten Weltkrieg kennzeichnen. In einer historischen Umbruchs- und Übergangsphase *Zwischen gestern und morgen*, wie ein in München spielender „Trümmerfilm" von 1947 (Regie: Harald Braun) treffend heißt, lassen sich in Spielfilmen wie in kaum einem anderen Medium die Reflexionen individueller Problemlagen und gesellschaftlicher Veränderungen aufspüren. Dabei gehen die Herausgeber und Autor/innen dieses Bandes von der Prämisse aus, dass Film viel mehr ist als ein Abbild der manifest dargestellten und wie auch immer konstruierten „Wirklichkeit". Wie Margit Szöllösi-Janze, mit Bezug vor allem auf Siegfried Kracauer, Marc Ferro und Anton Kaes, in ihrem methodisch-theoretischen Aufriss verdeutlicht, zeigen sich in Spielfilmen die „Tagträume" (Kracauer) und Ängste, die Emotionen und Projektionen, die widersprüchlichen und wandelbaren Wahrnehmungsmuster, Aushandlungsprozesse und Selbstverständigungsdiskurse einer Gesellschaft. Zugleich Medium und historische Quelle, sind sie Seismographen kollektiver Mentalitäten und Identitäten, die sie nicht nur widerspiegeln, sondern mitformen. Der zeithistorischen Forschung bieten sie das Potenzial, „hinter die Fassaden einer Gesellschaft zu blicken und Einsichten freizulegen, die andere Quellen nicht eröffnen oder sogar verbergen".[5]

Erst in den letzten Jahren beginnt die deutsche Zeitgeschichtsforschung – die angelsächsische Geschichtswissenschaft war ihr in dieser Hinsicht voraus – den hohen Quellenwert von Spielfilmen angemessen zu berücksichtigen. Diese lange Zurückhaltung ist mit einer gewissen Arroganz der in historistischer Tradition auf Schriftquellen basierenden deutschen Geschichtsschreibung gegenüber dem visuellen Massenmedium Film zu erklären. Darüber hinaus besteht bis heute eine latente Unsicherheit, wie mit dem Methodenarsenal des Historikers einer solch komplexen Quelle beizukommen ist. Ebenso wie die bildende Kunst, die Musik und die Literatur ist der fiktionale Spielfilm eine Kunstgattung, die ihren Inhalt mit ästhetischen Mitteln transportiert. Zu Recht fordert Margit Szöllösi-Janze daher, mit einer spezifischen „Filmlesetechnik" nicht nur die Filmerzählung, sondern auch bildliche Aspekte wie die Kameraführung, das Licht, die Montage, den Schnitt, die Kulissen

---

[5] Beitrag von Margit Szöllösi-Janze in diesem Band, S. 20. Vgl. auch Marc Ferro, The Fiction Film and Historical Analysis, in: Paul Smith (ed.), The Historian and Film, London/Cambridge 1976, S. 80–94, hier S. 81: „[...] the cinema, especially the cinema of fiction, opens a royal road towards psycho-socio-historical regions never reached by the analysis of ‚documents'."

etc. sowie außerdem den Ton und die Filmmusik zu decodieren.⁶ Dies setzt allerdings die interdisziplinäre Amalgamierung zumindest von geschichts- und filmwissenschaftlichen Kompetenzen voraus, die nicht ohne Weiteres zu leisten ist. Die Autorinnen und Autoren des vorliegenden Bandes beschreiten den pragmatischen Weg, sich mit ihrer zeitgeschichtlichen Expertise im Wesentlichen auf den filmischen „Text" (die *narratio*), die Produktion und die Rezeption zu konzentrieren und diese zentralen Gegenstände ihrer Analyse historisch zu kontextualisieren. Im Mittelpunkt der folgenden Beiträge steht demnach – auch wegen ihres jeweils begrenzten Umfangs – die geschichtswissenschaftliche Entschlüsselung bestimmter filmischer Narrative und ihre Einordnung in die Selbstthematisierungen der Nachkriegsgesellschaften. Demgegenüber werden ästhetische Fragen und künstlerische Stilmittel weniger berücksichtigt, auch wenn diese Aspekte fallweise durchaus zur Sprache kommen.

***

Der Band fokussiert auf die Zeitspanne zwischen dem Ende des Zweiten Weltkriegs und dem Ende der 1940er Jahre.⁷ Diese etwa viereinhalb Jahre waren international durch das Zerbrechen der Siegerkoalition und die Formierung des Ost-West-Konflikts geprägt – bis hin zur Berlin-Krise 1948/49 und der Gründung der NATO im April 1949. Im Innern der großen kriegführenden Nationen vollzog sich im selben Zeitraum der Wandel zur Friedensordnung, der politisch, sozioökonomisch und kulturell mit großen Herausforderungen und Konflikten verbunden war. Das galt zuerst für die drei ehemaligen Achsenmächte, deren Gesellschaften in jeder Hinsicht tief erschüttert waren und zugleich vor der Herausforderung standen, sich staatlich neu zu organisieren und zu „demokratisieren". Bereits 1946 wurden Italien in eine Republik mit einer neuen Verfassung und Japan auf amerikanischen Druck in eine parlamentarische Demokratie umgewandelt. In Deutschland bildeten die Gründungen der westlich-demokratischen Bundesrepublik im Mai und der sozialistischen DDR im Oktober 1949 einen Abschluss der Übergangsphase zur staatlichen Neuordnung. Und auch Frankreich – nur formal eine „Siegermacht", im Grunde aber stark verunsichert durch die Niederlage von 1940 sowie die Jahre der Besatzung und des Vichy-Regimes – musste sich neu finden und wählte, nach dem Rücktritt Charles de Gaulles, im Oktober 1946 den Weg in das parlamentarische System der Vierten Republik.

---

6 Vgl. den Beitrag von Margit Szöllösi-Janze in diesem Band, S. 17 f. Vgl. außerdem Günter Riederer, Film und Geschichtswissenschaft. Zum aktuellen Verhältnis einer schwierigen Beziehung, in: Gerhard Paul (Hrsg.), Visual History. Ein Studienbuch, Göttingen 2006, S. 96–113.
7 Zur europäischen und globalen Geschichte dieser Jahre vgl. etwa die Überblicke: Keith Lowe, Der wilde Kontinent. Europa in den Jahren der Anarchie 1943–1950, Stuttgart 2014; Ian Buruma, '45. Die Welt am Wendepunkt, München 2015; Odd Arne Westad, The Cold War. A World History, London 2017, S. 71–172.

Alle diese Länder und ihre Gesellschaften hatten in jenen Jahren nicht nur die Transformation zu einer neuen politischen Ordnung, sondern auch die Hinterlassenschaften des Krieges zu bewältigen. Dieses Erbe lässt sich in drei große Problembereiche aufteilen: erstens die Millionen, zu großen Teilen seelisch und körperlich versehrten Soldaten sowie zahllose andere traumatisierte und entwurzelte Menschen, die als Heimkehrer oder Flüchtlinge in die sozialen und familiären Strukturen (re)integriert werden mussten; zweitens die verwüsteten Städte und Landschaften, in deren Trümmern es im Nachkriegsalltag zu überleben und neue Existenzgrundlagen aufzubauen galt; drittens eine durch Diktatur, Krieg, Massenverbrechen, Kollaboration, Widerstand und innere Konflikte aufgeladene Vergangenheit, zu der sich die Überlebenden, seien sie Täter, „Mitläufer" oder Opfer, zu verhalten hatten.

Diese Herausforderungen stellten sich bei den drei Hauptverlierern Deutschland, Italien und Japan sowie, allerdings weniger dramatisch, in Frankreich mit besonderer Intensität in den ersten Nachkriegsjahren, wenn sie auch teilweise weit darüber hinaus reichten. Und auch die siegreiche Sowjetunion stand mit ihren 27 Millionen Kriegstoten, zig Millionen Veteranen, Flüchtlingen und Deportierten, den Verheerungen durch die deutsche Besatzung und dem Staatsterror gegen die eigene Bevölkerung vor vergleichbaren Problemen, die zu sozialen wie ökonomischen Verwerfungen führten und durch den vierten Fünfjahresplan (ab 1946) bewältigt werden sollten. In den westlichen Siegerstaaten hatte der Krieg zwar deutlich weniger Zerstörungskraft entfaltet, doch auch die Vereinigten Staaten und Großbritannien mussten Massenheere in die Heimat zurückführen, allein die USA zwölf Millionen Soldaten, und sich sozial und wirtschaftlich von Krieg auf Frieden umstellen, mit allen Folgen für die Versorgungslage sowie für die Arbeits-, Familien- und Geschlechterverhältnisse. In Großbritannien kamen die Trümmerlandschaften Londons oder Coventrys sowie die Krisenwahrnehmung eines globalen Machtverlusts hinzu, der spätestens seit der Unabhängigkeit Indiens im August 1948 nicht mehr zu übersehen war.

In diesen Jahren des Umbruchs und der Neuformierung kreisten die öffentlichen Selbstverständigkeitsdiskurse um die Voraussetzungen, Bedingungen und Folgen des Übergangs vom Krieg zum Frieden, der von vielen Menschen transnational als offene Situation empfunden wurde. Die Filmindustrien, die sogar in Deutschland, Italien und Japan bald nach Kriegsende wieder produzierten, beteiligten sich intensiv daran. Damit kam das Kino als populärstes Massenmedium mit kaum zu überschätzender Breitenwirkung dem Reflexionsbedürfnis vielfältig erschütterter und verunsicherter Gesellschaften über die Last der Vergangenheit, die Bewältigung der Gegenwart und die Gestaltung der Zukunft nach.

Es waren die Jahre der „Zeitfilme", welche die unmittelbare Vergangenheit und aktuelle Gegenwartsprobleme thematisierten. In Deutschland sorgte von 1946 bis 1949, angefangen mit *Die Mörder sind unter uns*, eine Welle von später als „Trümmerfilme" bezeichneten Gegenwartsfilmen für Aufsehen, ehe dann in den 1950er

Jahren die Rückwendung zum Unterhaltungsfilm und die Konjunktur der „Heimatfilme" das westdeutsche Kino dominierten. In Italien war der neorealistische Film eines Roberto Rossellini und Vittorio De Sica wie geschaffen, die Alltagsprobleme der Nachkriegszeit in den Mittelpunkt zu stellen – bis auch hier der Wirtschaftsaufschwung der 1950er Jahre solche Themen nicht mehr als relevant erscheinen ließ. Das neue japanische Kino um die Meisterregisseure Akira Kurosawa, Yasujirō Ozu und Kenji Mizoguchi widmete sich sofort nach der Niederlage intensiv der Verarbeitung dieser Katastrophe und anderen Zeitfragen. In Frankreich kreisten gegenwartsbezogene Filme vor allem um die nationale Identität und den Mythos der Résistance. Auch die durch den Krieg viel weniger beeinträchtigte amerikanische und britische Filmindustrie brachte Spielfilme hervor, die sich mit den sozialen Kriegsfolgen, vor allem mit der schwierigen Wiedereingliederung von Kriegsheimkehrern, sowie mit den auf die Zukunft bezogenen Hoffnungen und Ängsten befassten. Eine Sonderrolle nahm die Sowjetunion ein, in der ein freies Filmschaffen unter den Bedingungen stalinistischer Kulturpolitik nicht möglich war. Und dennoch gibt auch die sowjetische Filmproduktion dieser Jahre direkte und verdeckte Einblicke in die Befindlichkeiten der Nachkriegsgesellschaft.

***

Mit den vorstehenden Bemerkungen ist das Programm des Sammelbands umrissen. Im Folgenden werden exemplarisch Spielfilme aus den ersten Nachkriegsjahren analysiert, die für die filmische Verarbeitung von Gegenwartsfragen besonders charakteristisch sind. Alle diese Filme wurden nach Kriegsende produziert und kamen zwischen Januar 1946 (*La Bataille du Rail*) und November 1949 (*Unser täglich Brot*) zur Erstaufführung. Die sowohl pragmatisch wie inhaltlich begründete Beschränkung auf die sieben Hauptkontrahenten des Zweiten Weltkriegs – Deutschland, Italien, Japan, Frankreich, Großbritannien, die Vereinigten Staaten und die Sowjetunion – wird ebenso von den Herausgebern verantwortet wie die Auswahl der Filme und das Übergewicht der fünf deutschen (davon drei DEFA-Produktionen) und vier japanischen Spielfilme gegenüber jeweils zwei amerikanischen und französischen Filmen sowie je einem britischen und italienischen Werk – zu Italien war ursprünglich ein zweiter Beitrag vorgesehen, der sich leider nicht realisieren ließ. Das sowjetische Kino wird in einem Überblick dargestellt. Wir haben uns um ein Sample bemüht, das über Deutschland und Europa hinaus „global" angelegt ist und den Beitrag des internationalen Kinos zu den politischen und gesellschaftlichen Diskursen sowohl in seiner Vielfalt als auch in seinen zentral wiederkehrenden und damit vergleichbaren Themen abbildet. Dass die Leser den einen und anderen Film sowie das eine oder andere nationale Beispiel vermissen werden, ist völlig normal und nicht zu vermeiden.

Nach dem einführenden Theorie- und Methodenaufriss von Margit Szöllösi-Janze fokussieren die Beiträge in der Regel auf jeweils einen Spielfilm und die Analyse der Filmerzählung in ihrem zeithistorischen Kontext. Außerdem werden die Entstehungs- und Wirkungsgeschichte sowie teilweise auch die Biografie des Regisseurs untersucht und, ausgehend vom vertieften Einzelbeispiel, wiederholt ergänzende Einblicke in vergleichbare Filme der nationalen Filmproduktion gegeben. Der internationale Vergleich ist nicht Gegenstand der Einzelbeiträge. Doch ergeben sich die zahlreichen sichtbaren und verborgenen transnationalen Verknüpfungen der filmischen Narrative aus der Anlage und Gesamtschau des Bandes.

Die Beiträge sind in der Gliederung vier großen Themenblöcken zugeordnet: erstens der Auseinandersetzung mit der unmittelbaren Vergangenheit, zweitens der Aushandlung persönlicher Nahbeziehungen, drittens der Suche nach kollektiven Identitäten, viertens der Sinnangebote durch die Religion. Die Grenzen zwischen diesen Zuteilungen sind höchst fluide, da etwa die Vergangenheiten oder die soziale Interaktion zwischen den Geschlechtern und in den Familien in allen behandelten Filmen eine Rolle spielen. Die Gliederung in vier Teile ist somit kein starres thematisches Korsett, sondern ein Hinweis auf die Schwerpunkte der jeweiligen Thematisierungen und Interpretationen.

Den ersten Teil über den Umgang mit **Vergangenheiten** eröffnet der Beitrag von Andrea Löw, die am Beispiel des DEFA-Spielfilms *Ehe im Schatten* (1947) zeigt, dass sich das Thema der nationalsozialistischen Judenverfolgung dem deutschen Publikum nur in Form des sentimentalen Melodrams und unter weitgehender Ausklammerung des Massenmords (Holocaust) nahebringen ließ. Der Film von Kurt Maetzig, einem der wenigen Filmschaffenden ohne NS-Belastung, stellt einen „anständigen" deutschen Mann in den Mittelpunkt, der durch die Solidarität zu seiner jüdischen Frau selbst zum Opfer wird. Eine solche Selbstviktimisierung kennzeichnete auch den Mainstream des japanischen Nachkriegsfilms, der die autoritär-militaristische Vergangenheit entweder ganz verschwieg oder die eigene Bevölkerung als passives Kriegsopfer darstellte. Für Harald Salomon bildet in dieser Umgebung Akira Kurosawas Werk *Waga seishun ni kui nashi* (1946) eine Ausnahme. Der Film verfolgt bis 1945 die Entwicklung der Protagonistin zu einer selbstbewussten, resilienten Frau, die ihre eigene Persönlichkeit in Zeiten von Opportunismus, Repression und Krieg zu behaupten weiß und sinnbildlich die Grundlage eines demokratischen Wiederaufbaus personifiziert. Auf eine nationale Rekonstruktion zielte auch der französische Résistance-Film-Klassiker *La Bataille du Rail* (1946) von René Clément. Wie Daniel Mollenhauer herausarbeitet, erhoben die Filmmacher den Anspruch auf „Wahrheit" und umgingen doch die komplexe Wirklichkeit der Vergangenheit, indem sie die Kollaboration ausblendeten. Sie fassten den Mythos eines einheitlichen Widerstands der ganzen Nation in suggestive Bilder und bedienten damit erinnerungskulturelle Bedürfnisse der französischen Nachkriegsgesellschaft.

In den Beiträgen des zweiten Teils geht es um **Persönliche Beziehungen**, die sich nach dem Krieg wieder neu finden mussten. Die ersten drei analysierten Spielfilme behandeln im Kern das in allen kriegführenden Ländern gleiche Dilemma, dass die Soldaten entgegen ihren Hoffnungen nicht ohne Weiteres in das private „Glück" ihres sozialen Nahbereichs zurückkehren konnten. Wie instabil die persönlichen Verhältnisse geworden waren, erfährt etwa der Heimkehrer in *Liebe 47*

(1949), der bei seiner Rückkehr alles verliert. Doch anders als die literarische Vorlage, Wolfgang Borcherts Hörspiel „Draußen vor der Tür", wendet Wolfgang Liebeneiners Film das Schicksal Beckmanns ins Optimistische, indem er seinen Rückzug in das bürgerliche Idyll einer neuen Kleinfamilie andeutet. Dieses „Sich-Einrichten in eine neue Heimeligkeit", so die These Jörg Echternkamps, entpolitisierte zugleich die Beschäftigung mit der belasteten Vergangenheit. Entfremdungsprozesse und ihre Überwindung beschäftigten auch das amerikanische Nachkriegskino, insbesondere in William Wylers *The Best Years of Our Lives* (1946). Auch dort finden sich die Veteranen, kriegsversehrt und in ihrer Männlichkeit erschüttert, in einer sozioökonomischen und individuellen Krisensituation wieder. Doch auch diese Zeitdiagnose endet optimistisch, wie Olaf Stieglitz darlegt: Die Versagensängste und Probleme der weißen Männer, ökonomisch und geschlechtlich, werden kooperativ mit Hilfe sensibler und „starker" Frauen überwunden. Ebenso wie die deutschen und amerikanischen standen die britischen Soldaten vor der Herausforderung, dass „nothing will ever be the same again after this war", wie es in *The Years Between* (1946) von Compton Bennett heißt. Die Ehepartnerin des Heimkehrers ist inzwischen zu neuem Selbstbewusstsein erwacht, sie ist als Politikerin beruflich erfolgreich und liebt einen anderen. Der Film plädiert, so James Jones, für einen Kompromiss: Die Frau kehrt in die Ehe und die Geschlechterordnung zurück, aber der Mann muss akzeptieren, dass sich ihre Beziehung verändert hat.

Nirgends erschütterten Krieg und totale Niederlage eine traditionelle soziale Ordnung stärker als in Japan. Entsprechend waren die Folgen für die Geschlechter- und Familienverhältnisse ein großes Thema des japanischen Nachkriegsfilms. Annemone Christians richtet den Blick auf zwei Spielfilme von Yasujirō Ozu. Ohne auf die eigene nationale Verantwortung für die Misere einzugehen, kommentierte Ozu die allgegenwärtige Auflösung persönlicher Bindungen in *Nagaya shinshi-roku* (1947) an der Geschichte eines entwurzelten Kriegskindes und in *Kaze no naka no mendori* (1948) am Beispiel eines entfremdeten Ehepaares. Während das Kriegskind in einer alten Frau eine Ersatzfamilie findet und dann sogar mit dem totgeglaubten Vater wiedervereint wird, seine Geschichte also in menschliche Fürsorge und Hoffnung ausläuft, mündet die Krise der Eheleute in das verstörende Ende, dass sich die Frau ihrem gewalttätigen Mann unterwirft. Ähnlich ist für Hikari Hori auch *Yoru no onna tachi* (1948) von Kenji Mizoguchi ein höchst ambivalenter Beitrag zur zeitgenössischen Diskussion der Geschlechterrollen in Japan. In der Geschichte von drei Prostituierten ist die Frau das Objekt männlicher Kontrolle und Metapher der japanischen Demütigung durch Niederlage und Besatzung. An ihrer passiven Rolle gegenüber dem Mann ändert sich entgegen den offiziellen Zielen von Demokratie und Gleichberechtigung nichts.

Der dritte Teil befasst sich vor allem mit der Suche nach kollektiven **Identitäten**, die in jenen Ländern besonders intensiv war, in denen der Krieg so zerstörerisch gewirkt hatte, dass auf den materiellen und ideellen Trümmern etwas Neues aufgebaut werden musste. Das galt insbesondere für Deutschland, wo nicht nur eine neue Staatlichkeit, sondern im Osten auch eine neue Gesellschaft geschaffen werden sollte. So stehen zwei DEFA-Spielfilme am Anfang. Johannes Hürter interpretiert *Irgendwo in Berlin* (1946) von Gerhard Lamprecht als Erziehungsfilm, der die Verwandlung von ideologisch fehlgeleiteten Kriegskindern in eine aufbauwillige Jugend als Parabel für den Weg in eine friedliche Zukunft inszeniert. Der scheinbar heroische Untergang des einen Jungen in der Berliner Trümmerlandschaft bekehrt den anderen kindlichen Protagonisten dazu, seinen durch den Kriegseinsatz traumatisierten Vater in eine männerdominierte Gemeinschaft zurückzuholen, die ein neues Leben aufbaut. Während Lamprechts Film sich um universale Aussagen bemüht, sind die Identifikationsangebote in Slatan Dudows *Unser täglich Brot* (1949) eindeutig sozialistisch konnotiert. Die im Film dargestellten Familienkonflikte sind, so Andreas Kötzing, das Abbild einer gespaltenen Gesellschaft, in der die bürgerlich-kapitalistischen Teile am Ende – wie der Vater Webers – zum sozialistischen Kollektivismus bekehrt werden müssen. Sinnstiftendes Symbol für den gesellschaftlichen Wandel ist das Brot, um das sich alle Familienmitglieder bis auf den unbelehrbaren, letztlich in die Kriminalität abdriftenden Bruder solidarisch versammeln und das sie gerecht verteilen. Ein anderes identitätsstiftendes Symbol steckt bereits im Titel des italienischen Spielfilms *Ladri di biciclette* (1948) von Vittorio De Sica. Für Tobias Hof steht das Fahrrad, das im Film so umkämpft und gesucht ist, als gehe es um Leben und Tod, für den Überlebenswillen und eine gemeinsame Identität der italienischen Nation. Um diesen symbolischen Kern baut De Sica seine Geschichte des Überlebens in prekären sozialen Verhältnissen, der Solidarität der Familie und der Nachbarschaft sowie der Hoffnung auf die Kinder, die ihre Väter in die Zukunft geleiten.

Ebenfalls um die nationale Identität dreht sich, folgt man der Analyse Thomas Raithels, die Komödie *Jour de fête* (1947) von Jacques Tati. Die Wunden von Krieg und Besatzung, die komplizierte Übergangsphase zur Vierten Republik und der sozioökonomische Modernisierungsdruck führten in Frankreich zu Selbstvergewisserungsdiskursen, die sich im bereits erwähnten Résistance-Mythos keineswegs erschöpften. Tati leistete seinen eigenwilligen Beitrag zu diesen Diskursen, indem er ironisch und parodistisch, aber durchaus mit einer patriotischen Botschaft die Tradition und Beschaulichkeit der französischen Provinz gegen eine Modernisierung nach amerikanischem Vorbild ausspielte. Von solch künstlerischer Freiheit, Gegenbilder zu entwerfen, konnten die sowjetischen Regisseure nur träumen. Dabei litt die Sowjetunion wie kein zweites Land unter den Verwüstungen durch den Krieg. Zerstörung, Tod, Hunger, Terror, eine zerrissene und zersetzte Gesellschaft – all das führte, so argumentieren Helmut Altrichter und Lilia Antipow in ihrem Überblicksbeitrag, in der sowjetischen Nachkriegsgesellschaft zu einer Sinnkrise, die nach sinnstiftenden Identitätsangeboten verlangte. Doch die staatliche Filmindustrie hatte solchen Bedürfnissen meist nicht mehr zu bieten als den politisch verordneten Heroismus, insbesondere die Verherrlichung Stalins. Umso bemerkenswerter ist eine Ausnahme wie der zweite Teil des Spielfilms *Bolschaja schisn* (1946), der sich um eine realistische Darstellung der existenziellen Nöte in der Nachkriegsgesellschaft bemüht – der Film wurde prompt aus dem Verleih genommen, sein Regisseur Leonid Lukow gerügt.

In Zeiten kollektiver Sinnkrisen gewinnen religiöse Angebote an Attraktivität. Der letzte Teil des Sammelbands, **Religion**, handelt von zwei Spielfilmen, in denen christliche Glaubensgrundsätze gegen die Krisensymptome der Nachkriegszeit gestellt werden. Wie der Beitrag von Benjamin Städter darlegt, propagiert der westdeutsche Film *Nachtwache* (1949), finanziell unterstützt von beiden Kirchen, die Demut und Gottesfurcht des Christenmenschen als Ausweg, alle Schicksalsschläge zu verkraften, die Probleme der Gegenwart zu überwinden und zum Wiederaufbau vor allem auch der geistigen Trümmer zu gelangen. Anders als dieses schlichte christliche Läuterungsnarrativ im post-nationalsozialistischen Deutschland schlug der Regisseur Frank Capra für die USA, so Michael Hochgeschwender, mit *It's a Wonderful Life* (1946) eine deutlich komplexere, katholisch fundierte Lösung der aus dem Krieg resultierenden ökonomischen und soziokulturellen Probleme vor. Vordergründig eine etwas kitschige Weihnachtsgeschichte, entpuppt sich der Film in dieser Interpretation als eine Art Heiligenlegende, in der sich katholische Gnaden- und Soziallehre mit demokratisch-egalitären Ideen verbinden, um eine typisch amerikanische Vision einer solidarischen Gemeinschaft von freien Individuen zu entwickeln.

***

Die Zuordnung der Beiträge zu diesen vier großen Themensträngen soll nicht verdecken, dass alle Autorinnen und Autoren eine Fülle weiterer Aspekte in ihren vieldeutigen zeithistorischen Quellen – als welche die ausgewählten Spielfilme hier verstanden werden – diskutieren und analysieren. Alles zusammengenommen verdichtet sich zu einem transnationalen Bedeutungskomplex, der Aussagekraft über die nationalen Beispiele hinaus besitzt. Abschließend sollen einige weitere Hinweise zu möglichen Ansätzen eines Vergleichs gegeben werden.

Eine zentrale Gemeinsamkeit des unmittelbaren Nachkriegsfilms in den drei großen Verlierermächten, aber auch in einem von jahrelanger Besatzungsherrschaft gezeichneten Land wie Frankreich ist, dass er kollektiven **Entlastungsbedürfnissen** nachkam und die entsprechenden Narrative mitformte. *La Bataille du Rail* wird von nahezu allen Franzosen gegen die Deutschen geführt, Kollaborateure kommen nicht vor. In Deutschland, Italien und Japan wurde die Verantwortung für Krieg und Verbrechen auch im Film kaum thematisiert oder sogar von der eigenen Gesellschaft abgewälzt. In *Ladri di biciclette* bleibt die faschistische Vergangenheit außen vor, doch es gibt Anspielungen auf den schlechten Charakter der Deutschen, im Kontrast zu den an sich „braven" Italienern. Von den hier behandelten japanischen Filmen verweist allein das Werk Kurosawas auf die dunklen Seiten der Vergangenheit, während Ozu und Mizoguchi die japanische Verantwortung für die Entbehrungen der Gegenwart ausblendeten und am Opfermythos Japans mitarbeiteten. Auch die deutschen „Trümmerfilme", ob in West oder Ost, zeigen die eigene Bevölkerung vor allem als Opfer des Krieges. Auf Mittäterschaft, Schuld und Verbrechen wird nicht näher eingegangen, und wenn doch, dann waren die Täter die anderen, die „Nazis". Der frühe Versuch durch *Die Mörder sind unter uns*, das Verbrechen „ganz normaler" Wehrmachtssoldaten zu thematisieren, wurde nicht fortgesetzt. In *Ehe im Schatten* kommt es sogar zu einer regelrechten Schuldumkehr, indem die Passivität des jüdischen Opfers für das eigene und das Leid des Ehemanns mitverantwortlich gemacht wird. Ein weiterer, etwa in *Liebe 47* und *Irgendwo in Berlin* gesetzter Baustein der Entlastung und Selbstviktimisierung war die Universalisierung des Krieges und seiner Schrecken, dem die Menschen zu allen Zeiten quasi wie einer Naturgewalt hilflos ausgeliefert seien. Diese filmischen Narrative wurden dadurch begünstigt, dass die meisten Filmschaffenden bereits am Kino der autoritären Regime vor 1945 mitgewirkt hatten.

Ein Hauptthema des internationalen Kinos der ersten Jahre nach dem Krieg war die Krise und Wiederherstellung der **Männlichkeit**. In vielen der nachfolgend analysierten Filme spielen heimkehrende, durch körperliche oder geistige Kriegswunden geradezu entmännlichte Soldaten und andere durch den Krieg erschütterte Männer mit ihren Problemen, wieder einen Platz in der Gesellschaft, in ihren Familien und Partnerschaften zu finden, eine Hauptrolle. Ob in Deutschland (*Liebe 47*, *Irgendwo in Berlin*, *Nachtwache*), Italien (*Ladri di biciclette*) oder Japan (*Kaze no naka no mendori*, *Yoru no onna tachi*), ob in den USA (*The Best Years of Our Lives*, *It's a Wonderful Life*) oder Großbritannien (*The Years Between*): Überall wird die tiefe Verunsicherung von Männern filmisch verarbeitet, ob sie ihrer traditionellen Funktion als Ernährer und Familienvorstand noch gerecht werden können. Die ausnahmslos männlichen Regisseure finden international die Lösung, dass trotz schwerwiegender Konflikte bis hin zu häuslicher Gewalt am Ende doch eine Restabilisierung der alten patriarchalischen Geschlechterordnung erfolgt, wenn auch teilweise mit gewissen Abstrichen in der Macht des Mannes und der Unterordnung der Frau.

Entsprechend einseitig sind die **Frauenbilder** in diesen Filmen. Vorherrschend ist das Rollenklischee der passiven, duldenden Frau, die ihrem Mann hilft, seine Versehrtheit zu therapieren, seine Männlichkeit zu rekonstruieren, seine geschlechtliche und wirtschaftliche Kraft zu reanimieren. Auch die wenigen „starken", durch den Krieg veränderten Frauencharaktere fügen sich schließlich wieder in die patriarchalischen Geschlechterverhältnisse (*The Best Years of Our Lives*, *The Years Between*) – oder sie bleiben einsam wie die Ärztin in *Nachtwache*. Das emanzipatorische Gegenbild einer selbstbewussten, neuen japanischen Frau, die ihr eigenes Ich auch gegenüber den Männern bewahrt und die sich nicht abhängig von ihnen macht, bietet wiederum allein Kurosawas *Waga seishun ni kui nashi*. In *Irgendwo in Berlin* und *Ladri di biciclette* sind es nicht die Frauen, sondern die **Kinder**, genau gesagt die Söhne, die ihre Väter vor dem Verlust der Männlichkeit bewahren, wortwörtlich an die Hand nehmen und in eine bessere, allerdings weiterhin klar männlich dominierte Zukunft führen. Die männliche Jugend ist hier wie auch im japanischen Film *Nagaya shinshi-roku* die eigentliche Hoffnung des nationalen Wiederaufbaus und Fortbestehens. Aber auch sie hat im internationalen Kino dieser Jahre offensichtlich kein Interesse an einer Änderung der Geschlechterrollen, sondern verteidigt sie vielmehr, indem sie die Väter unterstützt.

Eine große Gemeinsamkeit des unmittelbaren Nachkriegskinos der hier berücksichtigten Länder (mit Ausnahme der Sowjetunion) ist das Bemühen um **Authentizität** und **Realismus**. Dies geschah bei den ehemaligen Achsenmächten in bewusster Abkehr von den Propagandafilmen in Krieg und Diktatur, aber auch vom Kitsch des seichten Unterhaltungsfilms und vom Pomp des monumentalen Historienfilms. Die deutsche, italienische und japanische Filmwirtschaft wollte und musste Glaubwürdigkeit zurückgewinnen. Nicht nur der italienische Neorealismus fokussierte sich auf das Leben der sogenannten einfachen Menschen und ihre Alltagsprobleme. Wie in *Ladri di biciclette* wurden in Deutschland und Japan Laiendarsteller eingesetzt und viele Szenen auf den Straßen der zerstörten Städte gedreht, zum Beispiel in *Irgendwo in Berlin*, *Unser täglich Brot* und *Nagaya shinshi-roku*. Auch die französischen Filme Jacques Tatis und René Cléments versuchen durch Laienschauspieler Wahrhaftigkeit zu vermitteln; Clément inszenierte *La Bataille du Rail* fast wie eine historische Dokumentation. Und *The Best Years of Our Lives* beeindruckt durch einen Hauptdarsteller, dessen Körper im realen Krieg versehrt worden war. Doch wie die Beiträge dieses Bandes zeigen, ist der Realismus dieser fiktionalen Filme – der außerdem immer wieder durch die überkommenen Stilmittel des Melodrams durchbrochen wird – kein getreues Abbild der Wirklichkeit, sondern eine filmkünstlerische Konstruktion, die einem bestimmten Narrativ unterworfen ist.

Diese Narrative der ganz überwiegend sehr erfolgreichen und damit auf ein Millionenpublikum einwirkenden Spielfilme unserer Auswahl belegen, so schließt sich der Kreis, die Verunsicherung und Orientierungslosigkeit der Nachkriegsgesellschaften, ganz gleich ob sie siegreich aus dem Krieg hervorgegangen waren oder nicht. Sie spiegeln **Ambivalenz** und **Kontingenz** wider und sind damit „Seismographen" (Szöllösi-Janze) einer als so krisenhaft wie zukunftsoffen empfundenen Übergangszeit und ihrer kollektiven Selbstverständigungen, zu denen sie selbst wesentlich beitrugen. Die meisten dieser Filme boten ihrem Publikum gerade durch die Ambivalenz ihrer Erzählungen und Bilder eine Vielzahl an Deutungsmöglichkeiten, sich selbst mit ihren biografischen und mentalen Widersprüchen in die neue Zeit einzuschreiben. Damit bestätigt dieser Band die schon seit Siegfried Kracauer bekannte Funktion des Films, die „Ambivalenz der Wirklichkeit" erfahrbar zu machen[8] und eine kollektive wie individuelle Verortung in komplexen vergangenen und gegenwärtigen Entwicklungen gleichzeitig zu formulieren und zu ermöglichen.

***

Wir danken den Autorinnen und Autoren für die hervorragende Zusammenarbeit und ihre Bereitschaft, sich auch ohne die übliche vorgeschaltete Konferenz auf un-

---

[8] Vgl. Groß, Filme, S. 16.

ser Konzept und unseren Sammelband einzulassen. Manuela Rienks, Judith Grosch und Moritz Herzog-Stamm unterstützten auf unterschiedliche Weise die Vorbereitung des Manuskripts – ihnen sei ebenso gedankt wie Bettina Neuhoff vom Verlag De Gruyter Oldenbourg für den gemeinsamen Weg zur Drucklegung. Unser besonderer Dank geht an Angelika Reizle, die mit ihrem redaktionellen Können, ihrer Sorgfalt und ihrem Engagement weit über das Übliche hinaus für ein solches Unternehmen unverzichtbar ist.

Margit Szöllösi-Janze
„Ein Film ist schwer zu erklären, weil er leicht zu verstehen ist"

Spielfilme als zeithistorische Quelle

Das im Titel zitierte Bonmot des französischen Filmtheoretikers und Semiotikers Christian Metz[1] formuliert nur scheinbar ein Paradox, denn wir alle, auch kleine Kinder, sehen laufend und zumeist mit großem Vergnügen zahlreiche Filme: im Kino, im Fernsehen, auf DVD, im Internet. Die rasante Expansion der Video-on-Demand-Unternehmen, die ihren Abonnenten Filme per Streaming zugänglich machen und selbst in großem Stil eigene Serien produzieren, um der steigenden Nachfrage nachzukommen, ist nur ein jüngstes Beispiel dafür, dass seit mehr als hundert Jahren ein Massenpublikum über alle Klassen-, Alters- und Geschlechtergrenzen hinweg in seiner Freizeit Filme konsumiert und dabei verschiedene historisch jeweils verfügbare Technologien, oft nebeneinander, nutzt. Es empfindet dies als entspannend, vergnüglich, als „leicht": Filme sind intuitiv verständlich, sie verlangen, anders als Bücher, zumindest vordergründig keine Vorbildung. Sie erzählen eine Geschichte in bewegten Bildern, ahmen „Wirklichkeit" nach, führen Phantasiewelten vor Augen – der Zugang zur filmischen Oberfläche ist in der Regel nicht schwierig. „Der Film ist zu leicht verständlich, was es schwer macht, ihn zu analysieren", warnte in Anlehnung an Metz auch James Monaco in seinem inzwischen mehrfach aufgelegten und in zahlreiche Sprachen übersetzten Klassiker „How to Read a Film".[2] Denn Filme als kulturelle Produkte sind keineswegs selbstevident. Sie erzählen, wie auf den zweiten Blick deutlich wird, in einer eigenen „Sprache", die zu verstehen man erst lernen muss. Sie sind, darüber sollte man sich nicht täuschen, komplexe Zeichensysteme, die es innerhalb eines bestimmten kulturellen Kontextes zu entschlüsseln gilt. Die Schwierigkeit potenziert sich noch, wenn es sich um historische Filme handelt, bei denen die Filmsprache und auch ihr kultureller Kontext vergangen, dem gegenwärtigen Betrachter zeitlich entrückt sind.

Im Grunde fällt genau dies in den Kernaufgabenbereich der Geschichtswissenschaft, doch hat sie sich lange damit zurückgehalten, Filme als historische Quellen zu nutzen – zunächst aus methodischen Bedenken, denn traditionell entwickelte sie ihr elaboriertes Methodenarsenal, die Quellenkritik, an und aus den schriftli-

---

[1] Zit. nach James Monaco, Film verstehen. Kunst, Technik, Sprache, Geschichte und Theorie des Films und der Neuen Medien. Mit einer Einführung in Multimedia, deutsche Fassung hrsg. von Hans-Michael Bock, überarb. u. erw. Neuausgabe, Reinbek bei Hamburg 2009 (Orig.: How to Read a Film, London/New York 1977), S. 170, 172.
[2] Ebenda, S. 172.

chen Quellen. Bei Filmen glaubte man sich – nicht ganz zu Unrecht – auf schwankendem methodischem Grund. Interessanterweise hat sich dieser Befund nach dem *iconic* oder *pictorial turn* innerhalb der kulturalistischen Wende trotz gegenwärtig boomender Visual History nicht so radikal geändert, wie man es eigentlich annehmen müsste. Zwar beschwören dickleibige Synthesen – mit guten Argumenten – seit den 1840er Jahren ein „visuelles Zeitalter", das sogar einen eigenen Menschentypus, den „Visual Man", hervorgebracht habe, der neue Bildtechnologien entwickelte und mediale Kompetenzen erwarb, um qualitativ neue Bilderwelten zu deuten, zu generieren und sich in ihnen auszudrücken. Doch obwohl der Film im Kino oder das Fernsehen als neues Leitmedium seit den 1960er Jahren durchaus thematisiert wird, liegt das eigentliche Gewicht der Visual History auf Medien wie Fotografien, Plakaten und Werbung, auf Piktogrammen, Infografiken und computergenerierten bildgebenden Verfahren.[3] Neueste Publikationen aus diesem Forschungskontext gestehen ein, dass geschichtswissenschaftliche Untersuchungen zu Film und Fernsehen immer noch Desiderata darstellten und teilweise sogar bewusst aus einschlägigen Fachveröffentlichungen ausgeklammert würden. Warum, so ließe sich mit Gerhard Paul fragen, wurden also gerade die bewegten Bilder „lange Zeit nicht als legitimer Reflexionsraum der Geschichtswissenschaft behandelt"?[4]

Die Zurückhaltung gegenüber den bewegten audiovisuellen Quellen betrifft dabei keineswegs nur die deutsche Community. „Do Historians Watch Enough TV?", formulierte der amerikanische Historiker David Greenberg in einem Sammelband über die jüngste Zeitgeschichte, um diese Frage dann entschieden zu verneinen.[5] Die Herausgeberinnen des Bandes, Claire Bond Potter und Renee C. Romano, zeigten sich in ihrer Einleitung geradezu frappiert über die vielen blinden Flecken, die sich, was die Auswertung medialer Quellen für die Geschichtsschreibung der jüngsten Vergangenheit angeht, trotz einer weitgehend massenmedialisierten Welt auftun. Sie machten einen wesentlichen Grund für diese Zurückhaltung in methodischen Unsicherheiten aus. Daraus leiteten sie nicht nur ein engagiertes Plädoyer für eine mutigere Interdisziplinarität ab, sondern forderten auch einen erweiterten Archivbegriff, um die Vielzahl medialer Quellen mit ihren bewegten Bildern, von Film und Fernsehen bis zu Video- und Computerspielen, in voller Breite für die zeitgeschichtliche Analyse auszuschöpfen.[6]

---

3 Vgl. Gerhard Paul, Das visuelle Zeitalter. Punkt und Pixel, Göttingen 2016, Zitat S. 14.
4 Gerhard Paul, Vom Bild her denken. Visual History 2.0.1.6., in: Jürgen Danyel/Gerhard Paul/Annette Vowinckel (Hrsg.), Arbeit am Bild. Visual History als Praxis, Göttingen 2017, S. 15–72, Zitat S. 57 f.
5 David Greenberg, Do Historians Watch Enough TV? Broadcast News as a Primary Source, in: Claire Bond Potter/Renee C. Romano (Hrsg.), Doing Recent History. On Privacy, Copyright, Video Games, Institutional Review Boards, Activist Scholarship, and History That Talks Back, Athens, GA/London 2012, S. 185–199.
6 Vgl. dies., Introduction. Just over Our Shoulder. The Pleasures and Perils of Writing the Recent Past, in: ebenda, S. 1–19, bes. S. 2, 4 f.

Blickt man zurück auf den professionellen Umgang mit Film als historischer Quelle,[7] so lässt sich feststellen, dass filmische Dokumente durchaus nach und nach Eingang in die geschichtswissenschaftliche Arbeit fanden und der historische Dokumentarfilm mit seinem reklamierten Realitätsbezug an Akzeptanz gewann. Ein frühes Forum für diese Entwicklung in der Bundesrepublik war etwa die Zeitschrift „Geschichte in Wissenschaft und Unterricht", was belegt, dass die Frage der Geschichtsvermittlung – zunächst in der Schule, dann aber auch außerschulisch in den Medien, vor allem aber im Fernsehen als Schrittmacher der Entwicklung – hier eine wichtige Katalysatorfunktion erfüllte. Die „Geschichtsdoku" entwickelte sich weltweit zu einem florierenden Marktsegment und ist aus der Public History nicht mehr wegzudenken, zumal sich hier Arbeitsmöglichkeiten für professionell ausgebildete Historikerinnen und Historiker auftaten. In der Bundesrepublik ist dies mit dem Namen Guido Knopp verbunden, der seit 1984 die Redaktion Zeitgeschichte im ZDF leitete und zu einem eigenständigen Programmbereich ausbaute. Er war mit zahlreichen zeitgeschichtlichen Dokumentationen auch international erfolgreich. Seine Produktionen beruhten außer auf Zeitzeugeninterviews auf fotografischem und filmischem Quellenmaterial, später im „Doku-Drama" auch auf nachgestellten, aber Authentizität und „Wahrheit" für sich beanspruchenden Spielszenen.[8]

Dagegen tat sich der Spielfilm als fiktionales Medium sehr viel schwerer damit, seinen Quellenwert unter Beweis zu stellen und als legitime historische Quelle anerkannt zu werden. Er erzählt erdachte Geschichten, handelt von Imaginationen, Träumen, Wünschen – aber ist er deshalb historisch irrelevant? Man hüte sich vor einem verkürzten Verständnis von Wirklichkeit! Warum, so ließe sich fragen, sollen denn die Träume und Phantasien, Hoffnungen und Projektionen, die Ängste von Menschen auch und gerade in der Vergangenheit, warum sollen erdachte Geschichten nicht auch „wirklich" sein und damit in das Zentrum der Aufgaben der professionellen Geschichtswissenschaft fallen? Schon vor mehr als 40 Jahren hat sich der französische „Annales"-Historiker und Filmtheoretiker Marc Ferro wortstark darüber echauffiert: „The fiction film is despised, because it dispenses only a dream, as

---

[7] Für die folgenden Abschnitte werden unter „Film" zunächst die bewegten Bilder von Kinofilmen, TV, Video, DVD, Internet usw. zusammengefasst, ohne zu verkennen, dass die verschiedenen audiovisuellen Medien große Unterschiede für die jeweiligen konkreten Analysen nach sich ziehen.
[8] Vgl. dazu z. B. den „Abschnitt II. Geschichte audiovisuell" des Bandes von Barbara Korte/Sylvia Paletschek (Hrsg.), History Goes Pop. Zur Repräsentation von Geschichte in populären Medien und Genres, Bielefeld 2009, S. 147–213. Die sich auflösenden Grenzen zwischen Fiktionalität und Fakten im Dokudrama ziehen sich durch die vier dort versammelten Aufsätze hindurch und enden in der Frage nach der Zukunft zeitgeschichtlicher Dokumentation. Diese interessante Spur im Zusammenhang mit der Diskussion um Spielfilm als historischer Quelle aufzunehmen, verbietet sich in dem vorliegenden Band angesichts des verfügbaren Platzes.

if the dream formed no part of reality, as though the imaginary were not one of the driving forces of human activity."[9]

Spielfilme sind – der Historiker kann sich beruhigen – als diskursive Formationen keineswegs willkürlich, sondern eng zeitgebunden, ja geradezu „gefangen in ihrer historischen Diskursivität": „Ihre Fiktionalität kann nur auf die Vorstellungen, die zu einer bestimmten Zeit existieren, zurückgreifen." Sie sind erfunden, aber dennoch „wahr".[10] Warum ist also ein Film, so lautet die Gretchenfrage, so, wie er ist? Damit wird seine Existenz selbst historisch radikal hinterfragt, er wird zu einem Ereignis, das erklärt werden muss: Warum wird ein Film zu diesem Zeitpunkt produziert und nicht zu einem anderen? Wie ist der gesellschaftliche Resonanzraum beschaffen, in dem ein Film von einem Publikum begeistert rezipiert oder vehement abgelehnt wird? Warum agieren die Protagonisten, Männer und Frauen, so, wie sie es tun, warum wird eine filmische Geschichte so erzählt und nicht anders?[11] Die Reichweite einer solchen Historisierung von scheinbaren Evidenzen kann man sich nicht radikal genug vorstellen. Der Filmwissenschaftler Mark Jancovich hat den Bogen in seiner „screen theory" weit gespannt: Auch die vermeintlich selbstverständliche Einteilung der in einem Film erzählten Geschichte in Anfang, Mitte und Schluss stelle eine spezifische, selektive Weise dar, die Welt zu strukturieren und zu ordnen.[12]

Dieser Aufsatz geht wie der vorliegende Band von der These aus, dass Spielfilme eine valide und sogar besonders aussagekräftige historische Quelle darstellen und damit der Zeitgeschichte einen veritablen Schatz anbieten, den es zu heben und methodisch reflektiert auszuwerten gilt. Er geht sogar einen Schritt weiter und behauptet mit Günter Riederer, dass „sich die Geschichte des 20. und 21. Jahrhunderts ohne eine Analyse seiner [Spiel]Filme nicht schreiben [lässt]", wobei es freilich darauf ankommt, tragfähige Methoden einer geeigneten „Filmlesetechnik" zur Decodierung der filmischen Sprache anzuwenden. Denn die Anschaulichkeit des Mediums, die große Suggestionskraft der in Filmen erzählten Wirklichkeit verführt nur allzu schnell dazu, diese mit dem getreuen Abbild außerfilmischer Realität gleichzusetzen. Neben einer rein textuellen Analyse der *narratio* einschließlich des Plots der Filmerzählung darf dabei die Auseinandersetzung mit dem Bild nicht zu kurz kommen: mit der Analyse der bewegten Bilder, der Kulissen und Filmarchitek-

---

9 Marc Ferro, The Fiction Film and Historical Analysis, in: Paul Smith (Hrsg.), The Historian and Film, Cambridge u. a. 1976 (online 2011: https://doi.org/10.1017/CBO9780511896910), S. 80–94, Zitat S. 80.
10 Massimo Perinelli, Liebe '47 – Gesellschaft '49. Geschlechterverhältnisse in der deutschen Nachkriegszeit. Eine Analyse des Films Liebe 47, Hamburg u. a. 1999, S. 46.
11 Vgl. dazu Anton Kaes, Filmgeschichte als Kulturgeschichte. Reflexionen zum Kino der Weimarer Republik, in: Uli Jung/Walter Schatzberg (Hrsg.), Filmkultur zur Zeit der Weimarer Republik. Beiträge zu einer internationalen Konferenz vom 15. bis 18. Juni 1989 in Luxemburg, München u. a. 1992, S. 54–64, hier S. 57, 62.
12 Mark Jancovich, Screen Theory, in: Joanne Hollows/Mark Jancovich (Hrsg.), Approaches to Popular Film, Manchester 1995, S. 124–150, hier S. 128.

tur, auch der eher technischen Aspekte wie der Kameraführung, des Lichts, der Montage, der Schnitttechnik, aber auch des Tons und der Filmmusik. „Der Film entzieht sich einer philologischen Vorgehensweise".[13] Es würde viel zu kurz greifen, diese filmischen Mittel vorschnell in den Bereich der reinen Filmästhetik zu schieben. Sie sind erstens bedeutungstragend, das heißt mit der Filmerzählung maßgeblich an der Herstellung von Sinn beteiligt. Und sie sind zweitens zutiefst historisch, haben im Rahmen der Analyse definitiv einen eigenen Quellenwert. So ist es, um ein Beispiel zu nennen, auffällig, dass Kameraführung, Blickperspektiven und Bewegungsachsen des italienischen Neorealismus im *dopoguerra* die Horizontale betonten, während die im *ventennio* des Faschismus dominierende Vertikalität der Strukturen verschwand oder eingesetzt wurde, um Bedrohungsszenarien aufzubauen.[14] Filme, so schreibt Riederer an anderer Stelle, „verknüpfen eine enorm dichte, sich noch dazu in ständigem Fluss befindliche Menge an Daten [...]. [Sie] greifen kunstvoll ineinander und weben ein dichtes Netz von Bedeutungen."[15]

Ein Spielfilm ist also ein hochkomplexes Medium. Leicht stellt sich bei Historikerinnen und Historikern ein Gefühl der Überforderung ein, das sich noch steigert, wenn kaum ein Filmwissenschaftler müde wird, das grenzüberschreitende Potenzial des Spielfilms als eines synkretistischen Mediums herauszustreichen, das in fremde Welten führe, die es nun beherzt zu entdecken gelte: die der Anthropologie etwa, von Architektur und Musik, der Psychologie und Medizin, des Rechtswesens, der Wissenschaften.[16] Dabei ist es jedoch aus geschichtswissenschaftlicher Perspektive – und dies mag die Aufgabe des Historikers wiederum erleichtern – sekundär, ob es sich um einen „guten" oder einen „schlechten" Film handelt, im Gegenteil: Oft sind es sogar die vermeintlich „schlechten" Filme, in denen der künstlerische Wert hinter dem Unterhaltungswert zurücktritt, die sich als historische Quellen besonders gut eignen, eben weil es sich nicht um individuelle Kunstwerke, sondern um kommerzielle Massenprodukte handelt. Karsten Fledelius hat diese Einsicht bereits vor vierzig Jahren zugespitzt formuliert: Der Quellenwert eines Films verhalte sich umgekehrt proportional zu seinem Trivialitätsgrad.[17]

---

13 Günter Riederer, Film und Geschichtswissenschaft. Zum aktuellen Verhältnis einer schwierigen Beziehung, in: Gerhard Paul (Hrsg.), Visual History. Ein Studienbuch, Göttingen 2006, S. 96–113, hier S. 103, 105.
14 Vgl. Massimo Perinelli, Fluchtlinien des Neorealismus. Der organlose Körper der italienischen Nachkriegszeit, 1943–1949, Bielefeld 2009, S. 334 f. Perinelli argumentiert hier, die Betonung horizontaler Strukturen, der Gebrauch von Dialekten und der Einsatz von diffusen Geräuschkulissen hätten eine dezentrierende, Hierarchien einebnende Wirkung entfaltet.
15 Riederer, Film, in: Paul (Hrsg.), Visual History, S. 102.
16 Vgl. z. B. Anton Kaes, German Cultural History and the Study of Film. Ten Theses and a Postscript, in: Leslie Bodi u. a. (Hrsg.), Weltbürger – Textwelten. Helmut Kreuzer zum Dank, Frankfurt a. M. u. a. 1995, S. 385–397, hier S. 394.
17 Vgl. Karsten Fledelius, Der Platz des Spielfilms im Gesamtsystem der audiovisuellen Geschichtsquellen – und die Frage seiner Verwendbarkeit in historischer Forschung und Unterricht, in: Wil-

Doch warum mühsam Spielfilme analysieren, wenn andere, insbesondere schriftliche Quellen methodisch so viel leichter zugänglich scheinen?[18] Der besondere Quellenwert von Filmen liegt darin, dass sie in Bereiche von Geschichte vorstoßen und Dinge dokumentieren können, die sich in klassischen Textquellen so ohne weiteres nicht überliefert haben. Diese Einsicht liegt bereits Siegfried Kracauers Überlegungen zugrunde, der als einer der ersten Wissenschaftler Filme als zeithistorische Quellen systematisch auswertete. Sein wichtiges Buch „Von Caligari zu Hitler", das er 1947 unter dem Eindruck des Nationalsozialismus im amerikanischen Exil verfasste und das erst 1979 in der Bundesrepublik vollständig verlegt wurde, geht von der Prämisse aus, dass Filme vor allem Quellen für das politische und kulturelle Selbstverständnis einer Gesellschaft seien. Er beabsichtigte, „mittels einer Analyse der deutschen Filme tiefenpsychologische Dispositionen, wie sie in Deutschland von 1918 bis 1933 herrschten, aufzudecken", mithin „hinter der offen darliegenden Geschichte der ökonomischen Schwankungen, sozialen Erfordernisse und politischen Machenschaften eine geheime Geschichte" zu schreiben, um Hitlers Machtergreifung zu verstehen.[19]

Spielfilme schienen Kracauer am besten geeignet, um „zum vorliegenden psychologischen Grundmuster" einer Nation vorzudringen, denn, so seine These, sie reflektierten deren „Mentalität unvermittelter als andere künstlerische Medien". Er führte dafür zwei Argumente an, die seitdem Ausgangspunkt jeder historischen Filmanalyse sind: Filme seien erstens „niemals das Produkt eines Individuums", sondern Kollektivprodukte, entstanden aus der Teamarbeit vieler. Damit erteilte er dem Selbstverständnis des Autorenfilms eine radikale Absage und hob über den Regisseur hinaus Produzent, Kameramann, Beleuchter, Cutter, Tontechniker, Schauspieler usw. hervor, deren gemeinsame Arbeit an einem Film in dessen Bedeutung eingehe und individuelle Eigenheiten einebne. Und zweitens, so Kracauer weiter, richteten sich populäre Filme, die sich als Kassenschlager auf dem Markt durchsetzten, an ein anonymes Massenpublikum, befriedigten „herrschende Massenbedürfnisse" und machten diese dadurch sichtbar. Aus beidem leitete er ab, dass Filme „weniger explizite Überzeugungen" widerspiegelten als „jene Tiefenschichten der Kollektivmentalität, die sich mehr oder weniger unterhalb der Bewusstseinsdimension erstrecken". Filme seien aufgrund ihrer Machart imstande, „die gesamte sichtbare Welt gleich einem Elektronenstrahl abzutasten". Kracauer sah in ihnen

---

helm van Kampen/Hans Georg Kirchhoff (Hrsg.), Geschichte in der Öffentlichkeit, Stuttgart 1979, S. 295–305, hier S. 300.

18 Hinzuzufügen wäre „vermeintlich", denn man neigt dazu, die Komplexität von schriftlichen Quellen zu unterschätzen. Spielfilme als audiovisuelle Quellen haben den großen Vorteil, gleich von Anfang an zu signalisieren, dass es so leicht nicht ist, sie zu entschlüsseln.

19 Siegfried Kracauer, Von Caligari zu Hitler. Eine psychologische Geschichte des deutschen Films, übersetzt von Ruth Baumgarten und Karsten Witte, Frankfurt a. M. ³1995, S. 7, 17 f.

„Schlüssel zu verborgenen geistigen Prozessen" und „äußere Projektionen innerer Bedürfnisse" einer Gesellschaft.[20]

Kracauers Rekurs auf die Denkfigur des Nationalcharakters[21] darf inzwischen als überholt gelten. Für Kritiker ist diese Perspektive reduktionistisch und essentialistisch, denn sie konstruiere eine teleologisch-deterministische Sicht auf die Weimarer Republik, die in einer linearen Bewegung in den Nationalsozialismus hineinlaufe. Kracauers psychoanalytischer Interpretationsansatz provoziert ebenfalls Widerspruch, und auch das häufig bemühte Bild der einfachen Widerspiegelung einer Realität im Film hält theoretischer Kritik nicht stand. Doch dies kann hier beiseite bleiben.[22] Denn wissenschaftlich interessant ist, was Kracauer mit der Analyse einzelner Spielfilme und deren anschließender Zusammenschau bezweckte, nämlich eine Quelle gefunden zu haben, mit deren Hilfe er unter die Oberfläche einer Inszenierung schauen und zu ihrem historischen Kern vordringen könne. So machte er beispielsweise eine kollektive Neigung der Deutschen zu Regression und Ichbezogenheit aus, die auf eine Orientierung an autoritären Strukturen hinwiesen und in anderen Quellen, zum Beispiel Textquellen, kaum zu greifen seien.[23] Kracauer erkannte somit in den Phantasien der Spielfilme „die Tagträume der Gesellschaft, in denen ihre eigentliche Realität zum Vorschein kommt, ihre sonst unterdrückten Wünsche sich gestalten".[24]

Dass gerade Spielfilme als historische Quellen das Potenzial haben, hinter die Fassaden einer Gesellschaft zu blicken und Einsichten freizulegen, die andere Quellen nicht eröffnen oder sogar verbergen, war auch der Ansatz von Marc Ferro. Als einziger Angehöriger der dritten Generation der „Annales" befasste er sich systematisch mit Film, und zwar mit Spiel- und Dokumentarfilm gleichermaßen. Er setzte in einem mittlerweile ebenfalls zum Klassiker avancierten Aufsatz Film sogar als Quelle zu einer dezidierten historischen „Gegenanalyse" der Gesellschaft ein.[25] Marxistisch geschult und als Kenner der russischen und sowjetischen Geschichte, beurteilte Ferro die etablierte Geschichtswissenschaft grundsätzlich äußerst skeptisch:

---

20 Ebenda, S. 11–14.
21 Vgl. beispielsweise ebenda, S. 14. Kracauer betont jedoch mehrfach, dass ähnliche äußere Faktoren analoge Reaktionen auch in anderen Ländern hervorrufen könnten, und distanziert sich von Annahmen, es handele sich um „etwas wesentlich Deutsches", ebenda, S. 15.
22 Vgl. auch die Auseinandersetzung mit Kracauer in Kaes, German Cultural History, in: Bodi u. a. (Hrsg.), Weltbürger – Textwelten, S. 386.
23 Vgl. Kracauer, Caligari, S. 108, 233. Kracauer konstatiert ferner, von seiner Theorie geleitet, eine „instinktive Abwehr, sich zu emanzipieren, als typisch deutsche Haltung".
24 Siegfried Kracauer, Die kleinen Ladenmädchen gehen ins Kino (1928), in: ders. (Hrsg.), Das Ornament der Masse. Essays. Mit einem Nachwort von Karsten Witte, Frankfurt a. M. 1977, S. 279–294, hier S. 280.
25 Marc Ferro, Der Film als „Gegenanalyse" der Gesellschaft, in: Marc Bloch, Fernand Braudel, Lucien Febvre u. a., Schrift und Materie der Geschichte. Vorschläge zur systematischen Aneignung historischer Prozesse, hrsg. von Claudia Honegger, Frankfurt a. M. 1977, S. 247–271.

Historiker stünden seit der Antike durchgängig im Dienste eines Fürsten, eines Staates, einer Klasse oder Nation, „kurz einer Ordnung eines existenten oder nicht-existenten Systems", und seien daher stets, bewusst oder unbewusst, „Prediger und Mitstreiter". „Unschuldig wurde nie Geschichte geschrieben", formulierte er, denn die Quellen, welche die Historiker benutzten, seien „sorgsam hierarchisiert wie die Gesellschaft", wobei die Hierarchie der Quellen (ganz oben die Textquellen der Staatsarchive) die realen Machtverhältnisse widerspiegele.[26] In Ferros Sicht stellen Quellen also gleichsam Herrschaftsinstrumente dar. Nur dem Film als hyperkomplexem Medium wohne ein dekonstruierendes, unkontrollierbares, geradezu subversives Potenzial inne, denn er sage stets mehr aus, als er beabsichtige: „Der Film vermag das zu destrukturieren, was mehrere Generationen von Staatsmännern und Denkern in ein rundes System gebracht haben. [...] Die Kamera enthüllt das wirkliche Funktionieren, denn sie sagt mehr über einen jeden, als er von sich zeigen möchte. Sie entlarvt das Geheimnis, zeigt die Kehrseiten der Gesellschaft, ihre Fehlleistungen. Sie stößt bis zu deren Strukturen vor [...] Stoff für eine andere Geschichte als DIE Geschichte".[27]

Aufgabe der Geschichtswissenschaft ist Marc Ferro zufolge also die „Entdeckung des Latenten hinter dem Manifesten, des Nicht-Sichtbaren durch das Sichtbare hindurch", was nur mit Hilfe des Films als historischer Quelle gelingen könne. Er beharrte dabei, bedingt durch seine Skepsis gegenüber schriftlichen Quellen, auf der Bedeutung des Bildes: „Man muss vom Bild ausgehen und es nicht nur als Illustration, Bestätigung oder Dementi einer anderen Art von Wissen, der der schriftlichen Tradition, auffassen; man muss die Bilder selber betrachten, auch wenn man für ein genaueres Verständnis noch andere Kenntnisse heranziehen muss." Eine Filmanalyse mit dem Ziel, den Quellenwert eines Films wirklich zu nutzen, fasste er als ein geradezu totales, auf jeden Fall interdisziplinäres Unterfangen auf: Sie habe die Filmerzählung auszuwerten, Ausstattung, Schrift, Kameraführung, Ton, Körpersprache, die Beziehungen des Films zu Regisseur, Produktion, Publikum, Filmkritik und Herrschaftssystem.[28] Diese überbordende Vielzahl von bedeutungstragenden Elementen mit ihren Ambivalenzen und mehrdeutigen Lesarten führe dazu, wie Ferro am Beispiel dreier sowjetischer Propagandafilme zeigte, dass „ein Film, welcher Art er auch sei, von seinem Gehalt allemal übertroffen wird" und seine Analyse „jedesmal eine Zone der Geschichte erreicht [...], die bis dahin verborgen, ungreifbar, nicht-sichtbar geblieben war".[29]

Filme, so ist hier festzuhalten, zeigen stets mehr, als sie intendieren, wobei ihr Quellenwert oft gerade im Zufälligen und Unbeabsichtigten liegt, was man, wenn man will, mit Ferro als das grundsätzlich subversive, weil unkontrollierbare Poten-

---

26 Ebenda, S. 248–250.
27 Ebenda, S. 253 f.
28 Ebenda, S. 256, 254.
29 Ebenda, S. 269; die kurzen Filmanalysen vgl. ebenda, S. 256–268.

zial von Filmen bezeichnen mag. So wird etwa auch das, worüber Filme schweigen, was sie also nicht zeigen, sondern ausblenden, als „sichtbare Lücke" greifbar und damit der geschichtswissenschaftlichen Analyse zugänglich. Aber die Beobachtung geht noch viel weiter. Als audiovisuelle Medien stellen Spielfilme nämlich Quellen für ein breites Spektrum historischer „Realitäten" bereit, die nicht sprachlich – mündlich oder schriftlich –, sondern manchmal sogar durch den Abbruch von Sprache, durch Sprachlosigkeit verfasst sind: Architektur, Mode und Design beispielsweise, die in die Requisiten eingehen, überhaupt Artefakte aller Art, etwa Autos, Geräte usw. William Hughes bezeichnete den Film deshalb in einem Sammelband als „celluloid memory",[30] Marc Ferro als ein „Filmmuseum", woraus er ableitete, dass jeder Spielfilm auch dokumentarisch, eine scharfe Unterscheidung zwischen fiktionalem und dokumentarischem Film also unsinnig sei.[31] Das Filmmuseum ist aber auch ein Speicher für historische Gefühlslagen, Geschlechterverhältnisse, Körpersprache und Körperpraktiken,[32] Mimik, Gestik und Bewegungen, Sprechweisen und Stimmen, die teils beabsichtigt, aber teils auch jenseits von Drehbuch und Regie in einen Film „hineinrutschen". Damit erschließt sich der Geschichtswissenschaft die großartige Chance, Dimensionen historischer Wirklichkeit quellenfundiert zu erfassen, die zwar sichtbar, aber nicht (immer) sagbar sind. Filme sind daher durch andere Quellen auch nicht zu ersetzen. Ferro sah in ihnen geradezu einen Königsweg, um zu Einsichten vorzustoßen, die sich in schriftlichen Quellen nicht niederschlagen, und Massimo Perinelli formulierte programmatisch: „Daher sind die Filme keine bebilderten Belege einer Wirklichkeit, die mit ‚härteren' Quellen bestätigt werden könnten, sondern sie stellen die eigentlichen Quellen dar".[33]

Quellen – aber wofür genau? Manches ist schon deutlich geworden. Im Zuge des *cultural turn* schärfte die Geschichtswissenschaft ihre theoretische Reflexion und ihr methodisches Instrumentarium, während umgekehrt die internationale Filmwissenschaft seit den 1980er Jahren einen *historical turn* erlebte, der das erloschene Interesse an der Filmgeschichte wiederbelebte.[34] Vor dem Hintergrund zunehmend durchlässiger Disziplingrenzen widersprachen Filmhistoriker entschieden allzu leichtfertigen Formulierungen, die soziale Realität einer vergangenen Gesellschaft „spiegele" sich als schlichtes Abbild eins zu eins in ihren Spielfilmen. Anton Kaes, der in seinen Publikationen auf eine entschiedene Historisierung der Film

---

[30] William Hughes, The Evaluation of Film as Evidence, in: Smith (Hrsg.), Historian, S. 49–79, Zitat S. 52.
[31] Ferro, Fiction Film, in: Smith (Hrsg.), Historian, S. 81: „A film [...] is always overflowed by its contents."
[32] In der Analyse historischer Körperbilder gehen die historische Filmforschung und die bisher vorwiegend auf das nicht-bewegte Bild fokussierte Visual History aufeinander zu. Vgl. dazu zuletzt Olaf Stieglitz, Die Komödie als Bewegungsstudie. Spielfilme und ihr Platz in der visuellen Welt des Sports in den 1920er Jahren, in: Danyel/Paul/Vowinckel (Hrsg.), Arbeit, S. 217–235, hier S. 220.
[33] Perinelli, Fluchtlinien, Zitat S. 19, auch S. 13, 24.
[34] Vgl. Kaes, Filmgeschichte, in: Jung/Schatzberg (Hrsg.), Filmkultur, S. 55.

Studies abzielte, brachte diese Einsicht auf die Formel: „They [Spielfilme] do not simply reflect the society in which they originate but comment on it", denn sie seien selbst integraler Bestandteil dieser historischen Wirklichkeit und „intervenierten" auf ihre spezifische Weise in die gesellschaftlichen Diskurse ihrer Zeit, indem sie ihnen Form und Ausdruck gäben.[35] Zugespitzt ausgedrückt: Jeder Film ist „Schaltstelle und Umschlagort für verschiedene Diskurse".[36]

Kaes machte in einem weiteren argumentativen Schritt im Spielfilm eine besondere Art und Weise sozialer Partizipation einer Gesellschaft aus: „It is a story we tell ourselves about ourselves, a form of communal self-reflection."[37] Anders formuliert: Wenn Medien generell Aufgaben der „Selbstbeobachtung der Gesellschaft" übernehmen,[38] so sind Spielfilme historische Quellen mit besonderer Reichweite für die Selbstverständigungsdiskurse ihrer Zeit. Sie sind deren Teil, sie geben sie wieder, indem sie sie kommentieren, aber bringen sie auch selbst hervor, formen sie, schreiben sie um und schreiben sie fort. Spielfilme können daher historische Quellen nur für ihre Entstehungszeit sein. Ist die filmische *narratio* nicht in der Gegenwart angesiedelt, sondern in Vergangenheit oder Zukunft, so handelt es sich um deren Verhandlung zur Zeit des Drehs. Ohne systematische Verknüpfung mit ihrem historischen Kontext jedoch – politisch, sozial, ökonomisch, intellektuell, medial – lassen sich Filme nicht entziffern. Ein so verstandener Kontext ist aber längst nicht mehr der „Hintergrund" der traditionellen Geistesgeschichte. Er muss, so komplex er auch sein mag, zum Gegenstand der historischen Analyse werden, da er in den Film eingegangen ist wie umgekehrt dieser in ihn. Diesen vielschichtigen Kontext gilt es „archäologisch auszugraben" oder, um ein anderes Bild aufzurufen, auf einer vernetzten Landkarte zu vermessen.[39] In den Fokus rücken damit „the processes of circulation, negotiation, and exchange that occur at the borders between the fictional realm [...] and the non-fictional realm".[40] In begrifflicher Zuspitzung forderte Kaes eine interdisziplinäre „vertikale Geschichtsschreibung", in der sich Kultur- und Sozialgeschichte, Filmtheorie und Diskursanalyse verschalten und in deren Zentrum sich Spielfilme als historische Quellen befinden.[41]

Kaes bezog sich in seinem Argument maßgeblich auf den Ethnologen Clifford Geertz, der bei seinen Forschungen zu den Symbolsystemen fremder Völker letzt-

---

35 Kaes, German Cultural History, in: Bodi u. a. (Hrsg.), Weltbürger – Textwelten, S. 388; ähnlich ders., Filmgeschichte, in: Jung/Schatzberg (Hrsg.), Filmkultur, S. 56 f., 62.
36 Kaes, Filmgeschichte, in: Jung/Schatzberg (Hrsg.), Filmkultur, S. 57.
37 Kaes, German Cultural History, in: Bodi u. a. (Hrsg.), Weltbürger – Textwelten, S. 388; ähnlich ders., Filmgeschichte, in: Jung/Schatzberg (Hrsg.), Filmkultur, S. 56.
38 Frank Bösch/Norbert Frei, Die Ambivalenz der Medialisierung. Eine Einführung, in: dies. (Hrsg.), Medialisierung und Demokratie im 20. Jahrhundert, Göttingen 2006, S. 7–23, Zitat S. 12.
39 Kaes, Filmgeschichte, in: Jung/Schatzberg (Hrsg.), Filmkultur, S. 56 f., 60.
40 Kaes, German Cultural History, in: Bodi u. a. (Hrsg.), Weltbürger – Textwelten, S. 390.
41 Kaes, Filmgeschichte, in: Jung/Schatzberg (Hrsg.), Filmkultur, S. 54–56.

endlich immer auf eine „social history of the imagination" abzielte.[42] Analog dazu geht es bei der historischen Arbeit mit Filmen ebenfalls um eine Gesellschaftsgeschichte, und zwar um eine äußerst weitreichende, die quellengestützt auch in Bereiche von Geschichte vordringt, die ihr sonst vorschlossen blieben: zu den kollektiven Ängsten und Emotionen, den Hoffnungen und Sorgen einer Gesellschaft; zu ihren widersprüchlichen Wahrnehmungen und Aneignungen der Welt in Vergangenheit und Gegenwart, einschließlich ihrer Umdeutungen und Verdrängungen; zu ihren Wünschen, Phantasien und Zukunftsprojektionen. Ihre besondere historische Relevanz, so wiederum Kaes, gewinnen Spielfilme, eben *weil* sie im Reich der Fiktion spielen, aus der ihnen innewohnenden Freiheit, für diagnostizierte Probleme Lösungen durchzuspielen, die in der historischen Realität nicht möglich, weil nicht sagbar, da tabuisiert, kriminell, phantastisch, unlogisch sind: Filme „schreiben die ungeschriebene Geschichte der Menschen".[43] Benjamin Städter hat diese Einsicht aus der umgekehrten Perspektive formuliert: Filmproduktionen sind Orte der „Auseinandersetzungen und Aushandlungsprozesse um die gesellschaftlich akzeptierten Grenzen des Darstellbaren".[44]

Gerade der Spielfilm könnte, um diese Überlegungen am Beispiel der aktuell diskutierten Emotionsgeschichte zu konkretisieren, als historische Quelle für ein „emotional regime" ausgewertet werden. Der amerikanische Historiker und Kulturanthropologe William Reddy bezeichnete mit diesem Begriff ein gesellschaftlich dominierendes Set von Gefühlsnormen zu einer bestimmten Zeit, das von der herrschenden Klasse gesetzt werde, aber mit den Gefühlslagen anderer Gruppen in Konflikt gerate.[45] Hier interessiert weniger, dass Reddys Konzept auch kritische Gegenreaktionen auslöste, die in andere Begrifflichkeiten mündeten,[46] sondern dass sich mit Filmen eine wissenschaftlich kontrollierte Chance bietet, Gefühle bzw. ganze „Gefühlssysteme" als sozial und kulturell „gemacht" und historisch wandelbar zu verstehen, mit Quellen empirisch zu belegen und der geschichtswissenschaftlichen Analyse zu öffnen. „Films are empowered by *shared* emotions, stories, and dreams", schrieb Anton Kaes, lange bevor an eine Emotionsgeschichte heutigen Zuschnitts zu denken war. Er spitzte die Frage nach dem vielschichtigen Verhältnis zwischen Vergnügen, Gefühl, Macht und visueller Kultur noch zu, indem er das Kino mit der Couch des Psychoanalytikers für all jene verglich, die sich eine Analyse

---

42 Clifford Geertz, Art as a Cultural System, in: Modern Language Notes 91, Nr. 6: Comparative Literature (1976), S. 1473–1499, Zitat S. 1498.
43 Kaes, Filmgeschichte, in: Jung/Schatzberg (Hrsg.), Filmkultur, S. 57.
44 Benjamin Städter, Verwandelte Blicke. Eine Visual History von Kirche und Religion in der Bundesrepublik 1945–1980, Frankfurt a. M./New York 2011, S. 25.
45 William Reddy, The Navigation of Feeling. A Framework for the History of Emotions, Cambridge 2001, S. 124 f., 315.
46 Vgl. z. B. den Forschungsbericht von Bettina Hitzer, Emotionsgeschichte – ein Anfang mit Folgen, in: H-Soz-Kult, 23.11.2011 (www.hsozkult.de/literaturereview/id/forschungsberichte-1221, letzter Zugriff 11.9.2018).

nicht leisten könnten. Film, so seine Überlegung, sei ein äußerst vielschichtiges soziales Produkt mit einer ganzen Reihe von gesellschaftlichen Funktionen für ein konkretes Publikum: Erinnerung, Selbstreflexion, Bildung, Unterhaltung, Emotionalisierung, Ablenkung, Verdrängung.[47]

Es ist höchste Zeit, an dieser Stelle den Blick endlich, wenn auch nur kurz, auf jene zu richten, die einen Film betrachten (oder in der Vergangenheit betrachtet haben), also die Zuschauerinnen und Zuschauer, das Publikum. Bereits dieser letzte Kollektivsingular verdeutlicht ein grundsätzliches Problem, das sich Geschichts-, Medien- und Filmwissenschaft gleichermaßen stellt: Das Publikum, allemal ein historisches, kommt selbst kaum oder gar nicht zu Wort, es scheint oft eher eine „imaginäre Figur" der Medienmacher, die mit allerlei Zuschreibungen aufgefüllt wird.[48]

Der „Platz des Zuschauer-Ichs" für Wahrnehmung, Verstehen und Interpretation der bewegten Bilder auf der Leinwand des Kinos – hier ist der Ort, an dem ein Film gesehen wird, wichtig – ist ein Thema, das die Filmtheorie schon lange beschäftigt. Denn es ist zentral für Überlegungen zum Zusammenhang von Film und Psychoanalyse, im Besonderen auch für die feministische Filmtheorie, die sich aus diesem Diskussionskontext heraus entwickelte. Die Überlegungen kreisen hier um die allmähliche Überlagerung von fiktivem filmischem Raum und realem Zuschauerraum, die Steuerung des Zuschauerblicks durch die Kamera, die unbewusste Identifizierung des Subjekts mit dem Kamerablick und mit sich selbst im Akt des Schauens.[49] Konkreter Ausgangspunkt ist die Analyse der Blickkonstellationen in der räumlichen Anordnung des Kinosaals, wie sie sich im Schuss/Gegenschuss-Verfahren des klassischen Erzählkinos herstellen. Zahlreiche Autorinnen und Autoren gingen den Effekten der „Suture" nach, durch die das betrachtende Subjekt gleich dem chirurgischen Akt des Vernähens einer Wunde als sinngebende Instanz quasi in den Film „hineingenäht" wird und diesen dadurch erst eigentlich herstellt. Nur über den Umweg über den Zuschauer, der die einzelnen Bilder und Einstellungen in Beziehung zueinander setzt und zu einer Einheit zusammenfügt, kommt Sinn zustande – ohne betrachtende Instanz kein Film. Allerdings: Ohne sich dessen bewusst zu sein, werden Zuschauerinnen und Zuschauer dem Blick der Kamera regelrecht unterworfen. „The film terrorizes the viewing subject, refusing ever to let it off the hook."[50]

---

47 Vgl. Kaes, German Cultural History, in: Bodi u. a. (Hrsg.), Weltbürger – Textwelten, S. 393.
48 Philipp Müller, MedienAneignungen. Vom Reiz der Medien, ihren Oberflächen und ihrem Gebrauch, in: sowi. Das Journal für Geschichte, Politik, Wirtschaft und Kultur 34 (2005), H. 4, S. 4–13, hier S. 6.
49 Vgl. z. B. Christian Metz, Der imaginäre Signifikant. Psychoanalyse und Kino, Münster 2000, S. 48 f.
50 Vgl. dazu Kaja Silverman, Suture, in: dies., The Subject of Semiotics, New York/Oxford 1983, S. 194–236, Zitat S. 212. Silverman verdeutlicht die meisterhafte Anwendung des „Suture"-Verfahrens an Alfred Hitchcocks „Psycho", ebenda, S. 206–214. Neben Silverman sind v. a. Autoren wie Jacques Alain Miller, Jean Pierre Oudart, Daniel Dayan und Stephen Heath zu nennen.

Die Filmtheorie hat sich daher in der Vergangenheit intensiv mit der ideologischen Wirkung des klassischen Erzählkinos auseinandergesetzt, das über die „Suture" das Publikum in vorgefertigte Denkmuster und diskursive Positionen einbindet, ohne dass es dies merkt. Ähnlich setzte die feministische Filmtheorie an den Blickregimen eines Films an und argumentierte mit der Psychoanalyse als „politischer Waffe" (Laura Mulvey), dass und wie die patriarchalische Gesellschaft den männlichen Blick („gaze") des Spielfilms im Kino zutiefst strukturiere und forme.[51]

Diese Diagnose zieht weitreichende medienwissenschaftliche Schlussfolgerungen nach sich: Medien würden ihrer Aufgabe umso eher gerecht, „je durchsichtiger sie bleiben, je unauffälliger sie unterhalb der Schwelle unserer Aufmerksamkeit verharren".[52] Dagegen ist für die Geschichtswissenschaft, konkret für die Zeit- und Mediengeschichte, das historische Publikum eines Spielfilms ein wichtiger Bezugspunkt in ihrem Bemühen, den vielschichtigen Kontext, in den ein Film verschaltet ist, zu rekonstruieren und zu analysieren. Immer stellt sich dabei die Frage nach tragfähig auszuwertenden Quellen, wobei die Mediengeschichte die Rezeption eines Spielfilms, die schwer zu greifen ist und im Verborgenen stattfindet, von den pluralen Nutzungs- und Gebrauchsweisen von Medien, sprich: der Medienaneignung unterscheidet, die der wissenschaftlichen Untersuchung eher zugänglich ist. Der Kinobesuch als Ereignis, in welches das Betrachten eines Spielfilms eingebettet ist, wird maßgeblich auch dadurch geprägt, was im Kinosaal geschieht. Medien sind demnach „eine Größe, die gestaltet wird und die auch erst im Akt ihres Gestaltens Bedeutung gewinnt".[53]

Aus mediengeschichtlicher Sicht wird damit einerseits die Reichweite der eben angesprochenen filmtheoretischen Positionen zur „Suture" genauer bestimmt, die sich selbst explizit auf das klassische Erzählkino bezogen. Andererseits wird auch für den Zweck dieses Bandes deutlich, dass es bei der Analyse von Spielfilmen als historischen Quellen in der Nachkriegszeit nicht um alle Medien gehen kann, die unter Nutzung unterschiedlicher Medientechnologien bewegte, mit Ton unterlegte Bilder massenweise verbreiten, sondern es geht für die fragliche Zeit konkret um den Spielfilm im Kino.

Der historische Ort, an dem ein Publikum Filme betrachtete, ist höchst variabel, er prägte Formate, Genres, emotionale Wahrnehmungen grundlegend. Die ersten, sehr kurzen Filme zur Zeit der vorletzten Jahrhundertwende wurden auf Jahrmärk-

---

[51] Einer der bis heute meist zitierten Essays der feministischen Filmtheorie ist Laura Mulvey, Visual Pleasure and Narrative Cinema, in: Screen 16 (1975), S. 6–18 (https://doi.org/10.1093/screen/16.3.6, letzter Zugriff 29.10.2018). Er hat auch in Deutschland einen wahren Sturm an teilweise sehr scharfen Diskussionen ausgelöst, vgl. z. B. Sabine Gottgetreu, Der bewegliche Blick. Zum Paradigmawechsel in der feministischen Filmtheorie, Frankfurt a. M. u. a. 1992.
[52] Sybille Krämer, Das Medium als Spur und als Apparat, in: dies. (Hrsg.), Medien, Computer, Realität. Wirklichkeitsvorstellungen und Neue Medien, Frankfurt a. M. 1998, S. 73–94, Zitat S. 74.
[53] Müller, MedienAneignungen, in: sowi. Das Journal für Geschichte, Politik, Wirtschaft und Kultur 34 (2005), H. 4, S. 6.

ten, im Varietee oder in Kneipen vorgeführt, so dass Frank Bösch vom frühen Kino als einem „Zirkus der Emotionen" schreibt. Applaus, Zwischenrufe, Lachen, Konsum von Essen und meist alkoholischen Getränken, laute Unterhaltungen, auch permanent ein- und austretende Zuschauer bedingen eine völlig andere Medienaneignung als der Kinosaal in festen, eigens zu diesem Zweck errichteten Gebäuden, mit fixen, nach Preisklasse gestaffelten Sitzplätzen und einer vorne zentral angebrachten Leinwand. Aber auch der Kinosaal zu Stummfilmzeiten, mit Platz für Orchester oder ein Klavier, in dem das Publikum, wie überliefert ist, sich sehr geräuschvoll und emotional äußerte, ist ein anderer als der dunkle, grundsätzlich stille Raum späterer Jahre, der andere Emotionalitäten zuließ und in dem Filme auch „anders" gesehen wurden.[54] Und auch die Erfahrungen, ein und denselben Spielfilm im Kino oder im Fernsehen zu betrachten, liegen weit auseinander. Die Unterschiede entscheiden sich eben nicht an den Filmen selbst, sondern, wie Irmela Schneider herausgearbeitet hat, „an den unterschiedlichen situativen Bedingungen der kommunikativen Teilhabe".[55]

Das Kino, so viel ist festzuhalten, ist mehr als ein bloßer Ort. Es ist eine besondere Kulturtechnik, ein komplexer „Gesellschaftsapparat", der mitzudenken und mit zu analysieren ist, wenn man sich mit Spielfilm als historischer Quelle beschäftigt.[56] Für den Zeitraum des vorliegenden Bandes ist Kino grundsätzlich ein öffentlich zugänglicher, abgedunkelter Raum, in dem ein anonymes Publikum aus Männern und Frauen gegen Bezahlung eine Leinwand betrachtet, auf die ein lichtunterstützter Projektor 24 auf Zelluloid gebannte Bilder pro Sekunde wirft. Im Falle des Spielfilms addieren sich diese zu einer meist 90 Minuten langen Filmerzählung, die gerahmt wird von einem Programm mit Wochenschau und Kultur- oder dokumentarischem Kurzfilm. Hergestellt und vertrieben werden die Zelluloidstreifen von einer marktbestimmt agierenden Filmindustrie. Die Zuschauerinnen und Zuschauer nehmen die Filmerzählung in sich auf, gleichen sie mit ihren Erfahrungen ab und nehmen sie mit in ihren Lebensalltag, in dem das Kino eine konkret bestimmbare soziale Funktion innehat.

Die Bedeutung der Lichtspieltheater in den untersuchten Nachkriegsgesellschaften ist kaum zu überschätzen: Die Menschen gingen ins Kino, sobald es die Umstände zuließen. In den westlichen Besatzungszonen Deutschlands gab es Ende 1945 nur 1150 Kinos, viele waren im Krieg zerstört worden (Ende 1944 auf dem Gebiet des Deutschen Reiches: 6484), doch ihre Zahl stieg – mit wechselnden Ge-

---

54 Frank Bösch, Der eigensinnige Kinobesucher. Emotionen der Zuschauer im 20. Jahrhundert, in: sowi. Das Journal für Geschichte, Politik, Wirtschaft und Kultur 34 (2005), H. 4, S. 14–25.
55 Vgl. dazu ausführlicher Irmela Schneider, Ein Weg zur Alltäglichkeit. Spielfilme im Fernsehprogramm, in: Helmut Schanze/Bernhard Zimmermann (Hrsg.), Das Fernsehen und die Künste, München 1994, S. 227–301, Zitat S. 228.
56 Vgl. dazu ausführlich Perinelli, Fluchtlinien, S. 34 f., mit Bezug auf Teresa de Lauretis/Stephen Heath (Hrsg.), The Cinematic Appartus, London 1980.

schwindigkeiten – rasant an: 2125 (1946), 2850 (1947), 2950 (1948), 3360 (1949). Die Zahl der Kinobesucher lag um ein Vielfaches höher als heute: Sie wuchs von 150 auf 467 Millionen im Jahr 1949. Die 1950er Jahre waren dann die Goldenen Jahre des Kinos in der Bundesrepublik mit 6436 Lichtspieltheatern und 817,5 Millionen Besuchern im Jahr 1956, bis sie danach kontinuierlich der Konkurrenz des Fernsehens weichen mussten.[57]

Aber Kino ist nicht gleich Kino, sein gesellschaftlicher Ort ist unterschiedlich markiert. So war der Kinobesuch nach dem Krieg auch die beliebteste Freizeitbeschäftigung der Italienerinnen und Italiener, für die sie doppelt so viel Geld ausgaben wie für Theater, Radio, Sport- und andere Kulturveranstaltungen zusammen.[58] Aber das italienische *dopoguerra* ist etwas anderes als die Nachkriegsjahre in Deutschland, und dies nicht nur, weil es in manchen Landesteilen schon 1943 begann, sich in harten Kämpfen von Süd nach Nord ausbreitete und Züge eines Bürgerkriegs annahm.

Antje Dechert hat in ihrer Längsschnittuntersuchung des *divismo*, des Starkults, auf die spezifisch italienische Kinokultur aufmerksam gemacht, die sich in den 1930er Jahren etablierte und bis weit in die 1950er Jahre fortdauerte. Die kommerziellen Lichtspielhäuser teilten sich in vier Klassen, die sich nach Komfort der Ausstattung, Größe der Leinwand und Eintrittspreisen, aber auch nach dem Programm der gezeigten Filme unterschieden. Mehr als zwei Drittel entfielen auf die unteren beiden Kategorien, sie lagen am Rand der Städte und zeigten alte Filme aus früheren Spielzeiten. Der sonntägliche Kinobesuch mit der Familie einschließlich der Kinder oder im Freundeskreis etablierte sich als Ritual: Man verbrachte den Nachmittag im Kino, kam nicht notwendig zu Beginn der Vorführung oder ging noch vor dem Ende, sah denselben Film oft zweimal, aß, trank und rauchte, unterhielt sich laut. Die Lichtspielhäuser waren Räume der Unterhaltung, aber auch „urbane Orte kollektiver Sozialisation", in denen sich soziale, Alters- und Geschlechterdifferenzen tendenziell auflösten.[59] Ob bei solchen gemeinschaftlichen Kinoerlebnissen das oben beschriebene „Suture"-Verfahren zur gelenkten Sinnkonstituierung überhaupt vorstellbar ist, scheint fraglich, denn dieses setzt den einzelnen Filmbetrachter, still im abgedunkelten Raum, sowie einen von Anfang bis Ende betrachteten Film notwendig voraus. Das italienische Kino war zugleich aber auch ein Ort der politischen und weltanschaulichen Auseinandersetzung, wie das Engagement der katholischen Kirche zeigt. Sie nutzte nach dem Krieg verstärkt ihre Kirchen als Vorführräume und übte besonders auf dem Land und im Süden, wo Nachholbedarf herrschte, oftmals die „Kinohoheit" aus. Die katholische Kirche steigerte die Zahl ihrer Gemein-

---

[57] Vgl. Friedrich P. Kahlenberg, Film, in: Wolfgang Benz (Hrsg.), Die Geschichte der Bundesrepublik Deutschland, Bd. 4: Kultur, Frankfurt a. M. 1989, S. 464–512, hier S. 466, 475.
[58] Vgl. Perinelli, Fluchtlinien, S. 33.
[59] Antje Dechert, Stars all'italiana. Kino und Körperdiskurse in Italien 1930–1965, Köln u. a. 2014, S. 46–48.

dekinos von 559 (1945) auf 5500 (1955). Zugleich sicherte ein Gesetz von 1949 mit weitgehenden Zensur- und Finanzierungsbestimmungen die Vormachtstellung der Democrazia Cristiana im Filmwesen.[60]

Damit greift der vorliegende Aufsatz zurück auf die obigen Ausführungen zum Spielfilm als historischer Quelle für gesellschaftliche Selbstverständigungsdiskurse und ergänzt sie, indem er sie einbettet in den Kontext des konkreten Orts der Medienaneignung im Kino. Denn auch in Deutschland war der Kinosaal ein umkämpfter Raum, wo kulturelle Konflikte ausgetragen wurden, auch wenn die Zeit der lautstarken Interventionen, Empörungen und Zwischenrufe grundsätzlich vorbei war und stilleren Formen wich.[61] So versammelte beispielsweise die katholische Filmliga in ihren Reihen eine Massenmitgliedschaft, die sich auf dem Höhepunkt ihrer Entwicklung 1954 auf rund vier Millionen belief (etwa das Dreifache der Mitglieder aller bundesdeutschen Parteien) und mit dem Ziel zusammenfand, die Filmpolitik insgesamt mitzugestalten.[62]

Vor diesem Hintergrund hat die geschichtswissenschaftliche Beschäftigung mit dem Spielfilm für die Jahre unmittelbar nach dem Zweiten Weltkrieg eine besondere Bedeutung. Obwohl sich die Disziplin, wie gezeigt, dieser historischen Quelle vergleichsweise spät zugewandt hat, weisen die vorliegenden Publikationen – und es sind nicht wenige – darauf hin, dass alle Nachkriegsgesellschaften eine verdichtete Zeit konflikthafter Veränderung, Dynamisierung und Umgestaltung erlebten, zu der die Analyse von Spielfilmen einen hervorragenden Zugang eröffnet.

Innovative Anstöße einer kulturwissenschaftlich inspirierten, für die Nachkriegsgeschichte produktiven Auswertung von deutschen Spielfilmen kamen aus den USA, wobei Fragen der Aushandlung und Wiederherstellung deutscher Identität nach Hitler im Zentrum standen. Heide Fehrenbach ging 1995 voran, indem sie ihre Argumentation vom frühen Nachkriegs- und bundesdeutschen Kino aus, aber in Verflechtung mit „Hollywood" entwickelte.[63] Zehn Jahre danach brachte Johannes von Moltke den deutschen Heimatfilm, der lange als Materialisierung tumber Verdrängung und zum Klischee erstarrter Heile-Welt-Phantasien gescholten worden war, neu zum Sprechen und führte den Beweis, dass dieser eine Quelle darstellt, die sogar sehr differenzierte Einsichten in die gebrochene Verarbeitung von Nationalso-

---

60 Vgl. Perinelli, Fluchtlinien, S. 34.
61 Vgl. Bösch, Kinobesucher, in: sowi. Das Journal für Geschichte, Politik, Wirtschaft und Kultur 34 (2005), H. 4, S. 24 f.
62 Vgl. Johannes von Moltke, Rezension von Heide Fehrenbach, Cinema in Democratizing Germany. Reconstructing National Identity after Hitler, Chapel Hill 1995, S. 482 f. (archiv.ub.uni-marburg.de/ep/0002/article/download/4196/4072/, letzter Zugriff 29.10.2018); vgl. Städter, Blicke, für eine auf Religion und Kirche fokussierende Mediengeschichte seit 1945.
63 Vgl. Heide Fehrenbach, Cinema in Democratizing Germany. Reconstructing National Identity after Hitler, Chapel Hill 1995.

zialismus, Krieg und Nachkriegsordnung erlaubt.⁶⁴ Andere Untersuchungen zu den deutschen Trümmerfilmen und den italienischen Filmen des Neorealismus diagnostizieren im Zusammenbruch eine Art von Ausnahmezustand, eine kurze Zwischenzeit, in der sich nach der Auflösung traditioneller Körper- und Geschlechterordnungen für wenige Jahre Räume ohne hegemoniale Ordnungen konstituierten. Andersartige, vielgestaltige und offene Lebensformen wurden denk- und lebbar.⁶⁵ Allerdings stabilisierten sich die traditionellen Geschlechterhierarchien nach der Wiederherstellung von Staatlichkeit erneut, wenn auch in neuen Formen und Strukturen. Und auch die Forschungsliteratur über Spielfilme der eindeutigen Sieger des Kriegs, der USA, rekonstruiert erschütterte Geschlechterordnungen, etwa eine dezidierte „postwar crisis in American masculinity", wobei es sich um weiße Männlichkeiten handelt.⁶⁶ Hier tut sich also eine transnationale Perspektive auf, welche die untersuchten Nachkriegsgesellschaften auf unerwartete Weise miteinander verbindet. Auch in dieser Hinsicht lässt sich das Plädoyer des vorliegenden Beitrags und des Sammelbands insgesamt nur wiederholen: Spielfilme sind empfindliche Seismographen historischen Wandels, auf welche die Zeitgeschichtsforschung nicht verzichten sollte.

---

64 Johannes von Moltke, No Place Like Home. Locations of Heimat in German Cinema, Berkeley u. a. 2005. Vgl. ebenso Jennifer Kapczynski, Postwar Ghosts: Heimatfilm and the Specter of Male Violence. Returning to the Scene of the Crime, in: German Studies Review 33 (2010), Nr. 2, S. 305–330.
65 Vgl. ausführlich Dechert, Stars, S. 150–173; Perinelli, Liebe '47; ders., Fluchtlinien.
66 Vgl. z. B. Amy Lawrence, American Shame. Rope, James Stewart, and the Postwar Crisis in American Masculinity, in: Jonathan Freedman/Richard Millington (Hrsg.), Hitchcock's America, New York 1999, S. 55–76. Ein anderes, sehr spezifisches Genre amerikanischer Filme untersucht Gudrun Löhrer, Anopheles Anni vs Malaria Mike. Masculinity, Sexuality and Malaria-Education in 1940s Animation Films, in: Maren Möhring/Massimo Perinelli/Olaf Stieglitz (Hrsg.), Tiere im Film. Eine Menschheitsgeschichte der Moderne, Köln u. a. 2009, S. 193–205. Siehe auch den Beitrag von Olaf Stieglitz im vorliegenden Band.

Teil I: **Vergangenheiten**

Andrea Löw
Zwischen Kitsch und Aufklärung

Judenverfolgung als Melodram in *Ehe im Schatten* (1947)

Am 3. Oktober 1947 wurde in Berlin ein Film uraufgeführt, der die Zuschauer zu Tränen rührte. *Ehe im Schatten*[1] ist der einzige Film, der in allen vier Berliner Sektoren gleichzeitig Premiere hatte, und er wurde ein großer Erfolg: Mit insgesamt über zwölf Millionen Zuschauern war die erste DEFA-Produktion der erfolgreichste deutsche Film in der unmittelbaren Nachkriegszeit. 1948 wurde er als künstlerisch bester deutscher Nachkriegsfilm mit einem Bambi ausgezeichnet, im selben Jahr feierte er seine erfolgreiche US-Premiere in New York.[2] Wie war es möglich und was bedeutete es, dass ausgerechnet ein Film, in dem es um die Verfolgung der Juden im gerade erst vergangenen „Dritten Reich" ging, einen solchen Erfolg hatte?

1 Der Inhalt

Ehe im Schatten erzählt die Geschichte eines erfolgreichen Schauspieler-Ehepaares, das in der Zeit des Nationalsozialismus immer stärker unter Druck gerät, da die Frau eine Jüdin ist. Geschildert wird eine private Tragödie: In drei Zeitausschnitten – jeweils einige Tage in den Jahren 1933, 1938 und 1943 – entwickelt der Film den dramatischen Weg des Paares, der mit dem gemeinsamen Selbstmord endet.

Die jüdische Schauspielerin Elisabeth Maurer (Ilse Steppat) und ihr „arischer" Kollege Hans Wieland (Paul Klinger) fahren nach einer gefeierten Premiere von Friedrich Schillers „Kabale und Liebe" nach Hiddensee. Sie werden begleitet von ihrem ebenfalls jüdischen Schauspielerkollegen Kurt Bernstein (Alfred Balthoff) und dem Verleger Dr. Herbert Blohm (Claus Holm), der ebenso wie Hans Wieland, aber zunächst mit mehr Erfolg, um Elisabeth wirbt, jedoch erstaunt ist, als sie ihm eröffnet, dass sie Jüdin sei. Nachdem Blohm wenig später einen Posten in der Reichskulturkammer annimmt und Elisabeth sein Parteiabzeichen entdeckt, lösen sie die Verbindung auf. Kurt Bernstein emigriert nach Wien; er versucht Elisabeth zu überreden, mitzukommen. Sie bleibt jedoch in Berlin, obwohl ihr der Intendant

---

[1] *Ehe im Schatten* (Deutschland 1947); Produktion: DEFA Deutsche Film-Aktiengesellschaft; Literaturvorlage: Novelle „Es wird schon nicht so schlimm" von Hans Schweikart; Regie und Drehbuch: Kurt Maetzig; Erstaufführung: 3.10.1947 in Berlin; Hauptrollen: Paul Klinger, Ilse Steppat, Alfred Balthoff, Claus Holm, Willy Prager; Länge: 104 Min.
[2] Ingrid Poss/Peter Warnecke (Hrsg.), Spur der Filme. Zeitzeugen über die DEFA, Bonn 2006, S. 23; Robert R. Shandley, Trümmerfilme. Das deutsche Kino der Nachkriegszeit, Berlin 2010, S. 133.

ihres Theaters nahelegt, diesem in Zukunft fernzubleiben. Elisabeth gibt schließlich dem Werben ihres Kollegen Hans Wieland nach und wird seine Frau.

Fünf Jahre später, im November 1938, feiern die beiden mit engen Freunden und Elisabeths Onkel Dr. Louis Silbermann (Willy Prager) ihren fünften Hochzeitstag. Während Elisabeth kaum noch die Wohnung verlässt, seit Jahren nicht mehr spielen darf, macht ihr Mann eine glänzende Karriere im Film und auf der Theaterbühne. Während Hans Wieland gerade eine erfolgreiche Premiere feiert, beginnen in den Straßen die Ausschreitungen der Novemberpogrome. Bestürzt eilt er nach Hause, wo er Elisabeth, die angesichts der Gewalt, die sie gesehen hat, nun doch emigrieren möchte, überredet zu bleiben.

1943. Elisabeth ist allein in der Wohnung oder wir sehen sie, wie sie mit anderen Juden, die in Mischehen leben, für Lebensmittelmarken ansteht. Hans ist an der Front. Sie ist durch die Ehe mit ihm vor der Deportation geschützt, doch die Situation spitzt sich immer mehr zu. Bei der Marken-Ausgabestelle wird Elisabeth Zeugin, wie ihre ehemalige Garderobenfrau und deren Tochter von der Gestapo aus dem Raum gezerrt werden, da ihr Mann gefallen ist und sie damit ohne jeden Schutz ist. Als Elisabeth gehetzt und verzweifelt zuhause ankommt, trifft sie auf Hans, der von der Front zurückgekehrt ist. Sie ist erleichtert: „Du bist da! Ich hab' so auf dich gewartet! Ich kann nicht mehr ohne dich leben. [...] Lieber wollen wir sterben, als daß wir uns noch einmal trennen."[3]

Hans überredet Elisabeth, ihn zu einer Filmpremiere zu begleiten. Dort treffen sie zufällig Herbert Blohm in Begleitung eines Staatssekretärs aus dem Propagandaministerium, der erst nach der Begegnung erfährt, dass er einer Jüdin die Hand geküsst hat. Außer sich vor Zorn verlangt er von Blohm, die Sache „zu bereinigen". Blohm teilt Wieland mit, nach dem Auftritt Elisabeths in der Öffentlichkeit könne er ihn und seine Frau nicht mehr schützen. Er fordert Hans auf, sich unverzüglich von seiner Frau scheiden zu lassen, sie werde deportiert. Der Schauspieler entschließt sich, gemeinsam mit ihr in den Tod zu gehen. Er schüttet, ohne zu merken, dass Elisabeth ihn dabei beobachtet, Gift in den Kaffee, den sie beide trinken. In der letzten Szene werden ihre Särge zu Grabe getragen. Ein Text wird eingeblendet: „Dieser Film ist dem Andenken des Schauspielers Joachim Gottschalk gewidmet, der im Herbst 1941 mit seiner Familie in den Tod getrieben wurde, und mit ihm zugleich all denen, die als Opfer fielen."[4]

---

[3] Zit. nach Peter Pleyer, Deutscher Nachkriegsfilm 1946–1948, Münster 1965, S. 228.
[4] Zit. nach ebenda, S. 231.

Abb. 1: Hans Wieland (Paul Klinger) und Elisabeth Maurer (Ilse Steppat) in den dramatischen Schlussszenen des Films (© DEFA-Stiftung)

2 Hintergrund: Meta und Joachim Gottschalk

Dem Film liegt die Novelle „Es wird schon nicht so schlimm" von Hans Schweikart zugrunde,[5] die vom Schicksal des Schauspieler-Ehepaars Meta und Joachim Gottschalk inspiriert war. Die beiden standen 1928 erstmals gemeinsam auf der Bühne. Meta, geb. Wolff, war jüdischer Herkunft und konvertierte ihrem Mann zuliebe zum evangelischen Glauben. Sie heirateten 1930, und drei Jahre später kam ihr Sohn Michael auf die Welt. 1934 zogen sie von Leipzig nach Frankfurt, wo Joachim Gottschalk ein Engagement an den Städtischen Bühnen Frankfurt am Main bekam. 1937 machte jedoch der Gaupropagandaleiter für Hessen-Nassau, Willi Stöhr, Druck auf den Intendanten Hans Meissner wegen des „jüdisch versippten" Gottschalk, und Meissner entließ seinen Star daraufhin. Eugen Klöpfer, der Intendant der Berliner Volksbühne, wo Gottschalk 1937 ein viel umjubeltes Gastspiel gegeben hatte, engagierte ihn daraufhin. Die Gottschalks gingen Anfang 1938 in die Reichshauptstadt. Neben Joachim Gottschalks Theaterkarriere trat ein beachtliches Filmschaffen; zwi-

---

[5] Die Novelle wurde 2014 erstmals veröffentlicht: Hans Schweikart, Es wird schon nicht so schlimm! Oder Nichts geht vorüber! Ein Filmvorschlag von Hans Schweikart, hrsg. von Carsten Ramm, Berlin 2014.

schen 1938 und 1941 drehte er sieben Filme, unter anderem mit Brigitte Horney. Im Frühjahr 1941 wollte der Regisseur Veit Harlan einen Film mit Gottschalk besetzen, Goebbels machte seine Genehmigung aber davon abhängig, dass der Schauspieler sich von seiner Frau trenne. Gottschalk ließ sich auf diese Bedingung nicht ein und lehnte die Filmrolle ab. Als Nächstes bestellte ihn Hans Hinkel ins Propagandaministerium und drängte auf die Scheidung. Gottschalk lehnte wiederum ab. Am 20. Mai bekam der Bavaria-Produktionschef Hans Schweikart, der spätere Autor der Novelle „Es wird schon nicht so schlimm", ein Schreiben aus dem Propagandaministerium: „Wie bereits telefonisch durchgegeben, ist eine Verwendung Joachim Gottschalks im deutschen Film nicht mehr zulässig. Heil Hitler!" Im Oktober 1941 begannen die Deportationen der deutschen Juden Richtung Osten. In der Nacht vom 5. auf den 6. November 1941 nahm sich das Ehepaar Gottschalk gemeinsam mit ihrem achtjährigen Sohn das Leben.[6]

Schweikart war ein Freund und Kollege von Joachim Gottschalk und zugleich der Regisseur von *Das Mädchen von Fanö*, Gottschalks vorletztem Film. Während der Film *Ehe im Schatten* mit der Widmung zum Andenken an die Gottschalks schließt, und damit den direkten Bezug herstellt, vermeidet die Novelle dies. Schweikart selbst meinte dazu, die Geschichte des Ehepaars sei ihm noch zu nah und „zu tief mit persönlich Erlebtem verbunden", als dass er sie künstlerisch gestalten könne. Worum es ihm in der Novelle ging, beschrieb er so: „Wir mußten den Anlaß, den sie uns boten, in das allgemein Gültige umsetzen, indem wir ihn von den Personen ablösten, die gelebt haben, und ihn als Auswirkung eines Gesetzes darstellen, dem Viele unterlagen. Aus dieser Distanz gewinnen die Kämpfe dieser beiden Menschen die Bedeutung einer Lehre, die wir anzunehmen haben."[7]

3 Unmittelbare Betroffenheit

Nicht nur der Autor der literarischen Vorlage hatte einen sehr persönlichen Bezug zu diesem Thema, sondern auch Regisseur Kurt Maetzig: Seine Mutter war Jüdin, lebte in einer Mischehe, die jedoch geschieden wurde. Sie nahm sich, um nicht der Gestapo in die Hände zu fallen, das Leben. Maetzig selbst galt den Nationalsozialisten als „Mischling", und er trat 1944 der illegalen KPD bei.[8] *Ehe im Schatten* ent-

---

[6] Vgl. Ulrich Liebe, Verehrt, verfolgt, vergessen. Schauspieler als Naziopfer, Weinheim/Berlin 1992, S. 63–95; Rolf Aurich/Wolfgang Jacobsen, „Alle Giftmittel standen hoch im Kurs". Ein Nachwort, in: Schweikart, Es wird schon nicht so schlimm, S. 71–114, hier S. 94–104, Zitat S. 96; Elke Schieber, Tangenten. Holocaust und jüdisches Leben im Spiegel audiovisueller Medien der SBZ und der DDR 1946 bis 1990 – Eine Dokumentation, Berlin 2016, S. 592. Zum Tod der Gottschalks siehe auch den Eintrag vom 17.11.1941 im Tagebuch von Jochen Klepper: ders., Unter dem Schatten deiner Flügel. Aus den Tagebüchern der Jahre 1932–1942, hrsg. von Hildegard Klepper, Stuttgart 1956, S. 565 f.
[7] Zit. nach Aurich/Jacobsen, Nachwort, in: Schweikart, Es wird schon nicht so schlimm, S. 75.

stand aus einer unmittelbaren inneren Betroffenheit des Regisseurs heraus, der Film und seine Thematik waren ihm extrem wichtig. Mit Willy Prager und Alfred Balthoff waren auch zwei Schauspieler mit an Bord, die ähnliche Schicksale hinter sich hatten, die das, was sie spielten, teilweise selbst erlebt hatten. Balthoff, der in diesen Jahren seinen Originalnamen Alfred Berliner nutzen musste, trat bis zur Auflösung des Jüdischen Kulturbunds am 11. September 1941 in dessen Aufführungen in Berlin auf. Balthoff und Prager überlebten im Untergrund.[9]

Diese frühe Auseinandersetzung mit den deutschen Verbrechen der unmittelbaren Vergangenheit entsprang einem persönlichen Interesse des Regisseurs und hatte sicherlich auch mit den Wünschen der Besatzungsmächte bzw. ihrer *Reeducation*-Politik zu tun. Auf einen Wunsch des Publikums, sich damit zu beschäftigen, ist das Thema von *Ehe im Schatten* eher nicht zurückzuführen, wie noch gezeigt wird. Der Regisseur musste also einen Weg finden, das schwierige Thema spielfilmtauglich zu machen. Die Besucherzahlen zeigen, dass Maetzig mit seiner Umsetzung offenbar den Nerv der Zeit getroffen hatte.[10]

Mit der melodramatischen Art der Umsetzung hängt auch zusammen, dass am Ende trotz des großen Erfolgs nicht alle begeistert von *Ehe im Schatten* waren. Einige Kritiker tadelten ästhetische Mängel und Unbeholfenheiten des Drehbuchs. Die beiden prominentesten Kritiker waren Siegfried Kracauer und Bertolt Brecht. Letzterer schockierte den Regisseur 1948 mit einer Reaktion, die Maetzig rückblickend beschrieb: „Er wurde von vielen Seiten bedrängt, sich meinen erfolgreichen Film anzusehen. Brecht kam und sah. Als der Film zu Ende war, schwieg er. Schweigen konnte Gold sein. Vielleicht hatte meine Filmtragödie selbst einen kritischen Kopf wie Brecht so tief angerührt, daß er zunächst keine Worte fand. Endlich erholte er sich von seiner Sprachlosigkeit und sagte: ‚Was für ein schrecklicher Kitsch!' Ich war tief verletzt. Am nächsten Tag schickte mir Brecht sein ‚Kleines Organon für das Theater'."[11] Eng mit dieser Einschätzung Brechts verbunden, kritisierte Siegfried

---

8 Vgl. ebenda, S. 87; Shandley, Trümmerfilme, S. 130; Tim Gallwitz, „Unterhaltung – Erziehung – Mahnung". Die Darstellung von Antisemitismus und Judenverfolgung im deutschen Nachkriegsfilm 1946 bis 1949, in: Fritz Bauer Institut (Hrsg.), „Beseitigung des jüdischen Einflusses ...". Antisemitische Forschung, Eliten und Karrieren im Nationalsozialismus, Frankfurt a. M./New York 1999, S. 275–304, hier S. 278; Christiane Mückenberger, Die ersten antifaschistischen DEFA-Filme der Nachkriegsjahre, in: Bundeszentrale für politische Bildung (Hrsg.), Nationalsozialismus und Judenverfolgung in DDR-Medien, Schriftenreihe Medienberatung, H. 4, Bonn 1997, S. 11–25, hier S. 13.
9 Vgl. Peter Reichel, Erfundene Erinnerung. Weltkrieg und Judenmord in Film und Theater, München 2004, S. 186; Kay Weniger, Zwischen Bühne und Baracke. Lexikon der verfolgten Theater-, Film- und Musikkünstler 1933–1945, Berlin 2008, S. 48 f. und S. 281.
10 Vgl. Fernand Jung, Das Thema Antisemitismus am Beispiel des DEFA-Films „Ehe im Schatten", in: Bundeszentrale für politische Bildung (Hrsg.), Rainer Waterkamp (Konzeption und Projektleitung), Nationalsozialismus und Judenverfolgung in DDR-Medien, H. 4, Bonn 1997, S. 45–52, hier S. 51; Gallwitz, Antisemitismus und Judenverfolgung, in: Fritz Bauer Institut (Hrsg.), Antisemitische Forschung, Eliten und Karrieren, S. 277.
11 Zit. nach Poss/Warnecke (Hrsg.), Spur, S. 46. Siehe auch Shandley, Trümmerfilme, S. 132 f.

Kracauer die „politische Unreife" des Films, der gerade nicht zeige, dass Hitler „von innen" kam, dass er gewollt war und die Nazis nicht, wie sie Elisabeth und ihren Freunden auf der Leinwand erschienen, als gleichsam „fremde Rasse" von außen kamen.[12]

Durch die Entscheidung, dieses Thema als Melodram zu inszenieren, konnten die Zuschauer einfach nur einen sentimentalen Film genießen, mit dem Schauspielerpaar mitleiden, ohne sich allzu sehr auf die moralischen Hintergründe einlassen und sich intellektuell mit der Judenverfolgung auseinandersetzen zu müssen. Die tragische Geschichte hätte genauso gut vor dem Hintergrund der Französischen Revolution oder im alten Rom spielen können.[13]

Kritiker bemängelten also den „Kitsch", die Tatsache, dass Maetzig sich für eine recht schwerfällige Melodramatik entschieden hatte, um seine Botschaft filmisch zu vermitteln. Doch sagt dies auch einiges darüber aus, wie er die deutsche Nachkriegsöffentlichkeit – vermutlich richtig – einschätzte. Wenn er schon die Judenverfolgung thematisieren wollte, musste er das auf eine Art und Weise tun, auf die das Publikum sich einließ. Er selbst sagte dazu: „Und er ist zugleich ein emotionaler Film, der damals geholfen hat, viele verhärtete Herzen aufzuschließen oder überhaupt wieder ansprechbar zu machen."[14] Diese Taktik ging zumindest insofern auf, dass der Film überaus erfolgreich war. Auch die meisten Kritiken in der Presse feierten das Werk für den gewählten Stoff, die Darstellung, die Intensität und immer wieder dafür, dass er es schaffte, das Publikum zu erschüttern. Zugleich waren manche Rezensenten und sicherlich sehr viele Zuschauer überaus dankbar, dass die ganze, harte Realität der Judenverfolgung eben nicht gezeigt wurde. So wurde gelobt, es sei „taktvoll", dass der Film Konzentrationslager, Gaskammern und Erschießungen nicht zeige.[15]

Noch etwas erleichterte die Aufnahme des Films: Seine Ästhetik erinnert stark an die UfA-Filme während der NS-Zeit. Maetzig zeigte sich in seinem ersten Film von der Filmästhetik der vergangenen Jahre beeinflusst. Indem er auf die Sehgewohnheiten des deutschen Publikums einging, trug er zur Bereitschaft der Kinogänger bei, sich auf die Darstellung jüdischer Schicksale im Nationalsozialismus einzulassen. Dies sah der Regisseur rückblickend selbst auch so: „Ich war in vielem noch ganz befangen in der Sichtweise von Filmen aus vergangener Zeit. Die ungeheure Botschaft, die ich durch den Film *Ehe im Schatten* weitertragen wollte, war neu und schockierend für das Publikum. Aber die Machart war konventionell und dem Stoff

---

12 Siegfried Kracauer, Der anständige Deutsche. Ein Filmportrait (1949), in: Film und Fernsehen 1 (1999), S. 6–8.
13 Vgl. Shandley, Trümmerfilme, S. 134 f.; Reichel, Erinnerung, S. 188.
14 Zit. nach Poss/Warnecke (Hrsg.), Spur, S. 46. Siehe auch Shandley, Trümmerfilme, S. 138.
15 Vgl. Reichel, Erinnerung, S. 189.

nicht adäquat. Aber sie hat wahrscheinlich die Aufnahme durch das Publikum erleichtert."[16]

Die ästhetischen Ähnlichkeiten von *Ehe im Schatten* und auch dem später noch diskutierten Film *Zwischen gestern und morgen* mit den UfA-Produktionen aus der NS-Zeit sind auch in personellen Kontinuitäten begründet. So schuf der Komponist Wolfgang Zeller ausgerechnet zu den Filmen *Jud Süß* und *Ehe im Schatten* eine recht ähnliche Musik, und bei Kameramann Friedl Behn-Grund sind ebenfalls Einflüsse eigener UfA-Arbeiten zu erkennen.[17] Regieassistent Wolfgang Schleif hatte diese Position bereits schon bei *Jud Süß* inne.[18] Auch unter den Schauspielern dieser Zeit gab es keineswegs nur neue Gesichter: Sybille Schmitz und Willy Birgel spielen in *Zwischen gestern und morgen* die Jüdin Dreyfuss und ihren Ehemann Corty. Die beiden hatten vorher schon einmal ein Liebespaar gespielt, 1939 in der UfA-Produktion *Hotel Sacher*.[19]

4 Mischehen als Thema im deutschen Nachkriegsfilm

Ehe im Schatten ist einer von drei Filmen der zweiten Hälfte der 1940er Jahre, der eine Mischehe zum Thema hat. Die anderen sind *In jenen Tagen* und *Zwischen gestern und morgen*. Einige Worte zum historischen Hintergrund: Insgesamt wurden im Deutschen Reich im 19. und 20 Jahrhundert etwa 120 000 Schließungen von Mischehen registriert, davon rund 53 000 zwischen 1875 und 1932. Die Zahl der Mischehen zum Zeitpunkt der Machtübernahme der Nationalsozialisten wird auf 35 000 geschätzt. Darunter fielen aber nur diejenigen, in denen ein Partner tatsächlich noch einer Jüdischen Gemeinde angehörte. Das im September 1935 erlassene „Gesetz zum Schutze des deutschen Blutes und der deutschen Ehre" verbot Hochzeiten zwischen Juden und „Ariern". Die Volkszählung von 1939 ergab, dass – nun nach NS-Definition, die auch Ehen erfasste, bei denen der jüdische Teil sich längst hatte taufen lassen – noch 20 454 Mischehen im Deutschen Reich existierten. Zahlreiche Paare hatten das Land also bereits verlassen. Im Dezember 1942 gab es noch 16 760, im April 1943 noch 16 658 und im September 1944 nur noch 12 487 Mischehen im Deutschen

---

16 Zit. nach Poss/Warnecke (Hrsg.), Spur, S. 46. Siehe auch Shandley, Trümmerfilme, S. 138.
17 Vgl. Shandley, Trümmerfilme, S. 131; Christiane Mückenberger, Zeit der Hoffnungen 1946–1949, in: Ralf Schenk (Red.), Das zweite Leben der Filmstadt Babelsberg. DEFA-Spielfilme 1946–1992, Berlin 1994, S. 8–49, hier S. 41.
18 Vgl. Detlef Kannapin, Dialektik der Bilder. Der Nationalsozialismus im deutschen Film. Ein Ost-West-Vergleich, Berlin 2005, S. 61, Anm. 112.
19 Vgl. Shandley, Trümmerfilme, S. 112.

Reich. Über den Umgang mit diesen Ehen gab es innerhalb der NS-Spitze immer wieder Unstimmigkeiten.

Bis Ende 1938 waren Juden, die in einer Mischehe lebten, gleichermaßen von den Ausgrenzungen betroffen wie andere Juden. Seit Ende 1938 gab es Ausnahmeregelungen, andere Maßnahmen traten für diese Gruppe erst mit zeitlicher Verzögerung in Kraft. Die in den hier diskutierten Filmen dargestellten Mischehen waren sämtlich „privilegiert", da eine jüdische Frau mit einem „arischen" Mann verheiratet war und sie keine Kinder hatten. Die in diesen Mischehen lebenden Juden waren etwa später von der Kennzeichnungspflicht mit einem „Judenstern" ausgenommen. Von den im Oktober 1941 beginnenden Deportationen waren die in „privilegierter" Mischehe lebenden Juden ausgenommen, die in „nichtprivilegierter" zunächst zurückgestellt. Dies macht deutlich, warum Hans Wieland sich in *Ehe im Schatten* auf keinen Fall von seiner Frau scheiden lassen will, da ihre Ehe den Schutz vor der Deportation darstellte. Im Herbst 1943, der letzten Phase der Filmhandlung, hatte es allerdings längst neue Diskussionen innerhalb der NS-Führung über das Schicksal der Menschen in Mischehen gegeben, so zunächst auf der Wannsee-Konferenz im Januar 1942. Anschließend erarbeitete etwa das Innenministerium im Frühjahr 1943 einen Gesetzesentwurf, demzufolge diese Ehen zwangsweise hätten geschieden werden können. Hitler nahm diesen Entwurf jedoch nicht an, vermutlich wollte er vermeiden, dass die „Endlösung" durch einen solchen Schritt im Reich zu große Aufmerksamkeit auf sich zog. Im Februar 1943 ließ Goebbels in Berlin jüdische Zwangsarbeiter aus Mischehen verhaften, was den berühmten Protest in der Rosenstraße hervorrief. Goebbels notierte dazu in sein Tagebuch: „Die Verhaftungen von Juden und Jüdinnen aus privilegierten Ehen hat besonders in Künstlerkreisen stark sensationell gewirkt. Denn gerade unter Schauspielern sind ja diese privilegierten Mischehen noch in einer gewissen Anzahl vorhanden. Aber darauf kann ich im Augenblick nicht übermäßig viel Rücksicht nehmen. Wenn ein deutscher Mann es jetzt noch fertigbringt, mit einer Jüdin in einer legalen Ehe zu leben, dann spricht das absolut gegen ihn, und es ist im Kriege nicht mehr an der Zeit, diese Frage allzu sentimental zu beantworten."[20]

Natürlich kannte Kurt Maetzig diesen Tagebucheintrag des Propagandaministers und Gauleiters von Berlin nicht, als er bald nach Kriegsende seinen Film drehte, und dennoch liest sich diese Aussage von Goebbels ein bisschen so, als leite sie das dramatische Finale des Schauspielerehepaares Elisabeth und Hans Wieland in *Ehe im Schatten* ein.

---

[20] Tagebucheintrag vom 11.3.1943, in: Die Tagebücher von Joseph Goebbels, hrsg. von Elke Fröhlich im Auftrag des Instituts für Zeitgeschichte und mit Unterstützung des Staatlichen Archivdienstes Rußlands, München u. a. 1993, Teil II, Bd. 7, S. 528. Zu den genannten Zahlen und insgesamt der Verfolgung der Mischehen siehe Beate Meyer, „Jüdische Mischlinge". Rassenpolitik und Verfolgungserfahrung 1933–1945, Hamburg 1999, S. 24–94.

Abb. 2: Elisabeth Maurer (Ilse Steppat) mit anderen Juden an der „Markenausgabe für Mischehen" im Jahr 1943 (© DEFA-Stiftung)

Helmut Käutners *In jenen Tagen*[21] wählt einen anderen Weg, die unmittelbare deutsche Vergangenheit zu thematisieren: „Hauptfigur" ist dort ein PKW, der zwischen 1933 und 1945 verschiedene Besitzer hat und nach dem Krieg zwei Mechanikern und damit auch den Zuschauern in sieben Episoden seine Geschichte erzählt, übrigens mit der Stimme des Regisseurs selbst. Das Auto berichtet von seinen Mitfahrern, die allesamt ihre Menschlichkeit bewahren. Es sind in diesem Film die Zeiten, die schlecht sind, nicht die Menschen. Und so kommt der Erzähler am Ende auch zu dem für alle damaligen Zuschauer in Deutschland sehr beruhigenden Fazit: „Ja, meine Herren, ich habe nicht viel von jenen Tagen gesehen, keine großen Ereignisse, keine Helden, nur ein paar Schicksale. Und auch davon nur Ausschnitte. Aber ich habe ein paar Menschen gesehen. [...] Die Zeit war stärker als sie, aber ihre Menschlichkeit war stärker als die Zeit. Es hat sie gegeben, diese Menschen, und es wird sie immer geben, zu allen Zeiten!"[22] Da konnte sich der Zuschauer beruhigt zurücklehnen. Es waren die Zeiten, nicht die Menschen, niemand konnte also etwas

---

21 *In jenen Tagen* (Deutschland 1947); Produktion: Camera-Film GmbH, Hamburg; Erstverleih (in den einzelnen Besatzungszonen): Atlas Filmverleih GmbH, Herzog-Film GmbH, Prisma-Filmverleih GmbH, Sovexport-Film GmbH; Erstaufführung: 13.6.1947 in Hamburg; Regie und Drehbuch: Helmut Käutner; Hauptrollen: Willy Maertens, Ida Ehre (3. Episode); Länge: 98 Min.
22 Zit. nach Pleyer, Nachkriegsfilm, S. 216. Siehe auch Shandley, Trümmerfilme, S. 95; Reichel, Erinnerung, S. 167.

dazu, und im Grunde hätte auch niemand etwas ändern können. Die Deutschen waren in dieser Darstellung jedenfalls für nichts verantwortlich. Im Mittelpunkt stand hier wie auch in *Ehe im Schatten* das persönliche Schicksal der Hauptfiguren in einem unmenschlichen System oder eben „in jenen Zeiten".[23]

Der Film hatte am 13. Juni 1947 im Waterloo-Theater in der Hamburger Dammtorstraße Premiere und stieß auf ein großes öffentliches Interesse, wenngleich er kein Millionenpublikum fand. Das Publikum war ergriffen und klatschte Beifall, und auch große Teile der Presse waren begeistert. So hieß es in „Die Zeit": „Wir sind wieder da im Spiel der internationalen Kunstbemühungen."[24] Ähnlich jubelte der Schriftsteller Wolfdietrich Schnurre, dass hier ein deutscher Film sei, dem der Anschluss an die internationale Filmproduktion gelingen könne.[25] Zeitgenössische Kritiken machen sehr deutlich, dass es genau diese Geschichte von guten Menschen in schlechten Zeiten war, die die Menschen hören bzw. sehen wollten: Die Deutschen waren keineswegs alle schlecht gewesen. Die „Allgemeine Zeitung" schrieb über den Film: „Was hier als oberstes Gesetz sich kundtut, ist das Lied der Menschlichkeit, das niemals aufhörte – auch nicht in jenen Tagen [...]".[26] Diese Rezeption wandelte sich im Laufe der Zeit. Spätere Kritiker monierten, der Film sei ideologisch gescheitert.[27]

Die dritte Episode von *In jenen Tagen* erzählt das Schicksal eines in Mischehe lebenden Ehepaars, Sally und Wilhelm Bienert, das ein kleines Geschäft betreibt und ein Landhäuschen besitzt. Auch in diesem Fall gibt es eine Parallele zwischen der dargestellten Geschichte und einer der Schauspielerinnen: Sally, die von Ida Ehre verkörpert wird. Die Gründerin der Hamburger Kammerspiele war selbst Jüdin und war durch ihre Ehe mit einem „arischen" Mann während der NS-Zeit vor der Deportation bewahrt worden.[28] Im Film schlägt Sally ihrem Mann, um ihn zu schützen, die Scheidung vor; sie will im Landhäuschen bleiben, er soll das Geschäft allein weiterführen. Er weigert sich jedoch, sich von ihr zu trennen. Sie fahren gemeinsam zurück in die Stadt und werden Zeugen der Novemberpogrome, auch ihr Geschäft wird vom wütenden Mob nicht verschont. Nachdem die beiden offenbar jahrelang eher abgestumpft nebeneinander her gelebt haben, werden sie sich durch die Sorgen und den äußeren Druck ihrer Zuneigung erst wieder bewusst. Sie entscheiden sich für den gemeinsamen Selbstmord und drehen zuhause die Gashähne auf. Im Grunde war dies ein Entlastungsangebot an die damaligen Zuschauer, das

---

[23] Jung, Thema, in: Waterkamp, Nationalsozialismus und Judenverfolgung, S. 48 f. Siehe auch die Analyse von Bettina Greffrath, Gesellschaftsbilder der Nachkriegszeit. Deutsche Spielfilme 1945–1949, Pfaffenweiler 1995, S. 160–167.
[24] Erika Müller, „In jenen Tagen". Zur Uraufführung des Käutner-Films in Hamburg, in: Die Zeit, 26.6.1947, hier zit. nach Reichel, Erinnerung, S. 178.
[25] Ebenda, S. 178.
[26] Zit. nach Shandley, Trümmerfilme, S. 90.
[27] Vgl. ebenda, S. 91 f.
[28] Reichel, Erinnerung, S. 178.

es genauso auch bei *Ehe im Schatten* gab, wie noch genauer aufgezeigt wird: Wenn nur ein Sich-Selbst-Opfern des nicht-jüdischen Ehepartners eine mögliche Widerstandsform gewesen sei, konnte dies doch nicht von allen verlangt werden.[29]

Der dritte Film in der unmittelbaren Nachkriegszeit, der von einer Mischehe berichtet, ist Harald Brauns *Zwischen gestern und morgen*.[30] Der Film spielt nach dem Krieg in den Ruinen des Münchner Hotels Regina und erzählt in Rückblicken parallele Handlungsstränge, unter anderem die Geschichte eines Paares, das sich zu Beginn der Nazi-Zeit in gegenseitigem Einverständnis getrennt hatte, damit der „arische" Mann seine Karriere als Schauspieler fortsetzen konnte. In diesem Spielfilm nimmt sich die jüdische Frau später unter dramatischen Umständen das Leben, als ihr im Hotel Regina, wo sie auch ihren ehemaligen Mann wiedertrifft, die Verhaftung durch die Gestapo droht. Der Mann folgt ihr später in den Tod, indem er während eines Bombenangriffs nicht in den Luftschutzkeller geht, sondern im Foyer dieses Hotels sitzen bleibt. Die Geschichten sind etwas verworren und sollen hier nicht weiter ausgeführt werden, nur so viel: Am Ende wird aufgeklärt, dass keiner der Protagonisten etwas mit den im Film verhandelten Verbrechen zu tun hatte, die Schuldigen waren ein ehemaliger Nazi-Minister und die Gestapo. Niemand der in den Ruinen des Hotels Anwesenden kann zur Verantwortung gezogen werden. Dies ist in allen drei Filmen, die sich mit der Frage von Mischehen befassten, zu beobachten, und es traf sich sicherlich mit der Einschätzung und damit auch Erwartungshaltung damaliger Zuschauer. Die Verbrecher waren andere, keine gewöhnlichen Deutschen, die in dieser Art der Darstellung letztlich auch nur Opfer der Nationalsozialisten waren.[31]

Die meisten Kritiken waren zurückhaltend freundlich bis negativ. Die „Süddeutsche Zeitung" etwa warf dem Film vor, zu wenig formale Neuerungen zu wagen, in der „Neuen Zeitung", der anderen Münchner Zeitung, wurde kritisiert, dass das Leiden unter der unmittelbaren Vergangenheit doch zu groß sei, um diese Zeit als Hintergrund für einen banalen Kriminalfilm zu nutzen.[32]

---

[29] Dies kritisiert etwa Tim Gallwitz in seiner Magisterarbeit, hier zit. nach Martina Thiele, Publizistische Kontroversen über den Holocaust im Film, Münster 2001, S. 92 f.
[30] *Zwischen gestern und morgen* (Deutschland 1947); Produktion: Neue Deutsche Filmgesellschaft mbH; Erstverleih: Schorcht-Filmgesellschaft mbH; Erstaufführung: 11.12.1947 in München; Regie und Drehbuch: Harald Braun; Hauptrollen: Viktor de Kowa, Viktor Staal, Willy Birgel, Sybille Schmitz, Hildegard Knef; Länge: 112 Min.
[31] Vgl. Shandley, Trümmerfilme, S. 104–113.
[32] Ebenda.

5 Karriere-Nazis und unpolitische Künstler

Zurück zu *Ehe im Schatten* und der Frage von Opfern und Tätern in diesem so erfolgreichen Film. Welches Bild von der Verfolgung der Juden und dem gesellschaftlichen Umfeld entwirft der Film? Wie haben die im Film Porträtierten, die nicht zu den Verfolgten zählen, auf das Schicksal der jüdischen Bevölkerung reagiert?

Mehrere Charaktere wenden sich in einer Mischung aus Karrieresucht und Missgunst zunächst von den Verfolgten ab und werden im Laufe des Films zu Verrätern. Hier ist in erster Linie Herbert Blohm, der Verleger und Jurist, zu nennen, der Elisabeth Maurer zunächst umwirbt, sie am Ende jedoch seiner Karriere im Propagandaministerium opfert. Der Theaterdirektor bittet die eben noch umjubelte Schauspielerin zwar um Verständnis, wirft sie aber trotzdem umgehend aus seinem Ensemble hinaus, als dies von ihm gefordert wird. Einer der Schauspieler, der sich früh damit hervortut, auf seine jüdischen Kollegen zu schimpfen, wird 1943 zum Verräter, nachdem er den aus dem Konzentrationslager geflohenen Kurt Bernstein in Berlin erkannt hat. Zahlreiche Menschen beteiligen sich im Film durch kleinere Handlungen an der Ausgrenzung der jüdischen Bevölkerung, etwa ein Mann, der 1933 auf Hiddensee das Schild „Juden unerwünscht" aufstellt. Viele spielen hier einigermaßen zuverlässig ihre Rolle im System. Es ist ein großes Verdienst des so frühen Films, dass er dies thematisiert und damit einem großen Teil des Kinopublikums einen Spiegel vorhielt. Die konkreten Folgen ihres Handelns, das in der Summe zunächst zur Ausgrenzung, dann aber auch zu Deportation und Massenmord an den Juden führte, bleiben im Film eher blass.[33]

Der Film macht auch die unpolitische Haltung der Verfolgten und ihrer Nächsten sowie ihren Glauben an Humanismus und Anstand zum Thema. Insbesondere geht es um die Haltung der Künstler. Kurt Wieland sieht das Kunstschaffen als autonom, als getrennt von der politischen Realität an. Bestärkt wird er anfangs von Blohm, der ihm versichert, den Künstlern werde es im neuen Staat gut gehen. Doch zeigt der Film sehr deutlich, dass eine solche Trennung zwischen Politik und Kunst in der deutschen Diktatur nicht herrschte, Politik die Kunst beeinflusste und die naive Hoffnung, dass man „unpolitisch" bleiben konnte, fatale Konsequenzen hatte. Bis auf Bernstein gehen die Protagonisten davon aus, dass alles „schon nicht so schlimm" wird: Nahezu jeder sagt dies im Laufe des Films einmal. Das junge Ehepaar ändert nichts an seiner Situation, verschließt die Augen vor der immer größer werdenden Gefahr.[34] Erst am Ende, als Blohm Wieland mitteilt, er könne jetzt nichts

---

[33] Vgl. Mückenberger, Zeit, in: Schenk (Red.), DEFA-Spielfilme, S. 17, Greffrath, Gesellschaftsbilder, S. 181 f.
[34] Vgl. Seán Allan, „Sagt, wie soll man Stalin danken?" Kurt Maetzig's *Ehe im Schatten* (1947), *Roman einer jungen Ehe* (1952) and the Cultural Politics of Post-War Germany, in: German Life and Letters 64 (2011), H. 2, S. 255–271; Mückenberger, Zeit, in: Schenk (Red.), DEFA-Spielfilme, S. 16; Reichel, Erinnerung, S. 187 f.

mehr für das Ehepaar tun, Hans habe Auftrittsverbot und Elisabeth werde deportiert, erkennt Hans: „Aber wir sind ja selbst schuld, daß es uns so geht. Wir haben uns nie um Politik gekümmert, wir haben immer geglaubt, es wird schon nicht so schlimm und wir könnten uns der Verantwortung als einzelne, als Künstler, entziehen, wir sind ja genauso schuldig wie Sie."[35] Hier macht der Film nicht nur die fatale unpolitische Haltung des Künstlerehepaares zum Thema, sondern er suggeriert gar eine Mitschuld der Opfer: Hätten diese früher anders oder überhaupt reagiert, wäre es anders gekommen.

Diese passive und unpolitische Haltung spiegelt sich in der immer wieder geäußerten Phrase „Es wird schon nicht so schlimm". Viele bleiben passiv, sie reagieren nicht wirklich auf die Verfolgung, besonders Elisabeth ist hier zu nennen. Von ihrer Rolle als passives weibliches Opfer wird später noch die Rede sein.[36] Ihr Ehemann verschließt zunächst völlig die Augen vor der immer dramatischer werdenden Realität, will sie trotz ausdrücklichen Verbots mit zu Premierenfeiern nehmen und überredet sie selbst dann noch, bei ihm zu bleiben, statt das Land zu verlassen, als er in der Nacht des 9. November 1938 Zeuge von Gewalt gegen Juden und zugleich der Untätigkeit der deutschen Polizei wird. Noch einmal der Regisseur: „Es lag auch in meiner Absicht, die Menschen aus der Umgebung des Ehepaares Wieland anzuklagen, ihre Feigheit, ihren Mangel an Zivilcourage und manchmal auch nur ihre Trägheit des Herzens. Diese Trägheit betrifft auch das Paar Wieland selbst. Sie sind nicht nur Opfer, sie haben auch mitverschuldet, Opfer zu werden. In dieser Verquickung liegt die dramatische Spannung, das macht den Stoff zur klassischen Tragödie. Er hält uns vor Augen, uns nie wieder so zu verhalten und es nie wieder zu solchen Dingen kommen zu lassen. Ich finde den Tod der beiden nicht nur traurig, sondern tragisch. Wären sie nur Opfer, wäre es traurig, aber es ist tragisch, weil es keinen Ausweg mehr gab, keine Konsequenz. Es zeigt sich, daß alle Gestalten bis auf Onkel Louis sich passiv verhalten. Das war die damals sehr typische Haltung des deutschen Bürgertums oder wenigstens des Teils, der sich in keiner Weise mit den Nazis identifizierte, aber zwischen den Fronten zerrieben wurde."[37]

Hier wird noch einmal sehr deutlich: Durch die unpolitische Passivität auch auf Seiten der Opfer sind diese, so suggeriert der Film, teilweise mitschuldig geworden. Auch dieses Entlastungsnarrativ hat sicherlich zum großen Erfolg des Films beigetragen. Und wenn der Regisseur betont, dass es eine typische Haltung des Bürger-

---

35 Zit. nach Pleyer, Nachkriegsfilm, S. 230.
36 Im Übrigen standen Nachkriegsfilme angesichts der jüngsten filmischen Vergangenheit und deren Repräsentationen von Juden vor dem Problem, wie sie Juden sichtbar machten, welche Bilder „des Juden" sie nun schufen, die sich ästhetisch deutlich von Filmen wie Veit Harlans *Jud Süß* absetzten. Siehe Ingo Loose, Juden, Holocaust und Antisemitismus im bundesdeutschen Film nach 1945, in: Haus der Geschichte Baden-Württemberg (Hrsg.), Antisemitismus im Film. Laupheimer Gespräche 2008, Heidelberg 2011, S. 151–170. Elisabeth ist für die Zuschauer überhaupt nicht als Jüdin erkennbar, sie sind genauso erschrocken wie Blohm, als sie ihm mitteilt, dass sie jüdisch ist.
37 Zit. nach Jung, Thema, in: Waterkamp, Nationalsozialismus und Judenverfolgung, S. 48.

tums gewesen sei, sich nicht mit den Nazis zu identifizieren, sondern gleichsam zwischen die Fronten geraten zu sein, dann macht dies die Rezeption im Deutschland kurz nach 1945 für alle sehr bequem.

Hans Wieland wird aber zugleich als der edle und menschliche Ehemann gezeigt, der sich nicht scheiden lässt, egal wie groß der Druck auf ihn wird. Zwar behindert er dadurch, dass er an seiner Künstlerkarriere in Deutschland festhält, die rettende Emigration seiner Frau, zugleich lässt er sich aber auch nicht scheiden und schützt sie damit zumindest eine Zeit lang. Als der Theaterdirektor ihn nach seiner Rückkehr von der Front 1943 dazu drängen will, sich von Elisabeth scheiden zu lassen, da er sonst nicht weiterspielen dürfe, reagiert er empört: „Es gibt Dinge, die heiliger sind als der schönste Beruf, dazu gehört die Menschenwürde. Man muß mich nehmen, wie ich bin, oder auf mich verzichten."[38] Diese Darstellung von Menschlichkeit und Anstand auch unter dem Nationalsozialismus war es, die die deutschen Zuschauer nach dem Krieg sehen wollten.

6 Geschlechterrollen: Weibliche Opfer und deutsche Ehrenmänner

In allen drei Filmen der späten 1940er Jahre, die die Judenverfolgung am Beispiel einer Mischehe thematisieren, sind die Frauen der jüdische Ehepartner, also das Opfer, für das es kaum ein Entkommen gibt. Sowohl in *Ehe im Schatten* als auch in Käutners *In jenen Tagen* sind es die „arischen" Männer, die die Entscheidung treffen, bei ihren Ehefrauen zu bleiben, und, statt sich von ihnen zu trennen, sogar mit ihnen gemeinsam in den Tod gehen.

Elisabeth wird in *Ehe im Schatten* als passiv und unpolitisch eingeführt: Während des Kurzurlaubs an der Ostsee nach der erfolgreichen Schiller-Premiere diskutieren die Männer über den Aufstieg der Nationalsozialisten. Die Schauspielerin verschläft diesen Meinungsaustausch. Auch innerhalb der jüdischen Gemeinschaft wird Elisabeth im Unterschied zu ihren männlichen Glaubensgenossen als passives Opfer dargestellt. Während sie hauptsächlich einsam und isoliert zuhause wartet, auf ihren Ehemann und die Dinge, die geschehen, werden die Männer um sie herum aktiv. Der Schauspielerkollege Kurt Bernstein erkennt die Gefahr, die von den Nationalsozialisten ausgeht, schon früh und emigriert nach Wien. Elisabeths Onkel Dr. Louis Silbermann sieht sich in der Verpflichtung, gerade angesichts der drohenden Gefahr zu bleiben, um seinen Patienten weiterhin zu helfen. Später taucht er unter, um der Deportation zu entgehen, und selbst in dieser gefährlichen Situation bleibt

---

[38] Zit. nach Pleyer, Nachkriegsfilm, S. 228. Siehe auch Jung, Thema, in: Waterkamp, Nationalsozialismus und Judenverfolgung.

er Helfer und kümmert sich um Bernstein, der den Nationalsozialisten inzwischen nach dem „Anschluss" doch in die Hände gefallen und aus dem Konzentrationslager geflohen ist. Wir sehen Silbermann auch, wie er einer verzweifelten jüdischen Frau hilft, deren Mann von der Gestapo gesucht wird. Zwei männliche Juden sitzen bei ihm im Wartezimmer und schmieden Fluchtpläne. Wenn Juden überhaupt versuchen, einen aktiven Einfluss auf ihr Schicksal zu nehmen, sind es in diesem Film Männer. Und am Ende ist es auch Hans Wieland, der die Entscheidung trifft, gemeinsam in den Tod zu gehen, statt sich von seiner jüdischen Frau zu trennen und sie damit der Deportation auszuliefern. Zwar sieht Elisabeth, dass Hans den Kaffee, den sie gemeinsam trinken, vergiftet, irgendeinen Einfluss auf diese Entscheidung hat sie aber nicht. Sie stirbt, genau wie Luise in „Kabale und Liebe", mit deren Tod auf der Bühne, verkörpert durch Elisabeth, der Film beginnt, durch die Hand des Liebenden. Sie lässt auch dies mit sich geschehen.[39]

Abb. 3: Elisabeth sucht Rat bei ihrem Onkel Dr. Louis Silbermann (Willy Prager) (© DEFA-Stiftung)

Die Verfolgung dieser Frauen erscheint schicksalhaft, hervorgerufen durch ein unmenschliches System. Die jüdischen Ehefrauen stellen in diesen Filmen eine „Bewährungsprobe" für ihre nicht-jüdischen Ehemänner dar. Diese werden vor eine schwere Prüfung gestellt, müssen sich zwischen Karriere und Solidarität entschei-

---

[39] Vgl. ebenda, S. 137–139; Allan, Cultural Politics, in: German Life and Letters 64 (2011), H. 2, S. 259.

den. Es ist eine Entscheidung zwischen einem erfolgreichen und normalen Leben auf der einen und Verfolgung und Tod auf der anderen Seite. Im Grunde genommen, sind es diese deutschen Männer, die hier einen „heroischen Opfergang" auf sich nehmen.[40] Die Darstellung der anständigen und menschlichen deutschen Männer war ein Identifikationsangebot an das Publikum und bot diesem die Möglichkeit, sich selbst als Opfer zu begreifen.[41]

Es gibt einen Spielfilm in der zweiten Hälfte der 1940er Jahre, der sich ebenfalls dem Thema Verfolgung widmet, der eine sehr andere Frauenfigur auf die Leinwand bringt: In *Morituri* wird ein Flüchtlingslager im Wald von einer rigoros auftretenden Frau angeführt. Und es war genau dieser Film, der – aus anderen Gründen – beim Publikum nahezu vollständig durchfiel und schnell wieder aus den deutschen Kinos verschwand.

7 Ein Flop im deutschen Nachkriegskino: Konzentrationslager auf der Leinwand

Artur Brauners *Morituri*[42] ist neben der in einer Kooperation von überlebenden Juden aus Polen und einem deutschen Filmteam entstandenen Produktion *Lang ist der Weg* von 1948, in dem das Schicksal einer Familie unter der Verfolgung bis zu ihrer momentanen Gegenwart in einem DP-Lager erzählt wird,[43] der erste deutsche Nachkriegsfilm, der die Verfolgungsgeschichte nicht durch ein Melodram weichspült, sondern die Zuschauer mit der harten Realität eines Konzentrationslagers und Häftlingen auf der Flucht konfrontiert. Brauner, ein polnischer Jude aus Łódź, der nach dem Krieg nach Deutschland kam, brachte hier als Autor und Produzent auf die Leinwand, was er selbst erlebt hatte. Viele seiner Familienmitglieder waren in Auschwitz ermordet worden, er selbst konnte fliehen und in einer Partisanengruppe überleben. Er wollte das Schicksal der unter Krieg und Besatzung leidenden Zivilbevölkerung ins Kino bringen und realisierte den Film trotz vielfacher Schwie-

---

40 Gallwitz, Antisemitismus und Judenverfolgung, in: Fritz Bauer Institut (Hrsg.), Antisemitische Forschung, Eliten und Karrieren, S. 281.
41 Vgl. ebenda, S. 281 f.
42 *Morituri* (Deutschland 1948); Produktion: CCC Central Cinema Comp.; Erstverleih: Schorcht-Filmgesellschaft; Erstaufführung: 24.9.1948 in Hamburg; Regie: Eugen York; Drehbuch: Gustav Kampendonk nach einer Idee von Artur Brauner; Hauptrollen: Walter Richter, Winnie Markus, Lotte Koch; Länge: 85 Min.
43 Zu dieser sehr speziellen Konstellation, in denen dieser Film in München im Jahr 1947 aus einer Initiative jüdischer Überlebender heraus gedreht wurde, siehe Cilly Kugelmann, Lang ist der Weg. Eine jüdisch-deutsche Film-Kooperation, in: Fritz Bauer Institut (Hrsg.), Auschwitz. Geschichte, Rezeption und Wirkung. Jahrbuch 1996 zur Geschichte und Wirkung des Holocaust, Frankfurt a. M./New York 1996, S. 353–370.

rigkeiten, so bekam er zunächst keine Lizenz, auch war die Finanzierung lange nicht gesichert. Es war ihm, in seinen eigenen Worten, „eine Herzensangelegenheit".[44]

Nach Brauners Drehbuch-Idee drehte Eugen York den Film, der mit einer Appell-Szene in einem Konzentrationslager beginnt. Dr. Bronek, ein polnischer Arzt, untersucht die Häftlinge und erklärt einige für „arbeitsunfähig". Nachts verhilft er aber genau diesen „selektierten" Häftlingen zur Flucht und bringt sie, nachdem sie den Wachtposten in einer dramatischen Verfolgungsjagd entkommen konnten, zu einem Versteck im Wald, in dem bereits eine Gruppe von Flüchtlingen verschiedener Nationalitäten und unterschiedlicher Verfolgungshintergründe unter Führung der Dorfschullehrerin Lydia zusammenleben. Das Schicksal der Juden wird hier nicht hervorgehoben thematisiert, sie sind eine Verfolgtengruppe unter anderen. Ständig haben die „Todgeweihten" Angst davor, entdeckt zu werden, zudem ist die Versorgung sehr schwierig. Beim Versuch, einen Fluchtweg aus dem Waldversteck zu finden, wird der polnische Arzt erschossen. Ein Wehrmachtssoldat fällt den Flüchtlingen in die Hände. Einige wollen ihn aus Rache töten, doch wird wie in einem Gerichtssaal, der von der Kamera auch tatsächlich übergeblendet wird, von den befreiten KZ-Häftlingen Recht gesprochen. Nach einer langen Rede eines jüdischen Anwalts über Recht und Menschlichkeit verschonen sie den Gefangenen.

Der Film ist ein Plädoyer für Gerechtigkeit und Völkerverständigung, doch wurde er zum Flop. Uraufgeführt wurde der Film Ende August 1948 auf der Biennale in Venedig, wo auch *Ehe im Schatten* lief. Die deutsche Erstaufführung fand erst am 24. September 1948 in einem Lichtspielhaus in Hamburg statt, die ursprünglich für Berlin geplante Uraufführung fiel der Blockade der Stadt durch sowjetische Truppen zum Opfer: einen Film, der so eindringlich für Völkerverständigung plädierte, wollten die Kinobesitzer in diesen Tagen offenbar nicht vorführen. Beim Publikum fiel er durch, in manchen Städten löste er sogar Proteste aus, manche Besucher verließen wütend das Kino. Offenbar stießen sich Zuschauer im Nachkriegsdeutschland vor allem daran, dass im Film eine Gemeinschaft gezeigt wurde, die einzig aufgrund der Verfolgung durch die Deutschen entstanden war. Das deutsche Publikum wollte sich nicht angeklagt fühlen. Und überhaupt war der Film zu bedrückend. In Hannover wurde er nach nur zwei Tagen durch einen Wiener Unterhaltungsfilm ersetzt. Das traf den Geschmack und die Bedürfnisse des Publikums offenbar eher.[45] Artur Brauner schrieb über den kommerziellen Misserfolg später in seinen Erinnerungen: „Gekostet hat Morituri anderthalb Millionen Reichsmark und, da uns die Währungsreform überrollt hatte, noch einmal 250 000 DM. Eingespielt hat er knapp 60 000 DM. An meinen Schulden zahlte ich fünf lange, bittere Jahre. Ich habe es trotzdem

---

44 Zit. nach Thiele, Kontroversen, S. 472.
45 Vgl. Reichel, Erinnerung, S. 180 f.; Micaela Jary, Traumfabriken made in Germany. Die Geschichte des deutschen Nachkriegsfilms 1945–1960, Berlin 1993, S. 38 f.; Shandley, Trümmerfilme, S. 142–149; Thiele, Kontroversen, S. 140–165.

nie bereut, diesen Film gemacht zu haben. Gelernt allerdings habe ich – leider, leider –, daß ein Kino in erster Linie eine Stätte der Unterhaltung sein sollte und keine Stätte der Vergangenheitsbewältigung."[46]

In den Kritiken über den Kassenschlager *Ehe im Schatten* war mitunter auch vielsagend davon die Rede, dass es gut sei, dass hier keine Konzentrationslager zu sehen seien. Ganz offensichtlich war die deutsche Nachkriegsbevölkerung noch nicht reif dafür, sich das Ausmaß der von Deutschen begangenen Verbrechen auf der Kinoleinwand anzusehen. Die Filme sollten nicht wehtun oder anklagen, das Publikum wollte anständige Deutsche sehen.[47]

8 Abschließende Überlegungen

Der Holocaust war im deutschen Nachkriegsfilm lange ein Randthema. Zwar thematisieren die hier genannten Filme die Judenverfolgung, jedoch dringt gleichsam ins Zentrum von Verfolgung und Mord von den hier diskutierten Filmen, wenn auch noch recht unbeholfen, einzig Artur Brauners *Morituri* vor, der dann auch prompt ein kommerzieller Misserfolg wurde.[48]

Eine wirkliche kritische Auseinandersetzung mit der nationalsozialistischen Judenverfolgung, die Fragen der persönlichen Verantwortung des Einzelnen gestellt hätte, bleibt in diesen Filmen aus, genauso wie sie in dieser Zeit innerhalb der deutschen Gesellschaft ausblieb. Zwar waren die Filme moralisch gut gemeint, sie wollten sich diesen Themen stellen. Sie gingen jedoch letztlich nicht darüber hinaus, persönliche Schicksale in schlimmen Zeiten zu thematisieren, zeigten also keine Verfolgungsgeschichten, die im Handeln historischer Akteure begründet gewesen wären. Tragische Einzelschicksale wurden in sentimentaler Weise dargestellt, statt sich grundsätzlich mit dem Nationalsozialismus und der Judenverfolgung auseinanderzusetzen. Mehr noch: Den Opfern wird teilweise eine Mitschuld gegeben, verhalten sie sich doch unpolitisch und passiv, statt aktiv in ihr Schicksal einzugreifen. Maetzig zeigte immerhin einige Karrieristen und Angepasste, die sich in der einen oder anderen Form an der Ausgrenzung der jüdischen Bevölkerung – nicht jedoch der Ermordung, denn die Opfer nehmen sich in diesen Filmen selbst das Leben – beteiligen. Insgesamt jedoch brachten einige der Regisseure, die sich früh mit der Judenverfolgung auseinandersetzten, vor allem den Nachweis, dass es trotz der schlimmen Zeiten von Verfolgung und Unrecht Menschlichkeit und Solidarität gege-

---

46 „Atze" Brauner, Mich gibt's nur einmal. Rückblende eines Lebens, München 1976, S. 76, hier zit. nach Thiele, Kontroversen, S. 152.
47 Vgl. Gallwitz, Antisemitismus und Judenverfolgung, in: Fritz Bauer Institut (Hrsg.), Antisemitische Forschung, Eliten und Karrieren, S. 283.
48 Siehe auch Reichel, Erinnerung, S. 22.

ben hatte. Die deutsche Gesellschaft insgesamt hatte in diesen frühen Narrativen nicht viel mit den Nationalsozialisten gemein, sie war auch deren Opfer geworden, da sie sich mit den neuen Verhältnissen irgendwie hatte arrangieren müssen.

Regisseure wie Kurt Maetzig, denen es ein dringendes persönliches Anliegen war, die Verfolgungsgeschichte aufzuarbeiten, mussten mit der Erwartungshaltung und den Einstellungen der deutschen Bevölkerung umgehen, um ihr Thema überhaupt auf die Leinwand zu bringen. Mit ziemlicher Sicherheit wären Filme, die sehr viel direkter das Verhalten und die Verantwortung Einzelner thematisiert hätten, kommerzielle Misserfolge geworden. Das deutsche Publikum war bereit, sich der jüngsten Vergangenheit im Spielfilm zu stellen, aber eben nur in gewissermaßen weichgespülter Form. Die Zeit war noch nicht reif für eine wirklich kritische oder sogar selbstkritische Aufarbeitung der jüngsten deutschen Vergangenheit.

Harald Salomon
„Ich bereue meine Jugend nicht"

Freiheit und individuelle Verantwortung in *Waga seishun ni kui nashi* (1946) von Akira Kurosawa

> „[Ein Bündnis aus] Militaristen, Finanzkreisen und Bürokraten nutzte den Zwischenfall in der Mandschurei [im September 1931] und suchte die Nation zu einen, um ihre hochfliegenden imperialistischen Pläne zur Invasion [Asiens] durchzusetzen. Jedwede Meinung, die sich ihrer Eroberungspolitik widersetzte, wurde als ‚rot' abgestempelt und unterdrückt. Der ‚Vorfall an der Universität Kyoto' ist ein Beispiel für [ihr Vorgehen]. Dieser Film beruht auf den entsprechenden Ereignissen, doch sind die auftretenden Personen allesamt Schöpfungen der Autoren."[1]

Im Dezember 1945 begab sich der Produzent Keiji Matsuzaki nach Kyoto, um an der dortigen Universität die Umstände der Amtsenthebung eines liberalen Professors im Jahr 1933 zu recherchieren. Obwohl das Filmprojekt vom Produktionshaus Tōhō und auch von den US-amerikanischen Besatzungsbehörden ausdrücklich begrüßt wurde, sollte sich die Umsetzung in den folgenden Monaten konfliktreich gestalten. Bereits in der Konzeptionsphase setzte im Studio ein Arbeitskampf ein, der sich deutlich auf das Projekt auswirkte und zur Verlagerung der Handlung auf die fiktive Tochter des Professors führte. Obgleich der im Oktober 1946 uraufgeführte Film als Publikumserfolg gelten kann und einen herausragenden zweiten Platz in der maßgeblichen Jahresbestenliste der Zeitschrift „The Movie Times" (*Kinema junpō*) erreichte, waren zeitgenössische Besprechungen deutlich kritischer. Sie stellten sowohl die Aussage als auch die Gestaltung des Werks infrage.

Die Geschichte der Rezeption von *Waga seishun ni kui nashi* reicht bis in die Gegenwart, was vor allem dem Umstand geschuldet ist, dass der Film sich in das frühe Schaffen Akira Kurosawas (1910–1998) eingliedert. Der „Tenno des japanischen Kinos", wie der Regisseur bald in seinem Heimatland genannt wurde, machte bekanntlich in der goldenen Zeit des audiovisuellen Mediums durch Werke auf sich aufmerksam, die etablierte Erzähl- und Sehgewohnheiten radikal hinterfragten. So erhielt *Rashōmon (Das Lustwäldchen)* mit dem Goldenen Löwen der Internationalen Filmfestspiele von Venedig im Jahr 1951 die erste bedeutende Auszeichnung für einen ostasiatischen Film nach dem Zweiten Weltkrieg. Der „Rashomon-Effekt" wurde

---

[1] *Waga seishun ni kui nashi* (Ich bereue meine Jugend nicht), Japan 1946; Produktion und Verleih: Tōhō; Uraufführung: 29.10.1946 in Tokyo; Regie: Akira Kurosawa; Drehbuch: Eijirō Hisaita; Kamera: Asakazu Nakai; Hauptrollen: Setsuko Hara, Susumu Fujita, Denjirō Ōkochi, Akitake Kōno; Länge: 110 Min.; DVD-Version: *No Regrets for Our Youth*, British Film Institute 2011, Zitat 01:26–01:49. Das japanische Personalpronomen *waga* kann sowohl „unsere" als auch „meine" bedeuten. Im Folgenden wird die in deutschsprachigen Veröffentlichungen verbreitete Übersetzung des Titels verwendet.

zu einem Schlagwort und inspirierte Filmemacher, Erzählforscher und Philosophen gleichermaßen.[2] Daraufhin setzte mit der inzwischen klassischen Studie von Joseph L. Anderson und Donald Richie alsbald die internationale Aufarbeitung der Geschichte des japanischen Kinos ein, wobei *Waga seishun ni kui nashi* erneut ambivalent bewertet wurde. Anderson und Richie beispielsweise sprachen von einem ernsthaften Werk, das die Freiheit der Wissenschaft behandele;[3] der Historiker John W. Dower nahm dagegen einen naiv idealistischen „democracy film"[4] wahr.

Dennoch scheinen die Voraussetzungen für eine eingehendere Auseinandersetzung mit dem Film gut. Kurosawas Werke liegen generell in hochwertigen DVD-Ausgaben vor, die mit Untertiteln versehen sind.[5] Das Drehbuch ist nicht nur in japanischer Sprache, sondern auch in einer bilingualen japanisch-englischen Version erschienen.[6] Ferner liegt qualifizierte Literatur in westlichen Sprachen zum japanischen Film der unmittelbaren Nachkriegszeit und zum Leben und Wirken des Regisseurs vor.[7] Genauer besehen stellen sich der Rezeption über kulturelle und zeitliche „Grenzen" hinweg jedoch deutliche Hindernisse entgegen. Die Qualität sowohl der Untertitel als auch der Übersetzung des Drehbuchs ist über weite Strecken so bescheiden, dass sich der Sinn zentraler Passagen verflüchtigt und zeithistorische Schlüsselinformationen untergehen. Vom staatlich erzwungenen „Gesinnungswandel" (*tenkō*) japanischer Sozialisten in der Phase des Ultranationalismus in den frühen 1930er Jahren bleibt beispielsweise in der DVD-Version des British Film Institute keine Spur, obwohl die historische Tatsache im Dialog der Protagonisten explizit angesprochen wird.[8] Umso wichtiger erscheint es, sich erneut eingehend mit diesem japanischen Film aus dem Jahr 1946 auseinanderzusetzen. Dabei soll das Werk des „Autors" Kurosawa als Projekt verstanden werden, das eine Reihe von Akteuren zusammenführte, um bestimmte gesellschaftliche Ziele zu erreichen. In diesem Sinne werden der filmische „Text" sowie Materialien aus dem Umkreis von Produktion und Rezeption genutzt, um zunächst den Verlauf dieses Filmprojekts vor dem Hin-

---

[2] So zeigte sich z. B. der Philosoph Martin Buber „tief beeindruckt", vgl. ders., Briefwechsel aus sieben Jahrzehnten, Bd. III, Heidelberg 1975, S. 325.
[3] Joseph L. Anderson/Donald Richie, Japanese Film. Art and Industry. Expanded Edition. With a Foreword by Akira Kurosawa, Princeton, NJ 1982 (1959), S. 178.
[4] John W. Dower, Embracing Defeat. Japan in the Wake of World War II, New York 1999, S. 426.
[5] Das Frühwerk Kurosawas der Jahre 1943 bis 1947 stellt eine vierteilige DVD-Box inkl. Booklet vor, die das British Film Institute 2011 veröffentlichte.
[6] Takamaro Shimaji (Hrsg.), Kurosawa Akira eiga taikei/Complete Works of Akira Kurosawa, Bd. 2, Tokyo 1971, S. 67–120.
[7] Vgl. etwa Kyoko Hirano, Mr. Smith Goes to Tokyo. Japanese Cinema under the American Occupation, 1945–1952, Washington/London 1992; Hiroshi Kitamura, Screening Enlightenment. Hollywood and the Cultural Reconstruction of Defeated Japan, Ithaca/London 2010; Donald Richie, The Films of Akira Kurosawa, Berkeley, CA ³1996; Mitsuhiro Yoshimoto, Kurosawa. Film Studies and Japanese Cinema, Durham, NC 2000.
[8] *Waga seishun ni kui nashi*, 5. Segment, ab 33:05.

tergrund des zeithistorischen Kontexts und die zentralen Aussagen des resultierenden Spielfilms herauszuarbeiten. Der folgende Teil geht auf die Frage ein, wie *Waga seishun ni kui nashi* sich in zeitgenössische Debatten einschaltete, um ein Bild der unmittelbar zurückliegenden Vergangenheit zu zeichnen und um alternative Entwicklungsmöglichkeiten für das künftige Japan aufzuzeigen. Die unterschiedliche Wirkung des Films auf zeitgenössische Zuschauer wird im letzten Teil untersucht.

1 Filme zur Demokratisierung der japanischen Gesellschaft

Die US-amerikanischen Besatzungsstreitkräfte landeten Ende August 1945 in Japan und bauten zügig institutionelle Strukturen auf, um die Medien des Landes zur „Umerziehung" (*reeducation*) der Bevölkerung zu nutzen. Aktiver auf die Produktion entsprechender Inhalte ausgelegt war die Civil Information and Education Section (CIE) im Hauptquartier des Supreme Commander for the Allied Powers (SCAP), General Douglas MacArthur. Auf die Zensur konzentrierten sich die Mitarbeiter des Civil Censorship Detachment (CCD), ein Teil des militärischen Zweigs des Hauptquartiers. Gemeinsam sollten sie Filmprojekte kontrollieren.[9] Noch im Oktober 1945 wies SCAP die japanische Regierung an, alle Maßnahmen zur staatlichen Kontrolle der Filmwirtschaft und ihres Einflusses auf die öffentliche Meinungsbildung umgehend einzustellen. Um es den Filmschaffenden zu ermöglichen, „die demokratischen Aspirationen des japanischen Volkes zu reflektieren", wurde das seit 1939 gültige Filmgesetz, das an das nationalsozialistische Modell angelehnt war, außer Kraft gesetzt. Weitere Regularien, wie sie etwa das Polizeipräsidium der Präfektur Tokyo erlassen hatte, wurden ebenfalls abgeschafft. Allein arbeitsrechtliche Bestimmungen blieben bestehen. Für ihre Einhaltung war die japanische Regierung weiterhin zuständig.[10] Perspektivisch sollte ein System der Selbstkontrolle eingerichtet werden, sobald die Filmindustrie ihren „guten Willen" ausreichend bewiesen habe.[11]

Die amerikanische Seite beabsichtigte, die Filmproduktionen mit den Zielsetzungen der Besatzungspolitik in Einklang zu bringen. Seit September 1945 fanden Konsultationen mit den großen japanischen Produktionshäusern statt. Es wurden Themen festgelegt, die künftig zu vermeiden waren, darunter allgemein militaristi-

---

9 Vgl. Hirano, Mr. Smith, S. 34–37.
10 Supreme Commander for the Allied Powers Instruction Note (SCAPIN) – 146: Elimination of Japanese Government Control of the Motion Picture Industry, 16.10.1945 (National Diet Library, Tokyo. Digital Collections: http://dl.ndl.go.jp/info:ndljp/pid/9885209; letzter Zugriff: 28.7.2019).
11 Das seinerseits an das US-amerikanische Modell angelehnte „Komitee zur Wahrung der filmethischen Bestimmungen" (*Eiga Rinri Kisoku Kantei I'inkai*) nahm 1949 seine Arbeit auf. Zu den Aktivitäten von CIE und CCD siehe auch Kitamura, Screening Enlightenment, S. 46 f.

sches und nationalistisches Gedankengut bzw. konkret die Propagierung von Werten wie der feudalen Loyalität gegenüber dem Herrscher, der Gedanke der Rache und der Geringschätzung menschlichen Lebens. Auch Aufnahmen der Besatzungssoldaten und der Trümmerlandschaften im urbanen Raum waren zu vermeiden.[12] Im Sinne der „demokratischen Aufklärung" versuchte insbesondere die erste Generation der CIE-Bürokraten, die wie David Conde von der Politik des New Deal inspiriert waren, aktiv Projekte zu initiieren. Sie sollten etwa den Aufbau einer friedliebenden Gesellschaft, die Gründung von Gewerkschaften, die Emanzipation der weiblichen Bevölkerung und die freie Diskussion politischer Fragen thematisieren. Auch das Leben historischer Persönlichkeiten, die sich exemplarisch für die Bewahrung von Freiheit und Parlamentarismus eingesetzt hatten, wurde als bevorzugter Gegenstand festgehalten. In der Folge entstand eine bedeutende Anzahl von „Demokratisierungsfilmen", unter denen sich nicht nur rasch produzierte Werke, sondern auch ernsthafte Auseinandersetzungen mit der japanischen Gesellschaft an einer Zeitenschwelle befanden. Neben den weiteren japanischen Filmen, die in diesem Band behandelt werden, ist *Ōsone-ke no ashita (Ein neuer Morgen für das Haus Ōsone)* der Produktionsfirma Shōchiku aus dem Jahr 1946 ein häufig zitiertes Beispiel. Das Nachkriegsdebüt des jungen Regisseurs Keisuke Kinoshita schilderte die Auswirkungen der Jahre des Ultranationalismus auf eine wohlsituierte Familie in der kaiserlichen Hauptstadt.[13]

2 Produktionsgeschichte und historische Bezüge der Handlung

Das Projekt *Waga seishun ni kui nashi* verwebt verschiedene Themen, deren Behandlung offiziell angeregt wurde. Das könnte nahelegen, die amerikanische Seite als Initiator der Produktion anzusehen. Wie eingangs erwähnt war jedoch der Produzent Keiji Matsuzaki für die grundlegende Idee und die ersten Recherchen verantwortlich.[14] Der für Tōhō tätige Matsuzaki stammte gebürtig aus Kyoto; sein Interesse an dem Zwischenfall an der Kaiserlichen Universität in Kyoto ging nicht zuletzt darauf zurück, dass er selbst an der dortigen Juristischen Fakultät studiert hatte.

In einem ersten Schritt kontaktierte er den Drehbuchautor Eijirō Hisaita, der sich wie Matsuzaki in den 1930er Jahren für die proletarische Kunstbewegung engagiert hatte. Hisaita hatte soeben die Arbeit am bereits erwähnten Shōchiku-Werk

---

12 Vgl. Hirano, Mr. Smith, S. 44–46; Donald Richie, A Hundred Years of Japanese Film. A Concise History with a Selective Guide to Videos and DVDs, Tokyo 2001, S. 107, 110.
13 Vgl. Hirano, Mr. Smith, S. 38 f., 148–152.
14 Im Nachhinein beanspruchte Kurosawa allerdings auch diesen Aspekt des Projekts für sich, vgl. Akira Kurosawa, So etwas wie eine Autobiographie, Zürich 1991, S. 176 f.

Ōsone-ke no ashita erfolgreich beendet und konnte somit als Spezialist für Thesenfilme gelten.[15] Erst im zweiten Schritt wurde Kurosawa, der gerade an einem Drehbuch über den ehemaligen japanischen Premierminister Hideki Tōjō arbeitete, in die Planung einbezogen. Matsuzaki und Kurosawa waren spätestens seit 1943 durch die gemeinsame Arbeit an *Sugata Sanshirō*, dem erfolgreichen Erstlingswerk des Regisseurs, gut miteinander bekannt. Auch in den Monaten nach der Kapitulation ergab sich eine gemeinsame Wegstrecke. Während des ersten und zweiten Arbeitskampfes in den Tōhō-Studios produzierte Matsuzaki im Auftrag der Gewerkschaft mit seinen Kollegen den Omnibus-Film „Erbauer des Morgens" (*Asu o tsukuru hitobito*, 1946), an dessen Regie Kurosawa, sein Mentor Kajirō Yamamoto und Hideo Sekigawa beteiligt waren. Der „Nippon Times" zufolge konnte der Film als der erste japanische Spielfilm über die Gewerkschaftsbewegung gelten.[16]

Einstweilen begab sich Matsuzaki für einige Wochen nach Kyoto, um Material zu dem Vorfall zu sammeln, der die akademische Welt Japans in den frühen 1930er Jahren erschüttert hatte. Der Strafrechtler Yukitoki Takigawa (1891–1962) lehrte seit 1924 nach einem Studienaufenthalt in Europa an der Juristischen Fakultät der Universität Kyoto.[17] Dass er überraschend zur Zielscheibe politischer Attacken wurde, war auf die Welle des Nationalismus zurückzuführen, welche die Gesellschaft des ostasiatischen Landes seit der Invasion der Mandschurei erfasst hatte. In der folgenden Zeit der „nationalen Einheitskabinette" geriet die linke Bewegung Japans unter starken Druck, und die erzwungene patriotische „Konversion" (*tenkō*) führender Sozialisten und Kommunisten wurde zu einem Schlagwort. Auch liberale Positionen gerieten zunehmend unter Sozialismusverdacht. Stein des Anstoßes war vermutlich ein Vortrag über soziale Einflussfaktoren bei der Entstehung von Kriminalität, den Takigawa im Oktober 1932 hielt. Darauf wurde der Umgang mit „roten Professoren" Anfang 1933 auch im Parlament diskutiert und die Regierung verpflichtet, Maßnahmen zur Reform des Bildungssystems zu ergreifen. Auf dieser Basis belegte das Innenministerium im April strafrechtliche Publikationen Takigawas mit einem Verkaufsverbot, und Erziehungsminister Ichirō Hatoyama forderte die Kaiserliche Universität Kyoto auf, den umstrittenen Juristen zu entlassen. Als der Universitätspräsident, Shigenao Konishi, dies ablehnte, erwirkte das Ministerium im Mai 1933 die Amtsenthebung sowohl Takigawas als auch Konishis. Aus Protest reichte das gesamte Kollegium der Juristischen Fakultät Rücktrittsgesuche ein. Zudem kam es

---

15 Vgl. Keiji Matsuzaki, „Waga seishun ni kui nashi". Seisaku oboegaki [„Ich bereue meine Jugend nicht". Notizen zur Produktion], in: Eiga seisaku [Film-Produktion], Juli 1946; wiederveröffentlicht in: Yasuki Hamano (Hrsg.), Taikei Kurosawa Akira [Akira Kurosawa Kompendium], Tokyo 2009, S. 210.
16 Vgl. New Film Portrays Workers' Struggles. Toho's „Tomorrow's Builders" is Japan's First on Labor Movement, in: Nippon Times, 5.5.1946, S. 3.
17 Für das Folgende siehe Byron K. Marshall, Academic Freedom and the Japanese Imperial University, 1868–1939, Berkeley, CA 1992, S. 147–157.

unter den Studenten der Kaiserlichen Universitäten in Kyoto, Kyushu, Tohoku und Tokyo zu monatelangen Protesten, die schließlich vom Innenministerium unter Einsatz von Polizeikräften unterbunden wurden. Dieser Kampf der Studierenden für die Freiheit der Wissenschaft sowie ihre „Reifung" durch diese Erfahrung sollten nach der Vorstellung Matsuzakis das eigentliche Thema des Films werden.[18]

Im Februar 1946 begann die intensive Zusammenarbeit von Drehbuchautor und Regisseur, woraufhin sich das Projekt von einer bloßen Reinszenierung des historischen Zwischenfalls entfernte. Aus Takigawa wurde Yagihara, den Kreis der Protagonisten ergänzten drei fiktive Figuren: seine Tochter Yukie sowie zwei konkurrierende Studenten namens Itokawa und Noge. Ungeachtet der eingangs zitierten Bemerkungen im Vorspann war Noge für die Zeitgenossen unverkennbar einer weiteren historischen Persönlichkeit nachgebildet, der Kurosawas eigentliches Interesse galt. Es handelte sich um den Journalisten Hotsumi Ozaki (1901–1944), der einzige „Landesverräter", den der japanische Staat während der Kriegsjahre hingerichtet hatte.[19] Er suchte bereits zu Studienzeiten den Kontakt zur Kommunistischen Partei, war einige Jahre in Shanghai tätig und wurde in den späten 1930er Jahren in die „Studiengruppe der Ära Shōwa" (*Shōwa Kenkyūkai*) aufgenommen, die als politischer *think tank* des mehrmaligen Premierministers Fumimaro Konoe galt. Als Mitglied des Studienkreises hatte er Zugang zu kriegswichtigen Informationen wie der Entscheidung des japanischen Militärs, nicht in den Krieg gegen die Sowjetunion einzutreten. Ozaki ließ diese Informationen dem in Japan tätigen Agenten des militärischen Nachrichtendienstes der Sowjetunion Richard Sorge zukommen. Zugleich sprach er sich gegenüber der japanischen Regierung gegen den militärischen Konflikt mit den Vereinigten Staaten aus. Im Oktober 1941 wurde er wie Sorge verhaftet.[20]

Den Juristen Takigawa und den Journalisten Ozaki als Lehrer und Schüler miteinander in Beziehung zu setzen, war eine Weichenstellung, die bei der Arbeit am Drehbuch erfolgte. In der ursprünglichen Version des Szenarios, die Kurosawa für die gelungenere hielt, rückte der jugendliche Kriegsgegner sogar in die Rolle des Protagonisten. Für alle Beteiligten überraschend, wurde dies zum Problem, als das Projekt im Planungsausschuss des Produktionshauses Tōhō besprochen wurde. Seit die Firmengewerkschaft im Februar 1946 erfolgreich aus einem Streik hervorgegangen war, konnte sie Abgeordnete in das Gremium entsenden, das über künftige Vorhaben entschied. Da der gewerkschaftlich aktive Nachwuchsfilmer Kiyoshi Kusuda

---

18 Vgl. Matsuzaki, Waga seishun, in: Eiga seisaku [Film-Produktion], Juli 1946, S. 210 f.
19 Zu seinem Leben und Wirken siehe Chalmers A. Johnson, An Instance of Treason. Ozaki Hotsumi and the Sorge Spy Ring, Stanford, CA 1964.
20 Eine Sammlung der Briefe, die Ozaki bis zu seiner Hinrichtung im Jahr 1944 aus dem Gefängnis an seine Frau und seine Tochter schrieb, wurde 1946 vom Verlag Sekai Hyōron Sha unter dem Titel „Liebe ist wie ein Sternenregen" (*Aijō wa furu hoshi no gotoku*) veröffentlicht und rasch ein Bestseller.

an einem Regiedebüt arbeitete, das ebenfalls von Ozakis Widerstand gegen den Krieg inspiriert war, mussten Kurosawa und Hisaita notgedrungen ihr Drehbuch umarbeiten. Aus diesem Grund wurde Yukie, die fiktive Tochter Takigawas und Lebensgefährtin Noges, in der zweiten Version des Drehbuchs deutlich aufgewertet. Auch weil er über die erfahrene Behandlung ungehalten war, konzentrierte sich Kurosawas filmischer Ehrgeiz nun darauf, die Entwicklung der jungen Frau herauszuarbeiten.[21]

Trotz der Probleme in der Planungsphase gelang es Matsuzaki und Kurosawa, die Hauptrollen mit herausragenden Schauspielern des Hauses Tōhō zu besetzen. Den Part des altersmäßig fortgeschrittenen Yagihara übernahm Denjirō Ōkochi (1868–1962), ein ehemaliger Topstar des Historienfilms, der in den Kriegsjahren leitende Heeres- und Marineoffiziere dargestellt hatte. Susumu Fujita (1912–1991) – in der Rolle des Noge – war möglicherweise das bekannteste männliche Gesicht des japanischen Kinos der frühen 1940er Jahre und stand für das Ideal des heldenhaften Selbstopfers, insbesondere als Kampfflieger. Er symbolisierte den Erfolg des Ende 1942 uraufgeführten Propagandafilms „Die Seeschlachten von Hawaii und Malaya" (*Hawai Marē oki kaisen*, Regie: Kajirō Yamamoto, Tōhō, 1942), der alle Zuschauerrekorde der Kriegszeit gebrochen hatte. Aus derselben Produktion, aber auch aus zahlreichen vorangegangenen Werken war Setsuko Hara (1920–2015), die Darstellerin der Professorentochter Yukie, bekannt. Mit ihren markanten Gesichtszügen, großen Augen und ihrer physischen Präsenz war Hara eine ungewöhnliche Erscheinung in der Filmwelt des Landes. Einerseits verkörperte sie in den Jahren des Asiatisch-Pazifischen Konflikts das offizielle Ideal stiller, zurückhaltender und aufopferungsbereiter Weiblichkeit. Andererseits schien sie besonders geeignet, um in der Nachkriegszeit ein neues Bild japanischer Frauen zu projizieren, als mit der Kapitulation männliches Heldentum entwertet worden war.[22]

3 Aufbau und zentrale Aussagen der Erzählung

Die historisch inspirierte Schilderung des „Vorfalls an der Universität Kyoto" – von der Entlassung des Juristen Yagihara aus dem Universitätsdienst im Jahr 1933 bis zu seiner feierlichen Wiedereinsetzung nach der bedingungslosen Kapitulation im Jahr 1945 – rahmt die Erzählung. Während Yagihara im Mittelteil des Films weitgehend in den Hintergrund tritt, wird die Figur des entschlossenen Kriegsgegners Noge wichtiger. Tatsächlich ist es jedoch Yukie Yagihara, die bereits in den ersten Einstel-

---

[21] Vgl. Kurosawa, Autobiographie, S. 176–178; Tadao Satō, Sakuhin kaidai [Erläuterungen zum Werk]. Akira Kurosawa. Zenshū Kurosawa Akira [Kurosawa Akira. Gesammelte Werke], Bd. 2, S. 323 f.
[22] Vgl. Satō, Kurosawa Akira, Bd. 2, S. 325 f.

lungen in die Rolle der eigentlichen Protagonistin rückt. Ihr Wandel von der behüteten Tochter aus bildungsbürgerlichem Hause, welche die Aufmerksamkeit der Studierenden ihres Vaters genießt, zur selbstbestimmten jungen Frau, die letztlich ihre Familie verlässt, um sich aktiv für den demokratischen Wiederaufbau der ländlichen Gesellschaft Japans einzusetzen, steht im Fokus der Darstellung.

Die auf den Vorspann folgenden zehn Segmente der Erzählung sind meist durch Auf- und Abblenden strukturiert; verschiedentlich erleichtern Zwischentitel die Orientierung in Zeit und Raum. Wichtige Informationen müssen indessen dem Dialog der Figuren oder etwa den Zeitungsschlagzeilen entnommen werden, die in schneller Folge eingeblendet werden.

[1.] Kyoto, Sommer 1932 [01:50–06:46]

Im strahlenden Sonnenschein unternimmt Professor Yagihara mit seiner Frau, seiner Tochter und einigen Studierenden einen Ausflug auf den Berg Yoshida in der Nähe der Kaiserlichen Universität Kyoto. Die Tochter Yukie erfreut sich der ausgelassenen Atmosphäre und der Aufmerksamkeit, die ihr der selbstbewusste Noge und der zurückhaltende Itokawa entgegenbringen. Bei der Überquerung eines Flusses bleibt sie ängstlich zurück. Beide Begleiter bieten Yukie Hilfe an, doch es ist Noge, der sie entschlossen hochhebt und ans andere Ufer bringt (vgl. Abb. 1 u. 2).

Abb. 1: Noge, Itokawa und Yukie beim Überqueren des Flusses (vgl. Segment 1)

Ausgelassen läuft die junge Gruppe durch den Wald, um dann auf einer Anhöhe mit Blick auf die Universität zu rasten. Als Itokawa die Freiheit der Wissenschaft an ihrer Hochschule beschwört, unterbricht das Rattern eines Maschinengewehrs jäh seine pathetischen Worte. Bitter warnt Noge vor dem Aufstieg des Faschismus, der mit dem „Zwischenfall in der Mandschurei" eingesetzt habe. Yukie nimmt seine Worte nicht ernst und läuft auf die Soldaten zu, die in der Ferne ein Manöver abhalten. Schockiert hält sie inne; vor ihr liegt ein schwer verletzter Infanterist.

Abb. 2: Yukie überlegt beim Überqueren des Flusses, wessen Hilfe sie annehmen soll (vgl. Segment 1)

[2.] Kyoto im Jahr 1933 [06:47–13:55]
Die Schlagzeilen einer Zeitung berichten von einem Konflikt zwischen der Universität und dem Erziehungsministerium. Im Mittelpunkt steht Yagihara, der hartnäckig für die Freiheit der Wissenschaft eintritt, obwohl seine Suspendierung droht. Im europäisch gestalteten Heim des Professors besprechen auch Noge, Itokawa und Yukie das Problem. Noge führt die politische Situation auf ein Bündnis von „Militär- und Finanzcliquen" zurück, die durch die Expansion in China von innenpolitischen Schwierigkeiten ablenken wollen. Grundsätzlicher Widerstand gegen den Militarismus sei nun das Gebot der Stunde. Gelangweilt entgegnet Yukie, sie wolle sich mit den schönen Dingen des Lebens befassen, und geht mit Itokawa zum Piano. Exzen-

trisch spielt sie „Das große Tor von Kiew" aus Mussorgskys „Bilder einer Ausstellung". Noge bemerkt, dass auch das Schöne auf klarem Denken basieren müsse. Im Hinausgehen begegnen ihm Yagihara und der Dekan der Fakultät, die von der unerbittlichen Haltung des Ministeriums berichten. Noge kündigt entschlossen an, seiner Überzeugung entsprechend zu handeln.

[3.] An den Universitäten des Landes [13:56–17:07]
An den großen staatlichen und privaten Hochschulen des Landes regt sich Widerstand. Aus Solidarität streiken die Studierenden und demonstrieren auf den Straßen für die akademische Freiheit. Das Erziehungsministerium übt unterdessen Druck auf die Juristische Fakultät der Universität Kyoto aus, worauf der Lehrbetrieb wiederaufgenommen wird. Die Demonstrationen werden von der Polizei unterdrückt und die Anführer der Studierenden festgenommen. Auch Noge bleibt verschwunden.

[4.] Universität Kyoto [17:08–25:28]
Im Auditorium wendet sich Yagihara an eine große Menge niedergeschlagener Studierender. Er gesteht die Niederlage ein, bekräftigt jedoch, dass die gerechte Sache siegen werde. Es gelte nun, den „Sturmwind der Reaktion" zu überleben und aus der Erfahrung zu lernen. Viele der jungen Menschen ertränken ihre Erfahrung, „der Freiheit durch den Faschismus beraubt" worden zu sein, in Alkohol; andere suchen Yagihara in seinem Heim auf, da sie weiter Widerstand leisten wollen. Der Professor überzeugt sie, im Interesse ihrer Familien das Studium abzuschließen. Auch Itokawa, der dem Gespräch ferngeblieben ist, wird von seiner Mutter, einer Witwe in einfachen Verhältnissen, ermahnt. Noge hingegen hat sich offenbar bereits der sozialistischen Bewegung im Untergrund angeschlossen.

[5.] Kyoto im Jahr 1938 [25:29–40:38]
Fünf Jahre später ist der offene Krieg gegen China ausgebrochen. Soldaten ziehen durch die Straßen Kyotos und singen Militärlieder. Die nun 25-jährige Yukie macht eine Ausbildung zur Stenotypistin und betreibt – wie andere Frauen im heiratsfähigen Alter – das Blumenstecken. Nach wie vor ist sie zwischen Itokawa und dem verschwundenen Noge hin- und hergerissen. Ihr Vater hat sich aus der Öffentlichkeit zurückgezogen und bietet privat kostenlose Rechtsberatung für Bedürftige an. Itokawa, mittlerweile Staatsanwalt, sucht seinen ehemaligen Lehrer auf und warnt ihn vor dem Unmut der Behörden. Beim Abendessen kündigt er an, demnächst Noge mitbringen zu wollen. Yukie ist sichtlich bewegt und auch in Sorge. Im Gegensatz zu dem angepassten Staatsanwalt scheint Noge ihr eine aufregende, doch womöglich gefährliche Zukunft bieten zu können. Itokawa wendet ein, der Freund habe sich durch die lange Haftstrafe verändert. Sehr zu Yukies Enttäuschung bestätigt

sich diese Aussage. Noge wurde aus dem Gefängnis auf Bewährung entlassen, nachdem er seine politische Konversion erklärt hat. Nun hat ihm Itokawa eine Position bei der Armee in China verschafft, die er bald antreten wird. Emotional zerrissen und von allem „angeekelt", beschließt Yukie, ihr Elternhaus zu verlassen. In Tokyo will sie einen Neuanfang versuchen, um das wahre Leben zu erfahren. Ihr Vater unterstützt ihre Entscheidung und schärft ihr ein: „Du darfst nicht vergessen, dass die Freiheit erkämpft werden muss. Sie gründet auf schmerzhaften Opfern und persönlicher Verantwortung."

[6.] Tokyo im Jahr 1941 [40:39–01:02:03]

In den zurückliegenden drei Jahren hat Yukie bei verschiedenen Handelsfirmen gearbeitet, doch noch keine erfüllende Aufgabe gefunden. Nun möchte sie nach China. Zufällig trifft sie in der Hauptstadt auf Itokawa, der inzwischen eine Familie gegründet hat. Sie erfährt, dass Noge ebenfalls in Tokyo ist und bei einem Forschungsinstitut für politische und wirtschaftliche Fragen Ostasiens arbeitet. Itokawa vermutet, er führe eine doppelte Existenz. Wieder und wieder sucht Yukie das Institut auf, doch es fehlt ihr der Mut einzutreten. Als sie schließlich auf Noge trifft, offenbart sie ihre Sehnsucht nach einem sinnvollen Leben. Sie bittet ihn, seine geheimen Aktivitäten zu offenbaren, und warnt vor Itokawa. Er erläutert, dass eine Flucht in den Untergrund illusorisch sei. Ihm bleibe nur, ruhig sein Möglichstes zu tun, bis er verhaftet werde. Sie beschließen, diesen schwierigen Weg zusammen einzuschlagen.

Gemeinsam führen Yukie und Noge ein zurückgezogenes Leben. Zwar kann sich die junge Frau kein klares Bild von der Tätigkeit ihres Partners machen, aber sie hat nun das Gefühl, sinnvoll zu leben. Ihr emotionaler Zustand bleibt instabil, da sie ein baldiges Ende dieses Glücks fürchtet. Nach dem Abschluss eines großen Projekts dankt Noge ihr für die bedingungslose Unterstützung. In zehn Jahren, wenn die wahre Natur ihrer Arbeit bekannt geworden sei, werde ihnen das japanische Volk danken. Sorgen bereite ihm lediglich seine einzige „Schwäche", die beiden alternden Eltern auf dem Land. Noch bevor die beiden den Erfolg feierlich begehen können, werden sie von der Polizei verhaftet.

[7.] Im Gefängnis [01:02:04–01:12:19]

Im Gefängnis verhören arrogante und gewalttätige Polizeibeamte Yukie tagelang. Dennoch schweigt sie hartnäckig, obwohl sich ihr gesundheitlicher Zustand zusehends verschlechtert. Von den Beamten erfährt sie, dass Noge unter Spionageverdacht steht; ihm drohe die Todesstrafe. Seine Arbeit sei vergebens gewesen, denn der Krieg mit den Vereinigten Staaten habe begonnen. Yukie kollabiert und wird wenig später von ihrem Vater in das heimatliche Kyoto zurückgebracht. Yagihara begibt sich erneut nach Tokyo, um Noge zu verteidigen. Der ehemalige Schüler habe ihm verdeutlicht, dass sein Engagement als Liberaler unzureichend war. Von Staatsanwalt Itokawa erfährt er jedoch, dass Noge im Gefängnis der Polizei plötzlich verstorben ist. Yagihara unterrichtet seine verzweifelte Tochter und beschwört sie, auf Noges Versuche, Japan vor dem Krieg zu bewahren, stolz zu sein. Er erinnert an seine mahnenden Worte, wonach die Freiheit auf schmerzlichen Opfern gründet. Yukie schöpft neue Kraft und sucht die Eltern Noges in einem Dorf in der Nähe Kyotos auf.

[8.] Im Dorf der Schwiegereltern [01:12:20–01:35:29]
Die Eltern leiden unter der brutalen Ausgrenzung als „Landesverräter" durch die lokale Bevölkerung. Den Taten ihres Sohnes bringen sie kein Verständnis entgegen. In tiefe Depression versunken, wagen sie lediglich nachts, ihr verbarrikadiertes Heim zu verlassen. Der verbitterte Vater beteiligt sich nicht einmal daran, die Asche seines Kindes zu beerdigen. Zwar bringen Noges Eltern Yukie nur Ablehnung entgegen, doch sie lässt sich nicht beirren. Nachts hilft sie der Schwiegermutter bei der mühsamen Feldarbeit. Schließlich widersteht sie der feindseligen Bevölkerung und arbeitet mit ihr auch tagsüber offen auf dem Feld. Als sie beginnen, die Setzlinge zu pflanzen, ist Yukie bereits völlig erschöpft. Trotz Krankheit setzt sie die Arbeit fort, bis das gesamte Feld bepflanzt ist (vgl. Abb. 3). Die Freude weicht erneut tiefer Verzweiflung, als die Dorfbewohner über Nacht das Feld verwüsten. Unter hohem Fieber leidend, bäumt sich Yukie erneut auf und beginnt die Reispflanzen aufzurichten. Von ihrem selbstlosen Bemühen überzeugt, kommt nun auch Noges Vater hinzu und lehnt sich gegen das Dorf auf.

Abb. 3: Yukie beim mühsamen Bepflanzen des Reisfeldes (vgl. Segment 8)

Abb. 4: Yukie steht dem Mitläufer Itokawa gegenüber (vgl. Segment 9)

[9.] Am Dorfschrein [01:35:30–01:39:30]
Itokawa kommt aus Sorge um Yukie in das Dorf. Dass Noge den falschen Weg gewählt habe, bedeute nicht, dass sie ihm bis zum Ende folgen müsse. Er wird indessen von der Vitalität, die Yukie durch die zurückliegende Erfahrung gewonnen hat, stark beeindruckt (vgl. Abb. 4). Den Besuch am Grab des Freundes vor der Heimkehr verweigert sie ihm. Die Zeit werde zeigen, wer recht gehabt habe.

[10.] Kyoto im Jahr 1945 [01:39:31–01:45:50]
Zwischentitel: „Der Tag des Gerichts – die Kapitulation bzw. der Tag, an dem die Freiheit wiederaufersteht". Auf dem Campus der Universität Kyoto bricht ein neues Semester an. Im Auditorium spricht Yagihara zu den versammelten Studierenden und weist darauf hin, dass Noge, der alles für die Freiheit der Wissenschaft und für den Frieden und das Glück Japans geopfert habe, nicht mehr unter ihnen sei. Trotz seines Alters habe er sich entschlossen, an das Katheder zurückzukehren, um dazu beizutragen, dass künftig viele Menschen wie Noge aus der Universität hervorgehen mögen.

Yukie ist vorübergehend in ihr Elternhaus zurückgekehrt. Während ihre Mutter zum friedlichen Leben der Vorkriegszeit zurückzukehren wünscht, fühlt sie sich fehl am Platz. Die harte Arbeit hat sie nachhaltig verändert; ihren Lebenssinn sieht sie nun darin, als „strahlende Leiterin der Bewegung für die Kultur der Bauerndörfer" das mühevolle Leben der weiblichen Bevölkerung auf dem Land zu erleichtern. Ein Leben zu führen, das sie später nicht bereuen werde, sei die Quelle ihres Glücks. Nachdem sie ein weiteres Mal den Ort ihrer sorglosen Jugend, den Berg Yoshida, aufgesucht hat, macht sie sich auf den Weg in das Dorf. Ein Lastwagen nimmt sie mit, und die ehemals feindseligen Nachbarn begrüßen sie freundlich.

4 Thematisierte Reformdebatten und filmische Argumentation

Waga seishun ni kui nashi schaltete sich klarer, als es die Interpretation Donald Richies[23] nahelegt, in gesellschaftliche Debatten ein, die an der Schnittstelle zwischen Kriegszeit und demokratischem Neubeginn individuelle Verantwortung und kollektive Schuld verhandelten. Ein klares Signal war das Wort „Reue" (*kui*) im Titel, welches die zentrale Frage aufwarf, inwieweit Individuen während des Krieges schuldig geworden waren. Noch im Juli 1945 hatten die Alliierten in Potsdam erklärt, dass mit der harten Bestrafung japanischer Kriegsverbrecher zu rechnen sei. Kurz bevor die ersten Besatzungstruppen Ende August 1945 auf den Hauptinseln landeten, legte die Übergangsregierung des kaiserlichen Prinzen Naruhiko Higashikuni der japanischen Bevölkerung gewissermaßen vorbeugend nahe, eine „kollektive Reue der einhundert Millionen" (*ichioku sō zange*) auszubilden.[24] Nachdem im Januar 1946 die rechtlichen Rahmenbedingungen des Internationalen Militärtribunals für den Fernen Osten in Anlehnung an den Nürnberger Prozess festgelegt worden waren, begannen die Verhandlungen Anfang Mai 1946. Zwar sollte die Urteilsverkündung nahezu zwei Jahre auf sich warten lassen, doch die gesellschaftliche Relevanz des Tribunals wurde vor allem in der Anfangsphase breit diskutiert. Dabei zeigte sich eine dominierende Tendenz, die Frage der Schuld auf die angeklagten Hauptkriegsverbrecher zu reduzieren, was durch die offizielle Deutung der zurückliegenden Ereignisse in den Aussagen der Besatzungsmacht gefördert wurde. So hielt der Chefankläger Joseph B. Keenan bereits zu Beginn des Tribunals fest, die japanische Bevölkerung sei dem ehemaligen Premierminister Hideki Tōjō und den weiteren Angeklagten ganz und gar ausgeliefert gewesen und somit als deren „Opfer" (*victims*)

---

[23] In seiner klassischen Studie zu Kurosawas Werk möchte Richie den „Autor" als unpolitischen Menschen verstanden wissen. Auf „militaristic excess or lost freedom" werde in *Waga seishun ni kui nashi* selten direkt hingewiesen. Richie, Films, S. 36.
[24] Dower, Embracing Defeat, S. 496. Es handelt sich um einen Rückgriff auf die zeitgenössische Sprache der Propaganda. „Einhundert Millionen" steht für die gesamte japanische Bevölkerung. Noch wenige Wochen zuvor hatte die Regierung die „gemeinsame Aufopferung der einhundert Millionen" (*ichioku gyokusai*) gefordert.

anzusehen.[25] Dieses Schlüsselnarrativ des Tokioter Prozesses wurde in den japanischen Medien durch die sich rasch popularisierende Vorstellung ergänzt, gutwillig einer Täuschung zum Opfer gefallen zu sein. Der Karikaturist Hidezō Kondō, der in den Jahren des „Großostasiatischen Krieges" noch durch humorvolle Überzeichnungen Churchills und Roosevelts hervorgetreten war, gab dieser Überzeugung im Juni 1946 in der Zeitschrift „Licht im Heim" (*Ie no hikari*) Ausdruck: „Wir, das Volk, wurden allesamt von den [Kriegsverbrechern der Klasse A] getäuscht und ausgenutzt, und so unterstützten wir einhundert Millionen einträchtig die Kriegsanstrengungen, ohne die wahre Lage zu kennen. Im Nachhinein ist klar, dass dies geschah, weil wir unwissend waren und betrogen wurden."[26]

Auch zeitgenössische japanische Spielfilme verdeutlichen, wie leicht Schuld projiziert wurde, während die Notwendigkeit, die Mitverantwortung für die zurückliegenden Ereignisse als Voraussetzung eines demokratischen Neuanfangs individuell zu reflektieren, nur selten eingefordert wurde. Als sich Anfang 1946, inspiriert durch die „Säuberung" (*purge*) des öffentlichen Lebens, welche die Besatzungsmacht seit dem Vorjahr betrieb, der „Bund freier Filmschaffender" (*Jiyū Eigajin Renmei*) entschied, eine schwarze Liste der Kollegen anzulegen, die sich im Krieg exponiert hatten, beteiligten sich viele Filmschaffende daran, einschlägige Namen zu nennen. Eine der wenigen kritischen Stimmen erhob der chronisch erkrankte Regisseur Mansaku Itami.[27] Er versagte der Initiative seine Unterstützung und entlarvte die populäre Rhetorik der Täuschung:

> „Ein solcher Krieg wäre zweifellos nicht entstanden, wenn kein einziger Bürger irgendeinem Betrüger – und wären es noch so viele – auf den Leim gekrochen wäre. Betrüger allein machen noch keinen Krieg. Es braucht dazu solche, die darauf hereinfallen. Daraus schließe ich unweigerlich, daß die Schuld am Krieg natürlich bei beiden liegen muß (auch wenn es einen graduellen Unterschied gibt). Betrogen werden als solches ist zwar ein Vergehen, aber das Grundübel ist in der Mutlosigkeit zu suchen, im Mangel an Selbstvertrauen, in der Oberflächlichkeit und Verantwortungslosigkeit der gesamten Bevölkerung, die ihr Urteilsvermögen, ihre Denkfähigkeit und ihren Glauben völlig verloren hatte und sich blindlings, wie domestizierte Tiere, anderen in die Hände gab [...]."[28]

---

25 Eröffnung der Anklage am 4.6.1946, in: R. John Pritchard/Sonia M. Zaide (Hrsg.), The Tokyo War Crimes Trial. The Complete Transcripts of the Proceedings of the International Military Tribunal for the Far East in 22 Volumes, vol. 1: Pre-trial Documents. Transcript of the Proceedings in Open Session, Transcript page nos. 1–2,097, New York/London 1981, S. 468.
26 Zit. nach Yutaka Yoshida, Senryōki ni okeru sensō sekinin ron [Debatten um die Frage der Kriegsverantwortung in der Besatzungszeit], in: Hitotsubashi ronsō [Hitotsubashi Revue] 105 (1991), H. 2, S. 121–138, hier S. 23.
27 Vgl. Kyoko Hirano, Japanese Filmmakers and Responsibility for War. The Case of Itami Mansaku, in: Marlene Mayo u. a. (Hrsg.), War, Occupation, and Creativity. Japan and East Asia, 1920–1960, Honolulu 2001, S. 212–232, hier S. 221–223.
28 Aus Mansaku Itami, Sensō sekininsha no mondai [Die Frage der Kriegsverantwortlichen], in: Eiga shunjū [Film-Chronik], August 1946. Zit nach ders.: Über die Kriegsschuld. Übersetzt v. Regula König, in: Freunde der Deutschen Kinemathek e. V. (Hrsg.), Filme aus Japan. Retrospektive des

Zumindest in der Rückschau äußerte Akira Kurosawa ähnliche Gedanken, um die Entstehung „seines Films" zu erläutern. Tatsächlich ging der Regisseur einen Schritt weiter und bezeichnete eine neue gesellschaftliche Wertschätzung eines selbstbestimmten Egos als Voraussetzung für eine demokratische Zukunft:

> „Die Japaner sehen in der Behauptung der eigenen Person etwas Unmoralisches, in der Selbstaufopferung dagegen die wahre Tugend. Diese Lehre war uns in Fleisch und Blut übergegangen, und niemand hätte sie in Zweifel gezogen. Ich kam damals zu der Einsicht, daß Freiheit und Demokratie keine Chance hätten, wenn es nicht gelänge, das Ich als einen positiven Wert zu etablieren. Mein erster Film nach dem Kriege [...] nimmt dieses Problem des Ich auf."[29]

Um die erklärte Intention zu vermitteln, setzt das Filmprojekt *Waga seishun ni kui nashi* eine doppelte Strategie ein. Mit dem liberalen Juristen Yagihara und dem Aktivisten Noge werden Bezüge zu historischen Persönlichkeiten hergestellt, die für die zeitgenössischen Zuschauer selbstbestimmte Ich-Stärke und die Fähigkeit symbolisieren, in Krisensituationen Widerstand zu leisten. Dabei sieht Yagihara im Lauf der Handlung ein, dass sein passiver Ansatz, der Rückzug aus dem öffentlichen Leben, nicht ausreichend war. Angesichts des Aufstiegs des „Militarismus" wäre aktiver Widerstand das Gebot der Stunde gewesen.[30]

Yagihara und Noge formulieren im ersten Teil des Films zudem die Handlungsmaximen, deren Bedeutung Yukie im zweiten Teil erkennen wird, um sie dann in die Praxis umzusetzen. Tatsächlich ist es die Entwicklung dieser jungen Frau, welche das Anliegen des Projekts am eindringlichsten veranschaulicht. Die Darstellung ihres Wandels von der emotional zerrissenen Jugendlichen im bildungsbürgerlichen Milieu Kyotos über die Wanderjahre in Tokyo bis zur Bewährung auf dem Land als in sich ruhende, resiliente Persönlichkeit lädt zu einem Gedankenexperiment ein. Es erlaubt den Zuschauern zu reflektieren, welche Alternativen verantwortungsvolles Handeln als Individuum in der unmittelbaren Vergangenheit eröffnet hätte und welche Relevanz ein „selbst-bewusstes" Ego für eine freie und demokratische Zukunft der Gesellschaft besitzt.

Wie der Regisseur bereits zum Zeitpunkt der Uraufführung betonte, trägt die Figur der Yukie zu einer weiteren gesellschaftlichen Schlüsseldebatte bei. Die Emanzipation der weiblichen Bevölkerung zählte zu den wichtigsten Reformfeldern, welche die Besatzungsbehörden identifiziert hatten. Noch im Dezember 1945 erhielten japanische Frauen das Wahlrecht. Nach den ersten Wahlen im April 1946 zogen nicht weniger als 39 weibliche Abgeordnete erstmals in das Unterhaus ein. Dass auch im zeitgenössischen Film zahlreiche geradezu heroische Frauen erschienen,

---

japanischen Films, 12. September – 12. Dezember 1993, Berlin 1993, S. 107–110, hier S. 108. Gleichzeitig bekannte der hochgeschätzte Regisseur freimütig, dass ihn lediglich Krankheit daran gehindert habe, mit dem aufsteigenden Ultranationalismus zu kooperieren. Ebenda, S. 109.
29 Kurosawa, Autobiographie, S. 173.
30 *Waga seishun ni kui nashi*, 7. Segment, 01:08:43–01:09:01.

war kein Zufall, wie Mitsuhiro Yoshimoto verdeutlicht hat.[31] Kurosawa selbst legte eine entsprechende Lesart seines Werks Ende des Jahres 1946 in der Zeitschrift „Film Fan" (*Eiga fan*) nahe:

> „Ich bin gegenwärtig von der Frau namens Yukie hingerissen. Selbstverständlich handelt es sich um eine fiktive Person, doch in meinem Kopf führt sie eine Existenz, die lebendiger ist als die Wirklichkeit. Diese Frau ist, um es auf den Punkt zu bringen, ein unverschämter und unangenehmer Typ. Und für eine japanische Frau mag ihr Ego ausgesprochen stark wirken. Doch das ist eine männliche Perspektive, und gerade deshalb müssen nun Frauen auftreten, die ihr Selbst kraftvoll zum Ausdruck bringen."[32]

Auch die filmische Gestaltung verdeutlicht, dass die weibliche Protagonistin im Mittelpunkt der Argumentation steht. Klar und detailliert wird die psychische Entwicklung Yukies herausgearbeitet. Selbst bei der Erzählung der Rahmenhandlung schenkt die Kamera ihrer Perspektive auf die Ereignisse sowie ihren Reaktionen und Gefühlen – häufig in Nah- und Großaufnahmen – die dominierende Aufmerksamkeit. Ein anschauliches Beispiel ist die Darstellung des abendlichen Gesprächs nach Noges politischer „Konversion" im Jahr 1938. Obwohl Yukie – im Gegensatz zu ihren Eltern und Itokawa – nicht am Gedankenaustausch teilnimmt, zeigen die Einstellungen ihr Gesicht zentral im Bild.[33]

Um ihren jeweiligen emotionalen Zustand auszudrücken, ließ Kurosawa die Hauptdarstellerin sinnbildlich spielen. Weiter entfalteten der Regisseur und der Kameramann Asakazu Nakai ein Repertoire auffälliger filmischer Mittel. So wird die anfängliche Unbeschwertheit der jungen Frau, welche mit den Studenten ihres Vaters ausgelassen durch den sonnigen Wald am Fuß des Berges Yoshida eilt, mit eindrucksvollen Kamerafahrten eingefangen.[34] Während sie zu diesem Zeitpunkt noch unbekümmert Blumen pflückt, verliert sie bald darauf das emotionale Gleichgewicht – ein Umstand, der sich durch exzentrisches Spiel auf dem Familienpiano, aber auch durch offenen Sadismus gegenüber dem verstörten Itokawa äußert.[35] Auch fünf Jahre später noch zwischen Itokawa und Noge stehend, offenbart Yukie beim Blumenstecken eine besorgniserregende Zerrissenheit, als sie die Blüten dreier weißer Chrysanthemen – zum Entsetzen ihrer Mitschülerinnen – abtrennt und in einem Wasserbecken treiben lässt.[36] Wenig später gibt eine Montage kurzer Einstellungen, in denen die Schauspielerin ausdrucksvoll posiert, die tiefe Enttäuschung und große Verzweiflung wieder, die Yukie angesichts der vermeintlichen politi-

---

31 Vgl. Yoshimoto, Kurosawa, S. 118.
32 Akira Kurosawa, „Waga seishun ni kui nashi". Enshutsusha no kotoba [„Ich bereue meine Jugend nicht". Einige Worte des Regisseurs], in: Eiga fan [Film fan], Dezember 1946. Zit. nach Yasuki Hamano (Hrsg.), Taikei Kurosawa Akira [Akira Kurosawa Kompendium], Bd. 2, Tokyo 2009, S. 197 f.
33 *Waga seishun ni kui nashi*, 5. Segment, 32:35–33:50.
34 Ebenda, 1. Segment, 03:48–04:33.
35 Ebenda, 2. Segment, 09:53–10:30 und 11:43–13:53.
36 Ebenda, 5. Segment, 26:45–27:10.

schen Konversion Noges überkommen hat.³⁷ Nachdem sich die wahre Überzeugung des Aktivisten bestätigt und ein vorübergehendes Glück an seiner Seite möglich geworden ist, arrangiert die junge Frau in der gemeinsamen Wohnung liebevoll weiße Blüten. Yukie ist nun hin- und hergerissen zwischen dem Glück der romantischen Liebe und dem in naher Zukunft drohenden Zugriff des Staats. Ihre emotionale Instabilität veranschaulicht eine Folge von Einstellungen, die sie in unterschiedlichen Kontexten selig lächelnd zeigen, worauf sie unvermittelt aus einem Gefühl tiefer Verzweiflung in Tränen ausbricht.³⁸

Mit den Szenen im Dorf der Eltern Noges nähert sich *Waga seishun ni kui nashi* seinem dramatischen Höhepunkt, und die filmische Gestaltung gewinnt eine überzeugende Konsequenz, die Kurosawa zufolge durch seinen Zorn gegenüber dem Planungsausschuss motiviert worden war. Bereits die amerikanischen Zensoren folgten gebannt den rund zweihundert Einstellungen, welche die Vorgaben des Drehbuchs hinter sich ließen und die Wirkung des Films ungemein verstärkten.³⁹ Die Darstellung des Konflikts zwischen der Dorfbevölkerung auf der einen und Yukie bzw. den alternden Eltern Noges auf der anderen Seite verwebt negative Gefühle wie Ausgrenzung, Hass, Verzweiflung, Erschöpfung und Widerstandsgeist zu einem stark aufgeladenen Feld. Die quasi-dokumentarischen Großaufnahmen der Gesichter der zahlreichen feindseligen Dorfbewohner und der isolierten „Landesverräter" verdeutlichen, welchen Preis der Widerstand gegen die Mehrheit einem Individuum abverlangt. Die folgenden Einstellungen, welche die Feldarbeit Yukies und ihrer Schwiegermutter begleiten, demonstrieren eindrücklich, wie Individuen letzte Ressourcen zur Überwindung von Krisen mobilisieren können, indem sie sich ihre grundlegenden Überzeugungen vergegenwärtigen. In den Momenten größter Erschöpfung, als die mühselige Arbeit in den Nassreisfeldern bewältigt werden muss, wiederholt Yukie in Gedanken fortlaufend die Sätze, die zu ihrem Lebensinhalt geworden sind: „Ein Leben, an dem man im Nachhinein nichts bereut." – „Du darfst nicht vergessen, dass die Freiheit auf schmerzhaften Opfern und Verantwortung gründet." – „In zehn Jahren wird die wahre Natur unserer Arbeit bekannt sein, und das japanische Volk wird uns danken."⁴⁰

Weite Blicke über die Landschaft der Nassreisfelder wechseln mit Nah- und Großaufnahmen der Gesichter und der Hände der mühselig Arbeitenden. Zum Acker gebeugt, lockern sie den Boden. Knietief im Wasser stehend, bringen sie pflanzliches Material als Dünger ein. In Wind und Wetter pflanzen sie die Setzlinge (vgl. Abb. 3). In diesen Bildern und im Schlussteil des Films wird auch ein Bezug zur erfolgreichen Agrarreform der Besatzungszeit hergestellt. Hatte das Hauptquartier MacArthurs doch bereits im Dezember 1945 die japanische Regierung angewiesen,

---

37 Ebenda, 5. Segment, 34:20–34:32.
38 Ebenda, 6. Segment, 53:42–57:55.
39 Vgl. Kurosawa, Autobiographie, S. 177.
40 *Waga seishun ni kui nashi*, 8. Segment, 01:25:34–01:26:17.

Maßnahmen zu ergreifen, um sicherzustellen, dass „diejenigen, die den Boden Japans bestellen, gerechtere Möglichkeiten haben werden, die Früchte ihrer Arbeit zu genießen".⁴¹

Die Bewährung auf dem Land führt Yukies dauerhaften Wandel herbei, den zwei anschließende Einstellungen für den Zuschauer noch einmal zusammenfassen. Sie zeigen in einem kurzen Rückblick die zarten Hände der bürgerlichen Tochter, die virtuos auf dem Bechstein-Klavier im Familienheim spielen. Eine der zahlreichen Überblendungen im Film lässt sie im Fluss (der Zeit) verschwimmen, worauf die durch harte Feldarbeit gezeichneten Hände der erwachsenen Frau erscheinen. Ihre Kleidung hat sich nun völlig derjenigen der hart arbeitenden Landbevölkerung angeglichen; ihr tief im Inneren ruhendes, buchstäblich strahlendes Selbstbewusstsein wirkt so überwältigend (vgl. Abb. 4), dass der besorgt angereiste Staatsanwalt Itokawa sprachlos ist. Der Mitläufer, der sich selbst nie ernstgenommen hat und immer nur opportunistisch den Vorstellungen seiner Eltern und des Staates folgt, gibt sich geschlagen und kehrt beschämt heim.⁴²

5 Aspekte der kontroversen Rezeption

Die Uraufführung war für den 29. Oktober 1946 angesetzt und fiel damit in den zweiten Arbeitskampf der Tōhō-Gewerkschaft, der wenige Tage zuvor begonnen hatte. Da der Streik auch auf die Vertragskinos des Produktionshauses übergegangen war, musste die Firmenleitung die Theater der Vertriebskette Nikkatsu nutzen, um *Waga seishun ni kui nashi* termingerecht vorführen zu können.⁴³ Obwohl die Voraussetzungen deshalb ungünstig waren, spielte Kurosawas Werk große Summen für das krisengeplagte Studio ein. Der bemerkenswerte Erfolg ging auf den enthusiastischen Zuspruch durch die jüngeren Zuschauer zurück, die ihre Jugend wie die Protagonistin des Films in den Kriegsjahren verbracht hatten.⁴⁴ Allem Anschein nach reagierten sie vor allem emotional auf das Werk und identifizierten sich mit dem persönlichen Anliegen Kurosawas, die Unbeschwertheit der frühen Lebensphase in die Produktion einfließen zu lassen. In seiner Autobiografie bemerkte der Regisseur rückblickend:

---

41 SCAPIN – 411 (9.12.1945): Rural Land Reform (National Diet Library, Tokyo. Digital Collections: http://dl.ndl.go.jp/info:ndljp/pid/9885478; letzter Zugriff: 28.7.2019).
42 *Waga seishun ni kui nashi*, 9. Segment, 01:35:31–01:39:29.
43 Vgl. Hirano, Mr. Smith, S. 197.
44 Vgl. Kyōhei Kitamura, Sukuriin ni tōei saseru „seishun". Kurosawa Akira „Waga seishun ni kui nashi" no ōdiensu [Auf die Leinwand projizierte „Jugend". Das Publikum von Akira Kurosawas „Ich bereue meine Jugend nicht"], in: Masu komyunikeeshon kenkyū/Journal of Mass Communication Studies 90 (2017), S. 123–142, hier S. 130 f.

> „Unter den [während des Krieges] herrschenden Bedingungen war es uns unmöglich gewesen, die Fülle der Jugend im Kino zur Geltung zu bringen. Wie die Zensoren die Dinge sahen, war Liebe anstößig und das frische unbekümmerte Gefühl von Jugend ein Geisteszustand ‚britisch-amerikanischer' Verweichlichung. Damals bedeutete jung sein, das Geräusch des eigenen Atems zu unterdrücken in jener Gefängniszelle, die man die ‚Heimatfront' nannte."[45]

Aus naheliegenden Gründen konnte das Anliegen Kurosawas lediglich im ersten Teil des Films berücksichtigt werden. Umso eindrucksvoller wirkt die wohlwollende Aufnahme durch das jugendliche Publikum. Sie wird durch die Tatsache unterstrichen, dass *Waga seishun ni kui nashi* in Zeitschriften für junge Filmfans mit überwältigender Mehrheit von den Lesern zum besten Werk des Jahres gewählt wurde.[46]

Dagegen zeichnete sich unter den altersmäßig fortgeschrittenen Filmkritikern – als Resultat „professioneller" Rezeption – eine überwiegend kritische Aufnahme ab.[47] Die nahezu ausschließlich männlichen Autoren waren wie der einflussreiche Hideo Tsumura (1907–1985) in der Regel bereits während der Kriegsjahre aktiv gewesen und setzten große Erwartungen in Kurosawas eigentliches Nachkriegsdebüt. Vor diesem Hintergrund wirkte der Film auf viele uneinheitlich und in seinen politischen Aussagen allzu bemüht.[48] Kritisch eingeschätzt wurde insbesondere der durch Setsuko Hara verkörperte Charakter der Yukie. Die Kamera konzentriere sich in solchem Maß auf die schöne Protagonistin, dass der Ablauf des Zwischenfalls an der Universität Kyoto in den Hintergrund gerate und generell die Handlung des Films kaum noch verständlich sei. Die junge Frau wirke „hysterisch", führte ein anonymer Text in der landesweiten Zeitung „Die Morgensonne" (*Asahi shinbun*) an; andere Autoren sprachen von „Engstirnigkeit", „Übertreibung" und einer „wandelnden Idee", um ihren Eindruck zu beschreiben. Mit „solch einer exzentrischen Tochter", bemerkte Hideo Tsumura, „dürften die Eltern vieles an ihrem Leben bereuen", und fasste somit die erheblichen Probleme seiner Zunft mit dem neuen Bild japanischer Weiblichkeit zusammen. Zwar blieben auch positive Stimmen nicht aus. So sprach Kano Ōtsuka von der besten schauspielerischen Leistung aus dem Produktionshaus Tōhō im laufenden Jahr, ohne allerdings sein Lob zu konkretisieren. Konsensartig verdichtete sich das Urteil, Akira Kurosawa habe sich weniger für die liberale Botschaft der Erzählung interessiert, als die exzentrische Lebensweise einer selbstbezogenen jungen Frau gefeiert.[49]

---

45 Kurosawa, Autobiographie, S. 178.
46 Vgl. Kitamura, Seishun, S. 131.
47 Vgl. ebenda, S. 127 f.
48 Vgl. Kenji Iwamoto, Hihyōshi nōto [Notizen zur Geschichte der kritischen Rezeption], in: Akira Kurosawa, Zenshū Kurosawa Akira [Kurosawa Akira. Gesammelte Werke], Bd. 2, S. 345 f.
49 Ebenda.

6 Epilog

Eine eingehende Auseinandersetzung mit der Geschichte des Filmprojekts *Waga seishun ni kui nashi* erlaubt tiefe Einblicke in die psychische Trümmerlandschaft, welche die Jahre des „Großostasiatischen Krieges" in der japanischen Gesellschaft hinterlassen hatten. Die charakteristische Verknüpfung des Projekts mit zentralen gesellschaftlichen Debatten, die Art und Weise, wie die filmische Erzählung sich in diesen Zusammenhängen positionierte, und auch die divergierende Rezeption durch unterschiedliche Publikumsschichten legen nahe, dass das audiovisuelle Medium in der unmittelbaren Nachkriegszeit produktiv an sozialen Aushandlungsprozessen beteiligt war. Spielfilme trugen dazu bei, sinngebende Bilder des „dunklen Tals" der Vergangenheit zu entwerfen und Wege in eine alternative Zukunft auszuloten. Nicht zuletzt wird deutlich, dass es in den späten 1940er Jahren Ansatzpunkte für eine Erinnerungskultur gab, die um die Idee individueller Verantwortung kreiste. Diese Ansätze unterschieden sich deutlich von dem Opfernarrativ, das sich während der folgenden Entfaltung des Kalten Krieges und im Zuge der Wiederaufrüstung etablierte. Schon Ende der 1950er Jahre wurde die Vorstellung eines persönlichen Eintretens für Freiheit und Demokratie in der lokalen Medienkultur als „romantisch" und notwendigerweise „zum Scheitern verurteilt" bezeichnet, wie es die Ausführungen des Autors Junpei Gomikawa und des Regisseurs Masaki Kobayashi belegen, als sie im Begriff waren, den Erfolgsroman „Conditio humana" (*Ningen no jōken*, 1958) zu verfilmen.[50] Interessanterweise war es gerade diese monumentale Erzählung, welche bereits 1967 unter dem Titel „Barfuß durch die Hölle" den Weg in das deutschsprachige Fernsehen fand, während das frühe Werk Kurosawas lange Zeit unbekannt blieb.

---

[50] Masaki Kobayashi, Eiga „Ningen no jōken" no omoide [Erinnerungen an den Film „Conditio humana"], in: Bungei shunjū [Chronik der Literatur und Kunst] 73 (1995), H. 5, S. 306–311, hier S. 311. Zur Etablierung des Opfernarrativs in der japanischen Gesellschaft siehe James J. Orr, The Victim as Hero. Ideologies of Peace and National Identity in Postwar Japan, Honolulu 2001.

Daniel Mollenhauer
Authentizität und Mythos – das Bild der französischen Résistance in René Cléments *La Bataille du Rail* (1946)

Verfilmte Trümmerlandschaften – nähme man den Titel des Bandes wörtlich, so würde es schwerfallen, Frankreich und dem französischen Film einen Beitrag zu widmen. Auch wenn Frankreich durch die Rückzugsgefechte der Wehrmacht nach der Landung der Alliierten im Juni 1944 von Trümmerlandschaften nicht verschont blieb, waren diese in der unmittelbaren Nachkriegszeit kein Sujet für das Kino. Das mag auch daran gelegen haben, dass die Stadt Paris, das Symbol der Nation und gleichzeitige Zentrum der Filmproduktion, trotz der Kämpfe der *Libération* weitgehend unzerstört geblieben war. Die „Trümmer", mit denen sich Frankreich angesichts von (vorläufiger) Kriegsniederlage, Regimewechsel und Kollaboration in den ersten Nachkriegsjahren beschäftigte, waren politischer, militärischer und moralischer Art. Doch auch diese waren auf der Leinwand kaum zu sehen. Omnipräsent hingegen waren solche Filme, die den Widerstand Frankreichs gegen die deutsche Besatzung und damit die politische und militärische Wiederauferstehung des Landes thematisierten. Allein für die Jahre 1945/46 hat Suzanne Langlois 16 der *Résistance* gewidmete Spielfilme identifiziert.[1] Die meisten von ihnen sind heute vergessen und nur noch von filmhistorischem Interesse. Die große Ausnahme ist René Cléments *La Bataille du Rail*, der am 11. Januar 1946 Premiere feierte und sofort beim Filmfestival von Cannes mit dem Grand Prix International prämiert wurde.[2] Bis heute hat der Film nichts von seiner suggestiven Kraft eingebüßt, nicht zuletzt dank der meisterhaften Kameraführung von Henri Alekan sowie der Musik von Yves Baudrier. Und bis heute ist er präsent: Regelmäßig wird er im Fernsehen gezeigt, das *Institut national de l'audiovisuel* (INA) hat vor kurzem eine DVD mit der restau-

---

1 Vgl. Suzanne Langlois, La Résistance dans le cinéma français. De *La Libération de Paris* à *Libera me*, Paris 2001, S. 57. Sylvie Lindeperg, die in ihre Studie auch Kurz- und Dokumentarfilme aufgenommen hat, kommt für die Jahre 1944–46 auf 40 Werke, dies., Les écrans de l'ombre. La Seconde Guerre mondiale dans le cinéma français, Paris ²2014, S. 541 f.
2 *La Bataille du Rail* (Schienenschlacht), Frankreich 1946; Produktion: Coopérative générale du cinéma français (CGCF); Erstverleih: Union française de production cinématographique; Erstaufführung: 11.1.1946 (Sondervorstellung) bzw. 27.2.1946 (Kinostart) in Paris; Regie: René Clément; Drehbuch: René Clément, Colette Audry; Hauptrollen: Jacques Desagneaux, Tony Laurent, Jean Clarieux, Länge: 82 Min. Für den vorliegenden Beitrag wurde die 2010 erschienene, restaurierte Fassung des Institut national de l'audiovisuel (INA) verwendet. Das Szenario von René Clément und Colette Audry wurde 1949 in Paris veröffentlicht; hier im Folgenden diente die 1974 in Genf erschienene Ausgabe als Grundlage.

rierten Fassung des Films und vielen Extras herausgebracht, zahlreiche Beiträge zum Thema „Eisenbahn und Widerstand" in Büchern und neuen Medien werden mit Standbildern aus dem Film illustriert, und auch die filmhistorische Forschung hat sich wiederholt mit dem Werk beschäftigt.³ Die Wahrnehmung des Widerstands der *cheminots* (Eisenbahner) und des Widerstands im Allgemeinen wurde maßgeblich durch René Cléments Film geprägt; für den Regisseur wiederum bildete *La Bataille du Rail* den Auftakt einer lebenslangen Beschäftigung mit dem Thema der *Résistance*, die er in nicht weniger als sechs Filmen auf die Leinwand brachte.⁴ Weshalb aber konnte ausgerechnet dieser Film eine solche Wirkung entfalten?

1 Inhalt

Eine Lokomotive fährt in den Bahnhof ein; ein einzelner deutscher Soldat auf dem Bahnsteig läuft ihr entgegen, springt auf die Lok auf und versucht den Lokführer zum Anhalten zu bewegen („Halt! Anhalten!"). Dieser reagiert jedoch abweisend („Reste-ici"), bremst nicht ab und zwingt so den Soldaten, wieder abzuspringen. In der nächsten Einstellung sieht man die Lokomotive erneut, jetzt auf freier Strecke, wo sie zum Stillstand kommt. Mehrere Männer springen heraus, flüchten über die Gleise und verschwinden in den Feldern; die Lok fährt weiter.⁵

Die ersten Szenen des Films sind für den Zuschauer eine echte Herausforderung. Die Handlung ist diskontinuierlich; in kurzen, unzusammenhängenden Sequenzen, die teilweise kaum länger als eine Minute dauern, wird der Komplex von Besatzung, Widerstand und Repression skizziert:⁶ Ein Reisender in einem Zugabteil wartet einen unbeobachteten Moment ab, um dann unter dem Sitzpolster versteckte Briefe auszutauschen; ein Bahnangestellter entnimmt Dokumente aus einem unter dem Waggon befindlichen Geheimfach; eine Frau lässt sich von einem Schaffner ih-

---

3 Neben den in Anm. 1 genannten Arbeiten von Langlois und Lindeperg sind zu nennen: Jean-Pierre Bertin-Maghit, „La Bataille du Rail": De l'authenticité à la chanson de geste, in: Revue d'histoire moderne et contemporaine 33 (1986), S. 280–300; Martin O'Shaughnessy, La Bataille du Rail. Unconventional Form, Conventional Image?, in: Henry R. Kedward/Nancy Wood (Hrsg.), The Liberation of France. Image and Event, Oxford/Washington 1995, S. 15–27; Sylvie Lindeperg, Political and Narrative Ambiguities in La Bataille du Rail, in: Historical Reflections/Réflections Historiques 35 (2009), S. 142–162. Auch die beiden deutschen Dissertationen zur kinematografischen Vergangenheitsbewältigung widmen sich ausführlich Cléments Film: Susanne Dürr, Strategien nationaler Vergangenheitsbewältigung. Die Zeit der *Occupation* im französischen Film, Tübingen 2001, S. 23–49; Christoph Vatter, Gedächtnismedium Film. Holocaust und Kollaboration in deutschen und französischen Spielfilmen seit 1945, Würzburg 2009, S. 82–93.
4 Eine vollständige Filmografie Cléments findet sich in Denitza Bantcheva, René Clément, Paris 2008, S. 381–392.
5 *La Bataille du Rail*, ab 03:46.
6 Ebenda, ab 04:33.

ren in einem eigenen Verschlag mitreisenden Hund zurückgeben, wodurch der Blick freigegeben wird auf einen dahinter kauernden blinden Passagier. Die äußerst sorgfältig und sparsam komponierten Szenen werden weder zeitlich noch räumlich eindeutig situiert; Schauplatz ist offensichtlich ein namentlich nicht näher bestimmter Grenzbahnhof an der Demarkationslinie zwischen der von den Deutschen besetzten Zone und dem unbesetzten, „freien" Frankreich. Die handelnden Personen, diejenigen *cheminots*, die sich im weiteren Verlauf des Films als die Protagonisten herauskristallisieren, bleiben zunächst anonym. Auch auf Dialoge verzichtet Clément in diesen Anfangsszenen fast vollständig; sie sind auf das Allernotwendigste reduziert und bestehen oft aus nicht mehr als aus einzelnen Befehlen oder Ausrufen.

Nach dem durchaus irritierenden Auftakt wechselt Clément die Darstellungsweise. Weiterhin bilden die einzelnen Szenen keine zusammenhängende Handlung, doch nun ist es ein Erzähler/Kommentator aus dem Off, der den Zuschauer an die Hand nimmt und ihm quasi dokumentarisch das Funktionieren des Grenzbahnhofs und die Tätigkeit der hier arbeitenden Widerstandsgruppe erklärt.[7] Man sieht die Leitstelle (*poste de commandement*) des Bahnhofs, in dem die Angestellten über Züge und Strecken disponieren, Verspätungen notieren und weitergeben; man sieht die Arbeiter, die die Zusammenstellung der Züge sabotieren, indem sie einzelne Waggons als defekt bezeichnen; man sieht, wie die Telegramme der Deutschen von den *cheminots* dechiffriert werden. Auf verschiedenste Weise, so erklärt der Erzähler, streuen die Eisenbahner Sand ins Getriebe der deutschen Kriegs- und Ausbeutungsmaschinerie: „Sie widerstehen. Wer hier Widerstand leistet, wer zum Widerstand gehört – das werden wir erfahren."[8] Mit diesen Worten leitet er über zur nächsten Sequenz, die zeigt, dass hinter den einzelnen Akten der Widerständigkeit durchaus Koordination und Organisation steckt. Der Chef der Leitstelle, den wir mit seinem Tarnnamen „Athos" kennenlernen, trifft sich mit anderen Mitgliedern der Widerstandsgruppe zu einem konspirativen Treffen beim Kartenspiel in einer Kneipe;[9] im Umkleideraum der Arbeiter werden Flugblätter verteilt;[10] bei einem abendlichen Treffen der Gruppe gibt deren Anführer Instruktionen, wie dem Feind mit einfachen Mitteln geschadet werden kann, und verteilt die Aufgaben, die Clément dann in kurzen, wiederum übergangslos aneinander geschnittenen Szenen illustriert: Arbeiter vertauschen die Zielbahnhöfe einzelner Waggons, um deren Ausreise

---

[7] Ebenda, ab 07:32. Mit den Worten „vous allez voir une mécanique extrêmement précise" („Sie werden nun ein außerordentlich präzises Verfahren sehen") wendet sich der Erzähler unmittelbar an den Zuschauer, der auch in den folgenden Szenen mehrfach direkt angesprochen wird, teils in der zweiten, teils in der ersten Person Plural („vous" – „nous").
[8] Ebenda, ab 09:54: „Ils résistent. Cette résistance, qui en fait ici, qui en est – nous allons le savoir."
[9] Ebenda, ab 10:08.
[10] Ebenda, ab 10:54.

nach Deutschland zu verhindern; sie zerschneiden Kabel und Schläuche, lassen heimlich Benzin aus den Tankwagen ab. Und sie lernen, mit Magneten versehene Bomben an den Waggons zu befestigen.[11]

Bereits in allen diesen Szenen ist die Bedrohung durch die deutschen Besatzer stets präsent, teils direkt (ein Offizier kontrolliert die Arbeit der Leitstelle, Soldaten patrouillieren in der Nacht), teils indirekt in den ängstlichen, vorsichtigen Blicken der *cheminots*, die stets damit rechnen müssen, bei ihren Widerstandsaktionen entdeckt zu werden. Die letzten Sequenzen des ersten Teils von *Bataille du Rail*, eingeleitet wiederum durch die kommentierende Off-Stimme, widmen sich dieser Bedrohung nun explizit: In Großeinstellungen sieht man die (realen) Plakate, die vor Sabotageakten warnen und den Saboteuren mit der Todesstrafe drohen.[12] Die gleiche Botschaft geht von der Rede aus, die ein deutscher Besatzungsoffizier vor den versammelten Arbeitern hält.

Bald zeigt sich, dass dies keine leere Drohung ist: Nach weiteren Detonationen werden sechs Geiseln willkürlich verhaftet und anschließend erschossen.[13] Die berühmte, auch heute noch außerordentlich eindringliche Szene ist von Clément akribisch geplant worden; jede einzelne Einstellung hatte er genauestens in einem Skizzenbuch festgehalten.[14] Die Off-Stimme beendet ihren Kommentar bereits zu Beginn der Szene.[15] Während der Erschießung der sechs Opfer fixiert die Kamera in einem extremen Close-up fast durchgehend den *cheminot*, der zuletzt an der Reihe sein wird; man hört im Hintergrund die Schießbefehle der deutschen Soldaten („Legt an – Feuer") und sieht schemenhaft, wie die anderen Geiseln fallen. Kurz folgt man seinem Blick zu einer Spinne, die an einer Wand sitzt und nach einem Schuss dort den Halt verliert und abstürzt. Zwischen zwei Schüssen sieht und hört man, wie die Lokführer, die die Ereignisse schweigend aus der Ferne beobachten, gegen den Terror der Besatzer mit einem Pfeifkonzert ihrer Lokomotiven protestieren. Vor dem Schuss, der die letzte Geisel tötet, schwenkt die Kamera auf den schwarzen Rauch, der von einer der Lokomotiven in den Himmel steigt.[16]

Der quasi dokumentarische Stil, der die ersten Sequenzen des Films geprägt hat, wird von Clément im zweiten Teil nicht beibehalten. Denn nun entfaltet sich eine weitgehend linear erzählte, durch einen klar erkennbaren Spannungsbogen zusammengehaltene Geschichte, die viele Elemente des klassischen Kriegs- und Abenteuerfilms enthält – nicht zuletzt das Happy End. Die einzelnen Szenen werden länger, bauen direkt aufeinander auf, deuten das Geschehen nicht mehr nur an, sondern spielen es aus. Auch die Dialoge sind nun komplexer, die einzelnen Figu-

---

11 Ebanda, ab 12:57.
12 Ebenda, ab 14:53.
13 Ebenda, ab 17:16.
14 Vgl. Lindeperg, Ecrans de l'ombre, S. 90.
15 Im Original: „Ici s'efface le pouvoir des mots" („hier endet die Macht der Worte").
16 *La Bataille du Rail*, ab 21:33.

ren erhalten Namen und werden als individuelle Persönlichkeiten erkennbar. Dennoch bleibt Clément an der Psychologie seiner Protagonisten weitgehend desinteressiert. Diese spielen klar konturierte, geradezu eindimensionale, durch keinerlei Ambivalenzen gebrochene Rollen.

Die Handlung setzt ein, als die Mitglieder der Widerstandsgruppe über Funk die Nachricht von der Landung der Alliierten in der Normandie erhalten. Ihre Aufgabe ist es nun nicht mehr, ganz allgemein „Sand ins Getriebe" der Besatzungsmacht zu streuen, sondern den Transport von Waffen und Kriegsmaterial durch den Konvoi „Apfelkern" an die Front möglichst zu unterbinden. In die Handlung einbezogen sind nun auch Akteure, die bisher außerhalb des Netzwerkes der Widerständler standen: Vorsteher von kleinen Landbahnhöfen, Lokomotivführer, Eisenbahner im Ruhestand. Es beginnt eine Art Katz-und-Maus-Spiel, bei dem die *cheminots* versuchen, durch Sabotage von Gleisen und Maschinen das Vorankommen des Konvois zu verhindern, während die Deutschen alle Hebel in Bewegung setzen, um ihr Material unbeschadet an die Front zu bringen. Unterstützung erhalten die Eisenbahner von einer Gruppe von *maquisards*, deren Angriff auf den inzwischen schwer bewaffneten Transportzug jedoch katastrophal scheitert.[17] Schließlich gelingt es den Franzosen, in einer spektakulären Aktion einen der Züge zum Entgleisen zu bringen – der dramaturgische Höhepunkt des Films. Die mit mehreren Kameras gleichzeitig gefilmte Sequenz gilt zu Recht bis heute als filmhistorischer Meilenstein.[18] Die übrigen Züge des Konvois „Apfelkern" werden wenig später von einem Fliegergeschwader der Alliierten aus der Luft bombardiert und endgültig zerstört.

Für die letzten Sequenzen des Films kehrt Clément dann noch einmal zu der den Filmanfang prägenden Collagetechnik zurück:[19] In kurzen Szenen sieht man die Auflösungserscheinungen und den Rückzug der Besatzungstruppen, die verzweifelten Versuche einzelner deutscher Offiziere, ihre Autorität aufrechtzuerhalten und das Blatt noch einmal zu wenden, schließlich den Jubel der Bevölkerung, als die Männer des Widerstands die Macht übernehmen und der erste „befreite" Zug über die Gleise rollt, wobei die Kamera noch einmal den Blick über den entgleisten deutschen Transportzug gleiten lässt.[20]

---

17 Ebenda, ab 54:30.
18 Ebenda, ab 01:10:30.
19 Tatsächlich ist der Fortgang der „Story" in diesen letzten Szenen des Films für den Zuschauer kaum zu erkennen, ein Umstand, der in der kritischen Literatur bislang kaum bemerkt worden ist. Erst die Lektüre des wesentlich umfangreicheren Szenarios erlaubt es, die Handlungslogik nachzuvollziehen. Die finalen knapp 50 Seiten des Szenarios (von insgesamt knapp 250) nehmen im Film kaum 10 Minuten Spieldauer ein.
20 *La Bataille du Rail*, ab 01:20:40.

2 Filmproduktion in einer Zeit des Umbruchs

Die ersten Ideen zu einem Film, der den Widerstand der *cheminots* thematisiert, waren bereits im Herbst 1944 entwickelt worden. René Clément begann im November des gleichen Jahres damit, Material zu sammeln und das Drehbuch zu entwickeln. Die Dreharbeiten fanden im März/April und im Juli/August 1945 statt. Wenige Monate später, am 11. Januar 1946, kam der fertige Film zur Uraufführung.[21]

Die Produktionszeit von *La Bataille du Rail* fällt somit zusammen mit der Phase der Rekonstruktion des französischen Staates und der französischen Gesellschaft nach den Umbrüchen der Kriegs- und Besatzungszeit. Unsicherheit und Offenheit des einzuschlagenden Weges kennzeichneten die Situation. Noch bis zum Frühjahr 1945 wurde auf französischem Territorium gekämpft und warteten Tausende französischer Kriegsgefangener und Zwangsarbeiter in Deutschland auf die Heimkehr. Erst im Oktober 1945 konnten daher Wahlen zur verfassungsgebenden Nationalversammlung stattfinden, bei denen die mit dem Widerstand und dem „Freien Frankreich" identifizierten Parteien eine große Mehrheit erringen konnten und die kommunistische Partei zur stärksten Kraft wurde. Und es dauerte bis zum Oktober 1946, bis die Franzosen in einem Referendum die neue Verfassung der IV. Republik akzeptierten, nachdem ein erster Anlauf im Mai 1946 ebenfalls per Referendum gescheitert war. Charles de Gaulle war zu diesem Zeitpunkt als Regierungschef bereits zurückgetreten,[22] da er einsehen musste, dass seine verfassungspolitischen Vorstellungen von den wiederentstandenen Parteien nicht geteilt wurden und er eine Rückkehr zu dem von ihm verhassten parlamentarischen System nicht verhindern konnte.[23]

Die Jahre 1944 bis 1946 waren somit eine Übergangszeit, geprägt durch die gleichzeitige Kooperation und Konkurrenz der aus dem Widerstand hervorgegangenen Kräfte, die das politische Leben dominierten. Zwar hatten sich 1943 durch die Koordinationsbemühungen Jean Moulins alle Strömungen des Widerstands inner- und außerhalb Frankreichs zusammengeschlossen und die Führung de Gaulles anerkannt; es war jedoch unverkennbar, dass zwischen „Gaullisten", Kommunisten, Sozialisten und den verschiedenen Gruppen des bürgerlich-republikanischen Lagers, die sich dem Widerstand angeschlossen hatten, fundamentale Differenzen be-

---

[21] Zur Entstehung des Films ausführlich Lindeperg, Ecrans de l'ombre, S. 85–89.
[22] Seinen Rücktritt reichte de Gaulle am 20.1.1946 ein, also gerade einmal eine Woche nach der Erstaufführung von *La Bataille du Rail*.
[23] Zur Gründungsphase der IV. Republik und der politischen Konstellation der Nachkriegszeit vgl. Jenny Raflik, La République moderne. La IVe République 1946–1958, Paris 2018, S. 17–73; Herrick Chapman, France's Long Reconstruction: In Search of the Modern Republic, Cambridge/London 2018, S. 17–40; André Kaspi u. a., La libération de la France. Juin 1944 – Janvier 1946, Paris 1995; sowie die Beiträge in Andrew Knapp (Hrsg.), The Uncertain Foundation. France at the Liberation, 1944–47, Basingstoke/New York 2007.

züglich der angestrebten Nachkriegsordnung herrschten. Auch behielten die Bewegungen, die Netzwerke und die paramilitärischen Einheiten des Widerstands trotz der formellen Einheit ein hohes Maß an Autonomie. Insbesondere die kommunistische Partei, die im *Front National* eine von ihr dominierte, aber auch zahlreiche Nicht-Kommunisten anziehende Widerstandsorganisation gegründet hatte und deren *Franc-Tireurs et Partisans* (FTP) zu den wichtigsten militärischen Gruppen zählten, war erfolgreich darauf bedacht, ihre Eigenständigkeit nicht zu verlieren.[24]

Während der ersten Monate nach der *Libération* hatte die (bereits vor der Landung der Alliierten in der Normandie 1944 in Algier gebildete) Provisorische Regierung de Gaulles erhebliche Schwierigkeiten, ihre Autorität gegenüber den autonom agierenden *Comités de la Libération* und den lokalen Milizen in den bereits befreiten Regionen des Landes zu behaupten.[25] Erst im Winter 1944/45 gelang es de Gaulle, das Gewaltmonopol des Staates bzw. der Zentralregierung durchzusetzen, indem die Milizen entwaffnet oder in Armee und Polizei eingegliedert wurden. Der Anspruch der *Résistance*-Gruppen, die politischen und gesellschaftlichen Weichenstellungen der Nachkriegszeit maßgeblich mitzubestimmen, blieb jedoch bestehen. War de Gaulle bestrebt, so schnell wie möglich zu einer normalen, geregelten Verwaltungsarbeit zurückzukehren und dazu auch bereit, die bisherigen Strukturen weitgehend unangetastet zu lassen, forderten sie zum einen eine längere Übergangszeit, in der ihnen eine Schlüsselrolle bei der Neugestaltung des öffentlichen Lebens zukommen sollte, zum anderen tiefgreifende Strukturreformen und eine umfassende Säuberung.

Für alle maßgeblichen Kräfte der unmittelbaren Nachkriegszeit waren somit ihre Verdienste in Widerstand und Krieg die primäre Quelle ihrer Legitimität – entsprechend omnipräsent war dieses Engagement im öffentlichen Diskurs der ersten Nachkriegsmonate. Der Widerstand im weitesten Sinne des Wortes, so Henry Rousso, wurde zur „fetischhaften, geradezu heiligen Referenz": Zu ihr gehört zu haben, sei eine Art allmächtiges „Sesam-öffne-dich" für politische Einflussnahme in den ersten Monaten der Nachkriegszeit gewesen.[26] Gérard Namer hat bereits 1983 in seiner Pionierstudie zur „commémoration", dem öffentlichen Gedenken an die Kriegsjahre, gezeigt, wie gezielt insbesondere Kommunisten und Gaullisten sich von August 1944 an bemühten, ihre Leistungen bei der *Libération* herauszustellen und aus diesen einen Gestaltungsauftrag für den Wiederaufbau herzuleiten – und wie schwer es den anderen politischen Strömungen innerhalb der *Résistance* fiel, sich

---

[24] Zur Politik des *Parti communiste français* (PCF) in den Jahren vor und nach der *Libération* vgl. Philippe Buton, Les lendemains qui déchantent. Le Parti communiste français à la Libération, Paris 1993; Natalia Naoumova, Moscow, the Parti Communiste Français, and France's Political Recovery, in: Knapp (Hrsg.), Uncertain Foundation, S. 160–182.
[25] Dies betont Robert Gildea, Fighters in the Shadows. A New History of the French Resistance, London 2015, S. 420–424.
[26] Henry Rousso, Le syndrome de Vichy. De 1944 à nos jours, Paris ²1990, S. 33.

gegen die beiden dominanten Deutungen der jüngsten Vergangenheit zu behaupten.[27] Beide Bewegungen nutzten die Gedenktage – sowohl die traditionellen Nationalfeiertage wie den 14. Juli oder den 11. November als auch die Jahrestage der Kriegsereignisse wie etwa den Tag der Befreiung von Paris –, um aktive Geschichtspolitik zu betreiben und die Legitimität der eigenen Position zu unterstreichen. Für die französischen Kommunisten war dies eine durchaus heikle Angelegenheit: Gewiss war ihre Rolle in der *Résistance* zwischen 1941 und 1944 bedeutend; unbestritten war auch, dass sie die meisten Opfer zu beklagen hatten, woraus später die Selbstbezeichnung als „parti des 75 000 fusillés" wurde. Aber die Partei hatte eine wenig heroische Rolle in der ersten Phase des Krieges, zwischen dem Abschluss des Hitler-Stalin-Paktes und dem deutschen Angriff auf die Sowjetunion, gespielt, während der sie sich, den Direktiven Moskaus folgend, als „neutral" erklärt und den Krieg als „imperialistisch" verurteilt hatte. Umso wichtiger war es daher für die Partei, das Augenmerk der Öffentlichkeit auf die heroischen Aspekte des Kampfes zwischen 1941 und 1944 und auf das Versagen der traditionellen politischen und gesellschaftlichen Eliten des Landes zu lenken.[28]

Zu dem geschichtspolitischen Werkzeugkasten, den Gaullisten und Kommunisten nutzten, gehörte – neben Gedenktagen, Denkmälern und Gedenkplaketten, Presse und Publizistik – nicht zuletzt auch der Film. Gerade die kommunistische Partei hatte diesem Medium schon in der Vorkriegszeit große Beachtung geschenkt – man denke etwa an die beiden von der Partei in Auftrag gegebenen Renoir-Filme *La vie est à nous* und *La Marseillaise*.[29] Es konnte daher nicht überraschen, dass noch vor Kriegsende innerhalb der *Résistance* erste Projekte für eine kinematografische Aufarbeitung der jüngsten Vergangenheit entstanden. Die Kommunisten waren jedoch mit ihrem Anspruch, mit den Mitteln des Films die jüngste Vergangenheit zu deuten, nicht allein. Die geschichtspolitischen Interessen de Gaulles vertrat institutionell der *Service cinématographique de l'Armée* (SCA), eine Institution, die bereits während des Ersten Weltkrieges geschaffen worden war.[30] Die hier in den Jahren 1944 bis 1946 produzierten Filme griffen die zentralen Themen der gaullisti-

---

27 Vgl. Gérard Namer, La commémoration en France de 1945 à nos jours, Paris 1983, S. 7–9.
28 Zur kommunistischen Geschichtspolitik bezüglich der eigenen Rolle während des Krieges vgl. neben der Untersuchung Namers: Marie-Claire Lavabre, Le fil rouge. Sociologie de la mémoire communiste, Paris 1994, S. 165–222; Olivier Wieviorka, La mémoire désunie. Le souvenir politique des années sombres, de la Libération à nos jours, Paris 2010, S. 42–49. Zum Verhalten der Partei zwischen 1939 und 1941 Denis Peschanski, Les avatars du communisme français de 1939 à 1941, in: Jean-Pierre Azéma/François Bédarida (Hrsg.), La France des années noires, Bd. 1: De la défaite à Vichy, Paris 1993, S. 441–452.
29 Das Verhältnis des PCF zum Kino ist in zwei umfangreichen Monografien aufgearbeitet worden: Laurent Marie, Le cinéma est à nous. Le PCF et le cinéma français de la Libération à nos jours, Paris 2005; Pauline Gallinari, Les communistes et le cinéma. France, de la Libération aux années 60, Rennes 2015.
30 Zu den Filmen des SCA vgl. Lindeperg, Ecrans de l'ombre, S. 125–171.

schen Selbstdarstellung und nicht zuletzt die gaullistische Deutung der jüngsten Vergangenheit auf: die Kontinuität zwischen Erstem und Zweitem Weltkrieg – „la guerre de 30 ans"; die Kontinuität der republikanischen Legitimität, die am 18. Juni 1940 auf den General übergegangen sei; der Rang Frankreichs als gleichberechtigte Macht im Konzert der Siegermächte; die militärischen Leistungen der *France libre*. Während die Rolle der *Résistance* in den Filmen des SCA minimiert wird, zeichnen sie sich gleichzeitig durch eine „représentation mystique du générale de Gaulle" aus.[31]

Die Gegenposition nahmen diejenigen Cineasten ein, die sich während der Besatzungszeit der *Résistance* angeschlossen hatten und nun einen personellen, organisatorischen und inhaltlichen Neuanfang ihrer Profession forderten. Bereits 1940 hatte Jean-Paul Le Chanois mit dem *Réseau des syndicats* in Paris eine erste Gruppe von – überwiegend kommunistischen – Filmschaffenden gegründet.[32] Während sich hier eher Techniker und Arbeiter der Filmindustrie sammelten und die Arbeit auf die Verteidigung ihrer Interessen ausgerichtet war, dominierten in der *Section du cinéma* des *Front National*, der großen, kommunistisch dominierten Sammlungsbewegung, stärker die Intellektuellen – Regisseure, Szenaristen, Kritiker; sie gaben die klandestine Publikation „L'Ecran français" heraus, später eine der wichtigsten Filmzeitschriften des Landes.[33] Beide Gruppen fusionierten 1944 zum *Comité de Libération du Cinéma français* (CLCF), das die Übernahme der wichtigsten Institutionen der Filmindustrie während der Kämpfe der *Libération* koordinierte und eine zentrale Rolle bei der Reorganisation der Filmindustrie beanspruchte.

Den in der *Résistance* aktiven Filmschaffenden war nicht nur die Kollaboration großer Teile der Filmindustrie mit Besatzern und dem Vichy-Regime ein Dorn im Auge, sondern auch die inhaltliche Ausrichtung der Filmproduktion während der Besatzungsjahre, die von seichten Unterhaltungsfilmen ohne Gegenwartsbezug und ohne gesellschaftliche Relevanz geprägt waren. Tatsächlich war die Position des CLCF, in dem die kommunistischen oder der kommunistischen Partei nahestehenden Mitglieder den Ton angaben, in den Monaten nach der *Libération* stark: Mit Jean Painlevé stellte es den Chef der für das Kino zuständigen Abteilung im Informationsministerium (*Direction du cinéma*); auch die Säuberung der Filmindustrie von allen durch Kollaboration oder faschistische Neigung kompromittierten Persönlichkeiten fiel zunächst in seinen Aufgabenbereich. Große Hoffnungen setzten die

---

31 Ebenda, S. 149.
32 Zur Entwicklung der französischen Filmindustrie während der Besatzungsjahre vgl. Jean-Pierre Bertin-Maghit, Le cinéma français sous l'occupation. Le monde du cinéma français de 1940 à 1946, Paris ²2002. Zum Widerstand der Cineasten ebenda, S. 172–190; Lindeperg, Ecrans de l'ombre, S. 23–47.
33 Auch „L'Ecran français" war eindeutig im kommunistischen Umfeld zu verorten, vgl. die grundlegende Studie von Olivier Barrot, L'Ecran français 1943–1953. Histoire d'un journal et d'une époque, Paris 1979.

Aktivisten des Komitees daneben in die Gründung einer Produktions- und Distributionskooperative, die die finanzielle Unabhängigkeit von den großen privaten Produktionsfirmen und den Betreibern der Lichtspielhäuser ermöglichen sollte: die *Coopérative générale du cinéma français* (CGCF), die im Oktober 1944 gegründet wurde.[34]

La Bataille du Rail sollte eine der wichtigsten Produktionen der Kooperative werden; es war mit Sicherheit die erfolgreichste. Die Kooperative war als Produzentin bei dem Projekt jedoch nicht allein, im Gegenteil. Die unmittelbare Initiative für die Entstehung des Films kam von dem Regisseur und Widerstandskämpfer André Michel, der in der Militärkommission des *Conseil National de la Résistance* eine kleine Filmabteilung leitete, die ebenfalls das Ziel verfolgte, das Wirken des Widerstands im Medium des Films zu dokumentieren und eine unkontrollierte kommerzielle Ausbeutung des Stoffes zu verhindern. *Résistance-Fer*, die Sammelorganisation der am Widerstand beteiligten Eisenbahner, fungierte als Auftraggeber, die Finanzierung übernahmen neben *Résistance-Fer* die *Direction du cinéma* sowie André Michels *Commission militaire*. Die Eisenbahngesellschaft SNCF sicherte zu, Material, Personal sowie technisches Know-how bereitzustellen. René Clément wurde als Regisseur ausgewählt, weil er bereits 1943 den vielbeachteten Kurzfilm *Ceux du Rail* über die Arbeit der *cheminots* an Bord einer Lokomotive gedreht hatte.[35] Zudem stand er, auch wenn er nicht selbst aktives Mitglied der *Résistance* war, mit einigen prominenten Widerstandskämpfern in engem Kontakt und hatte mit ihnen zusammengearbeitet. Clément versprach also technische Kompetenz und politische Zuverlässigkeit gleichermaßen zu gewährleisten.

3 Der Anspruch der Authentizität

Bereits vor der *Libération* waren die in der *Résistance* tätigen Filmemacher überzeugt, dass es ihre Pflicht sei, die aktuellen Ereignisse mit den Mitteln des Films festzuhalten und zu dokumentieren. Unter den größten materiellen Schwierigkeiten und auch mit großer persönlicher Risikobereitschaft hatten sie versucht, Filmaufnahmen der Kämpfe der *maquis* gegen die Besatzer zu produzieren. Als schließlich durch den Aufstand des Pariser Widerstands und den Vormarsch der Alliierten die Kämpfe um und in Paris begannen, wurde auch dies dokumentarisch festgehalten – die Aufnahmen bildeten wenig später das Material für den Film *La Libération de Pa-*

---

34 Zur Gründung der CGCF vgl. Lindeperg, Ecrans de l'ombre, S. 67–69.
35 Cléments Kameramann Henri Alekan hatte während der Dreharbeiten für diesen Film, der auf der Strecke Marseille–Nizza entstand, heimlich Aufnahmen der italienisch-deutschen Befestigungsanlagen an der Mittelmeerküste gemacht und diese den Alliierten zukommen lassen, vgl. ebenda, S. 32.

ris, der als erster Film überhaupt gelten kann, der die zeitgenössischen Ereignisse für das Kino verarbeitete. Auf derartige authentische Aufnahmen konnte Clément nicht zurückgreifen, von den Aktionen der *Résistance* im Milieu der Eisenbahner gab es keinerlei Filmmaterial, das er hätte verwenden können.[36] Doch auch Clément fühlte sich dem Ziel verpflichtet, mit seinem Film ein wahrheitsgetreuer Chronist der jüngsten Vergangenheit zu sein. So finden sich in *La Bataille du Rail* zahlreiche Elemente, die dem Werk den Charakter eines „Doku-Dramas" *avant la lettre* verleihen,[37] etwa der „Erzähler", der die Zuschauer im ersten Teil des Films mit den Strukturen des Widerstands vertraut macht. Auch der Verzicht auf individuell gezeichnete Protagonisten, die das Publikum zu Parteinahme und Identifikation einladen, verleiht dem Film seinen charakteristischen „objektiven" Anstrich. Die drei Widerständler Athos (der Chef der Leitstelle), Camargue (Angestellter im Dispatching) und Louis (Arbeiter) dienen zwar dazu, der Geschichte einen roten Faden zu verleihen, haben aber mit den klassischen Helden des Kriegs- und Abenteuerfilms nichts gemein. Gerade in den Schlüsselszenen des Films sind diese Protagonisten nicht präsent; auch die Schlussszenen werden bewusst nicht aus ihrer Perspektive erzählt, sondern wiederum in dem distanziert-unpersönlichen Stil, der schon den Beginn des Films ausgezeichnet hatte.

Clément selbst formulierte explizit den Anspruch, einen „wahren" bzw. wahrheitsgetreuen Film zu drehen: „Von den Dingen ausgehend, die ich selbst erlebt hatte oder die ich aus den Quellen verifiziert hatte, wollte ich mit der Filmrolle eine Vision/ein Bild der Kämpfe der Eisenbahner weitergeben, die den zukünftigen Generationen als Zeugnis dienen wird".[38] Alles, was im Film geschildert werde, sei wirklich passiert. Auch Louis Armand, Chef von *Résistance-Fer* und nach dem Krieg einer der Direktoren der staatlichen Eisenbahngesellschaft SNCF, hatte in seinem Vorwort zur ersten Auflage des Szenarios (1949) betont, dass Clément wie ein guter Porträtmaler authentische Eisenbahner und authentische Widerstandsakte als Modell für seinen Film benutzt und auf alle filmischen Tricks („trucage") verzichtet

---

36 Dass Clément in diesem Film Aufnahmen aus seinem während der Besatzungszeit gedrehten Dokumentarfilm *Ceux du Rail* verwendet hat, wie gelegentlich zu lesen ist (Dürr, Strategien nationaler Vergangenheitsbewältigung, S. 28), ist falsch und offensichtlich einem Missverständnis geschuldet.
37 Der Filmkritiker André Bazin hat *La Bataille du Rail* dem Genre des „documentaire reconstitué" zugerechnet (Bataille du Rail – Ivan le Terrible, in: Esprit 121 [1946], S. 667–671, hier S. 667). Eine systematische Analyse der „Authentisierungsstrategien" Cléments bietet Vatter, Gedächtnismedium Film, S. 84–87, Zitat S. 87.
38 „J'ai voulu, à partir de ce que je connaissais à chaud, de ce que j'avais vérifié de premières sources, donner par la pellicule une vision des combats menés par les cheminots qui servirait de témoignages pour les générations à venir." Interview mit Jean-Pierre Bertin-Maghit und Pierre Bruchot (1984), zit. nach Bertin-Maghit, „La Bataille du Rail", in: Revue d'histoire moderne et contemporaine 33 (1986), S. 281.

habe: „*Bataille du Rail* ist auf rigorose Art wahr" („rigoureusement vrai").[39] Ähnlich reagierte die Filmkritik: So betonte Jean-Pierre Barrot in „L'Ecran français", es sei seine Authentizität, die den Film besonders auszeichne, und lobte den „Lyrismus der Wirklichkeit, Lyrismus der Wahrheit", der sich durch den ganzen Film ziehe.[40]

Im Vorspann des Films wird dieser Anspruch in größter Deutlichkeit formuliert: „Dieser Film [...] zeigt authentische Szenen der Résistance"[41] – wobei der Hinweis auf die Widerstandsorganisation *Résistance-Fer* (ebenfalls schon im Vorspann) als Mitproduzentin des Films belegen sollte, dass dieser Anspruch nicht aus der Luft gegriffen war. Auch die Entscheidung, zahlreiche Rollen im Film mit Laienschauspielern aus den Reihen der *cheminots* zu besetzen und überwiegend nicht im Studio, sondern an realen Schauplätzen zu drehen, war ganz wesentlich dem Wunsch nach größtmöglicher Authentizität geschuldet. Viele Zuschauer werden zudem die deutschen Propagandaplakate an den Wänden, die vor Sabotage warnen und zur Kollaboration aufrufen, wiedererkannt haben. Tatsächlich haben Clément und seine Co-Szenaristin Colette Audry für den Film intensive Recherchen über die Arbeit der *Résistance* im Milieu der Eisenbahner unternommen, mit ehemaligen Aktivisten der verschiedenen *réseaux* (Netzwerke) gesprochen oder korrespondiert, um sich über die Formen und Strukturen des Widerstands zu informieren. So zeichnet der Film, auch wenn er keine historisch verbürgten Einzelereignisse darstellt,[42] im Großen und Ganzen doch ein durchaus realitätsnahes Bild des Widerstands der Eisenbahner. Nur dort, wo es aus dramaturgischen Gründen notwendig erschien, war Clément bereit, von dieser Regel eine Ausnahme zu machen – etwa in der berühmten Erschießungsszene, die den ersten Teil des Films abschließt. Hinrichtungen von Geiseln wurden in Frankreich von der Besatzungsmacht grundsätzlich nicht vor den Augen der Öffentlichkeit durchgeführt, da man (wie der Film zeigt, nicht zu Unrecht) Protest und Unruhe fürchtete. Entsprechend gab es auch für den kollektiven Protest der Lokführer durch das gleichzeitige Signalpfeifen kein reales Vorbild während der Kriegsjahre.

So sehr sich Clément bemühte, auf der Ebene der gezeigten Handlungen möglichst große Authentizität zu erzeugen, so vage bleibt der Film in Bezug auf die Strukturen des Widerstands und die Rahmenbedingungen der *Bataille du Rail*. Die institutionelle, ökonomische Kollaboration zwischen SNCF und deutschen Besatzern war eine alltägliche Praxis, die der Film – anders als die Akte des Widerstands

---

[39] Zit. nach Lindeperg, Ecrans de l'ombre, S. 100 f.
[40] „Lyrisme de la réalité, lyrisme de la vérité", zit. nach Barrot, L'Ecran français, S. 110.
[41] „Ce film [...] retrace des scènes authentiques de la Résistance."
[42] Einen Transportzug „Apfelkern" hat es allerdings tatsächlich gegeben; er war Teil des Versuchs, die Division „Das Reich" von Bordeaux an die Front in der Normandie zu bringen. Die Details, die der Film erzählt – und nicht zuletzt die Entgleisung des Zuges – sind jedoch vollständig fiktiv.

– kaum dokumentiert.[43] Frankreich war gemäß dem Waffenstillstandsvertrag verpflichtet, die Infrastruktur und das Personal der SNCF für die logistischen Bedürfnisse der Besatzer, also den Transport von Personen, Waren und Kriegsmaterial zur Verfügung zu stellen – zunächst nur innerhalb der besetzten Zone, ab November 1942 dann in ganz Frankreich.[44] Dabei wurden die französischen Eisenbahnen nicht nur zum Warentransport eingesetzt, sondern auch, um französische Arbeiter nach Deutschland zu bringen; zunächst Freiwillige im Rahmen der sogenannten *Relève* (Ablösung), die durch ihr Engagement für die Rückkehr von Kriegsgefangenen sorgten, später Zwangsarbeiter des *Service du travail obligatoire*. Und schließlich folgte aus den Bestimmungen, dass die französischen Eisenbahnen auch beim dunkelsten Kapitel der Besatzungsgeschichte, der Deportation der Juden, zum Einsatz kamen.

Obwohl die Oberaufsicht für das gesamte Transportwesen bei der Wehrmachtsverkehrsdirektion (WVD), später der (zivilen) Hauptverkehrsdirektion (HVD) in Paris lag, blieb die Verwaltung der Eisenbahnen doch die gesamte Zeit über in französischer Hand. Die Regierung in Vichy sowie die Leitung der SNCF befanden sich dadurch in einer Zwangslage: Sie waren auf das Wohlwollen der Besatzer angewiesen, wollten sie nicht die Versorgung der eigenen Bevölkerung gefährden, mussten sich dadurch aber immer wieder zum Handlanger der deutschen Interessen machen. Systematisch „Sand ins Getriebe" der deutschen Besatzungsmacht zu streuen, war somit nicht im Interesse des Unternehmens, das daher auch an der Verfolgung von Saboteuren durchaus seinen Anteil hatte. Das Staatsunternehmen SNCF war darüber hinaus auch an die gesellschaftspolitischen Weichenstellungen Vichys gebunden, die wiederum nicht ohne Auswirkungen auf den Alltag der *cheminots* blieben. Leidtragende waren einerseits jüdische Angestellte, die nach dem Erlass des Judenstatuts aus den höheren Verwaltungsposten entlassen wurden, andererseits Kommunisten und (tatsächliche oder vermeintliche) kommunistische Sympathisanten, die als Unruhestifter entlassen und in vielen Fällen anschließend inhaftiert wurden.[45]

---

43 Die Forschung hat den Komplex der Kollaboration im Eisenbahnsektor seit den 1990er Jahren umfassend aufgearbeitet. Die Pionierarbeit bildete die Arbeit von Christian Bachelier, LA SNCF sous l'Occupation allemande, Paris 1996. Aktuelle Synthesen bieten François Caron, Histoire des chemins de fer en France, Bd. 3: 1937–1997, Paris 2017, S. 73–109, sowie insbesondere Ludivine Broch, Ordinary Workers, Vichy and the Holocaust. French Railwaymen and the Second World War, Cambridge 2016.
44 Der Anteil der Transporte nach Deutschland am Gesamtvolumen der transportierten Waren nahm während der Kriegsjahre stetig zu: von 26 Prozent in der zweiten Jahreshälfte 1940 auf 41 Prozent in der ersten Jahreshälfte 1944, vgl. Georges Ribeill, Une entreprise et des cheminots sous l'Occupation, in: Thomas Fontaine (Hrsg.), Cheminots victimes de la répression 1940–1945. Mémorial, Paris 2017, S. 25–37, hier S. 29.
45 Vgl. Georges Ribeill, L'accomodation sociale de la SNCF avec ses tutelles vichyssoise et allemande: résistances et/ou compromissions, in: Marie-Noëlle Polino (Hrsg.), Une entreprise publique pendant la guerre: La SNCF, 1939–1945, Paris 2001, S. 83–103.

Ähnlich vage und unkonkret bleibt *La Bataille du Rail* auch in Bezug auf Struktur und Entwicklung des Widerstands im Milieu der *cheminots*.[46] So wird im Text des Vorspanns zwar darauf hingewiesen, dass sich der Widerstand progressiv entwickelt hat, der schnelle Schnitt der ersten Szenen suggeriert dem Zuschauer jedoch das Gegenteil: Alle Formen des Widerstands sind von Beginn an präsent, Schaffner, Gleisarbeiter, Angestellte in der Leitstelle, Lokführer und Heizer arbeiten gemeinsam daran, mit allen Mitteln Sand in das Getriebe der Besatzungsmaschinerie zu streuen. Es ist unbestritten, dass der Widerstand im Eisenbahnermilieu überdurchschnittlich fest verankert war; dies lag nicht zuletzt daran, dass die *cheminots* in ihrem beruflichen Umfeld zahlreiche Möglichkeiten hatten, Widerstand zu leisten – und dass ihre Dienste in allen Widerstandsgruppen sehr begehrt waren.[47] Dennoch entsprach das nach dem Krieg, nicht zuletzt durch *La Bataille du Rail* gezeichnete Bild eines Berufsstands, der sich nahezu vollständig dem Widerstand anschloss, nicht der komplexen Wirklichkeit: Wie in der übrigen Bevölkerung dominierten auch hier die Attentisten, die während der Besatzungszeit weiter ihrer Arbeit und der alltäglichen Routine nachgingen; und wie in der übrigen Bevölkerung gab es auch unter den *cheminots* bewusste, überzeugte Kollaborateure – wobei die Zusammenarbeit mit den Besatzern gar nicht zwingend ideologisch motiviert sein musste, sondern auch schlicht kollegialen Charakter haben, also auf der Gemeinsamkeit der professionellen Einstellungen und Werte unter Eisenbahnern beruhen konnte.

Diejenigen *cheminots*, die sich dem Widerstand anschlossen, taten dies zunächst nicht als Angehörige ihres Berufsstands oder ihres Unternehmens, sondern jeweils im Rahmen anderer Netzwerke und Bewegungen – oder schlicht als lokale Kleingruppen oder Individuen. Nur in einzelnen Bewegungen – Vorreiter waren die Organisationen *Ceux de la Libération* in der besetzten Zone sowie *Combat* in der südlichen Zone – waren für die *cheminots* gesonderte Strukturen geschaffen worden. Erst im Juli 1943 wurde der Versuch unternommen, die verschiedenen Gruppen zusammenzuführen; im Oktober ging aus dieser Initiative die Bewegung *Résistance-Fer* hervor, die nun den Widerstand im Eisenbahnsektor koordinieren sollte – was ihr jedoch auch jetzt nur teilweise gelang.[48] Die Aktivitäten der *cheminots* waren daher zumindest bis Mitte/Ende 1943 wenig koordiniert und schon gar nicht zentralisiert – anders als es der Film durch die klare, sowohl horizontale als auch vertikale

---

46 Auch die Forschung zum Widerstand im Eisenbahnmilieu ist in den letzten Jahren grundlegend erneuert worden. Einen Überblick gibt: Cécile Hochard, Ecrire l'histoire des cheminots dans la Résistance. Etat actuel de l'historiographie, in: Revue d'histoire des chemins de fer 34 (2006), S. 27–36; eine Synthese des gegenwärtigen Forschungsstands bietet Broch, Ordinary Workers, S. 120–164.
47 Dies betont Christian Chevandier, La résistance des cheminots: le primat de la fonctionnalité plus qu'une réelle spécificité, in: Antoine Prost (Hrsg.), La Résistance, une histoire sociale, Paris 1997, S. 147–158.
48 Vgl. Georges Ribeill, *Résistance-Fer*, du „réseau" à l'association: une dynamique corporative intéressée?, in: Revue d'histoire des chemins de fer 34 (2006), S. 53–73.

Organisationsstruktur (bis hin zur Unternehmensspitze) mit nächtlichen Gruppentreffen und „Schulungen" durch überregionale Chefs suggeriert.

Die Zeitgenossen haben sich an dieser fehlenden Kontextualisierung des Widerstands der tapferen *cheminots* in *La Bataille du Rail* nicht gestört:[49] Offenbar standen für sie andere Qualitäten des Films im Vordergrund. Tatsächlich bot der Film Lesarten der jüngsten Geschichte an, die für viele Gruppen und unterschiedliche Interessen anschlussfähig waren.

4 Ein vieldeutiges Bild des Widerstands

> „Indem sie die Einheit des Landes brechen, Familien und Freunde trennen und hinter der Demarkationslinie die Produktion und die Versorgung blockieren, schneiden die Deutschen im Juni 1940 Frankreich in zwei Teile: Auf der einen Seite die besetzte Zone, auf der anderen die angeblich freie Zone. Zwischen beiden Zonen besteht noch ein festes Band, das der Feind allerdings eng kontrolliert: die EISENBAHNEN. Frankreich muss um jeden Preis seine innere Einheit und seine Verbindungen nach außen erhalten. Die Barriere, die der Feind errichtet hat, muss von der Post und von den Menschen überwunden werden. Daran arbeiten die Eisenbahnen, das ist die erste Form ihres Widerstands. Dann werden sie mutiger und werden Schritt für Schritt, trotz des Terrors, im Laufe eines vierjährigen Kampfes zu einer gefährlichen Waffe. Als die Alliierten in Frankreich landen, leisten sie einen mächtigen Beitrag zur Desorganisation des Transportwesens und zur Niederlage der Deutschen in der Schlacht der LIBERATION."[50]

Der Einleitungstext, der zu Beginn des Films eingeblendet wird und das historische Setting der Filmhandlung skizziert, nennt das zentrale Motiv, das dem gesamten Film unterliegt: die Bewahrung der Einheit des Landes („maintenir l'unité du pays").[51] Auch wenn sich der Text vordergründig auf die geografische Einheit, den Zusammenhalt der beiden durch die Demarkationslinie getrennten Teile des besetzten und unbesetzten Frankreich bezieht, so macht der Verlauf der Filmhandlung

---

49 Vgl. die Zusammenstellung zeitgenössischer Kritikerstimmen bei Bertin-Maghit, „La Bataille du Rail", in: Revue d'histoire moderne et contemporaine 33 (1986), S. 282, Anm. 7.
50 *La Bataille du Rail*, ab 01:39, Original: „En juin 1940, brisant l'unité du pays, séparant les familles, les amis, bloquant derrière la ligne de démarcation l'outillage et le ravitaillement, les Allemands coupent la France en deux: d'un côté la zone occupée, de l'autre, la zone prétendue libre. Entre les deux zones, un lien encore solide, mais que l'ennemi contôle étroitement, les CHEMINS DE FER. La France doit maintenir à tout prix son unité intérieure et ses relations avec l'extérieur. Il faut que la barrière dressée par l'ennemi soit franchie par le courrier comme par les hommes. Les chemins de fer s'y emploient, première forme de leur résistance. Puis ils s'enhardissent, et, peu à peu, sous la terreur, au cours d'une lutte de quatre ans, ils forgent une arme redoutable. Le jour du débarquement, elle contribuera puissamment à la désorganisation du transports, à la défaite allemande dans la bataille de la LIBERATION."
51 Eine eindringliche semantische Analyse dieses Vorspanns bietet Bertin-Maghit, „La Bataille du Rail", in: Revue d'histoire moderne et contemporaine 33 (1986), S. 284 f.

bald deutlich, dass es um mehr geht als nur um das Schmuggeln von Briefen und Waren über die Grenze. Der Kampf der *cheminots* wird eingebettet in den Widerstand der ganzen französischen Nation gegen den äußeren Feind, die Deutschen. Er ist im Grunde nichts anderes als die Weiterführung des im Juni 1940 vorläufig verlorenen Krieges; es ist daher durchaus stimmig, dass die erste Aufgabe – „franchir la barrière dressée par l'ennemi" („die Barriere überwinden, die der Feind errichtet hat") – im weiteren Verlauf des Textes und des Films zur Wiederaufnahme des bewaffneten Kampfes und zur „Schlacht" („bataille") der *Libération* führt. Der Gebrauch des Kollektivsingulars „La France doit" („Frankreich muss") und der unpersönliche Imperativ „il faut" („es ist notwendig/unerlässlich") unterstreichen dies noch: Dem entspricht, dass die Notwendigkeit des Widerstands von den handelnden Personen des Films an keiner Stelle thematisiert wird; dass jeder an seinem Platz leistet, was er leisten kann, erscheint als Selbstverständlichkeit, über die man (im Film) keine Worte verlieren muss.[52] Akteure, die sich dem Selbstverständlichen entziehen und keinen Widerstand leisten, gibt es bei Clément nur wenige. Vor einem Angestellten, der angeblich „zu lange Ohren hat", also Kollegen denunziert, wird in einer kurzen Szene beiläufig gewarnt;[53] im Grunde aber bewegen sich die aktiven *resistentes* in ihrer Umgebung wie die Fische im Wasser.

„Franzosen" und „Deutsche" stehen sich während des gesamten Films diametral gegenüber: Beide Gruppen erscheinen als Kollektive, deren jeweilige Einheit im Film nicht hinterfragt wird. Geradezu paradigmatisch zum Ausdruck kommt der Gegensatz in der langen Szene, in der der deutsche Offizier den Eisenbahnern die Kooperation anbietet und für den Fall der Nicht-Kooperation scharfe Repressionen ankündigt.[54] Bewaffnete Deutsche treffen hier auf unbewaffnete Franzosen; während der Offizier erhöht auf einem Podest steht und in leichter Aufsicht gefilmt wird, stehen die *cheminots* ebenerdig und dicht gedrängt; die Kamera filmt sie von oben und nimmt so die Perspektive des Offiziers ein. Und während der Deutsche laut schreit, schweigen die Franzosen standhaft. Der Gegensatz der beiden Kollektive wird durch die Sprache noch verstärkt, denn Clément hat im gesamten Film auf Synchronisierung oder Untertitelung der Szenen verzichtet, in denen Deutsch gesprochen wird – so wird etwa die Ansprache des Offiziers an die *cheminots* vom Eisenbahnarbeiter Louis, der von einem elsässischen Freund etwas Deutsch gelernt hat, übersetzt. In anderen Szenen muss sich der französische, nicht des Deutschen mächtige Zuschauer damit zufrieden geben, den Tonfall zu hören und Gestik und Mimik der Sprecher zu sehen; der genaue Wortlaut bleibt unverständlich.

Doch obwohl *La Bataille du Rail* auf diesem nationalen Gegensatz beruht, kommt der Film weitgehend ohne nationalistische Töne aus. Gewiss: Die deutschen

---

52 Dies betont O'Shaughnessy, La Bataille du Rail, in: Kedward/Wood (Hrsg.), The Liberation of France, S. 16.
53 *La Bataille du Rail,* ab 01:06:13.
54 Ebenda, ab 15:15.

Offiziere sind – mit Schmiss und zackigen Gesten – überzeichnet; in den meisten Szenen erscheinen sie jedoch weniger als bedrohlich, sondern vielmehr als etwas tumb und lächerlich. Allzu leicht lassen sie sich von den trickreichen *cheminots* hinters Licht führen. Noch deutlicher ist in einer anderen Sequenz zu erkennen, dass es Clément nicht darum geht, in der französischen Nachkriegsgesellschaft weit verbreitete Ressentiments gegenüber den *boches* weiter zu befeuern. Die einfachen Soldaten, die den Transportzug „Apfelkern" begleiten, zeigt er bei ganz alltäglichen Handlungen, während sie auf die Weiterfahrt warten: Sie singen, schälen Kartoffeln, ruhen aus, waschen Wäsche;[55] der Zuschauer sieht sie als Menschen, nicht als fanatisierte Nazis. Auch die wenigen Dialoge, in denen die *cheminots* über den deutschen Feind sprechen (meist „les frisés"/„Fritze" genannt, Clément verzichtet meist auf das geläufigere, deutlich stärker pejorative „boches"), sind neutral und frei von Hass gehalten.[56]

Konsequent vermeidet Clément alle Elemente, die diese fundamentale Dichotomie in Frage stellen könnten. So sind die *cheminots* fast ausschließlich mit deutschen Soldaten und Offizieren konfrontiert; nur beiläufig werden im zweiten Filmabschnitt die französischen „STO", die Zwangsarbeiter des *Service du Travail obligatoire* gezeigt, die den Transportzug „Apfelkern" begleiten, um für Reparaturen im Gleis stets zur Verfügung zu stehen. Mit keinem Wort erwähnt (geschweige denn im Bild gezeigt) wird hingegen die französische Kollaborationsregierung in Vichy. Die Anspielung im Vorspann – „zone prétendue libre" – wird in der Filmhandlung nicht aufgegriffen; dass die Niederlage vom Juni 1940 wenige Wochen später in eine *Révolution nationale* und die Ersetzung der französischen Republik durch den *Etat français* mündete, thematisiert der Film ebenso wenig wie die Tatsache, dass sich das neue Regime ausdrücklich zur Zusammenarbeit mit dem Besatzer bekannte – einer Zusammenarbeit, die sich im Laufe der vier Jahre stetig intensivierte. Entsprechend treten weder französische Polizisten noch Angehörige der berüchtigten paramilitärischen *Milice française*, die als Ordnungskräfte an der Bekämpfung des wachsenden Widerstands beteiligt waren, in Erscheinung.

Susanne Dürr hat darauf hingewiesen, dass der Widerstand der *cheminots* in *La Bataille du Rail* sowohl generationen- als auch schichtenübergreifend dargestellt wird und somit sinnbildlich für die gesamte Nation stehen kann[57] – wobei diese kämpfende Nation eine männliche Nation ist.[58] In einigen Sequenzen wird die „Ein-

---

55 Ebenda, ab 38:18 und ab 50:00.
56 Vgl. Dürr, Strategien nationaler Vergangenheitsbewältigung, S. 36.
57 Ebenda, S. 48.
58 Frauen treten kaum in Erscheinung, sie spielen allenfalls Nebenrollen, als Opfer (eine Frau mit ihrer Tochter wird in der Eingangsszene des Films festgenommen und abgeführt), als Helferin der *résistants* (so die Restaurantbedienung bei einem konspirativen Treffen der *cheminots* oder die junge Frau, die den Kämpfern des *maquis* vor einem Angriff auf den Panzerzug Waffen verteilt) oder als Gegenspielerin der patriotisch-pflichtbewussten Männer (die Ehefrau eines pensionierten *cheminot* warnt ihren Mann davor, sich in Gefahr zu begeben [29:00]).

heit der Nation" symbolisch überhöht in Szene gesetzt. Dies gilt insbesondere für die Schlussszene, in der die Fahrt des ersten „befreiten" Zuges zu sehen ist. Nicht nur finden sich Franzosen aller sozialer Schichten unter den Feiernden; in der Freude über den Sieg vereinigen sich auch diejenigen, die aktiv Widerstand geleistet haben, mit denjenigen, die aus Furcht oder Skepsis eine abwartende Haltung eingenommen haben. Vor allem aber sieht man auf den Waggons als Graffitis die Embleme der beiden konkurrierend-kooperierenden Gruppen des Widerstands: das Lothringerkreuz der *France libre* einerseits, Hammer und Sichel der Kommunisten andererseits.[59] Dies ist umso bemerkenswerter, als ideologische Motive und politische Zielvorstellungen im ganzen Film ansonsten keinerlei Rolle spielen. In keinem Moment lassen die Aktivisten des Widerstands irgendwelche politischen Präferenzen oder Aversionen erkennen; keiner der Protagonisten zeigt sich als Kommunist, als Sozialist, als Christdemokrat oder als Anhänger de Gaulles; politisch-gesellschaftliche Diskussionen, sei es über ihre Gründe, sich dem Widerstand anzuschließen, sei es über ihre Vorstellungen, wie das Frankreich der Nachkriegszeit zu gestalten ist, finden zwischen ihnen nicht statt.

Ebenso einheitlich und homogen wie die Nation erscheint in *La Bataille du Rail* auch das Milieu der Eisenbahner, „les chemins de fer", wie es bereits im Vorspann betont (in Kapitälchen), aber vage heißt. Sylvie Lindeperg hat zeigen können, dass Clément diese Formulierung, die sich sowohl auf das Unternehmen („la SNCF") als auch auf die Arbeiter und Angestellten („les cheminots") beziehen kann, erst nach Intervention der Widerstandsorganisation *Résistance-Fer* und der SNCF übernahm; in früheren Entwürfen war der Widerstand der Eisenbahner noch als Teil der allgemeinen *Résistance* oder als Werk der *cheminots*, also des Personals bezeichnet worden.[60] „Les chemins de fer" hingegen suggeriert eine Einheit, in der alle Unterschiede zwischen Unternehmen und den dort arbeitenden Menschen, zwischen tatsächlichen Widerständlern und passiven Mitläufern, zwischen Arbeitern, Angestellten und Management verschwimmen. Eine kurze, eher beiläufige Szene, in der sich herausstellt, dass auch die oberste Chefetage des Unternehmens Teil des Widerstandsnetzwerkes ist,[61] hat Clément auf Betreiben der SNCF in den Film aufgenommen, um deutlich zu machen, dass der Widerstand bis in die Unternehmensführung gereicht habe. Der ausgeprägte Korporatismus der *cheminots*, ihre klassenübergreifende Solidarität untereinander zeigt sich in zahlreichen Szenen. Ausgespart bleibt hingegen die Tatsache, dass der Widerstand der Eisenbahnarbeiter auch eine soziale Komponente hatte, die sich gleichermaßen gegen die Besatzer wie gegen die eigene Konzernführung, nämlich gegen die von beiden verantworteten unerträglichen Arbeitsbedingungen richtete. Dass der Widerstand der *cheminots*

---

59 *La Bataille du Rail*, ab 01:20:40.
60 Vgl. Lindeperg, Ecrans de l'ombre, S. 92–97.
61 *La Bataille du Rail*, ab 01:04:07.

auch eine solche gewerkschaftliche, syndikalistische Dimension hatte, bleibt im Film unerwähnt.[62]

Die Dominanz des Motivs der nationalen Einheit und der (klassenübergreifenden) Einheit der Eisenbahner verbietet es, La Bataille du Rail umstandslos als einen „Kampffilm der Arbeiterklasse" oder einen „kommunistischen" Film zu bezeichnen, wie es etwa Alain Weber oder Christoph Vetter getan haben.[63] Warum aber wurde Cléments Film auch in der kommunistischen Presse durchgehend positiv aufgenommen und als vorbildliche Behandlung des Themas bezeichnet?[64] Zunächst ist es der klare Fokus auf die *Résistance intérieure,* also den Widerstand innerhalb Frankreichs, der den Prioritäten der Kommunisten entsprach: Denn das „Freie Frankreich" de Gaulles kommt in La Bataille du Rail fast ebenso wenig vor wie das Vichy-Frankreich Pétains. Dies war in der Tat ein vordringliches geschichtspolitisches Motiv der Partei, denn nur so konnte sie begründen, weshalb den Repräsentanten dieses Widerstands eine Sonderrolle bei der Neuordnung des Landes zukommen sollte. Umgekehrt bemühte sich de Gaulle in seiner Erinnerungspolitik, der *Résistance* nur einen untergeordneten Platz zuzuweisen.[65] Der Film glorifiziert – ganz im Gegensatz zu den Produktionen des SCA – nicht die Militärs, die 1940 in der Niederlage den Weg nach London gefunden und den Kampf gegen Deutschland von dort aus weitergeführt hatten, sondern den Widerstand der einfachen Leute, des „peuple", in ihrem (Arbeits-)Alltag.[66] So schrieb Pol Gaillard in „L'Humanité", der Film sei deshalb schön, da er in aller Einfachheit den alltäglichen Heroismus des „peuple" schildere.[67] Im Film finden sich zahlreiche Szenen, die den Widerstand in diesem Frankreich der kleinen Leute verorten: etwa das Kartenspiel in einem Café, womit Athos, Camargue und ihre Kameraden ein konspiratives Treffen kaschieren,[68] oder das Abendessen der pensionierten *cheminots,*[69] die Camargue für den Kampf gegen den „Apfelkern"-Transportzug zu rekrutieren versucht. Auch die Sprache der *chemi-*

---

[62] Vgl. dazu Serge Wolikow, Syndicalistes cheminots et images de la Résistance, in: Marie-Noëlle Polino (Hrsg.), Une entreprise publique dans la guerre: La SNCF, 1939–1945, Paris 2001, S. 299–304, hier S. 300 f.
[63] Vgl. Alain Weber, La bataille du film, 1933–1945, le cinéma français entre allégeance et résistance, Paris 2007, S. 247.
[64] Unter der Überschrift „Enfin un film de notre temps" hat der kommunistische Filmkritiker Georges Sadoul La Bataille du Rail als einen der wichtigsten Filme der letzten 10 Jahre bezeichnet (Les lettres françaises, 1.3.1946, S. 7).
[65] Vgl. dazu die Analyse von Matthias Waechter, Der Mythos des Gaullismus. Heldenkult, Geschichtspolitik und Ideologie, 1940–1958, Göttingen 2006, S. 195–202, mit zahlreichen Beispielen, wie de Gaulle die Widerstandskämpfer gezielt brüskierte.
[66] Vgl. O'Shaughnessy, La Bataille du Rail, in: Kedward/Wood (Hrsg.), The Liberation of France, S. 23.
[67] L'Humanité, 26.3.1946, S. 4.
[68] *La Bataille du Rail,* ab 10:08
[69] Ebenda, ab 29:00.

nots ist betont populär; so übersetzt Louis die Ansprache des deutschen Offiziers nicht wörtlich, sondern in die Alltagssprache seiner Kollegen.[70]

Auch wenn der Widerstand der *cheminots* grundsätzlich schichtenübergreifend ist, so nimmt doch die Inszenierung gerade der manuellen Arbeit im Film einen großen Raum ein: Immer wieder zeigt Clément, teilweise in Großaufnahmen, die Arbeiter mit ihren Werkzeugen; man sieht sie bei der schweißtreibenden körperlichen Arbeit, man sieht ihre rußgeschwärzten Gesichter und man erkennt ihr Know-how, das ihnen in vielen Situationen Überlegenheit gegenüber den deutschen Soldaten verschafft, sowie ihren professionellen Stolz. Cléments *cheminots* sind gewiss keine klassenbewussten Arbeiter im marxistischen Sinne (anders als in der Zwischenkriegszeit verstand sich auch der *Parti communiste français*, PCF, in den Nachkriegsjahren nicht mehr als ausschließliche Partei des Proletariats, sondern suchte Bündnisse zu anderen „progressiven" Schichten); aber Regisseur und Kameramann betonen doch auffällig deren Würde und Selbstbewusstsein. Ihre Beteiligung an der *Résistance* erfolgt aus eigenem Antrieb – sie widerstehen, bevor überhaupt organisierte Strukturen zu erkennen sind, sie benötigen keine bürgerliche Führung, sondern stehen gleichberechtigt und ebenbürtig neben den anderen sozialen Gruppen, die am Widerstand beteiligt sind.

5 Fazit

In mehrfacher Hinsicht kann *La Bataille du Rail* als ein hybrider Film bezeichnet werden: durch sein Amalgam aus dokumentarischen und fiktionalen Elementen, durch seine Kombination aus nationalen, sozialen und korporativen Motiven, nicht zuletzt durch die Koexistenz von „gaullistischen" und „kommunistischen" Lesarten der *Résistance*. Gewiss spiegeln sich darin die divergierenden Interessen der verschiedenen Akteursgruppen, die an der Entstehung von *La Bataille du Rail* beteiligt waren. Der Erfolg des Films sowohl bei der Kritik als auch beim Publikum spricht aber dafür, dass das betont ökumenische, die unterschiedlichen ideologischen und sozialen Motive der Akteure im Grunde ignorierende und die Einheit der Nation betonende Narrativ, das *La Bataille du Rail* durchzieht, durchaus auch den Bedürfnissen der französischen Nachkriegsgesellschaft entsprach. Tatsächlich nimmt Cléments Film wesentliche Elemente dessen vorweg, was Henry Rousso in der Rückschau den Mythos des „résistancialisme" genannt hat: einerseits die Vorstellung einer schon 1940 entstehenden und bis auf wenige Ausnahmen die ganze Nati-

---

[70] Ebenda, ab 15:53: „Il a dit comme ça [...]: Nous vous tendons la main, mais si vous nous tendez le poing, nous vous casserons la gueule." („Er hat gesagt: ‚Wir reichen euch die Hand; aber wenn Ihr uns die Faust entgegenstreckt, dann kriegt Ihr einen in die Fresse.'"). Dagegen der Wortlaut des Offiziers: „Wenn Ihr nicht gehorcht, werden wir Euch dazu zwingen."

on umfassenden *Résistance*, die eine entscheidende Rolle bei der Befreiung Frankreichs und dem Sieg der Alliierten über das nationalsozialistische Deutschland gespielt habe; andererseits die Verdrängung der Kollaboration und der *Révolution nationale* des Vichy-Regimes. Auch wenn Kommunisten und Gaullisten in den folgenden Jahren jeweils eigene Varianten dieses Gründungsmythos der französischen Nachkriegsgesellschaft entwickelten, blieb der hier skizzierte Minimalkonsens doch bis Anfang der 1970er Jahre außerordentlich stabil. Seine pazifizierende und integrierende Wirkung ist unbestritten; er half, die latente Bürgerkriegssituation der 1930er/1940er Jahre endgültig zu überwinden.

Dann aber – nach den Ereignissen des Mai 1968, nach dem Rücktritt und kurz darauf dem Tod de Gaulles – änderte sich das Bild, und zwar in zweifacher Hinsicht. Einerseits wurde der *Résistance*-Mythos in Frage gestellt und es begann eine kritische Aufarbeitung der blinden Flecken des bisherigen Geschichtsbildes: Die Eigenständigkeit des autoritären, antirepublikanischen und antisemitischen Projekts Vichys wurde ebenso untersucht wie die Massenunterstützung, auf die Philippe Pétain und sein Regime zumindest in den ersten Jahren zählen konnten, sowie die Bereitwilligkeit, mit der Pétain und Pierre Laval die Kollaboration mit dem deutschen Besatzer suchten. Andererseits rückte nun der Holocaust, nicht nur in Frankreich, sondern im Grunde weltweit, zunehmend in das Zentrum der Erinnerungskultur und schob den Komplex aus Krieg und Besatzung in den Hintergrund. Die *Résistance* verlor ihren Status als dominanter historischer Referenzpunkt der Nation.[71]

Das Kino blieb auch in diesen Jahren ein wichtiger „Vektor" (Henry Rousso) der Erinnerung, nicht zuletzt durch die Debatten, die von einigen Filmen ausgelöst wurden: So markiert Marcel Ophüls' *Le chagrin et la pitié* (Das Haus nebenan) von 1969 den Umschwung zur Wiederentdeckung Vichys und der Kollaboration ebenso wie Claude Lanzmanns *Shoah* (1985) die Hinwendung des öffentlichen Interesses zum Holocaust.[72] Und Louis Malles *Lacombe Lucien* (1974), in dem der jugendliche Protagonist eher durch Zufall als durch eine bewusste Entscheidung zur *Milice* des Vichy-Regimes stößt, bricht mit der moralischen und politischen Eindeutigkeit, welche die filmischen Bearbeitungen des *Résistance*-Stoffes traditionell – nicht zuletzt auch *La Bataille du Rail* – gekennzeichnet hatte.[73] Cléments Film wurde und wird weiterhin gesehen. Unter den veränderten erinnerungskulturellen Rahmenbedingungen hat sich jedoch der Blick auch auf den Klassiker des *Résistance*-Films geändert. Noch

---

[71] Zu diesen Entwicklungen vgl. Rousso, Syndrome de Vichy; Wieviorka, Mémoire désunie; Ulrich Pfeil, Frankreich: Entwicklungslinien der französischen Erinnerungskultur in den letzten Jahren, in: Bernd Faulenbach/Franz-Josef Jelich (Hrsg.), „Transformationen" der Erinnerungskulturen in Europa nach 1989, Essen 2006, S. 299–327; Dietmar Hüser, Vom schwierigen Umgang mit den „schwarzen Jahren" in Frankreich – Vichy 1940–1944 und 1944/45–1995, in: Holger Afflerbach/Christoph Cornelißen (Hrsg.), Sieger und Besiegte. Materielle und ideelle Neuorientierungen nach 1945, Tübingen/Basel 1997, S. 87–117.
[72] Vgl. Rousso, Syndrome de Vichy, S. 121–136, 272 f.
[73] Ebenda, S. 268 f.; Langlois, La Résistance dans le cinéma français, S. 284–288.

Ende der 1960er Jahre – etwa in einer prominent besetzten Fernsehdiskussion der Sendereihe „Dossiers de l'écran"[74] – wurde er wie von Clément gewünscht als ein authentisches Zeugnis über den heroischen Widerstand der *cheminots* angesehen: gewiss ergänzungsbedürftig in dem einen oder anderen Detail, im Großen und Ganzen aber ein wirklichkeitsgetreues Abbild des Geschehens. Dieses Urteil wird heute niemand mehr teilen wollen. Doch bleibt *La Bataille du Rail* auch noch über 70 Jahre nach seiner Entstehung ein sehenswerter Film: einerseits, weil seine ästhetischen Qualitäten zeitlos sind, andererseits, weil er ein authentisches Zeugnis über die erinnerungskulturellen Bedürfnisse der Franzosen in der unmittelbaren Nachkriegszeit darstellt.

---

[74] Sendung vom 19.3.1969, ORTF 2. Ein Mitschnitt der Sendung ist auf der DVD-Edition von *La Bataille du Rail* des INA (s. Anm. 2) als Bonus enthalten.

Teil II: **Persönliche Beziehungen**

Jörg Echternkamp
Liebe 47 – ein unzeitgemäßer „Zeitfilm" (1949)
Der historische Spielfilm als Seismograph diskursiver Verwerfungen

Am Dienstag, dem 22. März 1949, gingen die Abgeordneten des Landtages von Schleswig-Holstein ins Kino. Die Kieler Reichshallen-Lichtspiele gaben eine Sondervorführung des soeben erschienenen Films *Liebe 47*.[1] Erstmals verschaffte sich ein Länderparlament fraktionsübergreifend einen Eindruck von einem „repräsentativen Werk der Filmkunst", bevor die Politiker über ein neues Vergnügungssteuergesetz und die Verleihung von Filmprädikaten berieten. An diesem Vormittag diente der Kinosaal aber vor allem als Forum für die Diskussion über Probleme des deutschen Nachkriegsfilms. Der Regisseur des Films, Wolfgang Liebeneiner, stand den Volksvertretern höchstpersönlich Rede und Antwort. Presse, Rundfunk und Wochenschau berichteten. Die Vertreter der Filmwirtschaft freuten sich, hieß es im „Film-Echo", „zu den Parlamentariern auch einmal in der Sprache reden (zu dürfen), die ihre ureigenste ist: durch den Film selbst".[2] Kurz zuvor hatte in Göttingen, im „Capitol-Lichtspieltheater", die Uraufführung stattgefunden. Auch hier waren Honoratioren des öffentlichen und kulturellen Lebens der Westzonen zugegen. Der Film löste „eine lebhafte Diskussion" aus. Die Betreiber des Kinos, die in der ersten Woche 18 000 Besucher zählten, kündigten an, die Spielzeit auf unbestimmte Zeit zu verlängern.

Ein Ehrenplatz bei der Uraufführung war für die Heimatdichterin Hertha Borchert reserviert, die Mutter des am 20. November 1947 verstorbenen Wolfgang Borchert. Bekannt geworden war der Schriftsteller durch die Ausstrahlung seines Heimkehrer-Hörspiels „Draußen vor der Tür" im Nordwestdeutschen Rundfunk am 20. Februar 1947, mehr noch durch die Theateraufführung des Dramas am 21. November 1947 in den Hamburger Kammerspielen, einen Tag nach dem Tod des 26-Jährigen.[3] Die Regie führte Liebeneiner, der mit Borchert auch über eine Verfilmung des

---

1 *Liebe 47* (Deutschland 1949); Filmaufbau GmbH (Göttingen); Produktion: Hans Abich, Rolf Thiele; Regie und Drehbuch: Wolf Liebeneiner; Erstverleih: Panorama Film GmbH (Berlin); Erstaufführung: 7.3.1949 in Göttingen; Hauptrollen: Karl John, Hilde Krahl, Dieter Horn, Alberth Florath, Erich Ponto, Grethe Weiser, Erika Müller, Hedwig Wangel; Bild/Ton: s/w, Ton; Länge: 110 Min. (Kino-Version).
2 Liebe 47 läuft vor dem Landtag Schleswig-Holstein. Das Parlament diskutiert aktuelle Filmfragen, in: Film-Echo Nr. 7, 1.3.1949. Weitere zeitgenössische Kritiken sowie Hintergrundinformationen, Materialien und ein Sequenzprotokoll finden sich auf der Website des Filminstituts Hannover: www.filmundgeschichte.de (1.6.2018).
3 Vgl. Wolfgang Borchert, Das Gesamtwerk. Erw. und überarb. Neuausgabe, hrsg. von Michael Töteberg, Reinbek bei Hamburg 2009. Zitate im Folgenden nach: Wolfgang Borchert, Draußen vor der Tür und ausgewählte Erzählungen. Mit einem Nachwort von Heinrich Böll, Hamburg (1956) 1987.

Stoffes gesprochen hatte. *Liebe 47* beruhte auf Borcherts Stück. „Hier ist er", schrieb der Kritiker der „Nordwest-Zeitung" (NWZ) begeistert, „der Film, der auch in Jahrzehnten noch Gültigkeit hat [...] für die inneren Erlebnisse, die inneren Wandlungen und die durch sie bedingten Lebensgesetze deutscher Menschen jener halbvergessenen Kriegs- und ersten Nachkriegsjahre."[4] Er sollte recht behalten, wenngleich, wie wir sehen werden, nicht in dem Sinn, der gemeint war.

Doch der Maßstab, den der Kritiker der NWZ für die stete Bedeutung des Films anlegte, wird auch unseren Blick lenken. *Liebe 47* wird als ein historisches Dokument herangezogen, dessen Analyse Aufschluss über die Selbstverständigung der deutschen Nachkriegsgesellschaft in den späten 1940er Jahren geben soll. Weil er nicht der Geniestreich eines Einzelnen war, sich an einem breiten Publikum orientierte und auf dieses zurückwirkte, lässt sich der fiktive Film als eine „massenkulturelle Objektivation"[5] verstehen, die Rückschlüsse auf die sozial- und kulturgeschichtlichen Zusammenhänge zulässt, in denen dieser Film produziert, präsentiert und rezipiert wurde. Der Film wird hier als ein Medium verstanden, das es erlaubt, die jüngste Kriegs- und Nachkriegsvergangenheit zu thematisieren und Probleme der zeitgenössischen Gegenwart, insbesondere die „Heimkehr" der Soldaten, mit den Mitteln der Fiktion aufzugreifen. Der „Zeitfilm", wie die Zeitgenossen ihn kurz und bündig nannten, war weder Dokumentar- noch Historienfilm. Seinen Zugang zu den inneren Erlebnissen und Wandlungen suchte er als Spielfilm auf eine fiktionale Weise zu finden, die Vergangenheit und Gegenwart mit spezifisch filmtechnischen Mitteln umsetzte. Da zum Blick in die Vergangenheit die Aussicht auf die vergangene Zukunft gehört, ist zudem nach der Perspektive zu fragen, die der Film auf die 1950er Jahre eröffnete. All das lässt sich nicht aus dem Filmstoff allein herauslesen. Das filmische Narrativ muss vielmehr in seinem Kontext gesehen werden, zu dem nicht zuletzt die Rezeption gehört, wie sie in Filmbesprechungen empirisch fassbar wird. Weil das Drehbuch von *Liebe 47* auf einem zwei Jahre jüngeren Drama beruht, können zudem Narrativ und Rezeption im Wandel verglichen werden. Der Film eignet sich deshalb besonders gut für eine präzise Vermessung der Nachkriegslandschaft in der zweiten Hälfte der 1940er Jahre, in der politische, soziale und kulturelle Umbrüche binnen weniger Monate die Grundlagen der Selbstthematisierung veränderten.

---

4 B. R., „Liebe 47" – ein Film, der Gültigkeit hat, in: Nordwest-Zeitung, 27.08.1949 (s. Anm. 2).
5 Massimo Perinelli, Liebe '47 – Gesellschaft '49. Geschlechterverhältnisse in der deutschen Nachkriegszeit, Hamburg 1999, S. 50. Vgl. das Sequenzprotokoll ebenda, Anhang 2. Vgl. auch den einleitenden Beitrag von Margit Szöllösi-Janze in dem vorliegenden Band sowie Bettina Greffrath, Spielfilme als Quellen für kollektive Selbst- und Gesellschaftsbilder in Deutschland 1945–1949, Pfaffenweiler 1994.

1 Gegenwartskino: Trümmerfilme, Heimkehrer und Elitenkontinuität

Wie aussagekräftig ist ein Film, der unter Besatzungsbedingungen produziert wurde? Dass die Umerziehungspolitik der Alliierten die Aussage eines deutschen Films verzerrt hätte, wie ein quellenkritischer Einwand aus mediengeschichtlicher Sicht lauten könnte, ist nicht anzunehmen. Abgesehen davon, dass Nationalsozialismus, Kriegsverherrlichung und Antisemitismus nicht mehr „sagbar" waren, wirkte insbesondere die amerikanische Besatzungsmacht kaum auf die Produktionsbedingungen des Nachkriegsfilms ein. Auch die britische Militärregierung hatte rasch erkannt, dass Kinofilme bestens geeignet waren, die deutsche Bevölkerung im Rahmen ihrer Demokratisierung zu informieren und von den Alltagsnöten abzulenken. In den ersten Monaten nach Kriegsende waren vor allem Dokumentarfilme und Wochenschauen der Alliierten zu sehen. Hinzu kamen einzelne deutsche Filme aus der Zeit vor 1945, welche die Zensur passiert hatten, sowie erste ausländische Produktionen mit Untertiteln.[6] Der Kinobesuch war preiswert, kostete doch eine einzige Lucky-Strike-Zigarette fünfmal so viel wie ein Billett. So stieg die Zahl der Lizenzen für Lichtspielhäuser, und immer mehr Produktionsfirmen erhielten die Genehmigung der Militärregierung, neue Filme herzustellen. Während in der Sowjetischen Besatzungszone die Deutsche Film AG, kurz: DEFA, bereits 1946 in Babelsberg die Filmproduktion übernahm, verhinderten die westlichen Alliierten die erneute Konzentration in der Filmwirtschaft, indem sie Lizenzen an zahlreiche kleinere und mittlere Firmen vergaben. So lizensierte die Information Control Unit der britischen Militärregierung am 12. Oktober 1946 auch die Filmaufbau GmbH Göttingen, die Hans Abich und Rolf Thiele, zwei Neulinge im Filmgeschäft, gegründet hatten. *Liebe 47* war ihr erstes Projekt. Am 21. August 1948 begannen die Dreharbeiten für den Film in den seinerzeit modernsten Ateliers in Deutschland.

Abich und Thiele setzten auf ein breites, anspruchsvolles Filmangebot, das sich als problemorientierte Unterhaltung charakterisieren lässt. Ihr erster Film gehörte zu den „Trümmerfilmen". So hießen die Zeitfilme, die in der zweiten Hälfte der 1940er Jahre ihre Handlung in den Kulissen des zerstörten Deutschlands in Szene setzten und sich dazu verschiedener Genres, vom Liebesfilm bis zur Detektivgeschichte, bedienten. Die Ruinen waren Kulisse, aber auch Metapher für das Ende der NS-Herrschaft, den Zusammenbruch der Gesellschaft und die innere Zerrüttung

---

[6] Im Herbst 1948 wurde die Vorzensur in Westdeutschland aufgehoben; ab September 1949 war schließlich die am 14.4.1949 gegründete deutsche Freiwillige Selbstkontrolle der Filmwirtschaft GmbH (FSK) zuständig, die Filme vor allem im Hinblick auf den Jugendschutz unter die Lupe nahm. Vgl. die Pionierstudie von Heidi Fehrenbach, Cinema in Democratizing Germany. Reconstructing National Identity after Hitler, Chapel Hill 1995. Vgl. aus amerikanischer Feder auch Robert R. Shandley, Trümmerfilme. Das deutsche Kino der Nachkriegszeit, Berlin 2010.

ihrer Protagonisten.[7] Von 1945 bis 1949 wurden in den Besatzungszonen 70 Spielfilme produziert, von denen 13 explizit politische Fragen und weitere 31 alltägliche Probleme aufgriffen.[8] Der Anteil gegenwartsbezogener Spielfilme war später nie wieder so hoch wie in diesen ersten vier Jahren nach dem Ende des Zweiten Weltkriegs.

Weil der Film auf einem bekannten Heimkehr-Drama beruhte, lag es auf der Hand, welche Problematik *Liebe 47* verhandeln würde: „Heimkehr" war ein drängendes gesellschaftliches Phänomen und eine zentrale Kategorie der Nachkriegsgesellschaft bis weit in die 1950er Jahre.[9] Rund elf Millionen Soldaten der Wehrmacht und der Waffen-SS waren in Gefangenschaft geraten. Die Siegermächte hatten sich im Sommer 1946 darauf geeinigt, alle Kriegsgefangenen spätestens bis zum 31. Dezember 1948 zu entlassen. Das Jahr 1948, in dem *Liebe 47* produziert wurde, galt somit als das Jahr der Heimkehr. Während sich die westlichen Alliierten an diesen Fahrplan weitgehend hielten, verzögerte sich die Rückkehr der Soldaten aus sowjetischer Kriegsgefangenschaft. Lediglich etwa die Hälfte der mehr als eine Millionen Deutschen, die noch in sowjetischen Lagern festsaßen, wurde bis Ende 1948 in das Vier-Zonen-Deutschland entlassen. Die Männer, die mit ihrem Entlassungsschein in der Hand aus den Eisenbahnwaggons stiegen, standen unter dem Eindruck des Totalen Kriegs, der Gefangennahme und des Lagerlebens, litten häufig an Unterernährung und seelischen Schäden. Sie hatten Schwierigkeiten, sich in einer Gesellschaft zurechtzufinden, die nicht mehr die alte war. „Dystrophie" lautete die zeitgenössische Diagnose und machte damit die „Fehlernährung" für alle Folgeschäden verantwortlich. Der „Heimkehrer" galt vielen als *die* Symbolfigur des Zusammenbruchs. Schon 1947 spielte Hans Albers in Josef von Bákys Drama *...und über uns der Himmel* einen Kriegsheimkehrer, der durch Schwarzmarktgeschäfte auf moralische Abwege gerät. Das Schicksal der Kriegsgefangenen, vor allem in den sowjetischen Straf- und Arbeitslagern, lieferte auch in den folgenden Jahren den Stoff für Romane und Verfilmungen.[10]

---

7 Vgl. als Überblick die jeweiligen Kapitel in Sabine Hake, Film in Deutschland. Geschichte und Geschichten seit 1895, Reinbek 2004; filmhistorisch angelegt: Detlef Kannapin, Dialektik der Bilder. Der Nationalsozialismus im deutschen Film. Ein Ost-West-Vergleich, Berlin 2005.
8 Vgl. die Auflistung bei Bettina Greffrath, Gesellschaftsbilder der Nachkriegszeit. Deutsche Spielfilme 1945–1949, Pfaffenweiler 1995, S. 426 f. *Liebe 47* steht chronologisch an 42. Stelle.
9 Zur Bedeutung der Rückkehr für die Heimkehrer, ihre Familien und die zuständigen Institutionen vgl. Annette Kaminsky (Hrsg.), Heimkehr 1948, München 1998; Peter Steinbach, Die sozialgeschichtliche Dimension der Kriegsheimkehr, in: ebenda, S. 325–340; Svenja Goltermann, Die Gesellschaft der Überlebenden. Deutsche Kriegsheimkehrer und ihre Gewalterfahrungen im Zweiten Weltkrieg, München ²2009; Elena Agazzi/Erhard Schütz (Hrsg.), Heimkehr – eine zentrale Kategorie der Nachkriegszeit. Geschichte, Literatur und Medien, Berlin 2010.
10 Man denke nur an Josef Martin Bauers 1955 veröffentlichten Roman „So weit die Füße tragen" und den gleichnamigen Fernseh-Mehrteiler von 1959 (R: Fritz Umgelter). Am Rande thematisierte *Liebe 47* auch die Erfahrung von Flucht und Vertreibung bei Kriegsende, ein Thema, das die „Trüm-

Das rasch aufblühende Kino der ersten Nachkriegsjahre bot manchem Regisseur und Schauspieler der NS-Zeit die Gelegenheit, seine Karriere unter geänderten Vorzeichen fortzusetzen. Über 92 Prozent der 1950 aktiven Regisseure und Drehbuchautoren hatten vor 1945 für die Ufa (Universum Film AG) gearbeitet. Selbst ein Regisseur wie Veit Harlan, den der antisemitische Streifen *Jud Süß* 1940 bekannt gemacht hatte, konnte 1950 einen neuen Film (*Unsterbliche Geliebte*) produzieren. So war auch der Regisseur, den Abich und Thiele verpflichteten, kein Unbekannter. Während sich Filmemacher wie Billy Wilder und Fritz Lang entschlossen hatten zu emigrieren, war Liebeneiner von 1942 bis 1945 Produktionschef der Ufa gewesen; Joseph Goebbels hatte ihm 1943 den Professorentitel verliehen. Was mochten wohl die sozialdemokratischen Abgeordneten des Kieler Landtags gedacht haben, als ihnen 1949 im Kino mit Liebeneiner eben jener Regisseur Auskunft über das Filmgeschehen gab, der nur wenige Jahre zuvor, 1941, in seinem Film *Ich klage an* den als „Euthanasie" kaschierten Krankenmord propagiert hatte? Dass Liebeneiner einen kritischen Stoff der Trümmerliteratur verfilmte, noch während sein Entnazifizierungsverfahren lief, unterstreicht die verpasste Chance auf einen personellen Neuanfang. *Liebe 47* steht daher beispielhaft für das Problem der Elitenkontinuität in der Bundesrepublik, das sich etwa auch bei Juristen, Medizinern und Offizieren beobachten lässt.[11]

2 Reflexive Rückblende? Filmische Erzählungen von Krieg und Nachkrieg

Was bekamen die Zuschauer nun zu sehen, als der Film nach knapp zehnmonatiger Herstellungszeit in die Kinos kam? Anders gefragt: Mit welchem Plot, mit welchen filmtechnischen Mitteln glaubten die Produzenten das Publikum fesseln zu können? Bereits die Filmplakate, die einen Mann *und* eine Frau in den Vordergrund rückten, verrieten, dass sich Liebeneiners Film nicht an Borcherts literarische Vorlage hielt. Während im Drama der verzweifelte Kriegsheimkehrer Beckmann der einzige Protagonist blieb, steht ihm im Film Anna Gehrke an der Seite, gespielt von Hilde Krahl, seit 1944 Liebeneiners Ehefrau. Die äußere Handlung ist rasch zusammengefasst: Beckmann (Karl John) und Anna stoßen am Elbufer im Hamburger Hafen aufeinander, wo sich beide umbringen wollen. Man kommt ins Gespräch, und Anna nimmt Beckmann mit in ihre Wohnung. Eingebettet in dieses schlichte Gerüst sind ver-

---

merfilme" der ersten Nachkriegsjahre nur gelegentlich behandelten wie etwa Helmut Käutners Episodenfilm *In jenen Tagen* (1947).
11 Vgl. etwa Norbert Frei (Hrsg.), Karrieren im Zwielicht. Hitlers Eliten nach 1945, Frankfurt a. M./New York 2001. In den 1960er Jahren verfilmte Liebeneiner Romane und Theaterstücke für das Fernsehen, darunter 1966 den Vierteiler „Die Schatzinsel" nach Robert Louis Stevenson.

schiedene Episoden aus der Vergangenheit, die sich die beiden erzählen, während der Suizid-Gedanke immer mehr in den Hintergrund tritt. In diesen Rückblenden liegt der umfangreichere und aussagekräftigere Teil des Films. Nicht zufällig werden diese Zwischenstücke aus den Jahren vor 1945 vom Narrativ der Gegenwart des Films eindeutig abgesondert. Die Rückblenden werden mit konventionellen Mitteln eingeleitet und folgen chronologisch den historischen Phasen NS-Zeit, Weltkrieg, Nachkrieg. Diese Grundstruktur legt dem Betrachter von vornherein den Schluss nahe: Was war, ist vorbei; schlimm war es gestern, heute geht es uns schon (etwas) besser. Diese Dichotomie wird dadurch unterstrichen, dass der Zuschauer einer Rückblende grundsätzlich eine hohe Objektivität beimisst: Wahr ist, was war. Die Begegnung der beiden zu Beginn des Films verspricht zudem ein Happy End, wie es bereits im Titel anklingt. In der Gewissheit eines guten Ausgangs verfolgten die Zuschauer die schlimmen Schicksale der beiden Hauptdarsteller auf der Leinwand mit anderen Augen, als sie den desillusionierten Heimkehrer auf der Bühne betrachtet hatten. Insofern kehrte *Liebe 47* die Aussage von „Draußen vor der Tür" ins Gegenteil.

Vom Nationalsozialismus erfahren die Zuschauer vor allem aus den Berichten der Frau, während die Erzählungen des Mannes den Jahren an der Front und in Kriegsgefangenschaft gelten. Mit anderen Worten: Das auf den Krieg bezogene Narrativ entwickelt Liebeneiner vor dem breiten Hintergrund der Erzählungen von der „Heimatfront", die etwa die Hälfte des 118-minütigen Films ausmachen. Voller Selbstmitleid berichtet Anna Gehrke etwa von dem Verlust ihres Mannes Jürgen im Krieg, der Flucht vor den Bomben in die ostpreußische Kleinstadt Goldap, dann vor der Roten Armee, und von dem Tod der Tochter sowie ihren Bekanntschaften mit Männern, die Sex als Währung der Zusammenbruchgesellschaft verstanden. Immer wieder klagt Anna über ihr Alleinsein,[12] für das sie den Männern die Schuld gibt. „Wir Frauen haben vielleicht den Führer angebetet, aber den Krieg haben die Männer gemacht", hält sie Beckmann bereits auf dem Weg zu ihrer Wohnung vor.[13] Annas Rückblicke zeugen von einem tradierten weiblichen Rollenbild. Sie vermisst den männlichen Beschützer, verharrt Männern gegenüber in Passivität, sucht deren Überlegenheit. Die unterwürfige Frau, die sie hier zunächst darstellt, bediente ein Klischee, das von dem nationalsozialistischen Frauenbild nicht weit entfernt ist und auf die Transformation der Geschlechteridentitäten in der unmittelbaren Nachkriegszeit verweist: vom Bild einer selbstsicheren Frau, die während des Kriegs den Mann am Arbeitsplatz und in der Familie ersetzt hatte, zur patriarchalischen Geschlechterordnung der 1950er Jahre.[14]

---

12 „Das ist die Hölle – allein", stellte sie fest, „als Objekt dem Zufall ausgeliefert" (*Liebe 47*, ab 45:00 und ab 47:00).
13 *Liebe 47*, ab 20:58.
14 Vgl. Perinelli, Liebe '47. Zur identitätsstiftenden Rolle der „Trümmerfrauen" in den nationalen Mythen vgl.: Elizabeth Heineman, The Hour of the Woman. Memories of Germany's „Crisis Years"

Zu den prägenden Kriegs- und Nachkriegserfahrungen der Frauen gehörte die jahrelange Ungewissheit über das Schicksal ihrer Männer. Seit dem Angriff auf die Sowjetunion, vor allem ab Mitte 1943, hatten sich die Vermisstenmeldungen gehäuft. Auf dem Rückzug war es häufig unmöglich, die Toten zu bergen, zu identifizieren und als „gefallen" zu verzeichnen. Wie Anna Gehrke blieben Millionen Menschen noch viele Jahre nach Kriegsende in der Ungewissheit über das Schicksal ihrer Angehörigen.[15] „Vermisst" ließ noch Hoffnung auf ein Wiedersehen zu, „gefallen" nicht. Für Beckmanns Ehefrau Lisa dagegen endet die Ungewissheit am 23. September 1946 mit der Mitteilung des Hamburger Standesamtes, dass ihr Mann in Russland gefallen sei. Damit war der 1920 als Sohn eines Oberzollinspektors in Hamburg geborene Fritz Beckmann für tot erklärt worden. Nur wenige Frauen klammerten sich in einem solchen Moment an die Hoffnung, dass ihr Mann insgeheim in einem sowjetischen Lager festgehalten wurde. Beckmanns Frau gehörte nicht dazu. Sie tat sich mit einem anderen Mann zusammen, den Beckmann bei seiner unerwarteten Rückkehr aus dreijähriger Kriegsgefangenschaft in Sibirien im Ehebett vorfindet. Ein anderer trägt jetzt seinen Pyjama. *Liebe 47* führte hier mithin das typische Schicksal eines Heimkehrers und seiner Frau vor Augen, für die es kein glückliches Wiedersehen gab. Weil er sich von seiner Frau abwendet, bleibt ihm indessen eine spätere Trennung erspart. Seit 1946 schossen die Scheidungsraten in die Höhe. In den Westzonen wurden 1948 über 87 000 Ehen geschieden (1939 waren es unter 30 000). Die Konflikte entzündeten sich zumeist an der Rollenverteilung, wollten viele Männer doch die Rolle des Familienoberhauptes wieder einnehmen, die bis zu ihrer Heimkehr die Frau übernommen hatte, während die Hilfe im Alltag, auf die wiederum die Frauen hofften, oft ausblieb. Arbeitslosigkeit verschärfte die angespannte Lage noch. Während die einen die Ehekrise auf die Kriegs- und Nachkriegserfahrungen schoben und auf die ehemaligen Soldaten begrenzten, warnten andere vor dem Zerfall der bürgerlichen Gesellschaft.[16]

Beckmanns Welt bricht ein zweites Mal zusammen, als er in seinem Barmbeker Elternhaus eine fremde Familie antrifft. Seine Eltern – der Vater ein „scharfer Nazi" – hätten die Wohnung räumen müssen, sich schließlich das Leben genommen und lägen jetzt auf dem Ohlsdorfer Friedhof, heißt es. Wie fremd ihm die Heimat geworden ist, zeigt seine Unkenntnis von Begriffen, die in der Besatzungszeit neu, aber allgegenwärtig sind. So kann Beckmann mit der zynischen Formulierung der Frau,

---

and West German National Identity, in: Hanna Schissler (Hrsg.), The Miracle Years. A Cultural History of West Germany 1949–1968, Princeton/Oxford 2001, S. 21–56. Vgl. auch Annette Brauerhoch, „Fräuleins" und GIs – Geschichte und Filmgeschichte, Frankfurt a. M. 2006.
15 Nach dem Schicksal ihres Mannes Jürgen gefragt, antwortete sie: „verhungert, erfroren, liegengeblieben – ich weiß es nicht" (*Liebe 47*, ab 43:00).
16 Franka Schneider, Ehen in Beratung, in: Kaminsky (Hrsg.), Heimkehr 1948, S. 192–216, hier S. 194.

seine Eltern hätten „sich selbst entnazifiziert", nichts anfangen.[17] Indem der Trümmerfilm den Verlust von Frau, Eltern und Wohnung im Jahr 1947 vor Augen führt, erinnerte er an den radikalen Entfremdungsprozess, der einen jungen Heimkehrer wie Beckmann – seinen Vornamen hat er bereits verloren – an den Rand des Selbstmords treibt. Seine Kriegserfahrungen liegen da kaum zwei Jahre zurück.

Welches Bild vom Krieg und den Soldaten zeichnet *Liebe 47*? Der Trümmerfilm lässt sich auch als eine Visualisierung des Zweiten Weltkriegs im Film der Nachkriegszeit betrachten, die Rückschlüsse auf das Verhältnis von Gesellschaft und Militär zulässt.[18] Noch bevor Beckmann auf seine Zeit an der Ostfront zurückblickt, bezeichnet Anna den Krieg als Männersache. In einer solchen, „weiblichen" Sicht zeigte sich bereits die Opfer-Perspektive, die nach einer kurzen Schrecksekunde 1945/46 die Einstellung der meisten Deutschen gegenüber dem Nationalsozialismus und dem Zweiten Weltkrieg dominierte. „Krieg gehört zum Leben", lässt Jürgen Gehrke seine Frau Anna wissen – und dass er als Soldat eine Fahne im Kaukasus hissen wollte. Nach dieser Formel war und ist der Krieg ein Naturereignis, nicht zu verhandeln, nicht zu verhindern und nicht zu verantworten. Während der Regisseur den weiblichen Part neu schaffen musste, konnte er, wo es um Beckmanns Erfahrungen in der Wehrmacht geht, auf Borcherts Stoff zurückgreifen, ohne auch hier die literarische Vorlage unverändert zu übernehmen. Beispielsweise verlegte er die Episode, in der ein durch Beckmanns Schuld verstümmelter Obergefreiter zurückkehrt, um ihm seine Frau zu nehmen, im Film in das Reich der Träume.

Doch auch den Beckmann in *Liebe 47* quälen Schuldgefühle. In Gorodok (Ukraine) hatte er dem Obergefreiten Bauer den Befehl gegeben, die Stellung zu halten. Bauer verlor infolge eines Wundbrands ein Bein; insgesamt starben zwölf Soldaten, die Beckmann fortan „auf dem Gewissen" hat.[19] Zwar hatte er nur die Order seines Obersten befolgt, der ihm die Verantwortung für zwanzig Mann übergeben hatte, doch die Auswahl des Obergefreiten war seine persönliche Entscheidung. Den Heimkehrer treibt daher die Frage nach seiner eigenen Verantwortung um. Er problematisiert das militärische Prinzip von Befehl und Gehorsam, das zum Tod der Kameraden führte. Auch im Film nimmt Beckmann Kontakt zu seinen ehemaligen Vorgesetzten auf – ein Hinweis auf die informelle Kommunikation unter Kriegsheimkehrern in einer Zeit, als die Selbstorganisation der Veteranen verboten war.[20]

---

17 *Liebe 47*, ab 01:37:05.
18 Vgl. Bernhard Chiari/Matthias Rogg/Wolfgang Schmidt (Hrsg.), Krieg und Militär im Film des 20. Jahrhunderts, München 2003, v. a. das Kap. „Krieg und Militär im deutschen Nachkriegsfilm", S. 441–634. Vgl. auch Gerhard Paul, Bilder des Krieges – Krieg der Bilder. Die Visualisierung des modernen Krieges, Paderborn 2004; Ute Daniel (Hrsg.), Augenzeugen. Kriegsberichterstattung vom 18. zum 21. Jahrhundert, Göttingen 2006.
19 *Liebe 47*, ab 01:07:00.
20 Vgl. Jörg Echternkamp, „Kameradenpost bricht auch nie ab ..." – Ein Kriegsende auf Raten im Spiegel der Briefe deutscher Ostheimkehrer 1946–1951 (Dokumentation), in: Militärgeschichtliche Zeitschrift 60 (2001), S. 437–500.

Er will dem Oberst im Wohnzimmer seiner Zehlendorfer Villa die Verantwortung zurückgeben, um wieder „in aller Seelenruhe pennen" zu können.[21] Doch dieser kann mit Beckmanns Seelenpein nichts anfangen: Er verhalte sich „unmännlich" und solle sich „zusammenreißen". Beckmanns Versuch, auch dem Offizier ins Gewissen zu reden – „Wie viel sind es bei Ihnen? 100? 2000?"[22] –, läuft ins Leere. Während der Heimkehrer die Welt noch immer durch die Brille sieht, die er im Krieg unter der Gasmaske getragen hatte, mustert der Oberst den ungebetenen Gast durch sein Monokel, was man als Ausdruck einer überkommenen, aber noch nicht überholten Sicht deuten kann.

Auf den Krieg deutet auch der Aufmarsch von Soldaten aus allen möglichen Epochen hin, von dem Beckmann träumt. Doch so schauderhaft die skelettartigen Soldaten auch sind, die das Publikum über endlose Gräberreihen marschieren sieht, während ein General mit künstlichen Gliedmaßen den Takt trommelt:[23] Das filmtechnisch aufwändige Traum-Bild des Kriegs scheut vor einer konkreten Darstellung des Geschehens zurück. Die Bilderflut lässt das Spezifische des nationalsozialistischen Kriegs, seinen ideologischen Charakter und seine Verquickung mit dem Völkermord, nicht erkennen. Krieg erscheint vielmehr auch hier als eine Naturgewalt. Der Krieg im Osten bleibt auf der Leinwand ein Traum. „Reale" Bilder vom Schlachtfeld mutete Liebeneiner dem Publikum nicht zu. So sehr die Alpträume über weite Strecken das schlechte Gewissen des Soldaten bezeugen, so unwirklich bleiben die Schlachtfelder, auf denen er gekämpft hat. Der Krieg hatte, folgt man dem Film, mit dem Nationalsozialismus so wenig zu tun wie die Liebe. Das Tor zur Auseinandersetzung mit dem NS-Regime, das Anna Gehrke mit ihrem Ausruf „Gott waren wir dumm!" aufstößt, schließt sich sofort wieder. Die Naivität, die sie sich selbst vorwirft, bleibt unpolitisch. Ihr Blick geht am Ende nicht zurück in eine Vergangenheit, die 1947 bereits in weiter Ferne zu liegen schien. „Früher – ja, wann war denn das? Vor 10 000 Jahren?"[24] Als Trümmerfilm war *Liebe 47* weit davon entfernt, den Soldatentod zu rechtfertigen oder gar zu verherrlichen, wie das in der Veteranenkultur der jungen Bundesrepublik der Fall sein wird.[25] Doch es fällt auf, dass sich Liebeneiner nicht für dieselbe klare Sprache entscheiden mochte, wie Borchert sie für seinen Beckmann gefunden hatte.

Hier unterscheidet sich *Liebe 47* auch von dem ersten Trümmerfilm *Die Mörder sind unter uns* (Regie: Wolfgang Staudte, 1946). Der Beckmann in Liebeneiners Film hat nicht den moralischen Anspruch wie Staudtes desillusionierter Kriegsheimkehrer Hans Mertens. Mertens fordert Sühne, als er mitten in den Ruinen Berlins auf

---

21 *Liebe 47*, ab 01:09:00.
22 *Liebe 47*, ab 01:17:00.
23 *Liebe 47*, Szene ab 01:11:00.
24 *Liebe 47*, ab 01:38:00.
25 Vom Kabarett-Direktor gefragt, was er bisher gemacht habe, antwortet Beckmann: „Nichts – Krieg. Gehungert, gefroren, geschossen – Krieg." (*Liebe 47*, ab 01:24:00).

seinen ehemaligen Kompaniechef stößt, einen mittlerweile ehrenwerten Geschäftsmann, der für Massaker im besetzten Polen verantwortlich war. Hätte die junge Fotografin Susanne ihn nicht davon abgehalten – wie es die sowjetische Zensur verlangte –, Mertens hätte den ehemaligen Offizier erschossen. „Aber wir haben die Pflicht", ruft er, „Anklage zu erheben im Auftrag von Millionen unschuldig hingemordeter Menschen!" Davon ist bei Beckmann 1949 nichts zu hören. Der moralische Appell von *Liebe 47* blieb zeitlos und deshalb vage. Er galt nicht dem Richten vergangenen Grauens, sondern dem Sich-Einrichten in eine neue Heimeligkeit. An die Stelle gesamtgesellschaftlicher Verantwortung tritt am Ende das Treueverhältnis in der Zweisamkeit.

3 Schlussakkord: Rückzug statt Aufbruch

„Gibt denn keiner, keiner Antwort???"[26] Nach dieser Frage des alleingelassenen Heimkehrers in Borcherts Drama hatte sich 1947 auf der Bühne der Vorhang geschlossen. Welchen Schluss erlebten die Zuschauerinnen und Zuschauer zwei Jahre später im Kinosaal? Blieben am Ende, wie bei Borchert, nur Fragezeichen, oder wies *Liebe 47* einen Weg in die Zukunft? Liebeneiner setzte durch den weiblichen Part einen neuen Akzent. Während der Heimkehrer fast bis zur letzten Minute von seinen Schuldgefühlen gequält wird und – wiederum im Traum – ins Wasser gehen will, bemerkt das Publikum, wie sich die Einstellung der Protagonistin im Laufe des Films verändert. Aus der sich selbst bemitleidenden Anna, die den Männern die Schuld an ihrem Unglück gibt, wird nach und nach eine fürsorgliche Frau, die sich um „ihren" Mann kümmert. In der letzten Filmsequenz gehen Anna und Beckmann eine wechselseitige Verpflichtung ein. Ohne den anderen, so versprechen sie sich, wollen sie nicht leben. Das Paar findet eine Antwort auf die Sinnfrage in der Treuepflicht. Und wieder ist es der Tod, der Verbindlichkeit schafft. Für den Fall, dass Beckmann sie am folgenden Morgen verließe und irgendwo in der Elbe schwämme, droht Anna sich umzubringen. „Sie machen mich also für Sie verantwortlich", folgert Beckmann.[27]

Das Problem der persönlichen Verantwortung für den Tod der einstigen Kameraden, das Borcherts Beckmann 1946/47 bis zuletzt nicht losließ, verblasste 1949 hinter dem Gebot der Verantwortung für den Neubeginn in der Kleinfamilie. Das Gefühl der Verlassenheit wurde verdrängt durch die Ehe als Überwindung der Einsamkeit. „Nun wollen wir auf der dunklen Straße zusammen gehen", meint Beckmann im Traum; „ganz dicht", bestätigt Anna.[28] „Wir haben jetzt jemand", stellt sie fest

---

[26] Borchert, Draußen vor der Tür, S. 54.
[27] *Liebe 47*, ab 02:01:00.
[28] *Liebe 47*, ab 01:56:00.

und formuliert die Quintessenz des Films: „Was brauchen wir die Welt zu verbessern, fangen wir jetzt lieber bei uns an." – „Ach so war das gemeint", antwortet Beckmann lapidar.[29] Bei ruhiger Radio-Musik und warmem Kerzenschein genießt Beckmann sein Abendbrot. Die Szene korrespondiert mit jener früheren Sequenz, in der Beckmann sich an die heile Welt in seinem Elternhaus erinnert: Ganz gleich wie spät er nach Hause gekommen war, seine Mutter hatte ihm stets etwas zu essen gekocht. Anstelle der Mutter, die sich das Leben genommen hatte, übernimmt Anna diesen mütterlichen Part, der sie von der eigenen Selbstmordabsicht abbringt. Der Heimkehrer ist in die Harmonie der Kleinfamilie zurückgekehrt. Selbst die Frage, wie mit der Zeit umzugehen sei, scheint geklärt. Im Hintergrund gibt das Pendel einer Standuhr mit beruhigender Regelmäßigkeit den Takt vor. Alles deutet auf den wiedergewonnenen „Seelenfrieden" des Soldaten, den Anna, die Hände im Schoß, zufrieden beim Essen beobachtet. Man darf annehmen, dass Beckmann in dieser Nacht gut schläft.

Doch der Film endet nicht mit der vollständigen Rückkehr zu früheren, männlich dominierten Geschlechterverhältnissen in kleinbürgerlichen Strukturen. In Krieg und Nachkrieg hatten viele Frauen ein selbständigeres Leben geführt als zuvor. So organisierte Anna Gehrke die Flucht mit Kind und Tante, verdiente in der Fabrik ihr eigenes Geld und rettet schließlich dem Heimkehrer das Leben. Der Typus der nun wieder mütterlichen, mädchenhaften Frau schützte den patriarchalischen Mann – nicht zuletzt vor der weiblichen Sexualität durch eine Liebe ohne Leidenschaft.[30] Im Film fängt die fürsorgende Frau den am Boden zerstörten Mann auf. Viel weiter hätte der Film nicht vom Ideal der männlichen Vormachtstellung entfernt sein können. So verdrängte der Film die Vergangenheit, die er thematisierte, ohne zugleich die patriarchalische Ordnung wiederherzustellen.

Der Regisseur gab dieser Neuausrichtung noch einen religiösen Anstrich. Dazu verändert er die Gottesallegorie, die schon Borcherts Stück umschloss. Dort begegnet uns ein weinerlicher Gott, für den Beckmann am Anfang wie am Ende nur Sarkasmus übrighat. Auch zu Beginn von *Liebe 47* tritt ein hilfloser Gott auf, dem sich der Tod in Gestalt eines Beerdigungsunternehmers selbstbewusst gegenüberstellt. Am Ende jedoch schaut Beckmann hier zu einem Gott empor, der ihn in seiner wiedergewonnenen Allmacht ermahnt: „Es hat mich schon einmal gereut, ich erinnere euch an Noah, ich warne dich, wenn du mich begreifst, wirst du mir danken." Die glänzenden Kirchenglocken im Hintergrund, die im Kontrast zu den zerbrochenen Glocken in der Eingangssequenz stehen, illustrieren die religiöse Botschaft: Der christliche Glaube ist unverrückbar. Gott und seine Kirche bieten Halt, ein Signal, das der Zuschauer nicht nur auf das frischgebackene Liebespaar beziehen soll. Der versöhnliche Abschluss im Transzendenten rundete die Auflösung der Probleme im

---

29 *Liebe 47*, ab 02:02:00.
30 So argumentiert zu Recht Perinelli, Liebe '47, S. 185.

Privaten ab. Zum einen reflektierte er das ungebrochene Bedürfnis nach Religion. Zum anderen tauchte hier die ideologische Vorstellung vom christlichen Abendland auf, das es gegen die unchristlichen Horden aus dem Osten zu schützen gelte. Die Verschärfung des Ost-West-Konflikts, die Berliner Blockade und die Luftbrücke 1948/49 nährten die Imagination eines Kalten Kriegs und einer westlichen Identität, welche wiederum die Rezeption dieses späten Trümmerfilms prägte. Angesichts der politischen Spannungen auf der einen Seite, die phasenweise die Angst vor einem Dritten Weltkrieg schürten, und den Zerstörungen des Kriegs und der Opfer auf der anderen Seite, blies *Liebe 47* zum sicheren Rückzug ins kleinbürgerliche Idyll. Im Kreis der Kleinfamilie spielte die große Politik keine Rolle mehr, weder die von gestern noch die von morgen. Nicht zuletzt der Schlussakkord des Films entschied deshalb über seinen Erfolg.

Zur Vielschichtigkeit dieses Trümmerfilms gehört es, dass er die Rezeptionsbedingungen, von denen die Produzenten 1947 ausgingen, gleichsam selbst thematisierte. Eine kleine Theaterbühne dient als Deutungsrahmen, in den die Geschichte in der Geschichte eingespannt wird. Beckmann sucht den „komischen" Eindruck, den er auf den Oberst gemacht hat, in einen Auftritt als Kabarettist umzumünzen. Am Klavier gibt er als Probevorstellung eine Persiflage auf den Soldaten-Schlager „Tapfere kleine Soldatenfrau" zum Besten. Seine Ehefrau hatte nicht, wie es im Lied von Carl Sträßer hieß, am Gartentor auf ihren feldgrauen Mann gewartet. Auch von dem Stolz auf den Mann, der für Deutschland in den „Freiheitskampf" gezogen war, ist nichts geblieben.[31] Kurz: Der Heimkehrer konfrontiert sein (fiktives) Publikum mit der hässlichen Realität. Der Direktor erklärt Beckmann, warum sein Auftritt die Gäste verstört: „Die Leute wollen doch schließlich Kunst genießen, keine Gespenster aus dem Kriege sehen!" Warum sich mit dem Tod beschäftigen, wenn der einem im Nacken sitzt, lautete die rhetorische Frage. Das Publikum verlangte nach „positiver" Unterhaltung. Bei Beckmann wird die „heitere Gelassenheit" vermisst. Von der amerikanischen Tänzerin Shirley Temple, die der Direktor als Beispiel nennt, war der Heimkehrer tatsächlich denkbar weit entfernt.[32]

Schließlich ging es um die grundsätzliche Frage, was Kunst nach 1945 sein solle. In Beckmanns Augen muss Kunst aufklären. Theater, Kabarett und – darf man ergänzen – Film in der Nachkriegszeit waren Instrumente der kulturellen Bildung. Auf eine Kernfrage der philosophischen Ästhetik – Was kann Kunst? – gibt der Direktor eine klare Antwort, die sich aus der Wahl eines Gegenbegriffs ableitet: die Wahrheit. Welche Funktion der Kunst in seinem Theater zuzuschreiben ist, liegt für den Kabarett-Chef auf der Hand. Er setzt auf Unterhaltung, während Beckmann die Kunstfunktion als Aufklärung definiert. Geht man von dieser filmischen Thematisierung der Kunstfunktion auf der Metaebene zurück auf die realhistorische Ebene der

---

31 *Liebe 47*, ab 01:30:00.
32 *Liebe 47*, ab 01:25:00.

Rezeptionsbedingungen des Films 1949, steckt der Dialog das Spannungsfeld ab, in dem sich die Erwartungen bewegten, die der Zuschauer nach dem Dafürhalten des Regisseurs an seinen Film richtete. Beckmanns Appell, Kunst zum Zweck der Selbstvergewisserung über die Vergangenheit zu nutzen, steht die Aufforderung des Direktors entgegen, die Wahrheit ruhen zu lassen, um das Publikum nicht zu verprellen. „Wer will denn heute etwas von der Wahrheit wissen? Wer denn? Mit der Wahrheit machen Sie sich nur unbeliebt", rät er Beckmann. Der jüngsten Vergangenheit kam man nur mit einem lauten Schweigen bei. Reflexion war destruktiv, zumindest auf der Bühne. „Wo kämen wir denn da hin, wenn alle Leute plötzlich die Wahrheit sagen wollten?"[33] Die frühe Neigung zur Selbstreflexion nach dem Zusammenbruch blitzte auch im Film auf. *Liebe 47* nahm dabei ironischerweise die Erklärung für seinen kommerziellen Misserfolg vorweg.

4 Zwischen gestern und morgen

Das Publikum, nicht der Film, produziert die Bedeutung im Prozess der Rezeption. Dessen Analyse fragt deshalb danach, ob und welche bedeutungsstiftende Funktion ein Film für die Gesellschaft hat. Wo der Film ohne Bedeutung geblieben ist, muss eine „diskursive Verschiebung" stattgefunden haben.[34] Dieser Ansatz lenkt den Blick auf einer zweiten, der Analyse der *narratio* gegenüber zeitlich versetzten Untersuchungsebene erneut auf die westdeutsche Nachkriegsgesellschaft.

Der erste deutsche Nachkriegsfilm *Die Mörder sind unter uns*, eine DEFA-Produktion von 1946, war mit 5,2 Millionen Zuschauern bis 1949 ein großer, auch finanzieller Erfolg. Auch der erste Film in den Westzonen, *In jenen Tagen* (1947, Regie: Helmut Käutner), fand großen Anklang, ebenso *Ehe im Schatten* (1947, Regie: Kurt Maetzig) und *Zwischen gestern und morgen* (1947, Regie: Harald Braun). Diese „Trümmerfilme" thematisierten ebenfalls den Zusammenbruch, die Orientierungslosigkeit und den Umgang mit der Vergangenheit. Schaut man dagegen auf *Liebe 47*, fällt ein Missverhältnis ins Auge. Auf der einen Seite wurde dem Film unter Filmkritikern wie auch in der breiten Öffentlichkeit viel Aufmerksamkeit zuteil – man denke an die Sondervorführung für den schleswig-holsteinischen Landtag. Auf der anderen Seite fiel der Film bei großen Teilen des Publikums durch. Ihr erster Film trieb die Filmaufbau GmbH Göttingen in den Konkurs. Die Einnahmen aus dem Verleih durch die Panorama-Film GmbH spielten die Herstellungskosten, welche die anspruchsvolle Filmtechnik in die Höhe getrieben hatte, nicht wieder ein. In den Kinosälen, in denen *Liebe 47* lief, blieben trotz der überwiegend positiven Kritik viele Plätze leer.

---

33 Ebenda, ab 01:32:00.
34 Perinelli, Liebe '47, S. 52.

An der schauspielerischen Leistung lag das nicht. Schließlich erhielt Hilde Krahl beim Internationalen Filmfestival von Locarno 1949 den Preis für die beste Schauspielerin, und auch die Nebenrollen waren mit bekannten deutschen Schauspielern, darunter Grethe Weiser, Erwin Geschonneck und Erich Ponto, gut besetzt. Das Publikum nahm es dem Film zumeist auch nicht krumm, dass ein Mann Regie führte, der seine Karriere im „Dritten Reich" begonnen hatte. Hans Abich erinnerte sich gar, als Student von Liebeneiner beeindruckt gewesen zu sein. Mancher Rezensent lobte, sofern er den Regisseur erwähnte, dessen fachliche Qualität und sah in *Liebe 47* „die absolute Rechtfertigung einer künstlerischen Ausnahmeerscheinung".[35] Freilich fehlten auch Stimmen nicht, die Liebeneiner schon deshalb für eine Fehlbesetzung hielten, weil er selbst „den Ernst des Krieges nicht am eigenen Leibe erfahren" hatte.[36] Deutlichere Worte fand die „Gießener Freie Presse". Sie kritisierte, „daß der ehemalige Filmprofessor des Propagandaministeriums wieder Gelegenheit hat, im Schutthaufen der großen Zeit, in der er seine preußischen Monumentalgemälde ‚künstlerisch und staatspolitisch wertvoll' projizierte, von neuem zu kurbeln". Dass er dabei Borcherts Ideen verfälsche, ja verrate, stieß hier sauer auf.[37] Auch die Komposition des Drehbuchs gefiel nicht allen. Hätte man nicht die beiden Teile, in die der Film zerfällt, die Erzählungen Annas und Beckmanns, besser miteinander verzahnen müssen?

Gespalten fiel das Urteil der Filmkritiker über den Schluss aus. Auf der einen Seite verwahrte man sich gegen diese gravierende Abweichung von Borcherts Original, warnte vor der „Gefahr der Verniedlichung", verurteilte den Versuch, „aus etwas ein Positivum zu machen, das kein Positivum sein kann". Die Filmaufbau GmbH habe es, argwöhnte man, für nötig gehalten, mit seinem „mütterlich-versöhnenden Schluss [...] Konzessionen an das Publikum" zu machen.[38] Damit hatte der Rezensent den neuralgischen Punkt getroffen. Tatsächlich gab Hans Abich später zu Protokoll, dass ein Film mit Borcherts finalen drei Fragezeichen wohl vergeblich einen Verleiher gesucht hätte. Er und Thiele hatten ihrerseits „Angst vor jedem ‚Heroismus', auch vor dem warnenden".[39] Sie begrüßten den vorsichtigen, wenngleich von einer tiefen Melancholie durchzogenen Optimismus.

Doch das Publikum bestätigte die filmischen Strategien nicht. Der 1948 gedrehte Film war bereits ein Jahr später kaum noch anschlussfähig. Als das Bielefelder Meinungsforschungsinstitut EMNID im Dezember 1949 nach den besten deutschen

---

35 Walter Panofsky, Liebe 47, in: Der neue Film, Nr. 8 (1949) (s. Anm. 2).
36 Liebe 47 (Filmaufbau GmbH Göttingen), in: Start (Berlin), 9.9.1949 (s. Anm. 2).
37 Verrat an Wolfgang Borchert. Wolfgang Liebeneiner verfilmte „Draußen vor der Tür" – „Liebe 47" hoffentlich keine ewige!, in: Gießener Freie Presse, 19.3.1949 (s. Anm. 2).
38 Friedhelm Voß, Man nehme einen Dichter ..., in: Pennäler-Echo, August/September 1949 (s. Anm. 2).
39 Zeigen, wie es sein soll. Ein Gespräch mit Hans Abich. Aufgezeichnet am 5.12.1990 in Hannover im Landesfunkhaus Niedersachsen des NDR, in: Lichtspielträume. Kino in Hannover 1896–1991, hrsg. von der Gesellschaft für Filmstudien e. V., Hannover 1991, S. 57–68, hier S. 61.

Spielfilmen fragte, belegte *Liebe 47* einen hinteren Platz. Vor allem Zuschauerinnen konnten mit dem Film wenig anfangen.[40] Ließ das Ende, mit dem der Film in die Zukunft wies, viele Möglichkeiten offen, hatte sich die Situation für die meisten Westdeutschen, nicht zuletzt für die Frauen, 1949 zwischenzeitlich geklärt. Die Zuschauerinnen und Zuschauer fanden kaum noch einen Zugang zu den Deutungs- und Identitätsangeboten eines Films, der die Problemlage der Zusammenbruchgesellschaft und der Besatzungszeit in Szene setzte. Nach der Währungsreform, der Gründung der westdeutschen Demokratie und der eindeutigen Positionierung im Ost-West-Konflikt auf Seiten des Westens schienen viele Fragen beantwortet, die eben noch im Raum gestanden hatten. Der wirtschaftliche Aufschwung ab 1950 verstärkte diesen Effekt. Mit der neuen Staats- und Gesellschaftsordnung hatte sich auch der Diskurs so verschoben, dass Teile des Publikums gegen einen Film, der „die deutsche Katastrophe" (Friedrich Meinecke, 1946) zeigte, mancherorts mit Ausschreitungen reagierten. Von der Orientierungslosigkeit, die Beckmann und Anna zum Ausdruck brachten, wollte das Publikum 1949 nichts mehr wissen.

Der Filmverleih wurde abgebrochen. Im Sinne der neuen Nachkriegsordnung der 1950er Jahre war *Liebe 47* funktionslos, ja dysfunktional geworden. Nicht obwohl, sondern weil er so gekonnt an tiefsitzende persönliche Erinnerungen rührte, verstörte der Film die Zeitgenossen. Die „Kasseler Zeitung" sah in dem Film denn auch weniger einen „Beweis für das Ende des Zeitfilms als vielmehr ein[en] Beweis [dafür], daß die Zeit der Forcierungen, der gärenden Experimente, der Verwirrungen zu Ende geht". Das Publikum wollte „Klarheit, nicht Krampf; Aussage, nicht Aufschrei – allmählich wollen wir" (der Filmkritiker sprach auch für sich selbst) „hinaus aus jenem Niemandsland, dessen wirre, verzweifelte und spukhafte Atmosphäre dieser verwirrte Film wie in einer letzten großen Zusammenfassung spiegelt".[41] Der Heimkehrer als Verlierertypus passte nicht (mehr) ins Bild. Mit der Gründung der Veteranenverbände entwickelten auch die ehemaligen Soldaten Selbstbilder, die sie nicht (nur) als Opfer der Kriegsgefangenschaft darstellten, sondern dank ihrer Erfahrung von Kampf und Unfreiheit als Leistungsträger einer freien Gesellschaft empfahlen.[42] Wiederaufbau lautete die Parole. Die Erinnerung an Zerstörung, gar an ihren ursächlichen Zusammenhang mit der NS-Herrschaft, hätte da nur Misstöne erzeugt. Mittlerweile hatten sich auch die neuen alten Geschlechterrollen durchgesetzt; wer wollte da im Kinosaal an Alternativen erinnert werden?

Die kollektive Erinnerung an Kriegsgefangenschaft und Heimkehr, die Millionen Männer betraf, war im Kontext der deutschen Teilung zudem stets politisch überformt. Mit der Staatsgründung der Bundesrepublik wenige Monate nach der

---

40 Vgl. Greffrath, Gesellschaftsbilder der Nachkriegszeit, S. 133.
41 Wolfgang Liebeneiner inszenierte: Liebe 47, in: Kasseler Zeitung, 6.8.1949, zit. nach Perinelli, Liebe '47, S. 198.
42 Vgl. Jörg Echternkamp, Soldaten im Nachkrieg. Historische Deutungskonflikte und westdeutsche Demokratisierung 1945–1955, München 2014.

Erstaufführung von *Liebe 47* prägte die Debatte über die Freilassung der Kriegsgefangenen, vor allem aus den sowjetischen Lagern, die politische Kultur der frühen Bundesrepublik: Der fünfte Jahrestag des Kriegsendes wurde als „Tag der Treue" zelebriert; bis Mitte der 1950er Jahre wurde die „Woche der Kriegsgefangenen" ausgerufen, am Ende brachte die Post eine Gedenkbriefmarke heraus, die den Kopf eines Gefangenen hinter Stacheldraht zeigte. Die Heimkehrer wurden sehnsüchtig erwartet; Adenauer machte die Freilassung zur Chefsache. Ein Film, der wie *Liebe 47* daran erinnerte, dass die Hoffnung auf eine ungebrochene Fortsetzung privaten Glücks trügen konnte, musste da wie Sand im Getriebe wirken. Filmgeschichtlich deutete sich hier der Übergang vom Trümmerfilm zum Heimatfilm an, einem Genre, in dem 1956 auch Liebeneiner mit der kitschigen Verfilmung *Die Trapp-Familie* reüssieren sollte. Er passte auch nicht zu einer „Veteranenkultur", wie sie etwa der 1950 gegründete Verband der Heimkehrer prägte. Den Interessenverbänden ging es um sozialpolitische Hilfen für die Zukunft ihrer Mitglieder, nicht um die selbstkritische Reflexion ihrer Verantwortung in der Vergangenheit. Obwohl *Liebe 47* also ein Thema aufgriff, das Millionen Menschen direkt oder indirekt betraf, das die öffentliche Debatte und das Regierungshandeln in der Bundesrepublik bestimmte, lag dieser späte Trümmerfilm quer zu einer Geschichte der Kriegsgefangenen, deren Ende als Anfang, als Aufbruch statt Zusammenbruch geschrieben wurde. Diesen sozialen, politischen und mentalen Wandel hatten Regisseur und Produzenten zwei Jahre nach Kriegsende nicht vorhersehen können. „Die Zukunft liegt im Dunkel, und nichts wird heutzutage schneller unzeitgemäß als ein Zeitfilm", hieß es 1949 treffend in der „Wirtschafts-Zeitung".[43] Umgekehrt gilt: In der Probe eines Zeitfilms auf seine Zeitgemäßheit liegt sein Mehrwert als historische Quelle.

5 Fazit

In Anlehnung an die grundsätzlichen Überlegungen von Margit Szöllösi-Janze[44] lässt sich das folgende Fazit formulieren. Die Historisierung des Imaginären im Spielfilm der frühen Nachkriegszeit hat zum einen gezeigt, warum der Film so gedreht wurde, wie er gedreht wurde. Regisseur, Drehbuchautoren und Produzenten waren sich der Verschiebung in der Publikumswahrnehmung und -erwartung seit der Aufführung von Borcherts Drama bewusst und reagierten darauf schon aus kommerziellen Gründen – man denke an den neuen, hoffnungsfrohen Schluss der Verfilmung. Nicht Vieldeutigkeit verlangten die Deutschen Ende der 1940er Jahre, sondern Eindeutigkeit. War Borcherts Hörspiel eine einzige Frage, die bestürzte,

---

43 Überholte Filme, in: Wirtschafts-Zeitung, 16.7.1949 (später: Deutsche Zeitung und Wirtschaftszeitung).
44 Siehe ihren einleitenden Beitrag in diesem Band.

präsentierte der Film eine Antwort, die beruhigen sollte. Statt „Draußen vor der Tür" spielte die Zukunft nunmehr „drinnen im Zimmer". Indem Liebeneiner auf das Zwischenmenschliche fokussierte, entpolitisierte er zudem die Vergangenheit – nicht zuletzt die eigene.

Zum anderen wurde deutlich, dass ein fiktiver Film wie *Liebe 47* gleich einem Seismographen die ansonsten kaum merkliche mentale Dynamik der Nachkriegsgesellschaft erkennen lässt. Anhand des Films als historischer Quelle können Konjunkturen der Zeitwahrnehmung empirisch nachgewiesen werden. Die Neigung zum (selbst)reflexiven Rückblick auf die Vergangenheit – wie ihn die Produzenten mit Rückblenden auch formal als konstitutive Elemente der *narratio* herausstellten – war Ende der 1940er Jahre der Bereitschaft zum fortschrittsbewussten Blick in die Zukunft gewichen, der nicht durch selbstquälerische, nur bedingt optimistische Szenarien getrübt werden sollte. Die filmische Wahrheit, die *Liebe 47* im Kinosaal verbreitete, war nicht länger gefragt. Der Film, der dem Historiker heute als Quelle zum Verständnis der zeitgenössischen Selbstverständigung dient, erschien den Zeitgenossen als Medium der Selbstverständigung ungeeignet. Als konstruktiver Kommentar der Nachkriegszeit kam Liebeneiners Filmfassung von Borcherts Drama deshalb zu spät. Was in der Produktionsphase noch sagbar und zeigbar erschien, hatte schon ein Jahr später seine Evidenz verloren. Das Publikum, das die Erzählung auf der Leinwand mit der eigenen Lebenswelt außerhalb des Kinosaals abglich, musste feststellen, dass ihm der Film nicht mehr zusagte, weil er ihm nichts mehr zu sagen hatte.

Spielfilme als fiktionale Artefakte sind „real", weil sie ohne die Erfahrungen und Erwartungen des Teams, das sie produziert, nicht zustande kämen und weil die Resonanz des Massenpublikums Aussagen über den jeweiligen Prozess der gesellschaftlichen Selbstverständigung erlauben. Das gilt paradoxerweise selbst oder: erst recht dann, wenn die Resonanz negativ ausfällt. Die geschichtswissenschaftliche Analyse des fiktionalen Films, der keine Resonanz mehr fand, verweist dann auf eine diskursive Verschiebung, die ihrerseits eine für die frühe Nachkriegsgesellschaft spezifische Dynamik erkennen lässt. Die Reihen im Kinosaal blieben nicht deshalb leer, weil die Zuschauerinnen und Zuschauer Mühe gehabt hätten, die Text- und Bildsprache des Films zu decodieren, sondern weil sie für die Botschaft, die sie verstanden, kein Verständnis mehr aufbrachten. In *diesem* Sinn, als historisches Dokument, behielt der Film seine genannte Bedeutung für „die inneren Wandlungen [...] deutscher Menschen jener halbvergessenen Kriegs- und ersten Nachkriegsjahre", die ihm die eingangs zitierte „Nordwest-Zeitung" 1949 bescheinigt hatte. Als ein Zeitfilm, der vor der Uraufführung unzeitgemäß geworden war, unterstreicht *Liebe 47* eindrucksvoll die Historizität der Erinnerung an den Nationalsozialismus, an Krieg und Nachkrieg. Der Film ist deshalb eine einzigartige historische Quelle, weil seine Strategie und Rezeption diese relativ sprunghafte Diskursverschiebung erkennen lassen und auf die gesellschaftlichen, kulturellen und politischen Veränderungen in der kurzen Zeitspanne der späten 1940er Jahre hinweisen, welche diese Verschiebung erklären.

Olaf Stieglitz

„I feel the same way now. Only more so."

The Best Years of Our Lives (1946) und die diffuse Angst der weißen USA nach dem Zweiten Weltkrieg

Der Rückflug der drei aus dem Dienst entlassenen Soldaten gestaltet sich lang und mühsam. Plätze auf einem Linienflug sind auf Tage hinaus ausgebucht, und auch beim Transportdienst der Streitkräfte müssen sie warten, bevor sie ein ausrangierter Bomber von der Westküste in ihre Heimatstadt fliegen kann: Boone City, irgendwo im US-Mittelwesten, ein regionales Zentrum, groß genug, dass sich die drei erst an Bord des Flugzeugs kennenlernen. Sie haben in unterschiedlichen Truppenteilen gedient. Al Stephenson, der älteste von ihnen, war mit der Infanterie an den blutigen Kämpfen auf den japanischen Inseln beteiligt gewesen; Fred Derry hatte sich als Mitglied einer Bombercrew ausgezeichnet und war bis zum Offiziersrang eines *Captain* aufgestiegen; und der noch sehr junge Homer Parrish diente im Maschinenraum eines Flugzeugträgers im Pazifik und verlor bei einem Angriff beide Hände. Drei weiße Männer aus dem amerikanischen *Heartland*, die vieles miteinander verbindet, aber auch ebenso vieles voneinander trennt, und die nun ihrer Rückkehr ins zivile Leben entgegensehen.

Der lange Transport gibt den drei Ex-Soldaten Gelegenheit zum Gedankenaustausch. Mit großer Neugier überfliegen sie das Nachkriegsamerika mit seinen breiten, hell erleuchteten Highways und den vielen neuen Flughäfen – moderne Infrastruktur, auch entstanden, um den Weltkrieg siegreich zu bestreiten. Doch ihr Staunen mischt sich mit Verwunderung: Dort unten spielen Menschen Golf, „just as if nothing had ever happened".[1] Selbst aus der Luft ist zu bemerken, dass das Land den Krieg bereits hinter sich lassen will, denn auf den Feldern sehen sie riesige Mengen Flugzeuge stehen, die alle nun verschrottet werden sollen. Und so bestimmt keineswegs Vorfreude die Stimmungslage der drei Heimkehrer, vielmehr steht eine nervöse Sorge im Mittelpunkt ihrer Gedanken. Wie wird die Familie, wie die Freundin auf Homers Behinderung reagieren? Wie werden Al und Fred von ihren Ehefrauen empfangen werden, wie von ihren alten Arbeitgebern? Fred erinnert sich daran, mit welcher Furcht er in den Krieg gezogen war, und bemerkt: „I feel the same way now. Only more so."[2]

---

[1] *The Best Years of Our Lives* (USA 1946); Produktion: Samuel Goldwyn Productions, im Verleih von RKO Radio Pictures; Erstaufführung: 21.11.1946; Regie: William Wyler; Drehbuch: Robert E. Sherwood, nach der Vorlage *Glory for Me* von MacKinlay Kantor; Hauptrollen: Myrna Loy, Fredric March, Dana Andrews, Teresa Wright, Virginia Mayo, Harold Russel u. Cathy O'Donnell. Das Zitat findet sich bei 11:43–11:45.
[2] *Best Years*, 09:23–09:27.

Die Anspannung der drei steigert sich nochmals, als sie zusammen mit dem Taxi vom Flughafen in die Stadt zu ihren Familien fahren. Die Fahrt vorbei am Baseball-Stadion erweckt vor allem Nostalgie, doch das lebhafte Treiben auf den Straßen der Innenstadt muss verstören.[3] Unbeschwert wirkende Männer und Frauen gehen ihrem Alltag nach, das Bild der Stadt ist geprägt von augenscheinlich gut gehenden Geschäften und Orten heiteren Vergnügens. Al Stephenson, Fred Derry und Homer Parrish kehren nach Boone City zurück, das nach langen Jahren der Wirtschaftskrise und der Kriegsentbehrungen scheinbar optimistisch nach vorn schaut, und in ihren Gesichtern kann man die besorgte Frage ablesen, welchen Platz und welche Rolle die veränderten USA wohl den Helden des gewonnenen Kriegs einräumen werden.

Diese ersten knapp 20 Minuten von *The Best Years of Our Lives* fächern die Bandbreite an gesellschaftlichen Themenfeldern auf, die der von Samuel Goldwyn unter der Regie von William Wyler 1946 realisierte Film in einer für Hollywood ungewöhnlichen Offenheit ansprach: erstens die Wiedereingliederung von Veteranen der Streitkräfte in ein sich immens veränderndes Nachkriegsamerika, in dem sowohl Arbeitsleben wie Konsum bislang ungekannte Anforderungen an die Rückkehrer stellten; zweitens die individuelle wie kollektive Verarbeitung und Heilung ihrer physischen wie psychischen Verletzungen, versinnbildlicht durch Homers Handprothesen, Als Alkoholismus und Freds wiederkehrende Alpträume; drittens die Ungewissheit über die Stabilität der außen- wie innenpolitischen Großwetterlage, die sich in den vielen Anspielungen auf die Atombombe und die unabsehbare ökonomische Entwicklung manifestiert; sowie viertens die komplexen und aus Sicht der Ex-Soldaten oft beunruhigenden Konsequenzen, welche ihre Abwesenheit in der Geschlechterordnung des Landes und den damit einhergehenden Rollenerwartungen bewirkt hatten. Darüber hinaus etablieren die Eingangssequenzen des Films eine bestimmte Atmosphäre und damit verbunden eine Gesellschaftsdiagnose: *The Best Years of Our Lives* ist ein Film über Ängste. Er zeigt eine US-amerikanische Nachkriegsgesellschaft, unter deren prosperierender Oberfläche viele Zukunftssorgen verborgen sind. Insbesondere thematisiert er die ganz spezifischen Ängste weißer Männer aus der Mittelschicht, die sich an einer besonderen historischen Schwelle zwischen Vergangenheit und Zukunft platziert und von großen Herausforderungen konfrontiert sahen. Dabei sollte man *The Best Years of Our Lives* aber keineswegs als bloßen Spiegel gesellschaftlicher Debatten und Entwicklungen der letzten Kriegs- und ersten Nachkriegsjahre verstehen. Vielmehr wirkte der Film selbst auf die Aushandlungsprozesse um die Bedeutung rückkehrender Männer für eine USA im Wandel ein, und dieser Umstand macht ihn auch heute noch zu einer bedeutenden Quelle für die Sozial- und Kulturgeschichte der 1940er Jahre.

---

3 Über die Rolle der Nostalgie in diesem Film siehe Sarah Thomas, Performance and Style in *The Best Years of Our Lives*, in: Movie: A Journal of Film Criticism 6 (2015), S. 63–75, hier v. a. S. 64–67.

1 Geplante Qualität, erwartete Relevanz – eine kurze Produktionsgeschichte

Filmhistorisch hat *The Best Years of Our Lives* eine merkwürdige, weil ambivalente „Karriere" hinter sich. Aus heutiger Sicht ist der Film ein Klassiker, und in beinahe jeder Überblicksdarstellung zur (Kino-)Geschichte der USA während und nach dem Zweiten Weltkrieg findet sich ein Hinweis auf den Erfolg und auf die Relevanz der Produktion. Doch obgleich der Film insgesamt sieben Oscars gewann und damit mehr als *The Wizard of Oz* (1939), *Citizen Cane* (1941) und *Casablanca* (1942) zusammen, hat er doch seitdem niemals auch nur annähernd deren Ruhm erlangt – fragte man heute nach den besten Hollywoodfilmen der 1940er Jahre, würde *Best Years* sicher erst nach einer Reihe anderer Produktionen auftauchen.[4]

Dabei wurde das Projekt *Best Years* von Beginn an mit der Intention verfolgt, ein Produkt von hoher Qualität und großer gesellschaftlicher Strahlkraft zu schaffen. Im Sommer 1944, wenige Wochen nach der Landung der Alliierten in Frankreich, entschied Samuel Goldwyn, einen Film über rückkehrende Soldaten zu drehen. Goldwyn und sein unabhängiges Studio hatten sich im Verlauf der 1930er Jahre den Ruf erworben, immer wieder sehr anspruchsvolle und aufwendige Produktionen mit Erfolg auf den Markt zu bringen; *Dead End* (1937) oder *Wuthering Heights* (1939) sind vielleicht die bekanntesten Beispiele, zwei Filme, die auch die enge Zusammenarbeit Goldwyns mit dem Regisseur William Wyler etablierten. Wyler, im Elsass geboren, lebte seit den frühen 1920er Jahren in den USA und wurde in Hollywood zu einem angesehenen Regisseur. Während des Zweiten Weltkriegs drehte er unter anderem Dokumentationen für die U.S. Airforce, darunter *Memphis Belle: A Story of a Flying Fortress* (1944), einen noch heute oft gezeigten Film über die letzte Mission eines B-17 Bombers.[5]

Mit dem Drehbuch beauftragte Goldwyn zunächst den Kriegskorrespondenten MacKinley Kantor, dessen erste Version jedoch von Robert E. Sherwood nochmals in wesentlichen Punkten überarbeitet wurde; aus einer Geschichte, die noch während des Kriegs spielte, entwickelte er eine Studie über die Nachkriegszeit, welche die Genres des *Social Problem Film* und des Melodramas miteinander verband. Insbesondere diese Zusammenarbeit veranschaulicht Goldwyns hohe Ansprüche, denn Sherwood hatte für seine Theaterstücke bereits mehrfach den Pulitzer Preis gewonnen und sich auch in Hollywood durch seine Mitarbeit an Filmen wie *The Petrified Forest* (1936) oder *Rebecca* (1940) einen Namen gemacht.

---

4 Zur Produktions- und Rezeptionsgeschichte von *Best Years* siehe v. a. Sarah Kozloff, The Best Years of Our Lives, London 2011, S. 29–60. Siehe auch Terence Hoagwood, Multiple Makers. The Best Years of Our Lives, in: Journal of Adaption in Film & Performance 7 (2014), H. 1, S. 9–25.
5 Vgl. Sarah Kozloff, Wyler's War, in: Film History 20 (2008), H. 4, S. 456–473.

Bei der Besetzung der wichtigsten Rollen wurde auf eine Mischung von bekannten Gesichtern, vielversprechenden Newcomern und Unbekannten vertraut. Mit Myrna Loy engagierte man einen populären Star der 1930er Jahre für die Figur von Als Ehefrau Milly; Al Stephenson selbst wurde von Fredric March verkörpert, einem etablierten Broadway- und Hollywood-Veteranen. Die jüngeren Schauspielerinnen und Schauspieler Dana Andrews (als Fred Derry), Virginia Mayo (als seine Frau Marie), Teresa Wright (als Peggy, Als Tochter) und Cathy O'Donnell (als Homers Freundin Wilma) standen allesamt bei Goldwyn unter Vertrag und hatten schon auf sich aufmerksam machen können. Die große Überraschung auf der Besetzungsliste war Harold Russell in der Rolle des Homer Parrish. Dem ehemaligen Fallschirmjäger waren bei einer Explosion beide Unterarme abgerissen worden, und Wyler hatte ihn bei Dreharbeiten zu der Kriegsdokumentation *Diary of a Sergeant* (1945) kennengelernt. Wie Sarah Kozloff betont, war die Entscheidung „to cast a non-professional and real amputee [...] one of the major factors in the film's authenticity and effectiveness".[6]

Nachdem einige kleinere Einwände von Hollywoods Zensurwächtern im Drehbuch berücksichtigt worden waren,[7] wurde *Best Years* im Frühjahr und Sommer 1946 gedreht; die endgültige Fassung hatte die damals erstaunliche Länge von 170 Minuten. Der Film wurde am 22. November 1946 im New Yorker Astor Theatre uraufgeführt, begleitet von einer umfangreichen Werbe- und Publicitykampagne. Bei der Verleihung der *Academy Awards* im folgenden März erhielt Samuel Goldwyn den Lohn für seine Qualitätsarbeit, denn *The Best Years of Our Lives* gewann sieben Oscars: Bester Film, Beste Regie, Bestes Drehbuch, Bester Filmschnitt (Daniel Mandell), Beste Musik (Hugo Friedhofer), Beste männliche Hauptrolle (Fredric March), Beste männliche Nebenrolle (Harold Russell). Weitere Auszeichnungen im In- und Ausland folgten, darüber hinaus spielte der Film einen enormen Gewinn ein und war damit an den Kinokassen die erfolgreichste Produktion seit *Gone with the Wind* (1939).

2 „So real that it hurts"[8] – Bezüge auf ein komplexes Nachkriegsamerika

Bei der Lektüre sowohl zeitgenössischer Kommentare als auch der durchaus umfangreichen wissenschaftlichen Literatur zu *Best Years* stößt man immer wieder auf

---

6 Kozloff, Best Years, S. 42.
7 Dabei ging es v. a. um die häufige Darstellung von Alkoholkonsum sowie darum, dass Fred Derrys Ehe scheitert, beides stand im Widerspruch zum *Motion Pictures Production Code* und seinen Auflagen. Letztlich konnten sich Goldwyn und Wyler aber im Wesentlichen durchsetzen; vgl. Kozloff, Best Years, S. 42 f.
8 So beschrieb der Kritiker Philip Hartung den Film im Februar 1947, hier zit. nach Kozloff, Best Years, S. 9.

eine Beobachtung: Betont wird der große „Realismus" des Films, sein vermeintlich so wenig gebrochener Blick auf das Nachkriegsamerika.[9] Dem könnte man mit der banalen Tatsache begegnen, dass nichts schwieriger ist, nichts mehr künstlerischen Einsatz vor und hinter der Kamera erfordert, als mit einem Film eine überzeugende Suggestion von „Realität" zu erzeugen. Doch damit wäre nicht viel gewonnen. Viel interessanter ist es, diese erfolgreiche Inszenierung von „Realität" auf ihre Funktion und ihre Wirkung zu hinterfragen. Warum traf ein „realistischer" Film wie *Best Years* augenscheinlich so sehr den Nerv seiner Zeit? Welche Diskurse nahm der Film so „realistisch" auf, dass er die zeitgenössische Bedeutungsproduktion des Publikums so sehr stimulieren konnte?

Um diese Fragen beantworten zu können, muss man sich zunächst den zeithistorischen Rahmen in Erinnerung rufen.[10] Die direkten Konsequenzen des Zweiten Weltkriegs nahmen in den USA eine andere Gestalt an als auf den militärischen Schauplätzen in Europa, der Sowjetunion oder Japan. Dessen ungeachtet hatte der Kriegseintritt nach dem Überfall auf Pearl Harbor im Dezember 1941 das Land und seine Bevölkerung fundamental beeinflusst und nachhaltig verändert. Insgesamt dienten im Verlauf des Kriegs über 16 Millionen Amerikaner in den Streitkräften, über 400 000 von ihnen starben und fast 700 000 wurden verwundet, von denen etwa die Hälfte dauerhaft physisch oder psychisch behindert blieb. Im Spätsommer 1945, nach der Kapitulation des japanischen Kaiserreichs, waren noch mehr als sieben Millionen Soldaten in Übersee stationiert, und ihre Demobilisierung erwies sich als eine überaus schwierige und langwierige logistische Aufgabe.

Bereits nach dem Ersten Weltkrieg hatte die Rückführung der amerikanischen Kriegsteilnehmer enorme soziale und kulturelle Konflikte mit sich gebracht. Eine Wiederholung dieser Probleme wollte man, schon aufgrund der ungleich größeren quantitativen Dimension, unbedingt vermeiden. Zu diesem Zweck hatten Regierung und Kongress 1944 den *Servicemen's Readjustment Act* verabschiedet, die so genannte *G.I. Bill*. Sie eröffnete den Rückkehrern eine Vielzahl von Sozialleistungen, die ihre Wiedereingliederung erleichtern und beschleunigen sollten, darunter Maßnahmen zur Berufsqualifizierung, Hochschulstipendien oder Wohnungsbaukredite. Das Gesetz gilt heute zumeist als ein Meilenstein, der dabei half, den ökonomischen Boom der Nachkriegsjahre anzufachen und den sozialen Zusammenhalt der 1950er

---

[9] Klassisch ist die Charakterisierung von Wylers „Realismus" in André Bazin: William Wyler oder der Jansenist der Inszenierung, in: ders., Filmkritiken als Filmgeschichte, München 1978 (Erstausgabe: 1948), S. 41–62. Vgl. auch Jennifer Fay, Democratic Film and the Aesthetics of Choice, in: German Life and Letters 71 (2018), H. 2, S. 169–192; sowie Richard Armstrong, The Best Years of Our Lives. Planes of Innocence and Experience, in: Film International 30 (2007), S. 83–91.

[10] Hierzu und zum Folgenden siehe v. a. William L. O'Neill, A Democracy at War. America's Fight at Home and Abroad in World War II, New York 1993; Michael C. C. Adams, The Best War Ever. America and World War II, Baltimore/London 1994; sowie die Essays in Lewis A. Erenberg/Susan E. Hirsch (Hrsg.), The War in American Culture. Society and Consciousness during World War II, Chicago/London 1996.

Jahre zu sichern. Dabei darf allerdings nicht übersehen werden, dass die *G.I. Bill* und andere sozialpolitische Maßnahmen in ihrem Kern auf die Bedürfnisse einer weißen Mittelklasse mit männlichen Haushaltsvorständen ausgerichtet waren. Frauen, Afroamerikaner und Mitglieder anderer Minderheiten hatten oft erhebliche Schwierigkeiten, ihre Ansprüche angemessen durchzusetzen.[11]

Dabei hatte die totale Kriegsanstrengung gerade auch innerhalb der Vereinigten Staaten, an der „Heimatfront", eine enorme Wirkung entfaltet. Die Umstellung auf Rüstungsproduktion brachte Millionen von Frauen an die Fließbänder von Munitionsfabriken und Schiffswerften; die vielfach publizierten Fotografien dieser Arbeiterinnen in ihren Overalls und mit hochgekrempelten Hemdsärmeln standen schon damals sinnbildlich sowohl für patriotischen Aufbruch als auch für gesellschaftlichen Wandel. Afroamerikaner und Afroamerikanerinnen nutzten die Aussicht auf eine gut bezahlte Anstellung in den Betrieben und zogen aus den ländlichen Südstaaten in die industriellen Regionen. Damit verbanden sie Hoffnungen auf ein wenig mehr Freiheit und weniger Rassismus. Konsumgüter wurden knapp, wichtige Produkte wie Fleisch, Wolle, Gummi, Zucker oder Benzin streng rationiert. Stattdessen investierte die Bevölkerung die hohen Löhne in Kriegsanleihen. Unterhalb dieses gemeinschaftlichen Engagements für den Kriegseinsatz zeigten sich indes auch tiefe soziale Verwerfungen, wie sie namentlich die völlig unangemessene Internierung von Japanern und japanischstämmigen Amerikanern oder auch die eklatante rassistische Gewalt im Zuge der so genannten *Zoot Suit Riots* 1943 in Los Angeles dokumentieren.

Wie schon nach dem Ersten Weltkrieg führte der Übergang von der Kriegs- zur Friedensproduktion anfänglich zu Schwierigkeiten. Gewerkschaften nutzten ihre gestärkte Position und riefen zu Streiks auf, und eine mitunter harsch misogyne Debatte begleitete die Forderung, Frauen sollten ihre Industriejobs möglichst rasch zugunsten der heimkehrenden Männer räumen. 1946, das Produktionsjahr von *The Best Years of Our Lives*, markiert dabei ein ganz besonderes Zeitfenster, ein Scharnier zwischen Weltkrieg und Kaltem Krieg. Nun, nach Aufhebung der kriegsbedingten Einschränkungen, entlud sich das angestaute Konsumbedürfnis in ungekanntem Ausmaß, und wie die Historikerin Lizabeth Cohen zeigen konnte, verknüpfte sich diese Konsumorientierung auch bald mit dem normativen Anspruch, Bürger oder Bürgerin der führenden Nation der „freien Welt" zu sein.[12] Noch war die Systemkonfrontation mit der Sowjetunion nicht offen ausgebrochen, doch der Schatten des Kalten Kriegs war bereits zu erahnen: Winston Churchill hielt seine Rede über den „Eisernen Vorhang" in Europa im März 1946, und bei den Kongresswahlen im

---

11 Vgl. Suzanne Mettler, Soldiers to Citizens. The G.I. Bill and the Making of the Greatest Generation, Oxford 2005.
12 Vgl. Lizabeth Cohen, A Consumers' Republic. The Politics of Mass Consumption in Postwar America, New York 2003. Zur komplexen Gemengelage von außenpolitischen Konstellationen und innenpolitischen Dynamiken siehe auch Andrea Friedman, Citizenship in Cold War America. The National Security State and the Possibilities of Dissent, Amherst/Boston 2014.

Herbst erzielte die Republikanische Partei große Zugewinne, nachdem sie der demokratischen Administration von Präsident Harry Truman vorgeworfen hatte, sie sei „soft on Communism" – worauf diese ihre eigenen Programme gegen „Subversive" ausbaute. Zugleich intensivierte im Repräsentantenhaus der Ausschuss gegen unamerikanische Aktivitäten (House Un-American Activities Committee, HUAC) seine Untersuchungen über die kommunistischen Einflüsse im öffentlichen Leben, die 1947 dann insbesondere auch Hollywood mit voller Wucht trafen.[13]

Wie nun bezog sich *The Best Years of Our Lives* auf dieses zeithistorische Umfeld, welche „Realität" zeigte bzw. diskutierte der Film? Vor allem drei eng miteinander verwobene Themenzusammenhänge lassen sich im Film ausmachen und sollen im Folgenden diskutiert werden.

a) „Last year it was – Kill Japs!; this year it is – Make Money!" – Arbeit und Konsum

Al Stephenson ist noch keine 24 Stunden wieder bei seiner Familie zuhause, als er einen Anruf vom Präsidenten der lokalen Bank erhält, für die er vor dem Krieg gearbeitet hatte. Von Milly, seiner Frau, erfährt er schließlich, dass sich Mr. Milton (Ray Collins) bereits mehrfach bei ihr gemeldet hatte, um zu erfahren, wann Al wieder seinen Arbeitsplatz einnehmen könne. Nach einem Gespräch nimmt er das Angebot seines drängenden Chefs an, doch eigentlich geht ihm das alles viel zu schnell: „Last year it was – Kill Japs!; this year it is – Make Money!", klagt er Milly gegenüber.[14] In seiner neuen Position bei der Bank hat Al eine ebenso verantwortungsvolle wie schwierige Aufgabe zu erfüllen: Er muss über die Kreditanträge von Kriegsveteranen entscheiden, und das konfrontiert ihn mit den Hoffnungen und Sorgen von Kunden, die einen ganz ähnlichen Erfahrungs- und Erwartungshorizont besitzen wie er selbst. Das Dilemma ist unausweichlich, denn während sich die Veteranen auf die Versprechen (und die Rechtsansprüche) etwa der *G.I. Bill* verlassen, um leicht an günstiges Geld zu kommen, verlangt die Bank Sicherheiten, welche die Antragsteller nicht aufbieten können. Von Mr. Milton auf seine „besondere Verantwortung gegenüber der Bank" hingewiesen, verzweifelt Al zunehmend an seiner Rolle und findet so einen weiteren Grund, dem Alkohol zuzusprechen. Auf einem Bankett zu Ehren seiner Rückkehr in die Bank bricht der Zorn schließlich aus dem wieder einmal betrunkenen Al heraus. In einer von beißender Ironie charakterisierten Festrede attackiert er die Richtlinien der Bank scharf, kleidet dies aber in eine patriotische Kriegsrhetorik, die ihn einstweilen vor dem Ärger Mr. Miltons schützt.[15]

---

[13] Vgl. Reynold Humphries, Hollywood's Blacklist. A Political and Cultural History, Edinburgh 2008.
[14] *Best Years*, 01:09:17–01:09:20.
[15] *Best Years*, 01:48:00–01:51:17.

Während Al Stephenson von der Arbeitswelt fordernd und mit großem Tempo wieder aufgesogen wird, scheitert Fred Derry an seinen eigenen Erwartungen und an einer Arbeits- und Konsumwelt, die sich im beschleunigten Wandel befindet. Er hatte vor dem Krieg als einfacher Angestellter in einem Drugstore gearbeitet, es dann aber als Soldat bis zum Offizier (Captain) gebracht. Er hatte, so glaubt er, einen Rang und einen Status erworben, aus dem heraus er auch im Zivilleben Ansprüche ableiten könne. Nie wieder wollte er im Drugstore arbeiten, doch schon seine erste Rückkehr an diesen Ort verdeutlicht ihm, dass seine Wiedereingliederung in die Arbeitswelt nicht ganz problemlos verlaufen sollte.[16] Denn das Geschäft hat nun nichts mehr mit dem ihm vertrauten Ort gemein; aus dem privat geführten, „gemütlichen" Laden war die Filiale einer überregionalen Handelskette geworden, in der ein Manager in einem separierten Büro Angestellte auf ihre Qualifikationen prüft, um sie anschließend bei ihrer Arbeit rigoros zu überwachen. Während die Kundinnen und Kunden zielsicher durch die Gänge des Drugstores laufen und dabei die Warenvielfalt und die dazugehörigen Werbebotschaften in sich aufnehmen, scheint Fred hier völlig die Orientierung zu verlieren. Daran ändert sich wenig, als ihn die ökonomische Notwendigkeit und fehlende Qualifikationen für andere Jobs zwingen, doch wieder als Verkäufer im Drugstore anzufangen. Nur seine zynische Perspektive auf die Nachkriegssituation und das Zusammentreffen mit Peggy Stephenson, der Tochter von Al, am Kosmetikstand machen diese Erniedrigung für ihn erträglich. Doch einige Tage später verschafft sich seine Frustration Luft: Er schlägt einen Kunden nieder, der den Patriotismus der Veteranen in Zweifel zieht, und ihm wird daraufhin gekündigt. Als er schließlich Peggy einen Heiratsantrag macht, tritt seine Verbitterung deutlich hervor: „You know what it'll be, don't you Peggy? It may take us years to get anywhere. We'll have no money, no decent place to live. We'll have to work ... get kicked around."[17]

Best Years bietet zahlreiche kritische Kommentare zum Verhältnis von Arbeit, Wohlstand und Konsum in den USA der Nachkriegszeit. Das ist – auf der Produktionsebene – weniger überraschend, als man denken könnte, denn einige der von Samuel Goldwyn produzierten Filme hatten sich auch früher durch dezent kapitalismuskritische Akzente ausgezeichnet, man denke etwa an die Darstellung eines Großstadtviertels als „Brutstätte" für Jugendkriminalität in *Dead End*.[18] In *Best Years*, in den Jahren 1946/47, artikulieren die Hinweise auf die Schwierigkeiten der ökonomischen Wiedereingliederung der Weltkriegsveteranen aber eine bestimmte Sorge, verbunden mit einem Appell. Zum einen veranschaulichen sie eine große Unsicherheit angesichts der nahen Zukunft: Der gesellschaftliche Wandel ist noch in

---

16 Vgl. *Best Years*, 01:10:00–01:13:40.
17 *Best Years*, 02:41:48–02:42:10.
18 Siehe Olaf Stieglitz, Film, Vorbilder und männliche Sozialisation in den 1930er Jahren, in: Jürgen Martschukat/Olaf Stieglitz (Hrsg.), Väter, Soldaten, Liebhaber: Männer und Männlichkeiten in der nordamerikanischen Geschichte. Ein Reader, Bielefeld 2007, S. 221–242.

vollem Gange, niemand kann zu diesem Zeitpunkt mit Bestimmtheit sagen, welche Konsequenzen noch zu erwarten sind.[19] An diese Zeitdiagnose einer offenen Situation knüpft sich zum anderen der Aufruf, den Veteranen und ihren politischen Vertretern einen größeren Vertrauensvorschuss entgegenzubringen. *Best Years* positioniert sich klar auf der Seite derjenigen, die die wohlfahrtsstaatlichen Versprechen der Zeit ernst nehmen und auf ihre konsequente Umsetzung drängen. Auf diese Weise wird der Kapitalismuskritik des Films zugleich die Schärfe genommen, verortet sie sich doch in einem *New Deal*-Konsens, der das regulierende Eingreifen in den Markt fordert, dies jedoch grundsätzlich mit amerikanischem Individualismus verbindet. Im Film beantragt keiner der drei Veteranen staatliche Unterstützung – obgleich das zumindest im Falle des schwer kriegsgeschädigten Homer mehr als unglaubwürdig ist.[20] Diese Koppelung von individueller Selbstverantwortung an die gleichzeitige Betonung wohlfahrtsstaatlicher Rechte verweist auch auf die Geschlechterdimension dieser Debatte, die in Goldwyns und Wylers Film ebenfalls offen thematisiert wird.

b) „I'm going to break that marriage up!" – Geschlechterkonstellationen

Alle drei Veteranen kehren in eine heterosexuelle Beziehung zurück, die indes unterschiedlicher kaum sein könnten.[21] Al und Milly Stephenson sind seit 20 Jahren verheiratet, sie haben eine erwachsene Tochter sowie einen Sohn im Teenageralter und leben in einem eleganten Apartmenthaus. Während Als Dienstzeit hat sich ihr gesichertes Mittelklasseleben verändert, das Hausmädchen hat sich einen besser bezahlten Job, vermutlich in einer Fabrik, gesucht, doch wie Peggy ihrem Vater versichert, ist nach wie vor alles in Ordnung: „You don't have to worry [...]. We can handle the problems. We're tough."[22] Doch ganz augenscheinlich macht Al sich durchaus Sorgen um seine Familie, und sie kreisen um seine Position und seinen Einfluss in diesem Verbund: Seine Ansichten sind Ausdruck einer patriarchalen Familienordnung mit einem männlichen Ernährer und Versorger an der Spitze, von

---

19 Vgl. Martin A. Jackson, The Uncertain Peace: *The Best Years of Our Lives*, in: John E. O'Connor/Martin A. Jackson (Hrsg.), American History/American Film, New York 1989, S. 147–165.
20 Beinahe alle Unterstützungsmaßnahmen zur Rehabilitation versehrter Kriegsveteranen wurden durch Bundesmittel gewährleistet, siehe z. B. David A. Gerber, Heroes and Misfits. The Troubled Social Reintegration of Disabled Veterans in *The Best Years of Our Lives*, in: ders. (Hrsg.), Disabled Veterans in History, Ann Arbor 2012, S. 70–95. Vgl. auch Martin Halliwell, Therapeutic Revolutions. Medicine, Psychiatry, and American Culture, 1945–1970, New Brunswick 2013. Über die konkreten Berufspläne von Homer Parrish erfährt man im Film fast nichts, er ist v. a. in Rehabilitation.
21 Die Paarbeziehungen untersucht Nicholas Pillai, Among My Souvenirs. Couples, Conventions and the America to Come, in: Movie: A Journal of Film Criticism 6 (2015), S. 53–62.
22 *Best Years*, 25:58–26:00.

dem Ehefrau und Kinder ökonomisch wie emotional abhängig sein sollten. Doch Al und Milly haben sich entfremdet, sie müssen erst wieder zueinander finden. Auch seine Kinder sind ihm fremd geworden. Sein Sohn Rob kann wenig mit dem Säbel eines gefallenen japanischen Offiziers anfangen und fragt vielmehr nach den Auswirkungen der Radioaktivität auf die Bevölkerung Japans.[23] Aus seiner Tochter Peggy ist eine berufstätige und sehr selbstbewusste junge Frau geworden. Ihre wachsende Zuneigung zu Fred Derry, einem verheirateten Mann, weckt seine Vaterinstinkte und erlaubt ihm, sich wieder in die Rolle des einflussnehmenden, regulierenden Haushaltsvorstands zu imaginieren. Nach Peggys (für das Hollywood der 1940er Jahre beinahe undenkbaren) Ankündigung, „I'm going to break that marriage up!", fordert Al seinen Kriegskameraden Fred ultimativ auf, jeden Kontakt mit seiner Tochter abzubrechen.[24]

Fred Derry selbst kehrt in eine Ehe zurück, die es vor seiner Dienstzeit eigentlich noch gar nicht gegeben hatte. Er und Marie hatten erst kurz vor seiner Abreise geheiratet, und seine Rückkehr endet in einem Fiasko. Die beiden jungen Leute aus eher bescheidenen wirtschaftlichen Verhältnissen erweisen sich als völlig inkompatibel. Die hedonistische und konsumorientierte Marie steigert in Fred die Aversionen gegen den neuen Materialismus Nachkriegsamerikas, die aufgrund seines Scheiterns auf dem Arbeitsmarkt in ihm aufgestiegen waren. Maries Verlangen, von ihrem Ehemann mehr als nur hinreichend versorgt zu werden, konfrontiert Fred mit dem klassischen Dilemma der männlichen *Breadwinner*-Ideologie – er ist gefangen zwischen einer Rollenerwartung, die er nur zu gern erfüllen möchte, und einem Scheitern, von dem er nicht weiß, ob es individuell verschuldet oder das Resultat veränderter gesellschaftlicher Rahmenbedingungen ist.

An dieser Stelle lohnt es sich, einen genaueren Blick auf die Frauenfiguren in *Best Years* zu werfen. Milly und Peggy Stephenson sowie Wilma Cameron sind selbstbewusste Frauen, die eine sehr genaue Vorstellung davon haben, was sie vom Leben erwarten und welche Rolle ihren Männern darin zukommt. Im melodramatischen Setting des Films verkörpern sie durchaus große Emotionalität, doch sind sie alles andere als unschuldige Opfer oder willenloser Schmuck. Letztlich sind sie es, die mit ihrer Klugheit, ihrem Engagement und ihrer zielgerichteten Empathie für die Restabilisierung der Geschlechterordnung verantwortlich sind, die ihren Männern „wieder auf die Beine" helfen. In gewissem Sinne gilt das auch für Marie Derry. Ihre Kennzeichnung als eine *femme fatale* verweist, gerade auch im Zusammenspiel mit den vielen zeitgenössischen *Film Noir*-Produktionen, auf manipulativ Verhängnisvolles und auf die krisenhafte Erosion tradierter Ordnungen, doch sollte dabei nicht

---

[23] Für die ambivalente Debatte um Kernenergie und die Atombombe in den USA der 1940er Jahre siehe Paul S. Boyer, By the Bomb's *Early Light*. American Thought and Culture at the Dawn of the Atomic Age, New York 1985.
[24] Peggys Ausspruch in *Best Years*, 01:57:08–01:57:10; die Unterredung zwischen Al und Fred in *Best Years*, 02:00:38–02:05:52.

vergessen werden, dass die häufige Präsenz solcher Filmfiguren eben auch ein Motor in den Geschlechterdebatten der Zeit war. Eine schwache, zurückhaltende, weniger fordernde Marie Derry hätte die Geschlechterordnung weit weniger in Frage stellen können.

Es ist immer wieder darauf hingewiesen worden, dass es in *Best Years* mehrere Szenen gibt, in denen Frauen ihre Männer zu Bett bringen, so etwa Milly ihren betrunkenen Gatten, oder wenn Peggy sich um den von Alpträumen geplagten Fred kümmert. In einer der kanonischen Szenen des Films sehen wir, wie Wilma ihrem Verlobten Homer den Pyjama zuknöpft, eine ebenso alltägliche wie intime Tätigkeit, die er aber aufgrund seiner Behinderung nicht mehr allein erledigen kann. Das Verhältnis zwischen diesen beiden jungen Liebenden bedarf einer besonderen Beachtung. Als Nachbarskinder in den Einfamilienhäusern am Stadtrand in Geborgenheit aufgewachsen, ist die Heirat der beiden *high school sweethearts* eigentlich eine beschlossene Sache, die aber von Homer nach seiner Heimkehr in Frage gestellt wird. Unfähig, seiner Freundin übers Haar zu streichen, und in seinen Selbstzweifeln durch Eltern und zukünftige Schwiegereltern bestärkt, wendet Homer sich von Wilma ab und verschließt sich. Stärker noch als Al und Fred wird der ehemalige Seemann als entmännlicht gekennzeichnet, als kastriert, wie es die Filmwissenschaftlerin Kaja Silverman in ihrem viel beachteten Beitrag formuliert hat.[25] Sein männliches Ego verliert sich in Nostalgie, in traurigen Erinnerungen an verloren gegangene Kompetenzen – mit einem Gewehr schießen oder einen Football werfen zu können, sehr maskulin aufgeladene Tätigkeiten. Die ausgefeilte Technologie seiner Prothesen und das gute Training in den Rehabilitationszentren der Marine sind wertvolle Hilfen im Alltag – doch sie ändern nichts daran, dass Homer wieder zum Kind wird, wenn er sich einen Pyjama anziehen will.[26]

c) „I can even put nickels in a jukebox" – Krankheit und Behinderung

Die Männer-Frauen-Beziehungen in *The Best Years of Our Lives* sind ohne Frage von zentraler Wichtigkeit, doch gilt dies ebenso für das Verhältnis der drei Männer untereinander.[27] Im Moment ihres Kennenlernens an Bord des Transportflugzeugs bildet sich zwischen ihnen ein homosoziales Band, das durch die gemeinsame Kriegs-

---

[25] Diese Beobachtung erstmals bei Kaja Silverman, Male Subjectivity at the Margins, New York 1992, Kapitel 2, v. a. S. 67–90.
[26] Vgl. Robert Eberwein, „As a Mother Cuddles a Child". Sexuality and Masculinity in World War II Combat Films, in: Peter Lehman (Hrsg.), Masculinity. Bodies, Movies, Culture, New York 2001, S. 149–166.
[27] Siehe hierzu ausführlich Sarah S. Sahn, Between Friends. Disability, Masculinity, and Rehabilitation in *The Best Years of Our Lives*, in: Journal of Literary & Disability Studies 11 (2017), H. 1, S. 17–

erfahrung gespeist wird und auf das die drei in unterschiedlichen Situationen auch immer wieder affirmativ zurückgreifen können. Unter sich sind diese Veteranen viel eher in der Lage, offen über sich selbst, ihre Gefühle, Hoffnungen und Ängste zu reden, als mit ihren Frauen oder mit anderen Personen, denen die Kriegserfahrung der Soldaten fehlt. Untereinander genügt oft eine Andeutung, lange Erklärungen sind meist nicht nötig. Trotz unterschiedlicher sozialer Hintergründe, trotz mitunter verschiedener politischer oder gesellschaftlicher Ansichten und selbst trotz des offenen Konflikts zwischen Fred und Al um Peggy bleibt dieses kameradschaftliche Band weitgehend intakt. Am eindrücklichsten kommt dieses homosoziale Verständnis immer dann zum Tragen, wenn es um Homers Behinderung geht. Seine Prothesen sind sehr gute Werkzeuge, und er wurde vor seiner Rückkehr hervorragend in ihrer Nutzung unterwiesen – mehrfach sieht man ihn, wie er sich oder Anderen Zigaretten anzündet, wie er Formulare ausfüllt oder andere ganz alltägliche Dinge mit ihnen verrichtet. „I can even put nickels in a jukebox", versichert er Al und Fred gegenüber nicht ohne einen Anflug von Selbstironie.[28] Wann immer Homer mit seinen Kameraden zusammen ist, spielt seine Behinderung lediglich eine untergeordnete Rolle, hier spürt er Verständnis und Vertrauen. Al und Fred besitzen ein spezifisches Wissen über Homers Ansichten, Erfahrungen und Ängste, das seine Familie und auch Wilma zunächst nicht haben können.

Während die Prothesen in diesen Szenen durchaus wohlwollend verbalisiert werden, rücken sie sonst zumeist still ins Zentrum der Blickanordnung: *Best Years* zeigt und thematisiert einen typischen *Disability Gaze*, einen spezifischen visuellen Umgang mit Behinderung, die sie nicht nur in Szene setzt, sondern darüber hinaus auch bedeutungsvoll rahmt. Diese Blickanordnung artikuliert auch Monstrosität, wie etwa in der oft gezeigten Szene des Films, in der Homer voller Zorn seine beiden Arme durch eine Glasscheibe steckt, nachdem er von seiner Schwester und ihren Freundinnen durchs Fenster beobachtet wurde.[29] Doch vor allem verbindet sich eine vergeschlechtlichte Scham mit den Blicken auf Homers versehrte Unterarme. Sie signalisieren eine Sorge, die der Ex-Marinesoldat mit seiner Umwelt teilt, die aber nicht oder nur indirekt kommunizierbar ist: Wird er in der Lage sein, eine erfüllte Ehe führen zu können, mit allen ökonomischen, sozialen, aber auch sexuellen Rollenerwartungen? Homer setzt die monströse Wirkung seiner Prothesen auch gegen Wilma ein, wenn er sie bittet, ihn in sein Schlafzimmer zu begleiten und seine

---

34. Siehe auch Christina S. Jarvis, The Male Body at War. American Masculinity during World War II, DeKalb, IL 2004.
28 *Best Years*, 07:50–07:52.
29 Vgl. *Best Years*, 01:22:00–01:24:50; wichtig ist hier aber auch der Hinweis, dass Homer in der Szene darauf seiner schlafenden Schwester liebevoll übers Haar streicht. Das ist doppelt interessant, denn einerseits nimmt diese Szene dem vorherigen Wutausbruch Homers seine Schärfe, doch andererseits erinnert sie auch daran, dass ihm diese zärtliche Geste des Streichelns gegenüber Wilma nicht möglich ist.

Hilflosigkeit mitanzusehen: „as dependent as a baby that doesn't know how to get anything except cry for it".[30] Doch er rechnet nicht mit Wilmas Mut und ihrer Liebe, sie ist in dieser Szene zugleich starke Mutter und zärtliche Liebhaberin. Homers Tränen am Ende dieser Szene markieren den melodramatischen Höhepunkt des Films, in ihnen löst sich ein Großteil seiner sozialen und sexuellen Ängste auf, er ist nun bereit für die Ehe.

Doch trotz der Heirat zwischen Homer und Wilma bleibt das Happy End unvollständig; seine Prothesen, seine Behinderung werden auch darüber hinaus sichtbar und spürbar bleiben. Das unterscheidet Homer von den beiden anderen Veteranen des Films. Auch Al und Fred sind krank, erkennbar gezeichnet vom Krieg, aber ihr Leiden manifestiert sich weniger körperlich als mental. Alkoholismus, Alpträume und andere Symptome dessen, was man heute als Posttraumatische Belastungsstörung (PTBS) diagnostizieren würde, wurden in den USA als Folge der Kriegserfahrung breit diskutiert und befeuerten eine „Kultur der Therapie", die schon etwas länger große Teile der weißen US-Mittelklasse erfasst hatte.[31] Hollywood hatte daran einen großen Anteil. 1946 ging der Oscar für den besten Film des Jahres an *The Lost Weekend*, ein Drama, das männlichen Alkoholkonsum und dessen verheerende soziale Folgen zum Thema hatte.[32] Und ein nur flüchtiger Blick in die *Film Noir*-Produktionen von Mitte der 1940er Jahre an macht überdeutlich, wie eng hier Kriegserfahrungen, Ängste, Alkoholismus und eine vermeintliche Erosion weißer Männlichkeitsvorstellungen miteinander verknüpft wurden.[33] *Best Years* schreibt sich in diese Gruppe von Filmen ein: Die Krankheiten Als und Freds sind Symptome sowohl individueller wie kollektiver Krisen, die jedoch als überwindbar beschrieben werden. Zwar trinkt Al auch gegen Ende des Films weiter reichlich, doch gefährdet dies nicht mehr seine stabilisierte Position in Ehe und Beruf. Freds Rehabilitation wird sich als schwieriger erweisen, die Demütigungen im Job wie im Liebesleben veranlassen ihn zunächst zur Flucht aus seinem bisherigen Leben. Doch bei einem gedankenverlorenen Gang durch Hunderte von ausgeschlachteten Kampfflugzeu-

---

30 *Best Years*, 02:17:55–02:22:41, das Zitat Homers bei 02:20:03.
31 Vgl. Lori Rotskoff, Love on the Rocks. Men, Women, and Alcohol in Post-World War II America, Chapel Hill/London 2002; Elizabeth Lunbeck, The Psychiatric Persuasion. Knowledge, Gender, and Power in Modern America, Princeton 1994; Eva S. Moskowitz, In Therapy We Trust. America's Obsession with Self-Fulfillment, Baltimore 2001.
32 Vgl. *The Lost Weekend* (USA 1945); produziert von Charles Brackett für Paramount Pictures; Regie: Billy Wilder; Drehbuch: Charles Brackett u. Billy Wilder; Hauptrollen: Ray Milland, Jane Wyman. Vgl. auch Norman K. Denzin, Hollywood Shot by Shot. Alcoholism in American Cinema, New York 1991, v.a. S. 49–58.
33 Vgl. Megan E. Abbott, The Street Was Mine. White Masculinity in Hardboiled Fiction and Film Noir, New York 2002; Mike Chopra-Gant, Hollywood Genres and Postwar America. Masculinity, Family and Nation in Popular Movies and Film Noir, London/New York 2006; Michael Davidson, Phantom Limbs. Film Noir and the Disabled Body, in: GLQ: A Journal of Lesbian and Gay Studies 9 (2003), H. 1–2, S. 55–77.

gen, die auf Boone Citys Flughafen vor sich hin rosten, ändert er seine Pläne und bleibt in der Stadt.[34] Statt Tränen ist es in seinem Fall der Schweiß, der ein sorgenvolles in ein optimistisches Gesicht verwandelt, der ihm hilft, so formuliert er es, einige böse Erinnerungen aus seinem Gedächtnis zu löschen.

3 Wessen beste Jahre? – Überwindbare Angst

Der Filmtitel bleibt bis heute befremdlich. Wen genau beschreibt das Pluralpronomen „our" im Titel, wen bezieht es mit ein, wen schließt es aus? Und wann genau waren oder sind diese besten Jahre unseres Lebens: in der Vergangenheit, in der Gegenwart, in der Zukunft? Für Sarah Kozloff indiziert der Titel die ganze Komplexität des Films: „Is the title ironic? Bitter? Ennobling?"[35]

Ein Nachdenken über den Filmtitel bietet Gelegenheit, wichtige Bedeutungsebenen des Films sozial- und kulturhistorisch zusammenzufassen. *The Best Years of Our Lives* ist ein Film über individuelle wie kollektive Ängste, aber er ist trotz allem – und das unterscheidet ihn ganz wesentlich vom *Film Noir*, in dem ebenfalls Angst im Zentrum steht – ein durch und durch optimistischer Film. Viele beiläufige Details, auf die hier nur am Rande eingegangen werden konnte, platzieren *Best Years* zwischen dem Zweiten Weltkrieg und dem heraufziehenden Kalten Krieg: die Furcht vor der Atombombe etwa, oder die Ahnung, dass eine Auseinandersetzung mit der Sowjetunion in naher Zukunft bevorstehen könnte. Für die Story wichtiger ist eine wirtschaftliche Sorge, die aus heutiger Sicht absurd erscheint, im Jahr 1946 aber eine große Plausibilität haben musste, denn der langanhaltende ökonomische Boom der Nachkriegsjahre war tatsächlich noch keineswegs abzusehen. Die Bilder der ausrangierten Bomberflotte veranschaulichen die ungeheure Leistungsfähigkeit der US-Industrie, zugleich markieren sie ein Ende, einen Rück- und damit Abbau. Dass solche Waffen schon bald als ein abschreckendes Arsenal wieder von Nutzen sein würden, scheint allenfalls am Horizont von *Best Years* auf. Die ökonomischen Zukunftsängste des Films wirken umso bedrohlicher, da sie an die Geschlechterdynamik des Films gekoppelt sind. Amerikas Furcht vor einer unsicheren Zukunft sind die Ängste weißer Männer, Kriegshelden, die nunmehr ihre Rolle und ihren Status als Versorger wiedererlangen und mit Sinn versehen müssen. Arbeits- und Konsumwelt erscheinen dabei ebenso prekär wie Ehe und Sexualität, hier wie dort müssen sie sich neu und nun anders in einer veränderten Gesellschaft beweisen. Einige Jahre später wird ein weiterer Hollywoodfilm dieses Thema noch einmal verhandeln und danach fragen, ob der ökonomische Erfolg nicht ein Zuviel an Anpassung bewirkt hatte: *The Man in the Gray Flannel Suit* schreibt die Geschichte von *Best Years*

---

34 Vgl. *Best Years*, 02:29:44–02:33:58.
35 Kozloff, Best Years, S. 11.

in mancherlei Hinsicht in den Kalten Krieg fort.[36] Die *whiteness* dieser Männer bleibt dabei gänzlich unmarkiert und selbstverständlich, darauf hat Steve Neale hingewiesen.[37] Für die Filmemacher lag die Zukunft der USA in den Anstrengungen weißer Männer und ihrer Familien begründet, auch darüber gilt es nachzudenken, wenn über den „Realismus" eines Films diskutiert wird, dessen ganz wenige nicht-weiße Rollen alle völlig marginalisiert sind.

Das vergeschlechtlichte Krisennarrativ in *Best Years* artikuliert sich ganz wesentlich in Begriffen von Krankheit und Behinderung sowie von Heilung und Überwindung. Damit verweist der Film zum einen auf eine psychoanalytisch geleitete Kultur der Therapie, zum anderen auf technische Machbarkeitsphantasien; in Homers Reintegration finden diese beiden Stränge eindrucksvoll zueinander. Männliche Traumata, das zeigen auch die Geschichten von Al und Fred, sollen idealerweise durch eine Rückkehr in heterosexuelle „Normalbeziehungen" überwunden werden. In diesen kommt Frauen eine aktive Rolle zu, auch das ist eine wichtige Aussage des Films. Die „starken" Frauen in *Best Years* sind noch keine *Second Wave Feminists*, doch im Übergangsjahr 1946 zeigen sie sich noch in den Rollen, die ihnen der Weltkrieg zugewiesen hatte und die ihnen der Konformitätsdruck des Kalten Kriegs bald wieder nehmen wird.

The Best Years of Our Lives – die „besten" Jahre liegen mithin in einer ungewissen, unsicheren Zukunft, der man aber dennoch optimistisch entgegenblicken soll. Im Titel steckt das durchaus patriotische Versprechen einer im Krieg gewachsenen Gemeinschaft, die den anstehenden Wandel kooperativ meistern wird. Dass der optimistische Verweis auf „unsere Leben" nicht alle Teile der amerikanischen Bevölkerung einschloss, darf dabei nicht unerwähnt bleiben. Der „Realismus" von *The Best Years of Our Lives* bleibt einer weißen, heterosexuellen Mittelklasselogik verhaftet, die aus historischer Perspektive zu erklären, aber aus heutiger Sicht nur noch schwer zu vermitteln ist.

---

36 Vgl. *The Man in the Gray Flannel Suit* (USA 1956); produziert von Darryl F. Zanuck für 20th Century Fox. Regie: Nunally Johnson, nach dem gleichnamigen Roman von Sloan Wilson; Hauptrollen: Gregory Peck, Jennifer Jones, Fredric March.
37 Vgl. Steve Neale: Black Extras in *The Best Years of Our Lives*, in: Movie: A Journal of Film Criticism 6 (2015), S. 76–85.

James Jones
'Those years between, they've got a lot to answer for'

British Experiences of Readjustment and Homecoming Presented in *The Years Between* (1946)

Writing in 1946 to the editor of 'The Times', the President of the Mothers' Union suggested that 'the claims on our sympathy are very great for the soldier (especially the returning prisoner of war) who returns to find his wife has left him, and his home has broken up'.[1] She continued, however, that 'the woman who was left behind in the war alone, with perhaps only her small children for company, in the full prime of her life [...] needs sympathetic understanding quite as much. The strain upon them has been very great.'[2] It was a commonly-voiced concern: that the extreme demands of the Second World War had irrevocably changed the emotional bonds which had been forged between men and women in pre-war years, and that the task of readjusting to peacetime life was going to be far from easy. Demobbed servicemen, many psychologically scarred by the events of the war, returned to home lives which were sometimes very different from those they had left; many women felt a greater sense of autonomy thanks to the increased chances of employment brought about by male labour shortages, and some found it difficult to re-establish relationships with partners who had been absent for years.

As the Great War had done, the Second World War disrupted and transformed many aspects of life in Britain. Over the period of two years, some four million servicemen returned home at the end of hostilities, often encountering social, cultural, and familial landscapes which had changed to a great extent in the time that they had been away. As Julie Summers notes, 'for many it was a serious challenge, for "home" was not what they had known when they left to fight. For some it no longer existed physically – their homes had been bombed or lost. For others the loss was emotional: parents had died, wives and girlfriends had moved on, children had been born.'[3] This is not to say, of course, that all men's experiences of returning home were problematic. Some assimilated into civilian and family life with ease, enjoying the comforts of the home and the attentions of wives and girlfriends. Nevertheless, for thousands of men (and for an equal number of women) the physical separations and practical hardships which had been necessary during the war had

---

[1] Rosamond C. Fisher, Divorce in the Services, in: The Times, 11.4.1946, p. 5.
[2] Ibid.
[3] Julie Summers, Stranger in the House: Women's Stories of Men Returning from the Second World War, London 2008, p. 3.

fractured relationships and, more widely, had left society with difficult issues to resolve. The gender divide of war experiences was, for Summers, central to these issues: 'How could a woman ever understand what a soldier fighting in North Africa or Germany or France had experienced? How could a returning man comprehend what a woman had been through in the Blitz?'[4]

The problems and anxieties about these changing social and cultural conditions featured in many of the books, magazines and films produced in the immediate post-war years. Films offer compelling and vivid examples of the concerns of the societies in which they were produced and of the preoccupations of audiences who consumed them. This article discusses the British film *The Years Between* (1946)[5] in the context of the social changes which occurred during the 1940s in Great Britain. The film examines the ways in which the returning soldier had to adjust to life in peacetime and explores the awkwardness and frustration of one couple's reunification in the midst of war. Using the film as a basis to explore a range of issues, this article examines the impact that the war had on female employment before exploring the expectations and realities of those returning home after war. It then considers the emotional changes undergone by both soldiers and those left behind, before briefly examining this process of readjustment which created a tension between pragmatism and idealism in the British post-war landscape.

1 'Nothing will ever be the same': *The Years Between*

Originally written as a stage play by Daphne du Maurier in 1944, *The Years Between* was adapted into a film two years later by Sydney and Muriel Box (the husband and wife who also co-authored the screenplay for the Oscar-winning *The Seventh Veil* in 1945). Directed by Compton Bennett and filmed at Riverside Studios in Hammersmith, the film tells the story of Diana Wentworth (Valerie Hobson) and her husband Colonel Michael Wentworth (Michael Redgrave), a Member of Parliament who goes missing on an MI6 operation in France and is presumed dead. Diana takes over his parliamentary seat and starts a romantic relationship with family friend Richard Llewellyn (James McKechnie). Her new role as one of the few female MPs is disrupted, however, when her husband unexpectedly returns to find his home life altered completely. *The Years Between* enjoyed British box office success, featuring in the

---

4 Ibid., p. 4.
5 *The Years Between* (United Kingdom 1946); Riverside Studios, General Film Distributors; UK release: 8.7.1946; Director: Compton Bennett; Screenplay: Sydney and Muriel Box, adaption of stage play by Daphne du Maurier; Actors: Valerie Hobson, Michael Redgrave, James McKechnie, Duration: 88 min.

top 25 films of the year, although it received mixed newspaper reviews. A critic for 'The Observer', for example, wrote that it did not translate well from stage to screen and that the film was 'so busy being a motion picture that it quite forgets to be a drama. You are left with a few random notes on the English countryside, an unconvincing declaration of love, a vague thought or two on women's rights and the problem of the returning soldier.'[6] It was these 'random notes' on the problem of the returning soldier that marked out *The Years Between* as a piece of cultural commentary which explored the impact of the Second World War on personal relationships and gender divisions.

At the forefront of this was the idea that men returning to Britain found a country which had completely changed from the one that they had left behind. When Michael Wentworth first returns home, he notices that the large iron gates at the front of his country house have been removed in aid of the war effort. He decides to leave the car and, instead, to walk up the driveway, explaining that 'I just want to see what else the government have taken from me while I have been away'.[7] His irritations were also reflected in reality, and the extreme steps taken by the government at home frustrated some soldiers. The hardships of war on the Home Front had left a physical landscape which was often at odds with the idyllic and nostalgic mental picture which many men had fondly held during their service abroad. Towns showed the strains of wartime neglect, and many houses and shops were, as Alan Allport explains, 'dirty and unpainted; the windows still draped with heavy blackout curtains and criss-crossed with peeling sticky tape to prevent shattering in bomb blasts. Signposts had been painted over to thwart enemy invaders. Iron railings, long melted down, had disappeared from the parks.'[8] The idealized memories that many men had held of the 'green and pleasant land' were all too often exposed as a fallacy when they were demobilized. One returning soldier wrote in 'The Manchester Guardian' that he was initially shocked on returning home, not by noticing 'small changes such as an empty space where once had stood a house, or missing railings, but in finding the countryside looking as beautifully green as ever [...] of course, that was only a transient impression: now, after a fortnight, I know of many changes.'[9]

Apprehension of these changes, both large and small, also appears in a recurring motif in the film which sees the local postman voice his concerns that the war has altered the very fabric of the country. In an early scene, he brings letters to the house and remarks to Nanny, the housekeeper, that 'nothing will ever be the same again after this war'.[10] Later, he expresses to Diana his disapproval of women run-

---

6 C. A. Lejeune, The Films, in: The Observer, 26.5.1946, p. 2.
7 *The Years Between*, 48:40–48:44.
8 Alan Allport, Demobbed: Coming Home after the Second World War, Yale 2009, p. 110.
9 Return from Germany, in: The Manchester Guardian, 15.5.1945, p. 4.
10 *The Years Between*, 07:34–07:38.

ning for election: 'Once they let women go gadding around running the country, nothing will ever be the same again.'[11] The postman's anxieties highlight the contemporary awareness of the fundamental social modifications which the war had effected, particularly concerning changes in gender roles as women took on employment roles previously occupied by men (changes which, indeed, some men resented). Importantly, these social and cultural changes were sometimes better appreciated by civilians who had experienced them from the outset; for returning soldiers, the shock was greater as they had not been exposed to the gradual changes in life on the Home Front. As a result, Michael's surprise at wartime vicissitudes and his subsequent frustrations become more understandable. When told that it would be difficult to get a chicken for dinner, he asks why they cannot simply buy one. Nanny replies: 'Well, nowadays it's not just a question of whether you can pay for a thing or not; it's a matter of whether you're a friend of the butchers or not.'[12] The organized and comprehensive welfare programmes of military service had, in many cases, provided a 'khaki cocoon' and cossetted men from the privations endured by civilians.[13] Returning soldiers sometimes found the practical hardships of post-war rationing to be a significant problem; further challenges were also encountered as a result of an increase in female employment and social responsibility.

2 From Male to Female: Issues of Gender in Employment

One of the central themes of *The Years Between* is the increasing opportunities for female employment and social agency which were brought about by the war. Diana is elected as an MP and takes over her husband's parliamentary seat, and a local girl Alice takes on a job as a car mechanic in the village. Although Diana's sudden transformation to a politician is fairly exceptional, it does reflect the ways in which women stepped into employment roles historically occupied by men, presenting another unfamiliar situation for soldiers returning from the war. When Diana first considers running for parliament, a party official – agreeing with the postman – observes that 'a lot of people in these parts don't like the idea of women in parliament'.[14] The rise in female employment during the war gave women a significant degree of financial and social autonomy, one which could become a point of resentment for some men. As Allport explains:

---

[11] Ibid., 19:35–19:39.
[12] Ibid. 01:01:50–01:01:56.
[13] Allport, Demobbed, p. 122.
[14] *The Years Between*, 18:02–18:06.

> 'Resentment masquerading as chivalry coloured other men's attitudes towards women's prosperity. The fiancé of a well-paid war worker stubbornly refused to borrow from her the £300 he needed to enrol in a vocational course because it would be demeaning. Men returning from the Forces were very conscious of the changes they had gone through. But they did not always appreciate, still less like, the alterations that their wives had experienced while they'd been away, especially if these changes had meant a new and more interesting life outside the home, or increased financial independence.'[15]

Returning soldiers were not the only ones to be wary of how women's social position had shifted during the war: those who had stayed behind at home were also cognisant of these changes. *The Years Between* highlights this when Diana's friend Richard, who first suggested that she run for election, cautions her not to change too much as a result of her new role, telling her that 'I was very fond of the old Diana'.[16] When Michael returns, he is shocked to discover that his wife has taken on his professional position, and expresses his resentment to her secretary when she asks if she can help him: 'Oh no, thank you. You go on helping my wife. I'll help myself.'[17] More generally, several post-war films addressed these tensions, particularly from the perspective of the woman who had a choice of either staying in employment (and retain all the autonomy that this brought) or returning to the traditional domestic sphere which was once again 'complete' with the return of the male head of the family. Films such as *Brief Encounter* (1945), *Perfect Strangers* (1945) and *Black Narcissus* (1947) appeared to support the idea of women renouncing their new-found freedoms in favour of, as Michael Boyce suggests, 'upholding social institutions (marriage, family, the church) for some sense of greater good and security [...] [actresses like Celia Johnson and Deborah Kerr] both affirm and deny desire, and emphasise the difficult choices housewives and mothers had to make during and after the war, as well as the strength of character required for those decisions.'[18] *The Years Between* adopts a slightly different tone from these films, as Diana and Michael learn to adapt to the new situation in which they find themselves, rather than ultimately reverting to established social and cultural expectations (as, for example, Celia Johnson's character does in *Brief Encounter* when she represses her passionate feelings and returns to her family). The negotiation between private and public life is especially difficult in *The Years Between* for Diana, who feels that her new position as an MP has given her a renewed sense of purpose. When she buys a flat in London to enable her to conduct more parliamentary business, it becomes symbolic of her newly-expanded domestic and professional horizons, freed from her role as a wife. Michael's return threatens this independence.

---

15 Allport, Demobbed, p. 62.
16 *The Years Between*, 27:24–27:26.
17 Ibid., 01:04:45–01:04:53.
18 Michael W. Boyce, The Lasting Influence of the War on Postwar British Film, Basingstoke 2012, p. 15.

Despite the initial joy of being reunited as a couple, resentment emerges in their relationship (a point which will be elaborated later in this article). In one scene, Michael asks Diana directly if she begrudges his return and she tries to avoid answering.[19] It is obvious to the audience, however, that there is an underlying truth to Michael's enquiry. Later, Michael exclaims that 'I want the wife I left behind' rather than the one now chairing committees and making speeches.[20] Popular literature of the time presented women as the ultimate adapters, capable of ameliorating the experience of the returning soldier by relinquishing their wartime positions. Crucially, as Susan Hartmann notes, 'they were to do so in terms of traditional female roles. Through self-abnegation, by putting the needs of the veteran first, women might successfully renew their war-broken relationships, but they would do so at the price of their own autonomy [in the workplace].'[21] The war had upset the rhythms and established order of British society, affecting personal relationships as women took on new roles outside the home and some men struggled to accept the new employment landscape presented to them when they were demobbed. In popular advice literature, the onus was firmly placed on the woman to smooth men's transition back to civilian life, and some writers 'disclosed a fear that women had changed, had matured and grown in ways that posed a threat to family stability. Thus the writers asked women to conceal or to reverse those changes.'[22] Diana's ascent to elected office could have been read by some in the audience as representative of these developments, and symptomatic of the fracturing of the family which, with the return of the male figurehead, was often presented as a steadying force in British society. More generally, however, the return of a soldier to his family was often an unpredictable and uneven experience.

3 Imagined and Anti-Climactic Returns

The most immediate experience which presented itself to any returning serviceman was being reunited with loved ones, be they a wife, girlfriend, or parents and wider family. Such homecomings were often happy and overwhelming occasions, imagined with great anticipation and excitement by men serving abroad. Sometimes, however, these events, loaded as they were with such emotional significance, failed to match the fantasy of reunion which the soldier had constructed in his mind.[23]

---

19 *The Years Between*, 01:08:07–01:08:29.
20 Ibid., 01:09:30–01:09:36.
21 Susan M. Hartmann, Prescriptions for Penelope: Literature on Women's Obligations to Returning World War II Veterans, in: Women's Studies: An Interdisciplinary Journal 5 (1978), no. 3, pp. 223–39, here p. 236.
22 Ibid., p. 234.
23 Allport, Demobbed, p. 52, 57.

Wives had changed both physically and emotionally; those who had quickly married during the war realized that their spouses were effectively strangers; children had known years without their father and were sometimes distant and cautious around this unfamiliar male figure in their home; and the initial thrill of reunion dissipated as life settled down into its everyday post-war hardships.

These difficulties are first presented in *The Years Between* when Diana and Michael share a railway carriage compartment after Michael returns to England. Sitting across from one another, Michael remarks how he preferred Diana's hair as it was styled before he left. A sense of awkwardness arises between the two characters, despite the good fortune of their reunion, and Diana nervously laughs at the comment.[24] In a later sequence, Diana confesses to Richard that her husband is 'practically a stranger' and that she is unable to understand his wartime experiences or to find the correct way to behave around him.[25] This personal divide, brought about by separation and awkward reunion in a country much-changed by the war, would have been recognisable to some in the original cinema audience when the film was released in 1946. Indeed, Hester Vaizey argues that the situation was similar in Germany, where 'women did not live up to the idealised images that their husbands had created of them; and husbands were often very different from their pre-war selves'.[26]

As well as the emotional bonds between lovers, parental bonds between fathers and their children were also affected to a significant degree by the war. Children, of course, would have undergone the most physical change during the six years of conflict, changes which would have amazed many fathers: they had left behind a young child to return to a son or daughter who had developed both physically and mentally. A British POW, for example, wrote about his experiences of returning to England, explaining that 'children gave me my biggest surprise. A small niece of six had grown into a young schoolgirl. Before she asked questions; now she joins in a conversation with definite opinions of her own, and I look around to see who is speaking.'[27] Such experiences are also illustrated in *The Years Between* when Michael meets his son, Robin, who has now grown into adolescence. Their meeting is stiff with formality: Robin extends his hand for his father to shake (a gesture which surprises Michael) and the pair have an uneasy conversation about the time that has passed since they were last together.[28] Aside from their physical differences, there was also an emotional dimension to the awkward interactions between returned fathers and their children. 'Children who had remained in the home during

---

[24] *The Years Between*, 45:52–46:17.
[25] Ibid., 01:02:49–01:02:52.
[26] Hester Vaizey, Husbands and Wives: An Evaluation of the Emotional Impact of World War Two in Germany, in: European History Quarterly 40 (2010), no. 3, pp. 389–411, here p. 396.
[27] Return from Germany, in: The Manchester Guardian, 15.5.1945, p. 4.
[28] *The Years Between*, 55:22–57:04.

their fathers' absence had got used to monopolising their mothers' attention. It was natural that they would begrudge this strange interloper's claims on her time,' explains Allport.[29] This sometimes gave rise to friction between fathers and their sons and daughters, particularly in the context of a middle-class society which had been developing a more active and participatory role for men in the upbringing of their children since the inter-war years. Fatherhood was also, as Angela Davis and Laura King suggest, 'a convenient way to help men position themselves and be positioned socially within "normal", peacetime, family life, and away from soldier-hood and war'.[30] This changing notion of what it was to be a father meant that 'it was all the more hurtful and bewildering when demobilised men received a cold reception from the boys and girls they had missed so much'.[31] Rather insensitively, Robin remarks to his father that 'it's made a lot of extra work, you see, your coming home'.[32] Again, Redgrave's performance bristles with a sense of resentment, and in a later scene when Michael discovers that all of his clothes have been donated to the war effort, he is told by Diana that it would have been 'selfish and sentimental' to have kept them.[33] He uses the episode to confirm to himself that he is an outsider in his own house and that his previous life has been irrecoverably lost. This drives a further wedge between him and Diana.

Readjustment in personal relationships was not the only challenge facing returning soldiers. Michael's homecoming revolves around his observations of how the physical environment of his own home has also changed: a common situation which greeted men as they reintegrated themselves into family life. 'If you only knew how many times I had imagined this,' Michael says as he enters his house for the first time, hinting at how the idealized mental images of home were a sustaining force for men serving abroad.[34] This constructed a domestic frontier which was reflected in other films of the period such as *The Captive Heart* (1946). The film explored how soldiers posted in foreign countries traversed different imagined spaces when a Czech army captain (again played by Michael Redgrave) assumes the identity of a dead British officer and writes letters to Celia, the man's widow, in order to preserve his deception. This rekindles Celia's love for her husband, who had left her and their children before the war, and the letters act as a physical link from war-torn Europe back to the domestic space of the home. Similarly, *In Which We Serve* (1942) used flashbacks to the sailors' home lives to juxtapose the sinking of the ship with their domestic lives, reinforcing the demarcation of domestic emotion and

---

29 Allport, Demobbed, pp. 69–70.
30 Angela Davis/Laura King, Gendered Perspectives on Men's Changing Familial Roles in Postwar England c. 1950–1990, in: Gender & History 30 (2018), no. 1, pp. 70–92, here p. 71.
31 Ibid.
32 *The Years Between*, 57:06–57:10.
33 Ibid., 58:53–58:56.
34 Ibid., 52:37–52:41.

memory within alien spaces and environments. Interestingly, films made during the Second World War, and immediately after, grappled with this division more frequently than war films made in the 1950s which looked back on the war with a perverse sense of nostalgia. For Michael Wentworth in *The Years Between*, the return to the domestic is, again, something of a disappointment as he remarks how furniture has been rearranged unsatisfactorily and makes several comments about 'what there used to be' before he left for war.[35] The physical environments which presented themselves to returning servicemen were not the only things to have been altered during the Second World War: the emotional landscape of Britain had also undergone immense change.

4 Emotional Changes: Rupture and Restraint

Arguing that emotions are subject to change and fluctuation depending on the time in which they are felt, Claire Langhamer suggests that the Second World War 'provided a distinctive context for the weighing up of pragmatism and emotion', particularly in the context of personal relationships.[36] Feelings such as love were often heightened and were experienced more rapidly in wartime, but were also coloured by more practical concerns such as marrying to receive the serviceman's wife allowance.[37] These complex motivations and extremes of emotion were to create tensions when soldiers returned home to their wives or girlfriends. Some couples had only been recently married before the man had left for military service and, having rejoined their partners in peacetime, the initial excitement of war conditions had lessened, placing strains on relationships. For others, physical separations had provided opportunities for infidelity.

Contemporary fears of adultery were presented in *The Years Between* by Diana's developing romantic involvement with Richard. Whilst theirs was a relationship begun when her husband was presumed to be dead, Michael suggests that he would not be the only man in the country to return home to see his wife 'stolen' from him, 'so they tell me'.[38] Whilst not widespread, such marital misdemeanours did create national anxieties about the effects that the war had had on the institution of marriage. A 47-year-old soldier, for example, was jailed for killing his wife in 1945 after coming back to Britain to find that she had started a relationship with another man. Explaining to the jury why the man should be prosecuted for murder, rather than

---

35 Ibid., 52:57–53:07.
36 Claire Langhamer, The English in Love: The Intimate Story of an Emotional Revolution, Oxford 2013, p. 55.
37 See ibid.
38 *The Years Between*, 01:25:35–01:25:40.

manslaughter, the Old Bailey judge who presided over the case said that 'we all know that in the past few years the standard of morality and faithfulness has fallen grievously low [...] if Parliament thinks fit to pass an Act that returning soldiers, finding their wives have been unfaithful may kill them, and if they do it will be manslaughter, it will be the law. Until that is done it is not the law.'[39] Nevertheless, the jury returned a verdict of manslaughter and the soldier was sent to prison for five years.

The emotional strains of extra-marital affairs were certainly strong for those who experienced them, but perhaps more common were the emotional divides between civilians and soldiers, making the process of readjustment all the more difficult for married couples. Allport argues that civilians had mixed feelings towards their returning soldiers: they were, of course, respectful of their service and happy to see them returned safely. There was, however, an undercurrent of resentment as 'the traditional moral economy of sacrifice had been unexpectedly complicated. Soldiers were the ones who were supposed to take all the risks, endure all the privations [...] [but] it seemed to many civilians, looking at the physical desolation surrounding them, that on the whole they had had as bad a time of it as anyone in uniform – maybe worse, in fact.'[40]

Significantly, little emotional support for men came from official quarters. Whilst the Ministry of Labour and National Service issued practical advice about rationing, registering to vote, and what demobbed soldiers should do with their uniforms, there was minimal practical help given to men to address the physical and emotional changes which had occurred during and after their wartime service.[41] In *The Years Between*, Michael clearly struggles with the distance which has grown between Diana and him. Cinema audiences would have recognized the emotional reticence of the characters and their apparent lack of appreciation for the fact that change and adjustment was required from both parties (a key theme of the film, to be examined later in this discussion). Indeed, Summers has suggested that the government's approach to this public emotional upheaval was that ex-servicemen should focus on the future and deploy 'the famous British stiff upper lip [...] for every family who had problems they knew of others who were in a worse state, and that certainly had some bearing on people's desire to put up and shut up. How could a woman complain about her husband's strange new attitudes and anxieties when her friend had been widowed and another mother had lost her only son?'[42]

---

39 A Soldier Returns Home, in: Daily Mail, 22.9.1945, p. 3.
40 Allport, Demobbed, p. 112.
41 See Summers, Stranger in the House, p. 13.
42 Ibid.

Abb.: James McKechnie and Valerie Hobson in *The Years Between* (© United Archives/Impress/Süddeutsche Zeitung Photo)

The stiff upper lip, characterized in the popular imagination as a sensible control and moderation of one's feelings and of stoic personal conduct, was much-lauded by British cinema throughout the 1940s and into the 1950s. Coming to define a middle-class sense of male respectability and common sense restraint, the stiff upper lip was, as Boyce explains, 'rarely mocked or disparaged' in British films and its deployment 'was usually a saving grace for even the most broken and humiliated of men'.[43] Many films proposed that the emotional controls that men developed during the war should be maintained once back at home: strong middle-class male virtues of 'duty and sacrifice associated with the war must continue in the post-war period in order to maintain some semblance of the British way of life'.[44] *The Years Between*, in a similar manner to films such as *The Captive Heart,* drew on the stiff upper lip as a way for men to deal with the often tough experiences of returning to Britain after the conflict. This emotional repression was, in many respects, yet another sacrifice which was made by soldiers.

---

[43] Boyce, The Lasting Influence, p. 51.
[44] Ibid., p. 53.

The upheavals of the Second World War altered contemporary conceptualisations of masculinity, and provided many British men with a difficult task in reconciling their feelings within a stiff upper lip environment. The exceptional emotional demands made through the war – and the equally forceful cultural expectations of male emotional reticence which they faced on returning home – may have marked out the cinema as a secure space; one in which ex-servicemen could express intense emotions, linked with their war experiences, without fear of censure. Such experiences were often so extreme and so removed from their civilian lives that men became aware of how they had changed in their emotional outlook. 'I cry quite often at the pictures,' commented a panellist for the social research organisation Mass Observation. 'I never did before the war, but I think the war unsettled me emotionally.' Another recalled how *Mrs. Miniver* (1942) had moved him to tears but that 'before the war, I don't think I ever cried'.[45] Others, however, felt compelled to limit their responses in line with the emotional regime of male reserve. 'If I find myself becoming emotionally upset,' explained a male teacher in his thirties. 'I kill it by thinking "it's just a play!" Admittedly one loses much by this attitude but it's better than making an exhibition of one's emotions.'[46]

Adventure films proved to be popular with British male audiences: a result of, as Martin Francis argues, the 'flight from commitment' which took place in the male imagination in the 1940s and 1950s and which was fostered by the 'fantasized adventure narratives' found in the cinema.[47] Many (but by no means the majority) of those men who returned to their domestic lives after the war struggled to carve out an identity which simultaneously both conformed to ideals of masculinity and also sat comfortably with their war experiences.[48] Wartime events would have informed this 'flight from domesticity', as any post-war male ambivalence to the home and family was intensified by the 'homosocial camaraderie' they had felt in their service lives, and which was only to be found again on a cinema screen.[49] Military service had facilitated male bonding and, Hartmann notes, had 'encouraged male exclusiveness (since women could neither share nor fully understand the experience of war), and thus strengthened sexual polarization' in post-war Britain.[50] For some men, it would arguably have been a source of reassurance to see Michael Went-

---

[45] Mass Observation Archive, Brighton, Directive Respondents 4266 and 1688, August 1950. SxMOA1/3/128.
[46] Ibid., Directive Respondent 3880.
[47] Martin Francis, A Flight from Commitment? Domesticity, Adventure and the Masculine Imaginary in Britain after the Second World War, in: Gender & History 19 (2007), no. 1, pp. 163–85, here p. 164.
[48] See ibid., p. 165.
[49] Ibid., p. 181.
[50] Hartmann, Prescriptions for Penelope, in: Women's Studies: An Interdisciplinary Journal 5 (1978), no. 3, p. 224.

worth struggle with (and ultimately resolve) similar emotional difficulties in *The Years Between* – reassurance which so often did not come from other areas of society.

5 'Are we rowing in the same direction?': Personal and Trans-National Readjustment

The feelings of alienation, resentment, and self-doubt which are presented in *The Years Between* could certainly be found in some real-life relationships during the post-war period. These confusing feelings sometimes manifested themselves in the emotional rifts between husbands and wives who found it difficult to appreciate the other's war experiences and their subsequent emotional states. Men could often struggle to reconcile the fact that their wives had, to a large extent, led new and independent lives without them; women could find themselves unsure about how to best help their husbands readjust to peacetime. In a scene where the Wentworths argue about the future of their marriage, Diana hints at the sense of collective experience, which characterized British attitudes towards war experiences, on both a personal and a national level, telling Michael that they are 'both in the same boat'. Michael, however, is less certain, placing doubt on their relationship by replying: 'Are we rowing in the same direction?'[51] Yet, only 16 per cent of marriages ended in divorce in Britain in 1950, and Vaizey argues that the successful readjustment to peacetime meant, for most couples, 'no more than reconstructing family, home-life and career, settling down around children, having enough to eat. War made people appreciative of what they did have.'[52] It is worth noting, however, that, as Langhamer highlights, wartime marriages were four times more likely to end in divorce than those entered into in the mid-1930s.[53] Rather than reflecting the efforts of couples to be grateful for a peacetime family life, the low divorce rate could have been due to the fact that divorce was still relatively hard to achieve in legal terms (thanks, in part, to its adversarial nature which meant that, until 1969, if a court suspected that the partners were working together to end a marriage, it would be likely to refuse a divorce).[54]

In general terms, Michael and Diana's relationship, and the film's narrative arch, seems to reflect the values of the time which argued for a sensible and pragmatic approach to rebuilding the social fabric of the nation. In a scene towards the end of the film, Nanny lectures the couple on committing more effort to make their

---

51 *The Years Between*, 01:11:06–01:11:08.
52 Vaizey, Husbands and Wives, in: European History Quarterly 40 (2010), no. 3, pp. 402–04.
53 See Langhamer, The English in Love, p. 169.
54 See ibid., p. 190.

unexpected reunion work for the best. She recounts how she never married as her partner had been killed at the Somme during the First World War and that many women, like her, would not have husbands returning home. Many more, she then cautions, will have their husbands return home when they do not want them: a troublesome state of affairs which means that 'somebody's got to start a little give and take'.[55] Compromise, it follows, is presented in the film as a key component of successfully readjusting to life after the war.

The salvaging of the Wentworth's marriage after Nanny's intervention sees Diana end her relationship with Richard and Michael make a return to parliament alongside his wife. These closing sequences in the film act as a metaphor for how European nations should work together in a fractured post-war political landscape. This theme is developed when Nanny reminds Diana and Michael of the prime minister's caution that 'nations have got to collaborate and have faith in one another if there's ever going to be peace. But if people like you can't do it, how do you expect nations to?'[56]

Despite the idealisms portrayed to cinema audiences, popular and political memories of British resilience, imperial power, and triumph in war contributed to, as Anne Deighton argues, long-lasting suspicions in Britain of 'post-war continental European supranational integration, a sense of superiority compared to other Europeans, and a notion that the United Kingdom's role in European international politics was still that of a balancer of other continental powers'.[57] *The Years Between*, nevertheless, presented the success of remaking personal relationships as crucial to honouring the sacrifices made during the war. The film's message – delivered through the Wentworth's relationship – that the process of successful readjustment to peacetime conditions required reconciliation and cooperation from both those returning and from those who had been left behind, is underlined by Nanny's closing remarks to the fractious couple: 'There's peace in the world again [...] but if you two are any sample of what's going to happen then we might as well have a war again right away.'[58]

6 Conclusion

The end of the Second World War brought with it a multiplicity of experiences for demobbed soldiers returning to Britain. It also engendered an equally diverse range

---

[55] *The Years Between*, 01:29:36–01:29:39.
[56] Ibid., 01:29:44–01:29:55.
[57] Anne Deighton, The Past in the Present: British Imperial Memories and the European Question, in: Jan-Werner Müller (ed.), Memory and Power in Post-War Europe, Cambridge 2002, pp. 100–20.
[58] *The Years Between*, 01:30:14–01:30:25.

of feelings and reunions for the millions of Britons who had remained at home and who had endured their own (and often equally difficult) war. Films such as *The Years Between* addressed some of the issues and anxieties surrounding these moments of return, offering a rather remarkable contemporary appreciation for the social and personal issues which were to affect people around the country in the years after 1945. Discontinuity and change characterized the return of many servicemen. The physical environments of their homes and neighbourhoods were different from how they had left them on the outbreak of war – in some cases, substantially, thanks to the devastating effects of German aerial bombardment.

For Michael Wentworth in *The Years Between*, change in his middle-class country home does not stem from air raids but, instead, is found on a subtle level: he notes (with an air of bitterness) the rearrangement of furniture and the donation of his clothes to the war effort. It was the sum of these small changes which most often had the greatest impact on demobbed servicemen. Emotional changes, too, had occurred, either enhancing or damaging personal relationships and marriages. Letter-writing between husbands and wives during the war had sustained and enhanced some relationships; in others, physical separation had eroded what were already young and fragile marriages. This led to many different experiences of reunion: some awkward, some joyful, and all much-considered before the event. The psychological effects of conflict also played a huge part in men's post-war return to Britain. What is now known as post-traumatic stress disorder was much less understood, a fact which manifested itself in the difficulties encountered by spouses (both in Britain and on the Continent) trying to understand their partner's different, but equally challenging, wartime experiences.[59]

A certain degree of resentment also arose from both the returning and from those who had remained. Civilians who had suffered their own challenges could occasionally feel as though soldiers did not appreciate the hardships which had been borne on the Home Front; soldiers sometimes felt that the reception they received on returning home did not match the sacrifices of war. Such insensitivities are presented in *The Years Between* when Michael attempts to recount his wartime experiences as a prisoner of war and Diana bristles at the conversation, choosing to quickly end it rather than attempting to understand and, perhaps, help her husband to deal with his trauma.[60] Misunderstandings and mutual bitterness, whilst not widespread, nevertheless did nothing to ameliorate some soldiers' transition back to civilian life, and created anxieties which, Summers argues, 'simmered away in family homes in cities, towns and villages throughout the country'.[61] From a gender perspective, tensions also grew from the changes in female employment brought about by the war. *The Years Between* presents this change in rather exceptional

---

59 See Vaizey, Husbands and Wives, in: European History Quarterly 40 (2010), no. 3, p. 401.
60 See *The Years Between*, 54:14–54:23.
61 Summers, Stranger in the House, p. 5.

terms with Diana, transitioning as she does from housewife to MP. Such a change was emblematic of a widespread social development to which both men and women had to adjust. Boyce suggests that this was a preoccupation for many films made in the post-war period, films which highlighted a major choice faced by women: 'The choice of returning to pre-war domestic roles, (re)embracing traditional roles of wives and mothers. After the war, women faced the dilemma of choice. They could continue to work and enjoy a newfound independence, or return to the home and sacrifice their own employment in order to support the returning troops and raise a family.'[62]

More generally, film was an area of culture in which men and women could consider and resolve (through exposure to the narratives of on-screen characters) their own personal problems and negotiations in readjusting to post-war conditions. This was particularly the case for men – many of whom carried psychological scars from their wartime service – and films acted as something of a counselling agency for many. Andrew Spicer has highlighted that war films, in particular, and the heroes within their narratives appealed to many men as they 'embodied an idealised golden age, and a patriotic noble Britishness, as well as meritocratic professionalism'.[63] This was particularly the case for the cultural requirement for men to moderate and to be 'sensible' with their emotions: an emotional regime characterized by the British stiff upper lip and which, for men, greatly affected the experience of readjusting to peacetime conditions.

The process of readjustment for men and women in the immediate post-war years was, of course, played out in other nations, and a growing body of literature is uncovering the multiplicity of experiences which emerged from social and cultural structures across Europe.[64] Each country handled the return of its soldiers in a different way, subject to its own idiosyncratic circumstances. In Britain, this was significantly determined by the post-war austerity which did nothing to transform the country for the better. As Allport suggests:

> 'When one looks at the American experience of homecoming at the end of the Second World War, and the way in which the famous GI-Bill helped to propel a returning generation of US veterans into the middle classes, 1945 [in Britain] begins to seem like a lost, never-to-be-repeated opportunity to take the concentrated energy and ambition of four million men and use it to transform Britain's ossified mid-century social and economic order for the better.'[65]

---

[62] Boyce, The Lasting Influence, p. 13.
[63] Andrew Spicer, Male Stars, Masculinity and British Cinema, 1945–60, in: Robert Murphy (ed.), The British Cinema Book, London 2001, p. 96.
[64] See, for example: Antti Malinen, Marriage Guidance, Women and the Problem(s) of Returning Soldiers in Finland, 1944–1946, in: Scandinavian Journal of History 43 (2018), no. 1, pp. 112–40.
[65] Allport, Demobbed, p. 220.

The British cultural and social landscape had irrevocably changed: a fact which was sooner or later realized by all those who returned from fighting abroad. Not everyone had had a bad war, of course, and not every returning soldier found readjusting to peacetime problematic. Nevertheless, as newly-fledged car mechanic and driver Alice observes in *The Years Between*, no-one had the right to come back and expect everything to be just the same. In this way, the medium of film established itself as a key way for the British population to see these changes from the safety of a cinema seat, and it often presented very particular – but very recognizable – problems to audiences. Films thus provide a vivid source which allows the historian to access some of the contemporary concerns and anxieties of a nation struggling to adapt after the vicissitudes of the Second World War.

Annemone Christians
Schatten des Mondes

Vergänglichkeit, Hoffnung und Scham in *Nagaya shinshi-roku* (1947) und *Kaze no naka no mendori* (1948) von Yasujirō Ozu

„Sogar der Mond liegt von Zeit zu Zeit im Schatten, geschweige denn der kleine Mensch, dessen Schicksal sich rasch verdüstern kann."[1] Yasujirō Ozus erster Film nach dem Ende des Zweiten Weltkriegs beginnt mit der melancholischen Klage des Schauspielers Tamekichi (Reikichi Kawamura). Er spricht Textzeilen aus einem Theaterstück über die Scheidung eines Ehepaars, abends allein in seiner Wohnung. Tamekichi wohnt in einem *Nagaya*, einer Art Reihenhaus, in dem private Räume und gemeinschaftlich genutzte Wege und Aufenthaltsorte ineinander übergehen. Im *Nagaya*, eingeschossig und simpel, ist die Nachbarschaft eng, man lebt vielmehr mit- als nebeneinander.[2] Wenig bleibt verborgen hinter den luftigen *Shoji*-Türen[3] und großen Fenstern, die ohnehin meist offen stehen. Bei Yasujirō Ozu wird das *Nagaya* zur Bühne des japanischen Nachkriegsalltags; es ist nachbarschaftliches Forum und privater Rückzugsort gleichermaßen. Ozu zeigt es als kleinste Einheit einer erschütterten Gesellschaft und betitelt seinen 1947 veröffentlichten, mit 72 Minuten ungewöhnlich kurzen Spielfilm daher *Nagaya shinshi-roku*.[4] In der deutschen Übersetzung wurde dies nur unzureichend mit *Erzählungen eines Nachbarn* wiedergegeben, und auch der englische Verleihtitel *Record of a Tenement Gentleman* erfasst das Original nicht vollends, geht darin doch das spezifische Konzept des japanischen Reihenhauses verloren.[5] Der alternative Übersetzungsversuch *A Who's Who of*

---

1 *Nagaya shinshi-roku* (Erzählungen eines Nachbarn), Japan 1947; Produktion/Erstverleih: Shōchiku Ofuna Company Ltd.; Erstaufführung: 20.5.1947; Regie: Yasujirō Ozu; Drehbuch: Ikeda Tadao, Yasujirō Ozu; Musik: Ichirō Saitō; Hauptrollen: Chōko Iida, Hōhi Aoki, Reikichi Kawamura, Eitarō Ozawa, Takeshi Sakamoto, Chishū Ryū; Länge: 72 Min., hier 02:10–03:05.
2 Das Wort *Nagaya* beschreibt eine Häuserzeile, die in der Edo-Zeit (1603–1868) vor allem für niedrigrangige Samurai und ihre Familien bzw. im 19. Jahrhundert für Arbeiterfamilien errichtet wurden. Vgl. Japanese Architecture and Art Net Users System, online unter: http://www.aisf.or.jp/~jaanus/deta/n/nagaya.htm [12.7.2019]. Siehe auch bei Woojeong Joo, The Cinema of Yasujirō Ozu. Histories of the Everyday, Edinburgh 2017, S. 69.
3 *Shoji* ist dünnes Reispapier, das in einen Holzrahmen gespannt und als Schiebetür oder -fenster in der traditionellen japanischen Architektur als Raumteiler, Wand, Tür oder Fenster verwendet wird. Es ist licht- und geräuschdurchlässig.
4 Vgl. Rüdiger Tomczak, Nagaya shinshi-roku (Erzählungen eines Nachbarn), in: Michael Töteberg (Hrsg.), Metzler Film Lexikon, Stuttgart 1995, S. 398 f.
5 Vgl. Manami Okazaki, Nagaya Nostalgia. The Long and the Short of Tokyo's Famed ‚Row Houses', in: The Japan Times, veröffentlicht am 17.2.2018, online unter: https://www.japantimes.co.jp/life/2018/02/17/lifestyle/nagaya-nostalgia-long-short-tokyos-famed-row-houses/#.XCdNvWl77MB [12.7.2019].

the Backstreets in der englischsprachigen Wikipedia⁶ kommt zumindest der Bedeutung von *Shinshi-roku* näher, denn der Begriff bezeichnet ein Personenverzeichnis, das über Namen, Adressen, Berufe und Familienstände Auskunft gibt.⁷ Es ist ein unvollständiges, gleichsam zerrissenes Verzeichnis, das Ozu in *Nagaya shinshi-roku* bebildert und zur Prosopografie einer vom Krieg gezeichneten Hausgemeinschaft verdichtet.

Der folgende Beitrag untersucht *Nagaya shinshi-roku* als Kommentar des Filmkünstlers Yasujirō Ozu zur japanischen Nachkriegsgesellschaft. Der Film soll in das umfangreiche Werk Ozus eingeordnet werden: Was erzählt er, welche filmästhetischen Mittel werden genutzt? Unterscheiden sie sich in diesem ersten Film nach einer fünf Jahre langen Zwangspause von seinen früheren und späteren Werken? Wie erzählt er von den Wirkungen des Kriegs, welche Perspektiven und Problemlagen stehen hier im Vordergrund? Für die alltagsgeschichtliche Untersuchung Japans nach dem Zweiten Weltkrieg verspricht dies einigen Erkenntnisgewinn. Denn im Vergleich zu den meisten anderen Spielfilmen, die unter früher US-amerikanischer Besatzung entstanden, stellte *Nagaya shinshi-roku* eine Ausnahme dar. Die direkten Nachkriegsfilme von Akira Kurosawa oder Kenji Mizoguchi ließen deutliche Einflüsse der Besatzungspolitik erkennen und verfolgten das Ziel, die Demokratisierung des erschütterten Landes durch ihre positiven Erzählungen von Befreiung und Antimilitarismus zu fördern.⁸ Ozus Zugang war es hingegen, den Nachkriegsalltag zu zeigen und den Blick auf die Kriegserfahrungen der „einfachen Leute" zu lenken. Zwar musste auch er, wie zu zeigen sein wird, der amerikanischen Zensurbehörde gegenüber Zugeständnisse machen. Dennoch erzählte er keine Helden- oder Emanzipationsgeschichten, sondern widmete sich der Darstellung von Überlebenskämpfen und Zukunftsängsten.

Dabei wird ein Schwerpunkt auf Geschlechterrollen und -zuschreibungen liegen, da sie in Ozus Zugang zu familiären und gesellschaftlichen Beziehungen eine große Rolle spielen. Bereits ab Mitte der 1930er Jahre bekamen weibliche Charaktere in seinen Filmen immer größere und entscheidende Handlungsmacht.⁹ Ein besonderes Augenmerk wird daneben auf das Verhältnis der Generationen und dessen Wandel durch den Zweiten Weltkrieg gelegt. Erkenntnisleitend wird danach gefragt, wie Ozu die Beziehungen von Erwachsenen bzw. Eltern und Kindern im Nachkriegsjapan erzählt und welche Rückschlüsse dies auf die japanische Gesellschaft zulässt.

---

6 https://en.wikipedia.org/wiki/Record_of_a_Tenement_Gentleman#cite_note-1 [14.7.2019].
7 So lautet die offizielle Bedeutungserklärung von *Shinshi-roku* im japanischen Standard-Wörterbuch Kōjien. Vgl. Woojeong Joo, The Cinema of Yasujirō Ozu. Histories of the Everyday, Edinburgh 2017, S. 146 f.
8 Vgl. Ayako Saito, Occupation and Memory. The Representation of Woman's Body in Postwar Japanese Cinema, in: Daisuke Miyao (Hrsg.), The Oxford Handbook of Japanese Cinema, Oxford 2014, S. 327–361, hier S. 329.
9 Vgl. Joo, Cinema, S. 80–102.

Der Beitrag bezieht vergleichend Ozus Film *Kaze no naka no mendori* (Ein Huhn im Wind) ein, der 1948 veröffentlicht wurde und ebenfalls von den Traumata des Kriegs und Nachkriegs erzählt.[10] Die Filme entstanden in einem Abstand von wenigen Monaten und wurden, wie sämtliche Filme Ozus, von den Tokyoter Filmstudios Shōchiku produziert.[11] Sie markieren eine Zwischenphase in Ozus Gesamtwerk, das von der filmgeschichtlichen Forschung in eine erste Schaffensperiode bis 1942 und in eine Spätphase ab 1949 eingeteilt wird.[12] Die beiden Spielfilme bilden das Quellenkorpus für den folgenden Beitrag; ihre narrative Struktur und Ästhetik werden im Kontext der japanischen Nachkriegs- sowie Filmgeschichte untersucht. Neben Forschungsarbeiten zur japanischen Zeitgeschichte werden dazu filmanalytische Studien hinzugezogen. Einleitend soll eine Skizze von Yasujirō Ozus Biografie und seinem Schaffen eine erste Orientierung bieten, um die beiden Filme in seinem Gesamtwerk zu verorten.

1 Biografie Yasujirō Ozus

Ozu, geboren 1903, wuchs zunächst in Fukagawa auf, einem südöstlichen Stadtbezirk von Tōkyō. Fukagawa, einer der zentralen Bezirke des alten Edo (Tōkyō), war in Ozus Jugend von kleinen Geschäften, *Izakayas*, Werften und Märkten geprägt. In dem Bezirk lebten vor allem Händler und Gewerbetreibende – die großstädtische, merkantile Szenerie seiner Kindheit kam in Ozus Filmen immer wieder vor. Einige Straßenzüge waren von der Architektur der bereits erwähnten *Nagayas* durchzogen, die als spezifischer Wohnort in einigen Filmen Ozus eine Rolle spielten.[13] Sein Vater handelte mit Dünger und kam aus einer als wohlhabend geltenden Familie; auch seine Mutter war in finanziell gesicherten Verhältnissen aufgewachsen. 1913 zog sie mit Yasujirō und seinen vier Geschwistern nach Matsusaka, unweit von Kyoto, wo Ozus Vater aufgewachsen war. Als Teenager fiel Ozu durch aufsässiges Verhalten auf und wurde der

---

10 *Kaze no naka no mendori* (Ein Huhn im Wind), Japan 1948; Produktion/Erstverleih: Shōchiku Ofuna Company Ltd.; Erstaufführung: 17.9.1948; Regie: Yasujirō Ozu; Drehbuch: Ryosuke Saitō, Yasujirō Ozu; Hauptrollen: Kinuyo Tanaka, Shuji Sano, Chieko Murata, Hōhi Aoki, Chishū Ryū; Länge: 84 Min.
11 Siehe auch die biografische Skizze zu Yasujirō Ozu weiter unten.
12 Zur Einordnung und Periodisierung von Ozus Gesamtwerk vgl. v. a.: Joo, Cinema, S. 1–20; Angelika Hoch (Hrsg.), Yasujirō Ozu. Texte zum Werk, zur Person, zu den Filmen, Berlin 2003; Kathe Geist, Strategies in Ozu's Late Films, in: Arthur Noletti Jr./David Desser (Hrsg.), Reframing Japanese Cinema. Authorship, Genre, History, Bloomington/Indianapolis 1992, S. 91–111; David Bordwell, Ozu and the Poetics of Cinema, New York 1988; Harry Tomiczek, Ozu, Wien 1988; Noël Burch, The Distant Observer. Form and Meaning in the Japanese Cinema, Berkeley/Los Angeles 1979, S. 154–185.
13 Vgl. Jinnai Hidenobu, Tokyo. A Spatial Anthropology, Berkeley/Los Angeles 1995, S. 61 f.; vgl. auch Edward Seidensticker, Low City, High City. Tokyo from Edo to the Earthquake, New York 1983, S. 182–205.

Schule verwiesen, was ihm laut seiner eigenen Erzählung mehr Zeit verschaffte, sich in der nächstgrößeren Stadt US-amerikanische Filme anzuschauen und sein Interesse am Kino zu vertiefen.[14] Der Besuch einer höheren Schule blieb ihm verwehrt, weil er die notwendige Prüfung nicht bestand. 1923 zog die Familie zurück nach Tokyo, wo Yasujirō im selben Jahr zu arbeiten begann: Er fing als Kameraassistent bei den Filmstudios Shōchiku an – blieb der traditionsreichen Produktionsgesellschaft bis 1963 treu[15] – und arbeitete sich zum Regieassistenten hoch. 1927 boten ihm die Studios seine erste eigene Regiearbeit an. Ozu sollte seine Fähigkeiten zunächst in einem Historienfilm beweisen, denn das prestigeträchtigere Genre des Gegenwartsfilms – *Gendaigeki* – war bei Shōchiku etablierten Regisseuren vorbehalten. Sein Debut *Zange no yaibe* (Das Schwert der Buße) kam jedoch so gut an, dass ihn das Studio ins *Gendaigeki*-Genre wechseln ließ. 1928 und 1929 drehte er insgesamt neun Filme, hauptsächlich Komödien, in denen sich stilistische Einflüsse von Ernst Lubitsch und Charlie Chaplin zeigten.[16] In seinen darauffolgenden Filmen entwickelte Ozu mit Unterstützung von Shōchiku ein eigenständiges Genre des Gegenwartsfilms, den „Arbeiterklasse-Film", *Shōshimin-geki*.[17] Darin spielt die hart arbeitende Mittelklasse des „modernen" Japan die entscheidende Rolle, die so realistisch wie möglich bei der Bewältigung ihres Alltags gezeigt werden sollte.[18] Ozu bebilderte damit die Dynamiken einer gesellschaftlichen Transformation: Die langsame Erosion der traditionellen japanischen Klassengesellschaft und die zunehmende Emanzipation von Arbeitern und Angestellten, die Herausbildung neuer Frauenberufe sowie eine deutliche Urbanisierung seit den 1920er Jahren waren deren wichtigste Symptome.[19] Ozu nahm diese Entwicklungen offenbar sensibel wahr und wollte ihnen zu einer eigenen Ästhetik verhelfen. Hier verband sich der künstlerische Anspruch, neue Bildwelten zu erschaffen, mit einem Bewusstsein für soziale und ökonomische Veränderungen: Ozu begleitete die Suche nach einer „japanischen Moderne" und gestaltete sie dadurch mit.[20] Dies galt auch für seine Nachkriegsfilme, wie im Weiteren noch zu zeigen sein wird.

---

14 Vgl. Hoch (Hrsg.), Ozu, S. 63–65.
15 Zur Geschichte der 1895 gegründeten Filmstudios und Produktionsgesellschaft Shōchiku siehe Jasper Sharpe, Historical Dictionary of Japanese Cinema, Lanham, MD 2011, S. 222–225.
16 Vgl. David Bordwell, Ozu and the Poetics of Cinema, Princeton, NJ 1988, S. 152.
17 Zur Zusammenarbeit von Ozu und Shōchiku bei der Enstehung des *Shōshimin-geki* vgl. Joo, Cinema, S. 36–58 sowie Alastair Phillips, The Salary Man's Panic Time. Ozu Yasujirō's *I Was Born, But…* (1932), in: ders./Julian Stringer (Hrsg.), Japanese Cinema. Texts and Contexts, London/New York 2007, S. 26–39.
18 Siehe *Shōshimin-geki* im Lexikon der Filmbegriffe, online unter: http://filmlexikon.uni-kiel.de/index.php?action=lexikon&tag=det&id=6168 [8.1.2019].
19 Vgl. dazu als Überblicksdarstellung: Regine Mathias, Das Entstehen einer modernen städtischen Gesellschaft und Kultur, 1900/1905–1932, in: Josef Kreiner (Hrsg.), Geschichte Japans, Dietzingen ⁶2018, S. 332–380.
20 Vgl. dazu Kathe Geist, Seeking a Japanese Modernity. Ozu and Nihonga Painters in the Pre-War Era, in: Journal of Japanese and Korean Cinema 2 (2011), H. 2, S. 97–108.

Nach dem Tod seines Vaters 1934 zog Yasujirō Ozu zu seiner Mutter zurück ins Elternhaus. Dort lebte er bis zu seinem Tod, blieb ledig und kinderlos.[21] Mitte der 1930er Jahre hatte sich sein Ruf als hochklassiger Regisseur bereits verfestigt, gleichzeitig fuhren seine Filme auch kommerziellen Erfolg ein. Ozus 1935 veröffentlichte Arbeit *Tokyo no yado* (Ein Gasthaus in Tokyo) war der letzte japanische Stummfilm.[22]

Abb.: Yasujirō Ozu, 1903–1963 (© Rue des Archives/RDA/Süddeutsche Zeitung Photo)

1937 wurde Ozu zum Kriegsdienst im chinesisch-japanischen Krieg eingezogen und leistete ihn bis 1939 als Infanterist ab. Zurück in Tokyo konnte er Anfang der 1940er Jahre trotz der Zuspitzung des Pazifikkriegs zwei Filme realisieren, doch 1943 wurde

---

21 Vgl. Bordwell, Ozu, S. 5.
22 Ozu hielt ungewöhnlich lange am Stummfilm fest, was der neueren Forschung nach weniger ästhetisch-künstlerische Gründe hatte, sondern an der engen Zusammenarbeit mit dem Kameramann Hideo Shigehara lag, der ein eigenes Soundsystem entwickelte. Ozu wartete mit seinem ersten Tonfilm offenbar, bis Shigehara dieses System für einsatzfähig hielt. Vgl. Joo, Cinema, S. 60–68.

er erneut eingezogen und in China stationiert. Bei Kriegsende 1945 geriet Ozu in britische Kriegsgefangenschaft und war in Singapur interniert, im Herbst 1946 konnte er nach Japan zurückkehren. In den darauffolgenden Monaten entstand der Film *Nagaya shinshi-roku*, den er mit dem Großteil seines vertrauten und eingespielten Teams umsetzte: Das Drehbuch verfasste er gemeinsam mit Tadao Ikeda, die Kamera führte Yuji Atsuda. Als Darsteller verpflichtete er unter anderen Chishū Ryū, Takeshi Sakamoto und Iida Chōko, mit denen er schon seit Anfang der 1930er Jahre regelmäßig arbeitete. Das Produktionsteam blieb bei dem wenige Monate später produzierten *Kaze no naka no mendori* gleich, und unter den Darstellern war auch wieder Chishū Ryū vertreten, mit dem Ozu insgesamt 21 Filme drehte.[23]

Auf *Kaze no naka no mendori* folgten noch 13 Filme, darunter Ende der 1940er und Anfang der 1950er Jahre seine bekanntesten Werke aus der sogenannten Noriko-Trilogie: *Banshun* (Später Frühling, 1949), *Bakushū* (Weizenherbst, 1951) und *Tōkyō monogatari* (Die Reise nach Tokyo, 1953). Insbesondere der letztgenannte Film machte Ozu dem europäischen Arthouse-Filmpublikum zugänglich, allerdings relativ spät. 1958 wurde er vom British Film Institute ausgezeichnet.[24] Doch eine breitere Rezeption seiner Filme erfolgte erst nach seinem Tod im Jahr 1963 ab Anfang der 1970er Jahre. Erst dann trat Ozu in Europa und den USA langsam aus dem Schatten Akira Kurosawas, dessen Erfolgsfilm *Rashomon* bis dahin die Wahrnehmung des japanischen Kinos im Westen dominiert hatte.[25]

Spätestens seit Mitte der 1980er Jahre gilt Yasujirō Ozu als einer der bedeutendsten japanischen Regisseure, der US-amerikanische und europäische Arthouse-Filmemacher wie Jim Jarmusch, Wim Wenders und Aki Kaurismäki in ihren Arbeiten maßgeblich geprägt habe.[26] In jüngster Zeit erlebte die filmwissenschaftliche Beschäftigung mit Ozu einen erneuten Aufschwung.[27] Auch in der internationalen Filmkritik erfährt Ozu mittlerweile höchste Wertschätzung. *Tōkyō monogatari* wurde 2012 bei einer Abstimmung, die das British Film Institute durchführte, von den befragten Regisseuren zum „Greatest Film of all Time" gewählt.[28]

---

23 Vgl. die Filmografie bei Tomiczek, Ozu, S. 63–71.
24 Vgl. u. a. Isolde Vanhee, Too Slow to Handle? Ozu, Malick and the Arthouse Family Drama, in: Wayne J. Stein/Marc DiPaolo (Hrsg.), Ozu International. Essays on the Global Influences of a Japanese Auteur, New York u. a. 2015, S. 93–114.
25 Vgl. Jinhee Choi (Hrsg.), Reorientating Ozu. A Master and His Influence, New York 2018; Stein/DiPaolo (Hrsg.), Ozu, Einleitung.
26 Wim Wenders widmete Ozu einen eigenen Dokumentarfilm, in dem weitere Filmemacher, u. a. Werner Herzog, Ozu als wichtige Inspirationsquelle preisen: *Tokyo-Ga* (Deutschland/USA 1985).
27 Vgl. Choi (Hrsg.), Reorientating. Eine neue Ozu-Studie auf Deutsch erscheint Ende 2019: Andreas Becker, Yasujiro Ozu, die japanische Kulturwelt und der westliche Film. Resonanzen, Prämissen, Interdependenzen, Bielefeld 2019.
28 Vgl. Thom Andersen, Ozu Yasujirō. The Master of Time, 2.12.2016, online unter: https://www.bfi.org.uk/news-opinion/sight-sound-magazine/features/greatest-films-all-time/ozu-yasujir-master-time [9.1.2019].

2 *Nagaya shinshi-roku*, 1947

Während der Schauspieler Tamekichi (Reikichi Kawamura), der schon länger ohne Engagement ist und sich abends die Zeit mit Kalligrafie vertreibt, zu Beginn des Films selbstvergessen aus einem Theaterstück rezitiert, tritt Tashiro (Chishū Ryū) ein. Die beiden Männer teilen sich eine Wohnung. Tashiro arbeitete vor dem Krieg als Sänger im Varieté, nun verdingt er sich als Wahrsager und tingelt durch die Vorstädte Tokyos. Er hat Kōhei (Hōhi Aoki), einen verschüchterten und zerlumpten Jungen dabei, der sich nicht einzutreten traut. Tashiro hat ihn in der Nähe des *Yasukuni*-Schreins aufgelesen, dort irrte der Junge alleine umher und war dem Wahrsager wortlos gefolgt.[29] Also erbarmt sich Tashiro seiner und nimmt ihn mit ins *Nagaya*. Er bittet Tamekichi, das verwaiste Kind für die Nacht aufzunehmen, doch der lehnt entrüstet ab. Tashiro solle es doch bei der Nachbarin Otane (Chōko Iida) versuchen. Die verwitwete Otane ist zwar ebenfalls wenig begeistert von Tashiros Bitte, nimmt Kōhei aber widerwillig für eine Nacht auf.[30]

Mit der ersten Begegnung der griesgrämigen Witwe und des wortkargen, verlorenen Jungen bringt Regisseur Ozu einen Anflug von Komik in die trostlose Ausgangslage der Geschichte: Er lässt die Darstellerin der Otane ihren Missmut durch eine starke, grimassierende Mimik ausdrücken, die beinahe lächerlich wirkt. Ihre Abscheu vor dem Kind verstärkt sie mit verscheuchenden Lauten, die wie Versuche klingen, ein lästiges Tier loszuwerden. Der mürrischen Otane stellt Ozu den stoischen Kōhei gegenüber. Der Kinderdarsteller Hōhi Aoki gibt dem verlassenen Jungen bereits in den Anfangsszenen mit wenigen Mitteln eine beeindruckende Präsenz: Gleichzeitig trotzig und schüchtern hat er die Hände tief in den Hosentaschen, begegnet Otanes Feindseligkeit mit kindlich-flehendem Blick und spricht dabei kein Wort – im gesamten Film äußert Kōhei nur wenige Sätze.

Am nächsten Morgen sieht man Kōhei dabei, wie er lustlos und verschämt einen Futon ausklopft, der über einer Wäscheleine im Freien hängt, im Hintergrund nur Schutt und Asche. Beinahe beiläufig zeigt Yasujirō Ozu hier die verheerende Zerstörung Tokyos: In den letzten Kriegsmonaten war die Stadt durch massive Flächenbombardierungen der US-amerikanischen Streitkräfte zu über 50 Prozent zerstört worden.[31] Ganze Stadtviertel wurden dabei dem Erdboden gleichgemacht. Inmitten der Trümmer versucht Kōhei, die Spuren der Nacht zu beseitigen: Er hat das Bett

---

[29] Der Yasukuni-Schrein wurde 1869 als Ehrung für die Soldaten, die während der Restauration der Tennō-Herrschaft gefallen sind, errichtet. Zu Geschichte, politischem Diskurs und Problematik dieses Gefallenen-Mahnmals vgl. z. B. John Breen (Hrsg.), Yasukuni, the War Dead, and the Struggle for Japan's Past, London 2007.
[30] Eine Synopse des Films findet sich u. a. in Hoch (Hrsg.), Ozu, S. 125–127.
[31] Vgl. dazu Carola Hein, Rebuildung Japanese Cities after 1945, in: dies./Jeffry M. Diefendorf/Ishida Yorifusa (Hrsg.), Rebuilding Urban Japan after 1945, Basingstoke/New York 2003, S. 1–16, hier S. 1–3.

genässt und seine ohnehin unwillige Gastgeberin damit noch mehr erzürnt. Otane will den Jungen nun so schnell wie möglich wieder an Tamekichi loswerden, doch dieser kann sich der Verantwortung erziehen. Schicksalsergeben macht sie sich mit dem Jungen auf nach Chigasaki, etwa 50 Kilometer südwestlich von Tōkyō, um dort nach Spuren des Vaters oder weiterer Verwandtschaft zu suchen. Sie findet aber nur heraus, dass die Wohnung der Familie zerstört wurde und mit einer Rückkehr des Vaters nicht zu rechnen sei. Der Verbleib der Mutter bleibt im Dunkeln. Der Vater habe Chigasaki vor ein paar Tagen mit seinem Sohn verlassen, um in Tokyo Arbeit zu finden. Dort hatten sich die beiden offenbar verloren – vielleicht hatte der Vater seinen Sohn auch willentlich zurückgelassen.

Die bisher eingeführten Filmfiguren stehen für verschiedene Erfahrungen von (Kriegs-)Verlusten: Tamekichi und Tashiro haben ihre Arbeit verloren, beide waren vor dem Krieg in künstlerischen Berufen tätig. Nun kann der eine nur noch melancholisch alte Rollentexte rezitieren, der andere schlägt sich als Prophet einer unsicheren Zukunft durch. Ozu entwirft damit Schicksale, die vermutlich Referenzen auf seine eigenen Erfahrungen als Filmkünstler aufweisen. Für Ozu bedeutete der Krieg ebenfalls eine Zäsur in seinem Schaffen, auch wenn er seine Tätigkeit vordergründig relativ bruchlos weiterführen konnte. Doch nach Kriegsende veränderten sich die Parameter seiner Arbeit deutlich, er hatte nicht nur mit der Zensurpolitik der US-amerikanischen Besatzer zu kämpfen,[32] sondern es auch mit einer tiefgreifend erschütterten japanischen Gesellschaft zu tun, die es nun neu zu definieren und zu porträtieren galt.

Anhand der Figuren Tamekichi und Tashiro erzählt Ozu von Menschen, deren familiäre Bindungen entweder nicht mehr vorhanden oder nur noch lose sind. Auch die verwitwete Otane ist allein, wobei unklar bleibt, ob ihr Mann im Krieg verstorben ist oder schon zuvor. Gemeinschaft und Zusammenhalt erfahren sie alle nicht (mehr) in der Familie, sondern, wenn überhaupt, durch die enge Nachbarschaft im *Nagaya*, das damit die Bedeutung einer post-familialen Bindungsstruktur erhält. Wirtschaftlich sind sie auf die Erwerbsalternativen angewiesen, die die Gesellschaft abseits staatlicher Regelung selbst hervorbringt: auf den Schwarzmarkt und den Verkauf selbstgemachter Produkte. Mit dem Schicksal des kleinen Kohei erhält die erzählte Vereinsamung schließlich eine existenzielle Dimension. Das Kind ist zum Überleben auf die Hilfe der anderen zwangsläufig angewiesen. Er bittet nicht aktiv darum, aber allein sein Auftreten macht seine Bedürftigkeit nach Fürsorge und Nähe deutlich. Doch die Erwachsenen, auf die er trifft, verhalten sich ambivalent und überfordert: Tashiro erbarmt sich seiner zwar zunächst, will die Verantwortung für ihn aber nicht für eine längere Zeit übernehmen. Und auch die anderen Personen möchten sich dieser möglichst entziehen, allen voran Otane.

---

[32] Zu Ozu und seinem Umgang mit den Eingriffsversuchen der US-amerikanischen Zensurbehörde siehe weiter unten.

Die Witwe ist von der anstrengenden, vergeblichen Reise nach Chigasaki frustriert und macht mit Kohei eine kurze Pause auf einer Sanddüne, bevor es zurück nach Tokyo gehen soll. Hier beweist Yasujirō Ozu wiederum sein feinfühliges Gespür für Tragikomik: Mit gespielter mütterlicher Zuneigung teilt die Witwe zunächst ihr *Onigiri*[33] mit Kohei und schickt ihn dann hinunter zum Strand, um ein paar Muscheln zu sammeln. Während der Junge beschäftigt ist, bricht Otane jedoch schnell auf und eilt alleine die Straße zurück. Doch ihre Hoffnung, Kohei übertölpelt zu haben, zerschlägt sich schnell. Er hat den Aufbruch mitbekommen und bleibt Otane auf den Fersen; sie nimmt ihn also wieder mit sich ins *Nagaya*.

In den nun folgenden drei Szenen lässt Ozu weitere Personen auftreten, die mit ihren Geschichten das zuvor dargelegte Mosaik der japanischen Nachkriegsbiografien erweitern. Bei einem abendlichen Treffen der Hausbewohner zeigt sich der Gastgeber Kawayoshi großzügig, denn sein junger Sohn hat in der Lotterie gewonnen. Vom Gewinn spendiert der Vater den Nachbarn ein festliches Essen und reichlich Getränke. Angetan von solch ungewohntem Überfluss, stimmen die Gäste überein, dass Kinder wohl deshalb Glück in der Lotterie haben, weil sie reinen Herzens seien. Die Nachbarn genießen einen kurzen Moment der Unbeschwertheit, es wird gesungen und getrunken. Ozu mischt in die Ausgelassenheit jedoch auch Trauer: Die gesungenen Lieder erzählen von Verlust, und auch die Blicke der Nachbarn spiegeln tiefe Verwundungen wider.[34]

Am nächsten Morgen bekommt Otane in ihrem kleinen Haushaltswarengeschäft Besuch von einer alten Freundin: Bei Okiku (Mitsuko Yoshikawa), die ein Geisha-Haus führt, beklagt sie sich über den allerorts spürbaren Mangel an Lebensmitteln und Gebrauchsgütern. Auch Okiku, deren vergleichsweise gutes Auskommen als Geschäftsfrau schon an ihrer gehobenen Kleidung deutlich wird, stimmt in die Klage mit ein. Da kommt Kohei in seinem zerlumpten Pullover herein. Er hat in den Straßen Zigarettenstummel und Nägel für seinen Vater gesammelt, offenbar in der Hoffnung, dass dieser bald zurückkehrt. Otane und Okiku müssen bei diesem Anblick an ihre eigene Kindheit zurückdenken, die so viel unbeschwerter und leichter gewesen sei. Die Kinder des Nachkriegs müssten dagegen große Härten ertragen. Otane zeigt hier zum ersten Mal Empathie für den verlassenen Kohei und gibt ihm – allerdings nicht ganz uneigennützig – zehn Yen für ein Lotterielos.

Der US-amerikanische Filmwissenschaftler und Ozu-Experte David Bordwell hat als ein Charakteristikum in Ozus Filmen herausgearbeitet, dass die Charaktere oftmals wehmütig an ihre Kindheit zurückdenken.[35] Hier nun verbindet sich diese Ozu-typische Nostalgie mit einer Sehnsucht nach früheren Verhältnissen.[36] Uner-

---

33 *Onigiri* ist eine japanische Zwischenmahlzeit in Form einer Kugel oder eines Dreiecks aus Reis, gefüllt mit Fisch oder Gemüse und umwickelt mit einem Algenblatt.
34 Vgl. Bordwell, Ozu, S. 297.
35 Vgl. ebenda.
36 Vgl. ebenda.

wähnt bleibt dabei, dass es der Pazifikkrieg und die US-amerikanische Besatzung sind, die den drastischen Wandel der Lebensverhältnisse verursacht haben. Doch Verlust und Mangel werden nicht explizit mit dem aus japanischer Perspektive verheerenden Krieg in Verbindung gebracht. Die Gründe für die entbehrungsreiche Lage werden weder erörtert noch hinterfragt. Diese erscheint beinahe als natürlich gegeben und unausweichlich. Ozu verzichtet darauf, Fragen nach Kriegsschuld und nach der Verantwortung für die Niederlage zu stellen. Es geht ihm vielmehr um die Herausforderungen der Gegenwart: Wer übernimmt die Verantwortung für die Zukunft der japanischen Gesellschaft? Wie funktioniert unter den neuen Bedingungen Zusammenhalt und was ist Gemeinschaft (noch) wert?

Es kann nicht verwundern, dass der Krieg in Ozus erstem Nachkriegsfilm nur implizit eine Rolle spielt. Zum einen verhinderte die Zensurpolitik der amerikanischen Besatzer, dass Filme direkt auf den Krieg und seine Zerstörungen eingehen.[37] Zum anderen lassen sich hier erste Ansätze dazu erkennen, was im Weiteren den öffentlichen japanischen Umgang mit der Kriegserfahrung prägte: Die japanische Erinnerungskultur blendet(e) die Ursachen, Verantwortlichkeiten sowie die eigene Mitwirkung an den Gräueln des Kriegs weitgehend aus.[38] Die Politik Japans machte die Opferrolle zum Leitmotiv ihrer Vergangenheitsbewältigung: Alle Bürger seien in gleicher Weise Opfer des Kriegs. In dieser Lesart wurden sowohl die Luftangriffe auf Tōkyō als auch die Atombombenabwürfe auf Hiroshima und Nagasaki im August 1945 behandelt wie verheerende Naturkatastrophen und vergleichbar mit dem großen Kantō-Erdbeben von 1923 – die Bombenopfer wurden als „Unglücksopfer" (*Hisai sha*) bezeichnet. Dies verhalf dazu, weder Japan noch die USA als Aggressoren beschuldigen zu müssen und einen gemeinsamen japanischen Opfermythos zu erschaffen.[39] Dieses Verdrängen und Verschweigen erschien staatlicherseits notwendig für die „Friedenserziehung" der Japaner: Nur auf diesem Weg konnten die vormaligen US-amerikanischen Kriegsgegner in der kollektiven Wahrnehmung nun als verbündete und hilfreiche Partner etabliert werden.

Auch Ozu ging am Rande darauf ein, wie die US-amerikanische Besatzung die japanischen Jugendlichen und jungen Erwachsenen zu beeinflussen begann: Im Anschluss an die Szene zwischen Otane, Okiku und Kohei bekommt Tamekichi Be-

---

37 Zur amerikanischen Filmzensur im Nachkriegsjapan siehe weiter unten.
38 Die (fehlende) Auseinandersetzung Japans mit der eigenen Kriegsvergangenheit ist Gegenstand einiger deutsch- und englischsprachiger Forschungsarbeiten, siehe dazu als einführend: Christoph Cornelißen/Lutz Klinkhammer/Wolfgang Schwentker, Nationale Erinnerungskulturen seit 1945 im Vergleich, in: dies. (Hrsg.), Erinnerungskulturen. Deutschland, Italien und Japan seit 1945, Frankfurt a. M. 2003, S. 9–26.
39 Nobuhiro Yanagihara, Bombenkrieg in Japan und kollektives Gedächtnis, S. 62, online unter: https://www.jdzb.de/fileadmin/Redaktion/PDF/veroeffentlichungen/tagungsbaende/D57/10-p1184%20yanagihara1.pdf [8.5.2019].

such von seiner Tochter Yukiko (Hideko Mimura). Sie trägt keinen *Yukata*[40] oder andere traditionelle japanische Kleidung, wie alle anderen erwachsenen Protagonisten des Films, sondern eine Stoffhose und einen Pullover, dazu ein Kopftuch und eine Sonnenbrille. Sie wohnt offenbar in einem Innenstadtbezirk Tokyos und nicht mehr mit dem Vater im *Nagaya* am Stadtrand. Um sie noch weiter von der Elterngeneration abzuheben, erwähnt Otane anerkennend, dass Yukiko wohl an Gewicht zugelegt habe – und das sei in der herrschenden Situation ja nicht leicht. Doch dieser neue Typus „amerikanisierter" junger Japanerinnen und Japaner hat offenbar die gleichen Probleme wie die übrige Gesellschaft, auch wenn die äußere Erscheinung anderes vermuten lässt. Denn Yukiko hofft, bei ihrem Vater ein Mittagessen zu bekommen. Sie selbst hat aus der Stadt nichts mitgebracht. Der Vater ist darüber verärgert, hatte er doch auf ihre Unterstützung gehofft. Mit diesem gestörten Eltern-Kind-Verhältnis weist Ozu auf ein gesellschaftliches Dilemma hin: Die japanische Elterngeneration hat ihren Halt verloren und ist vom Krieg gebrochen. Sie erwartet, dass die nachwachsende, junge Generation einen Neuanfang schafft und sich in der ungewohnten, fremdbestimmten Ordnung etabliert. Sie bürden den Kindern damit viel Verantwortung auf, und Ozu lässt anklingen, dass sie dem nicht gewachsen sind. Er erzählt von einer Gegenseitigkeit der Abhängigkeiten – und diese Konstellation erscheint als dysfunktional.

Zurück in der eigenen Wohnung hört Otane von Kohei, dass er kein Glück in der Lotterie hatte. Die Witwe ist erbost über die Verschwendung des Geldes und wirft dem Jungen vor, wegen seiner schlechten Einstellung nicht gewonnen zu haben. Als Kohei verzweifelt und beschämt zu weinen beginnt, lenkt sie ein. Mürrisch gibt sie ihm weitere zehn Yen, um ihn zu trösten. Die Szene bildet den Auftakt zu einer dramatischen Zuspitzung der Beziehung zwischen Otane und dem verlassenen Kohei. In deren Verlauf baut die anfänglich so hartherzige Witwe zu dem schweigsamen Jungen eine emotionale Bindung auf, die aber auf die Probe gestellt wird. So bemerkt Otane in der folgenden Szene, dass von den Persimon-Früchten, die sie zum Trocknen aus dem Fenster gehängt hatte, einige fehlen. Sofort beschuldigt sie Kohei, die Früchte gegessen zu haben. Er streitet es ab, doch Otane glaubt ihm nicht und macht ihm Vorhaltungen. Erst als Nachbar Tamekichi vorbeikommt und Otane beichtet, die Persimons genommen zu haben, lässt sie von Kohei ab.

Die zwei Begebenheiten führen zur dramatischen Klimax des Films: Kohei hat nachts erneut seinen Futon genässt und ist am nächsten Morgen verschwunden. Die Witwe ist besorgt und sucht ihn, allerdings vergeblich. Ihrer Freundin Okiku gegenüber macht sie sich Vorwürfe, dass sie zu streng und abweisend gewesen sei. Sie gibt zu, dass Kohei ihr ans Herz gewachsen ist, da kommt Tashiro mit dem Jungen. Er war aus Scham weggelaufen und hatte sich in den Straßen herumgetrieben.

---

[40] Der *Yukata* ist ein traditionelles einteiliges Kleidungsstück aus Baumwolle. Ursprünglich nach dem Baden oder im Sommer getragen, wurde er zu einer alltäglichen Variante des Kimonos.

Otane ist erleichtert und fragt den Jungen, überwältigt von ihren Gefühlen, ob er bei ihr bleiben und ihr „Sohn" sein möchte. Kohei bejaht. Als humoristischen Clou zeigt Ozu hier, dass die bisher alleinlebende Witwe bereits eine große Nähe zu dem Kind aufgebaut hat: Weil sich Kohei Läuse eingefangen hat, reibt er sich regelmäßig unbehaglich die Schultern an seinem zerlumpten Pullover – Otane hat die Bewegung übernommen und tut es ihm gleich.

Im Anschluss inszeniert Ozu, wie diese neue Familienkonstellation feierlich besiegelt wird. Gemeinsam mit Okiku gehen die beiden in den Zoo, Kohei trägt einen neuen Pullover. Dann werden Bilder bei einem professionellen Fotografen gemacht. Otane schwärmt von der mütterlichen Liebe, die sie erstmals spürt. Doch die Zukunftspläne, die sie, zurück in der Wohnung, euphorisch für Kohei schmiedet, werden jäh durchbrochen: Sein Vater steht in der Tür. Er hatte den Jungen keineswegs verlassen, sondern ihn in den Wirren der Stadt verloren. Erst jetzt hat er ihn ausfindig gemacht und dankt Otane für ihre Fürsorge. Von dieser Wendung völlig überrascht, gibt sie Kohei den Pullover und ein Buch mit, das sie für ihn gekauft hat. Er solle sie gern jederzeit besuchen kommen. Vater und Sohn verabschieden sich mit zurückhaltender Höflichkeit.

Tamekichi und Tashiro haben die Wiedervereinigung mitbekommen und wollen sich mit Otane über das „Happy End" freuen, doch sie beginnt zu weinen. Sie schwindelt den verwunderten Nachbarn vor, es sei aus Freude über die glückliche Familienzusammenführung. Gleichzeitig beklagt sie, dass sie Kohei hätte besser behandeln müssen: „Kinder sind wunderbar. Er war nur eine Woche hier, aber er hat mich zum Nachdenken gebracht."[41] Tashiro soll ihr aus der Hand lesen, ob sie ein Kind adoptieren könne. Sie müsse nur zum Ueno-Park gehen, rät er ihr. Denn dort, und mit diesen Bildern endet der Film, zeigten sich die Nachwirkungen des Kriegs auf besonders traurige Weise: Rund um die Statue von Saigō Takamori[42] stromerten in der Nachkriegszeit zahllose obdachlose Kriegswaisen herum. Zumeist waren es Jungen – Kinder und junge Teenager –, die ihre Tage rauchend und spielend hier im Freien verbringen mussten, von der Familie und vom Staat verlassen, heimatlos und ohne Perspektive.[43]

Ozu griff hier ein Symptom der Nachkriegszeit auf, das auch in Hiroshi Shimizus Film *Hachi no su no kodomo-tachi* (Kinder des Bienenstocks, 1948) die zentrale

---

41 *Nagaya shinshi-roku*, 01:08:15 01:08:25.
42 Saigō Takamori (1828–1877) führte als Samurai einen großen Teil der kaiserlichen Truppen im Boshin-Krieg (1868/69) an, trug zum Sturz des Tokugawa-Shogunats und damit zur Umgestaltung Japans in der Meiji-Restauration bei. An der neuen Regierung war er zunächst als Ratgeber beteiligt, wehrte sich aber gegen die Pläne, Japan zu modernisieren und für den Handel mit dem Westen zu öffnen. Daher zog er sich von seinen Ämtern zurück. Vgl. Mark Ravina, The Last Samurai. The Life and Battles of Saigō Takamori, Hoboken, NJ 2004.
43 Christian Galan, The New Image of Childhood in Japan during the Years 1945–1949 and the Construction of a Japanese Collective Memory, in: Sven Saaler/Wolfgang Schwentker (Hrsg.), The Power of Memory in Modern Japan, S. 189–203.

Rolle spielt. Shimizu erzählt darin die Geschichte einer Gruppe von Kriegswaisen, die sich an Bahnhöfen herumdrücken und für einen dubiosen Kriegsversehrten Geschäfte auf dem Schwarzmarkt machen – immer in der Angst, von der Polizei aufgegriffen zu werden. Ein namenloser heimgekehrter Soldat nimmt sich ihrer an und macht sich mit ihnen auf den Weg zu jenem Waisenhaus, in dem er selbst aufgewachsen ist.[44] Und auch einer der bekanntesten und hochgeschätzten japanischen Animes widmet sich den vom Krieg besonders hart getroffenen Kindern: Der 1988 erschienene, gerade in Europa und Nordamerika erfolgreiche Anime „Die letzten Glühwürmchen" des Filmstudios Ghibli erzählt von einem Waisen-Schicksal. Ein Geschwisterpaar kämpft sich ohne Eltern durch die letzten Kriegsmonate, vernachlässigt auch von den verbliebenen Angehörigen. Zuletzt stirbt auch der ältere Bruder einsam und verlassen inmitten der Menschen am Bahnhof Ueno in Tōkyō.[45]

Bei Ozu folgen die Bilder der verwaisten Kinder auf die Worte Otanes, die als moralischer Appell des Films verstanden werden können: Die Menschen seien zu besorgt um ihr eigenes Leben und würden darüber die Kinder, denen es völlig unverschuldet viel schlechter ginge, vergessen.[46] Ozu wies damit sehr früh darauf hin, dass der staatliche Umgang mit Kindern im Krieg dramatische Folgen nach sich gezogen hatte: Durch die massenhafte Evakuierung von Schulkindern in den letzten Kriegsmonaten waren Familien bewusst auseinandergerissen und dauerhaft entfremdet worden.[47] Mit dem Ziel des staatlich gelenkten Aufbaus einer „Junior Nation" sollten die Kinder in der Evakuierung gezielt militarisiert und wehrhaft gemacht werden.[48] Nach der verheerenden Kriegsniederlage verloren diese Maßnahmen ihre Grundlage, und der japanische Staat überließ viele dieser Kinder perspektiv- und hilflos ihrem eigenen Schicksal. Mit dem verlassenen Kohei und den zunächst überforderten und desinteressierten Erwachsenen um ihn herum machte Ozu dieses gesellschaftliche Problem zum zentralen Motiv seines ersten Nachkriegsfilms.

Es kann kaum verwundern, dass es eine weibliche Figur ist, die in *Nagaya shinshi-roku* eine entscheidende charakterliche Wendung durchmacht und zum Schluss

---

44 Vgl. *Hachi no su no kodomo-tachi* (Kinder des Bienenstocks), Japan 1947; Produktion: Hachi no Su Eiga-bu; Erstverleih: Tōhō K.K.; Erstvorführung: 24.8.1948; Regie/Drehbuch: Hiroshi Shimizu; Hauptrollen: Shimamura Shunsako, Masako Natuski, Shoichi Gosho, Imoto Kiyomi; Länge: 86 Min.
45 Der Film basiert auf der zum Teil autobiografischen Kurzgeschichte „Hotaru no Haka" (Das Grab der Leuchtkäfer) von Akiyuki Nosaka und gilt als einer der besten Animes der Filmgeschichte. *Hotaru no Haka* (Die letzten Glühwürmchen), Japan 1988; Produktion: Studio Ghibli; Erstverleih: Tōhō K.K.; Erstvorführung: 16.4.1988; Regie/Drehbuch: Isao Takahata; Musik: Michio Mamiya; Länge: 89 Min.
46 Vgl. dazu Bordwell, Ozu, S. 297.
47 Siehe dazu Gregory Scott Johnson, Life in Retreat: Japan's Wartime School Evacuation in Practice, in: Japanese Studies 36 (2016), H. 3, S. 319–337.
48 Siehe dazu Sabine Frühstück, Playing War. Children and the Paradoxes of Modern Militarism in Japan, Berkely 2017.

zum moralischen Vorbild wird. Bereits Mitte der 1930er Jahre lässt sich in den Filmen Yasujirō Ozus die Tendenz erkennen, weiblichen Charakteren mehr Handlungsraum zu geben und komplexe Beziehungen zwischen den Frauenfiguren zu zeigen.[49] Damit ging die Entstehung eines neuen Frauentyps einher: das *modan gāru* (*modern girl*), das in den 1920er Jahren langsam an Konturen gewann. Es zeichnete sich vor allem durch westliche Kleidung, eigene Erwerbsarbeit – und damit durch eine Abkehr vom traditionellen Männer-zentrierten japanischen Lebensstil – sowie Konsumorientierung aus.[50] In Ozus Vorkriegsfilmen tritt das *modan gāru* häufig in einen Wettbewerb mit einer „traditionellen" Frauenrolle, zum Beispiel mit der zurückhaltenden Hausfrau, die noch in der Zeit der Meiji-Restauration (1868–1890) das propagierte Modell darstellte.[51] In seinen beiden unmittelbaren Nachkriegsfilmen *Nagaya shinshi-roku* und *Kaze no naka no mendori* werden auch die „traditionellen" Frauen zu souveränen Handlungsträgerinnen.[52] Die Witwe Otane übernimmt Verantwortung für den verlassenen Kohei, als die wenigen verbliebenen Männer davon zurücktreten – sie geben sich lieber der Klage nach dem Verlorenen hin. Otane dagegen nimmt sich am Ende der Erzählung vor, eine der Kriegswaisen zu adoptieren, die Ozu abschließend zeigt. Er greift damit die anfänglichen Zeilen des Films wieder auf, lassen sich doch in den einsamen Kindern die „kleinen Menschen" erkennen, auf deren Leben der Krieg einen dunklen Schatten geworfen hat.

Doch nicht nur erzählerisch wies *Nagaya shinshi-roku* neue Elemente auf – die bestimmende Frauenfigur, eine ungewöhnlich lineare Erzählstruktur.[53] Auch stilistisch unterschied er sich von den Vorkriegsfilmen Ozus und den Produktionen aus der Kriegszeit, zuletzt *Chichi ariki* (Er war mein Vater) aus dem Jahr 1942. Insbesondere im letzten Drittel experimentierte Ozu mit neuen Techniken. So sieht man das Bild, das der Fotograf von Otane und Kohei macht, kopfüber, davor und danach ein Schwarzbild, als würde Ozu hier den fotografischen Prozess der Aufnahme imitieren. Als ebenso ungewöhnlich arbeitete David Bordwell die prominente Inszenierung von Leerstellen heraus. In einigen Szenen erwartet der Zuschauer eine Figur oder einen Gegenpart, so in der Anfangsszene, doch Ozu bebilderte Leere und Abwesenheit.[54]

---

49 Vgl. Joo, Cinema, S. 81 f.
50 Vgl. Barbara Sato, The New Japanese Woman. Modernity, Media, and Women in Interwar Japan, Durham 2003, S. 48 f.
51 Vgl. Joo, Cinema, S. 89. Als Meiji-Restauration wird die Phase bezeichnet, die mit der Abschaffung des Shogunats 1868 begann und mit dem Inkrafttreten der Verfassung des japanischen Kaiserreichs 1890 endete.
52 Vgl. Mauricio F. Castro, Vanished Men, Complex Women. Gender, Remembrance and Reform in Ozu's Postwar Films, in: Stein/DiPaolo (Hrsg.), Ozu, S. 29–52.
53 Vgl. Bordwell, Ozu, S. 298.
54 Ebenda, S. 300.

3 *Kaze no naka no mendori*, 1948

Der Film *Kaze no naka no mendori* (Ein Huhn im Wind) wurde nachträglich als typischer „Besatzungsfilm" bezeichnet, da er sich explizit mit den Problemen einer zerstörten Gesellschaft auseinandersetzt und relativ unverhohlen zu einem optimistischen Neustart aufruft.[55] Ozu selbst maß dem Film in späteren Jahren keine große Bedeutung mehr bei.[56] Der US-amerikanische Filmkritiker Jonathan Rosenbaum vermutet, dass Ozu sich nachträglich davon distanzieren wollte, die kläglichen japanischen Lebensverhältnisse während der amerikanischen Besatzungszeit so schonungslos gezeigt zu haben, da er nun subtilere Erzähltechniken vorzog.[57] Von der zeitgenössischen Filmkritik wurde er sogar einhellig als misslungen bezeichnet. Er sei zu steril und zu wenig authentisch, außerdem habe Ozu seine eigenen stilistischen Regeln verletzt: Anders als in seinen bisherigen Filmen inszenierte Ozu in *Kaze no naka no mendori* explizit häusliche Gewalt, was einige Zuschauer offenbar sehr irritierte. Im dramatischen Höhepunkt der ehelichen Auseinandersetzung der Hauptfiguren packt Ehemann Shuichi (Shuji Sano), ein emotional instabiler Kriegsheimkehrer, seine Frau Tokiko (Kinuyo Tanaka) grob am Arm und schüttelt sie so stark, dass sie eine lange Treppe hinunterstürzt. Neben dieser direkten Gewaltdarstellung steht die indirekte Erzählung des Missbrauchs: Ehemann Shuichi erzwingt von seiner Frau offenbar den ehelichen Verkehr, was Ozu mit einer Bildeinstellung der Beine der liegenden Tokiko zeigt – der restliche Körper ist von einer Wand verdeckt –, während sich Shuichi über sie beugt. In der nächsten Einstellung hockt Tokiko in sich zusammengefallen und verloren im Raum, sie wendet der Kamera den Rücken zu. Ihre Bluse ist aufgeknöpft und die Unterkleidung verrutscht.

Wie es zur Eskalation zwischen den jungen Eheleuten kommt, erzählt Ozu vor allem aus der weiblichen Perspektive:[58] Die junge Schneiderin Tokiko lebt seit vier Jahren mit ihrem Sohn Hiroshi allein, während ihr Mann im Kriegsdienst ist. Als sie ihn das letzte Mal gesehen hat, war der gemeinsame Sohn noch ein Baby. Ihre Lebensverhältnisse in der Nachkriegszeit sind prekär; mit ihrer Freundin Akiko (Chieko Murata) kann sie über die Sorgen und Nöte sprechen. Die beiden Frauen helfen sich gegenseitig dabei, durch den Verkauf von Kimonos und anderen Waren an etwas Geld zu kommen, um den Alltag zu bestreiten. Die Angebote der Nachbarin Orie (Reiko Mizukami), sich mit gelegentlicher Prostitution ein kleines Einkommen zu verschaffen, haben beide bisher entrüstet zurückgewiesen. Doch gerade als Tokiko ihren letzten Kimono verkauft hat, wird Hiroshi schwer krank und muss im Kran-

---

55 Vgl. ebenda, S. 302.
56 Vgl. Donald Richie, Ozu, Berkeley 1974, S. 234.
57 Vgl. Jonathan Rosenbaum, Building from Ground Zero. A Hen in the Wind, veröffentlicht am 12.2.2018, online unter: https://www.jonathanrosenbaum.net/2018/02/building-fron-ground-zero-a-hen-in-the-wind-tk/ [8.2.2019].
58 Vgl. Bordwell, Ozu, S. 303.

kenhaus behandelt werden. Die Kosten für seine Behandlung übersteigen ihre finanziellen Möglichkeiten, auch wenn die Krankenschwester ihr ein wenig Aufschub gewährt. In ihrer Not wendet sich Tokiko an Orie und verkauft sich ein einziges Mal an einen Freier, um die Medizin für ihr Kind bezahlen zu können – die Genesung des Jungen hat oberste Priorität. Genau wie in Ozus vorangegangenen Film *Nagaya shinshi-roku* taucht hier das Motiv des Kindes als wichtigstes Gut auf, das es mit allen Mitteln zu schützen gilt. Von der Prostitution zeigt Ozu nur die Anbahnung der Bekanntschaft in einem Bordell sowie die nachträgliche Beschwerde des Kunden darüber, dass das Stelldichein nicht gerade gut gewesen sei.[59]

Tokikos Leidensgeschichte ist damit keineswegs vorbei. Als sie ihrer Freundin Akiko beichtet, dass sie Ories Angebot notgedrungen angenommen hat, macht diese ihr große Vorwürfe: Sie hätte sich ihr anvertrauen und andere Wege finden müssen, das Geld aufzutreiben. Tokiko stimmt ihr zu und ist zutiefst beschämt, aber auch erleichtert, dass Hiroshi wieder genesen ist und die Krise nun überwunden scheint. Kurz darauf kehrt auch ihr Ehemann Shuichi plötzlich heim, und die Familie ist wieder vereint. Die Erlebnisse des Manns im Krieg werden von den Eheleuten nicht thematisiert, Ozu blendet sie aus. Nach den vier Jahren Trennung soll nahtlos an die vorherige Normalität angeknüpft werden. Auch dies stellte ein wichtiges Motiv in Ozus Nachkriegsnarrativ dar: Die Gründe für Abwesenheit, für Verletzungen und Entbehrungen bleiben im Dunkeln. Eine Aufarbeitung des Vergangenen findet nicht statt. Es geht vielmehr darum, mit der Gegenwart umzugehen und darin zu überleben.

Das Glück der jungen Eheleute währt nicht lange, denn im abendlichen Gespräch möchte Shuichi wissen, wie es seiner Frau und seinem Sohn in seiner Abwesenheit ergangen ist. Als er erfährt, dass Hiroshi erst kürzlich schwer erkrankte, fragt er nach, wie seine Frau die Behandlung bezahlen konnte. Sie gesteht ihm die einmalige Prostitution – Shuichi ist fassungslos. Ozu erzeugt den abrupten und dramatischen Stimmungswechsel, indem er den Raum plötzlich dunkler erscheinen lässt – eine Technik, die er in seinen späteren Filmen immer wieder anwendete.[60]

Der Filmkritiker Rosenbaum stellt fest, dass Yasujirō Ozu mit den Grenzerfahrungen seiner beiden Hauptfiguren sehr ähnlich umging. Er erzählte weder von den Kriegserlebnissen Shuichis noch bebilderte er Tokikos kurzzeitige Prostitution. Beide eigentlich essentiellen Elemente der Geschichte blieben der Vorstellung der Kinozuschauer überlassen – und auch die Filmcharaktere imaginierten lediglich die Erfahrungen des jeweils anderen, so Rosenbaum: Die Gefahren und Entbehrungen des Kriegsdiensts würden nur in den Sorgen Tokikos zu Beginn des Films greifbar. Ebenso werde deren Arbeit im Bordell erst dadurch „sichtbar", dass Shuichi das Etablissement später aufsuche und mit einer anderen jungen Frau über ihre Erfah-

---

[59] Eine Synopse des Films findet sich u. a. bei Hoch (Hrsg.), Ozu, S. 127–129.
[60] Vgl. Bordwell, Ozu, S. 305.

rungen dort spreche.⁶¹ Die Ereignisse selbst hielt Ozu also verborgen, doch ihre Konsequenzen tragen den Film. Rosenbaum bezeichnet es in seinem kurzen Essay, der die DVD-Veröffentlichung von *Kaze no naka no mendori* durch das British Film Institute begleitet, zurecht als bemerkenswert, dass dabei der einmalige Fehltritt der jungen Ehefrau im Mittelpunkt steht. Shuichis Jahre im Krieg spielen dagegen keine Rolle.

Die Konfrontation des Heimkehrers Shuichi mit der Verfehlung seiner Frau stürzt ihn in eine tiefe Krise. Selbst die Arbeit in einem Redaktionsbüro, die er nach seiner Rückkehr wieder aufnehmen kann, lenkt ihn nicht ab. Obsessiv versucht er, von Tokiko Einzelheiten über ihre Nacht im Bordell zu erfahren. Sie gibt seinem aggressiven Druck nach und beschreibt ihm den Ort. Er ist von der Offenbarung so aufgewühlt, dass er seine Frau vergewaltigt. Am nächsten Tag sucht er das Bordell auf und kann bei der Empfangsdame herausfinden, dass sich seine Frau dort tatsächlich nur ein einziges Mal verdingt hat. Weil er für einen regulären Kunden gehalten wird, soll sich die 21-jährige Fusako um seine sexuelle Befriedigung kümmern. Shuichi erfährt, dass sie dort als Prostituierte arbeitet, weil ihr Vater arm und krank, ihre Mutter verstorben und ihr Bruder noch ein Schüler ist. Da ihr keine andere Tätigkeit mehr übrig bleibe, müsse sie von Zeit zu Zeit auf diese Weise Geld verdienen. Shuichi ist von ihrer Geschichte so gerührt, dass er ihr verspricht, ihr einen Job in seinem Büro zu vermitteln. Als er seinem Vorgesetzten Kazuichiro (Chishū Ryū), ebenfalls ein Kriegsheimkehrer, vom Schicksal der jungen Fusako berichtet, willigt dieser ein, sie zu beschäftigen. Gleichzeitig bittet er Shuichi aber eindringlich, nun endlich seiner Frau ihre Verfehlung zu vergeben, da er doch auch für Fusako Verständnis habe aufbringen können. Shuichi behauptet, seiner Frau bereits verziehen zu haben.

Doch in den letzten Szenen des Films, in der Konfrontation der Eheleute, bricht Yasujirō Ozu zunächst radikal mit der versöhnlichen Stimmung, die er kurz zuvor geschaffen hatte: Shuichi mag seiner Frau verziehen haben, aber seine Wut über die Situation ist noch so zerstörerisch, dass er der flehenden Tokiko einen groben Stoß versetzt und sie die Treppe aus der Wohnung in den Hausgang hinunterstürzt. Als sie am Fuß der Treppe reglos ein paar Momente liegen bleibt, ruft er zwar erschrocken nach ihr, eilt aber nicht hinab, um ihr zu helfen. Tokiko rappelt sich allein auf und schleppt sich humpelnd wieder die Treppe hinauf. Sie macht ihm keinerlei Vorwürfe, die lebensgefährliche Gewalt des Manns bleibt völlig unkommentiert. Vielmehr ergibt sich Tokiko gänzlich seinem Willen – er dürfe alles mit ihr machen, so lange er ihr nur irgendwann vergebe und sie nicht verlasse. Shuichi willigt ein und verspricht einen Neuanfang. Im letzten Bild der entfremdeten Eheleute umarmen sie sich, wobei Tokiko beinahe verzweifelt ihre Arme um Shuichi schlingt. Die Kamera fokussiert auf ihre Hände, die sie hinter seinem Rücken faltet und fest

---

61 Vgl. Rosenbaum, Building.

zusammendrückt. Die letzten Filmbilder zeigen die Nachbarschaft, menschenleer und stillebenhaft – sie spiegeln die Anfangsbilder mit kleinen, bewusst gesetzten Abweichungen. Diese „parametrische" Technik wendete Ozu danach immer wieder an.[62]

Wie bereits angedeutet wurde *Kaze no naka no mendori* von der Kritik eher kritisch aufgenommen. Doch zwei der renommiertesten und einflussreichsten Filmwissenschaftler des zeitgenössischen japanischen Films, Tadao Sato und Shigehiko Hasumi, verteidigten ihn und hoben seine analytische und ästhetische Einzigartigkeit hervor. Der Filmhistoriker Sato stimmte mit dem US-amerikanischen Filmwissenschaftler David Bordwell darin überein, dass man die Figur der Tokiko als Sinnbild für das Nachkriegsjapan verstehen müsse. Ihre Prostitution symbolisiere einen Verlust der nationalen Reinheit, die der Kern des japanischen Selbstverständnisses im Krieg gewesen sei. Mit der Gewalt des Ehemanns Shuichi zeige Ozu, wie brutal die Kriegserfahrungen in das Alltagsleben der Japaner eingegriffen habe. Ozu lege frei, dass der Krieg seine hehren Gründe verloren habe und dass es keinerlei Rechtfertigung mehr dafür gebe, so Satos Analyse. Shuichi, dessen Kampferlebnisse im Dunkeln bleiben, sehe keine andere Möglichkeit, als Gewalt anzuwenden – so tief habe ihn der Krieg gezeichnet. Mit dieser moralischen Botschaft sei der Film, so Sato und Bordwell, anderen Nachkriegsanalysen weit voraus, die vornehmlich ein Japan voller skrupelloser Militaristen oder willensschwacher Kollaborateure zeigten.[63] Ozus ästhetischer Zugang trage maßgeblich zur emotionalen Wirkung des Films bei. Er wählte suggestive Bilder ärmlicher und schmutziger Szenerien: das enge Zimmer in einem verkommenen *Nagaya*, in dem die Familie leben muss; die beinahe bedrohliche, steile Treppe, die dahin führt; die trostlosen Freiflächen des zerstörten Tōkyō, die von klotzigen Überresten industrieller Architektur bestimmt werden.[64]

Auch der Literatur- und Filmwissenschaftler Shigehiko Hasumi stellte Ozus Gespür für düster-symbolhafte Szenerien und wirkungsvolle Schnitte zwischen Innen- und Außenaufnahmen heraus. In seiner 1983 auf Japanisch erschienenen Monografie „Kantoku Ozu Yasujirō" (Der Regisseur Yasujirō Ozu) stimmte er Tadao Sato zu, dass es sich bei *Kaze no naka no mendori* um ein wichtiges Werk Ozus handele.[65] Das liege zum einen an der physischen Kraft des Films, zum anderen in der symbolhaften Inszenierung der Treppe – wobei Treppen in kaum einem anderen Film Ozus vorkommen. Die Dichte der Treppensturz-Szene erwachse insbesondere daraus, so Hasumi, dass Ozu die Treppe zuvor mehrmals zeige, und zwar immer aus der gleichen Perspektive, die frontal auf ihren unteren Teil und ihren Fuß gerichtet ist. Die

---

62 Vgl. Bordwell, Ozu, S. 306.
63 Vgl. Tadao Sato, Currents of Japanese Cinema. Essays, Tokyo 1982, S. 176–180.
64 Ebenda, S. 178 f.
65 Vgl. Rosenbaum, Building. Die Monografie wurde bisher nicht ins Englische übersetzt, liegt allerdings als Einzelband der Cahiers du Cinéma auf Französisch vor: Shigehiko Hasumi, Yasujirō Ozu, Paris 1998.

Sturz-Szene sei in ihrer Reduktion auf das brutale Fallen des Körpers das am meisten schockierende Moment in Ozus Gesamtwerk.[66]

Die Charakterzeichnung der jungen Ehefrau Tokiko hielt Shigehiko Hasumi allerdings nicht für gelungen. Ihre Handlungen und Reaktionen seien unglaubwürdig. Es sei verstörend, dass Tokiko es akzeptiere, von ihrem Ehemann missbraucht zu werden.[67] Die Scham über das eigene Verhalten potenziere hier vermutlich die Beschämung durch den Übergriff des Ehemanns. Doch auch Hasumi konzedierte Ozu, dass es ihm in *Kaze no naka no mendori* auf beeindruckende Weise gelinge, von der Erniedrigung zu erzählen, die die amerikanische Besatzung für Japan Ende der 1940er Jahre bedeutete.[68]

Besonders originell und provokant an Hasumis Analyse von *Kaze no naka no mendori* ist seine These, dass der Film Ozu – konträr zu dessen gängiger Bewertung – als „unjapanischen" Regisseur ausweise. Hasumi macht dies an drei Aspekten fest: Ozu zeige hier ganz plakativ seine Begeisterung für amerikanische Filme, da er gleich drei Filmposter berühmter US-Filme in einem der Settings auftauchen ließ. Auch das Wetter erinnere in diesem Film, wie in den meisten Ozu-Filmen, eher an die klimatischen Bedingungen in Kalifornien oder den amerikanischen Südstaaten als an typisch japanische Verhältnisse. In der Treppensturz-Szene vermutet Hasumi gar eine Reminiszenz an den Sturz der Scarlett O'Hara im Film *Gone with the Wind* (Vom Winde verweht), den Ozu während des Kriegs in Singapur gesehen hatte.

Der Filmkritiker Jonathan Rosenbaum arbeitete heraus, dass die verschiedenen Analysen von Ozus zweitem Nachkriegsfilm auf ein Paradoxon hinwiesen: Ozu nutzte Stilmittel und Stimmungen des US-Kinos, um von den Demütigungen der japanischen Nachkriegsgesellschaft durch die amerikanischen Besatzer zu erzählen.[69] Das verwundert weniger, wenn man Ozus professionelle Entwicklung berücksichtigt, die einen exzessiven Konsum von US-Filmen belegt. Ozu schärfte seinen Blick auf Amerika durch die Rezeption der dort produzierten fiktionalen Filme. Als gleichsam anekdotisch und emblematisch kann das folgende ihm zugeschriebene Zitat gelten: „Watching Fantasia made me suspect that we were going to lose the war. These guys look like trouble, I thought."[70]

---

66 Hasumi, Ozu, S. 185.
67 Ebenda, S. 189.
68 Ebenda.
69 Hasumi, Ozu, S. 189.
70 Zit. nach ebenda.

4 „Sogar der Mond liegt von Zeit zu Zeit im Schatten"[71] – Resümee

Die beiden Filme, die Yasujirō Ozu in der direkten Nachkriegszeit veröffentlichte, entstanden unter US-amerikanischer Besatzung. Für die japanische Filmindustrie bedeutete diese Besatzung neue Abhängigkeiten, wirtschaftliche Eingriffe in die Produktionsbedingungen sowie politische Einflussnahmen auf das Gezeigte.[72] Letztere zielten vorrangig darauf ab, die sozialen und physischen Schäden des großflächig zerstörten und entmachteten Landes nicht zu zeigen, also die Folgen der massiven amerikanischen Bombenangriffe auszublenden. Vielmehr sollte der Fokus darauf gelegt werden, den Neuanfang einer helleren Zukunft unter amerikanisch-demokratischer Anleitung zu inszenieren. Ozu erzählte in den beiden untersuchten Filmen vor allem von Wunden, von Leerstellen und Verzweiflung. Sowohl der verlassene Kohei als auch die zur Prostitution gezwungene Tokiko sind verletzte, gebrochene Figuren; auch die anderen Protagonisten beider Filme erdulden Mangel, Entbehrungen und Traumata. In dieser Hinsicht entsprachen beide Filme durchaus den Empfehlungen der US-amerikanischen Zensur, wenn auch nur bedingt.[73] Ozu kritisierte deutlich die Lebensbedingungen der Zeit – ohne dabei allerdings explizit den Krieg dafür verantwortlich zu machen oder gar die Aggressoren zu kritisieren. Mit dem Fokus auf die Kinder und die damit verbundene positive Zukunftsperspektive entsprach er aber der amerikanischen Filmpolitik. Doch gibt es hierzu auch andere Einschätzungen: Der Filmexperte Edward Fowler sieht gar in jenem Futon, den Kohei auf einer Wäscheleine mitten in Trümmern ausklopft, eine Ähnlichkeit mit der amerikanischen Flagge, die dieser also beschmutzt hat und nun malträtiert.[74] Doch Auseinandersetzungen über die Zugänge und ästhetischen Mittel von *Nagaya shinshi-roku* sind nicht überliefert.[75] Dass Ozu von den amerikanischen Zensoren an seiner Kritik offenbar nicht gehindert wurde, führte Fowler auf dessen geschickt angewandte Doppeldeutigkeit zurück: „[...] the director managed to disguise that message in a way that made his respective audience focus on two entirely different stories".[76]

---

71 *Nagaya shinshi-roku*, 02:10–03:05.
72 Siehe zur Filmzensur im besetzten Japan grundlegend: Kyoko Hirano, Mr. Smith Goes to Tokyo. Japanese Cinema under the American Occupation 1945–1952, Washington D.C./London 1992; Michael H. Gibbs, Film and Political Culture in Postwar Japan, New York, NY 2012; Lars-Martin Sorensen, Censorship of Japanese Films during the U.S. Occupation of Japan. The Cases of Yasujiro Ozu and Akira Kurosawa, Lewiston/Queenstone/Lampeter 2009.
73 Vgl. Sorensen, Censorship, S. 113.
74 Vgl. Edward Fowler, Piss and Run. Or How Ozu Does a Number on SCAP, in: Dennis Washburn/Carol Cavanaugh (Hrsg.), Word and Image in Japanese Cinema, Cambridge 2001, S. 273–292.
75 Vgl. Sorensen, Censorship, S. 114.
76 Fowler, Piss, in: Washburn/Cavanaugh (Hrsg.), Word and Image, S. 278.

In *Kaze no naka no mendori* nahm Ozu zwar die Anregung der Zensurbehörde auf, sich mit der Wiedereingewöhnung japanischer Soldaten im zivilen Leben zu beschäftigen.[77] Er tat dies aber in so drastischer, teilweise brutaler Weise, dass es den Zuständigen beim Supreme Commander for the Allied Powers kaum gefallen haben konnte. Doch lässt sich deren Reaktion mangels schriftlicher Quellen ebenfalls nicht mehr rekonstruieren.[78] Erst für seinen nächsten Film *Banshun* sind Auseinandersetzungen mit den amerikanischen Zensoren belegt.[79]

Die beiden analysierten Filme markieren im Gesamtœuvre Yasujirō Ozus eine Zwischenphase: Sie weisen Anhaltspunkte dafür auf, dass Ozu sich Mitte der 1940er Jahre auf der Suche nach neuen ästhetischen und narrativen Strukturen befand, die er erst im 1949 erschienenen *Banshun* gefunden zu haben schien. Sie erzählen von zerbrochenem Vertrauen und zerstörten Familien, von Konstellationen und Beziehungen, die vor dem Krieg noch unerschütterlich schienen. Beide Filme weisen ähnliche Hauptmotive auf: Zum einen zeigen sie Kinder als schuldlose, besonders hart getroffene Opfer, die auf die Unterstützung und Fürsorge der Erwachsenen angewiesen sind. Ihnen zu helfen, so Ozus Botschaft, ist zentral für die Zukunft des erschütterten Landes. Zum anderen bleiben die Ursachen für die gezeigten prekären Verhältnisse, für die Verluste und Verletzungen implizit; der Krieg erscheint nur als unscharfe Folie für die Verhältnisse der Gegenwart. Die Protagonisten beschäftigen sich nicht mit Vergangenem, sondern kämpfen mit dem Hier und Jetzt.

In beiden Filmen treten die Trümmer der japanischen Städte in den Hintergrund. Verheerende Zerstörungen erlebte das Erdbeben gewohnte Land immer wieder. Zuletzt vor dem Krieg hatte das große Kantō-Erdbeben von 1923 Tokyo zu großen Teilen in Schutt und Asche gelegt, die Hafenstadt Yokohama war dabei gänzlich zerstört worden. Daher hielt sich Ozu nicht mit einer Klage darüber auf. Hier schmerzte auch nicht, wie in Europa, der Verlust prächtiger, für die Ewigkeit errichteter Bauten, die es schnell wieder zu rekonstruieren galt. Ozu sah vielmehr „dem langsamen Fallen seiner Geschöpfe zu",[80] zeigte Flüchtigkeit und (menschliche) Vergänglichkeit. Damit zollte er dem *Mono no aware* Tribut, einem essentiellen Element der japanischen Ästhetik: der Empfindsamkeit des Unbeständigen.

---

[77] Vgl. Sorensen, Censorship, S. 134.
[78] Vgl. ebenda, S. 135.
[79] Vgl. ebenda, S. 136 f.
[80] Tomiczek, Ozu, S. 61.

Hikari Hori
Yoru no onna tachi (1948)

Male Complicity, Gender Equality and Democracy as Represented in an Immediate Postwar Japanese Film

Movies were one of the most effective tools when it came to transforming Japan from a militaristic and monarchic state into a democratic one for the Supreme Commander for the Allied Powers in the General Headquarters of the Occupation (SCAP/GHQ) during the Occupation era (1945–1952). In order to propagate democracy and "enlighten" the masses, the occupation government censored filmmaking as well as other forms of media and information including letters, newspapers, general publications, and so forth. Social and political changes such as the new constitution, land reform, the revision of civil law, and the dissolution of the *Zaibatsu*[1] also appeared prominently in cinematic texts. For example, to promote the new Japanese constitution, which came into effect in May 1947, a "Constitution Film Week" (*Kenpō eiga shūkan*) was organized from the end of April through the beginning of May 1947. Led by the Ministry of Education, three major film studios agreed to produce movies featuring three key pillars of the new constitution: civil rights (*kihon teki jinken*) was assigned to Daiei; the renunciation of war (*sensō hōki*) to Tōhō; and gender equality (*danjo dōken*) to Shōchiku studios. Those assignments, however, were not arbitrary; the studios had previously produced movies that also featured these themes.[2]

One of the major concerns of the occupation government was women's liberation. The 1947 Constitution mandated equality of both genders and, subsequently, the civil law was revised to ensure the equal rights of women in family relations, marriage, and inheritance. The Women's and Minors' Bureau was created as part of the Japanese Ministry of Labor, women's suffrage was granted, and women were officially admitted to universities. Accordingly, film studios were encouraged to incorporate these images of the "new" women into their film texts.

To explore the relationship between the notions of gender equality, democracy, occupation, and cinema, the paper analyzes auteur director Kenji Mizoguchi's piece *Yoru no onna tachi* (Women of the Night, 1948).[3] The film deals with the social and

---

[1] *Zaibatsu* refers to industrial and financial business conglomerates, which were targeted for dissolution by the SCAP administration.
[2] See Kyoko Hirano, Mr. Smith Goes to Tokyo: The Japanese Cinema under the American Occupation, 1945–1952, Washington, D.C. 1992, p. 171.
[3] *Yoru no onna tachi* (Women of the Night), Japan 1948; Studio: Shōchiku; Director: Kenji Mizoguchi; Screenplay: Kenji Mizoguchi, Eijirō, Yoshikata Yoda; Premiere: 26 May 1948; Actors: Kinuyo Tanaka, Sanae Takasugi, Tomie Tsunoda, Mitsuo Nagata; Duration: 75 min.

financial predicaments of women in a defeated and occupied country during the immediate postwar years. It invites us to re-examine a variety of questions concerning Japanese society and filmmaking in the era: Did Japanese cinema dramatically change from something "bad" (i.e. militaristic, violent, oppressive) to something "good" (i.e. democratic, peaceful, egalitarian) when the political system changed? Did the movies portray liberated women in response to the outcome of Japan's rehabilitation program including the revised civil law? The answers to these questions are yes and no.

Under the SCAP administration, the mission of Japanese cinema was to propagate democracy by renouncing war and militarism, by abolishing the authoritarian state, by rejecting depictions of the maltreatment of women, and by advocating for free speech. *Women of the Night* was co-produced, so to speak, by Japanese film professionals and the occupation censors. Thus, the film can give us an excellent insight into the somewhat problematic relationship between democratic aspirations and gender politics during the occupation era. It points specifically to aspects of gender inequality during the Allied occupation in Japan and illustrates US-Japan complicity regarding the re-construction of masculinity. An analysis of *Women of the Night* reveals that conventional norms of femininity permeated this postwar cinematic text despite the general belief that Japanese society was overall drastically changed by Allied reform programs. The conventional gender norms divide women into two categories – wives and whores – and condemn women's promiscuity and sexual agency. They were usually projected on screen by reducing female characters to sexualized objects. Although the new Japanese constitution guaranteed gender equality, the representation of women remained unchanged as far as female sexuality.

Mizoguchi's film and the reaction to it are filled with ambiguities and problems. Women serve as metaphors for a defeated nation; their bodies are presented reductively as space where the occupation policy can be exercised and experimented with. In addition, Japanese males would reduce them to mere objects which have been soiled by the Western victors, and which they have to, once again, re-claim. Thus, the representation of women in this film serves as a cultural space to cater to male sexual fantasies of conquest and control, and a place to rearticulate national, ethnic, and masculine identities. This, however, leaves no room for women. They are deprived of their agency they have supposedly gained under the Allied occupation policy.

The new constitution and revised civil law were welcomed by liberals and feminists who perceived them as "good" and as an "improvement of women's social status." However, these sets of political ideologies that were introduced to postwar Japan did not necessarily guarantee women's equality in society. The analysis of the portrayal of women on screen reveals that gender equality did not fully materialize in occupied Japan (and it has not in my view). To illustrate my argument this paper will first introduce the censorial codes for filmmaking in the immediate postwar era and provide a brief overview of wartime and postwar cinematic representation of women in Japan. I will then examine *Women of the Night*, along with some of the director's other films, thereby revealing the problems with gender and ethnic ideological representations during the occupation era.

1 Were Women Liberated in the Occupation Era?

Filmmaking was subject to significant censorship in the occupation era in Japan. Very roughly, the censorship was conducted both by the civilian sector CIE (Civil Information and Education) and by the military intelligence sector CCD (Civil Censorship Detachment). Film studios had to submit screenplays for pre-production censorship and the completed films for post-production censorship. In both stages censors requested revisions, changes, and deletions. The foundation of the Film Ethics Regulation Control Committee (*Eirin*), a self-censoring organization with members from the Japanese film industry, replaced the CIE-CCD double censorship system in June 1949 and began to work together with film studios. CIE, however, continued with post-production censorship until the end of the Allied occupation in April 1952.[4]

In November 1945, CIE announced thirteen subjects that were prohibited in movies, including militarism, nationalism, anti-democracy, criticism against any SCAP directives, and "the subjugation or degradation of women."[5] For instance, censors demanded a change in the depiction of an arranged marriage between two film characters, when a matchmaker tries to introduce a man to a female character. They also refused to tolerate depictions of the physical abuse of women and intervened when a man was shown dragging a woman up a flight of stairs. And they would also demand to cut a scene in which a wife walks some steps behind her husband.[6]

One of the most well-known postwar "new women" on screen was Yukie Yagihara (portrayed by Setsuko Hara) in the movie *Waga seishun ni kuinashi* (No Regrets for Our Youth, directed by Akira Kurosawa, 1946).[7] Film scholars have described her as an unusually strong female character.[8] Despite being an innocent "girl" and brought up in a wealthy home with her liberal college professor-father, she falls in love with a communist, anti-state activist, gets married (the marriage could not be official), keeps faith with her husband even after his death, and eventually chooses

---

4 See Hirano, Mr. Smith, pp. 5–6.
5 Ibid., p. 44.
6 See ibid., pp. 70–71.
7 See the contribution by Harald Salomon in this volume.
8 See Hirano, Mr. Smith, p. 182.

to work as a farmer.⁹ On the surface the film seems to be a perfect response to the occupation government's guidelines: The story criticized the authoritarian wartime regime by alluding to crimes against the Japanese people, including the Takigawa incident and the Hotsumi Ozaki case, propagated land reform (one of the Allied directives), and advocated for liberalism.¹⁰ Yet, the characterization of the protagonist Yukie is much more ambivalent than the censors may have intended. Instead of being a political activist herself, unlike actual wartime and postwar female political activists, Yukie dedicates herself to her deceased husband and moves to a rural village where she survives the wartime regime. When her remarkable psychological strength enables her to endure and confront the rural community's hostility, the plot shows that she is totally devoted to her deceased husband rather than a political ideology. She moves to a rural area where her parents-in-law live, seeking their recognition and acceptance. This behavior can be interpreted as being quite traditional and coded as filial piety, despite her unique resilience of character.

Noriko (once again portrayed by Setsuko Hara) in the film *Bakushū* (Early Summer, directed by Yasujirō Ozu, 1951) is, on the contrary, very articulate and straightforward in criticizing sexism in society. She lives with her natal family (parents, and her older brother and his family) and works in central Tokyo. Her income supports the whole family and she also introduces a Metropolitan consumerist culture to her family and to the screen audience. She is a vital part of rebuilding Tokyo as a worker, consumer, and indispensable family member. When she dines with her older brother and his wife in an inn, her brother complains that women have become impertinent after the war. She immediately counters him by saying, "That is nonsense. At last, things are the way they should be. Men have been too impudent to women." Even though the character of Noriko does not capture all social and political changes – women's suffrage, education, expanded choice of profession – she is very outspoken when it comes to male criticism of women. She advocates for her own political and economic rights by silencing her brother and she also turns down an arranged marriage proposal, marries a person of her choice, and moves out of her natal family's house, which points to the dissolution of the traditional family system in Japan. Overall, she is an eloquent and active representation of the new era.

---

9 See Donald Richie, The Films of Akira Kurosawa, Berkeley 1996, p. 37.
10 The Takigawa incident is an example of thought control in early 1930s Japan. Law professor Takigawa Yukitoki at Kyoto Imperial University was forced to take leave in 1933 by Ministry of Education which determined that his scholarship advocated Marxism. Both the faculty members and students protested, but the movement was suppressed. Ozaki Hotsumi was a Communist journalist who was hanged for treason in Japan during WWII in Japan. He was an informant of Soviet military intelligence officer Richard Sorge who worked as an undercover journalist both in Nazi Germany and Japan. David Conde of CIE praised the film and another official gave a special party to celebrate the success of the film. See, Hirano, Mr. Smith, pp. 180–81 and 195.

Whether or not female protagonists in movies were articulating, empowering, or promoting gender equality, they resonated with large sectors of the cultural milieu, which the occupation regime tried to shape by censoring and influencing the portrayal of women's issues. Before we can further explore the postwar representation of women beyond the characters of Yukie and Noriko, we need to look at wartime films in order to better understand the nature of the shift in women's representation after the Second World War.

2 Women in Wartime Films: Gender Equality without Democracy

During the later stages of the Second World War, active, vital, and energetic female protagonists appeared on screen. In many films women are shown as responsible members of society who contribute to the community and the state. The following two films are particularly good examples: *Ichiban utsukushiku* (Most Beautiful, directed by Akira Kurosawa, 1944) and *Kita no san'nin* (Three Women in the North, directed by Kiyoshi Saeki, 1945).

Most Beautiful is a dramatic film about members of the Women's Volunteer Labor Corps (*Joshi kinrō teishin tai*) at a factory for optical lenses for weaponry. In response to the so-called Production Increase Period, which demanded a 50 percent production increase for women and a 100 percent increase for men, these women decide to push for a two-thirds increase in order to prove that women are also skilled, efficient, and competent workers. The film depicts a group of young women who struggle to overcome various hardships – including fatigue, sickness, loss of friends, and military defeats – to achieve their envisioned production increase under the kind and patient guidance of their dorm matron and male supervisors. In the end, the moral and psychological strength of the individual women and their collective efforts enables them to achieve their goal. The film presents a new version of femininity in which young women are no longer forced into motherhood but are rather appreciated for their work and contribution to the state. *Most Beautiful* presents a changing view of society where women leave home for war-related work and join a classless community, marked by the value of their masculinized skills. It stresses the redefinition of women's work, life, and gender norms as a crucial aspect of the total war society.[11]

---

[11] This kind of conflation between dramatic and documentary films also stood out in the contemporary filmmaking in liberal nations such as *Millions Like Us* (directed by Sidney Gilliat and Frank Launder, 1943, UK). Other examples include *Gentle Sex* (directed by Leslie Howard, 1943, UK), on Auxiliary Territorial Service in England (*Keep Your Powder Dry*, directed by Edward Buzzell, 1945,

Three Women in the North, which premiered on 5 August 1945 – just ten days before Emperor Hirohito announced the surrender of Imperial Japan on the radio – was the last dramatic film produced in wartime Japan. It tells the story of female telecommunication operators and female members of an anti-aircraft unit who have the honor of dying on their military mission. Even though the Japanese government had increasingly deployed women as part of the military and the workforce, the total number of women involved in the war effort was still smaller than in the United States and Britain. The film's presentation of women becoming a vital part of the Japanese imperial army significantly embellishes reality.[12]

The film focuses on the importance of Japanese women who directly participated in combat. They are appreciated as highly skilled and trained – albeit less experienced – colleagues by male soldiers and superiors. The narrative confirms that female-male romance is not to be consummated, and marriage is neither a duty nor a priority. It leaves behind the previous pro-natalist policies that prevented the state from conscripting women into the army and deploying them at the front. By doing so, it epitomizes an emerging, newer femininity where women are granted the honor of being killed on a military mission. Whether or not honorable death as a soldier is a desirable goal of gender equality for women is, of course, debatable.[13] Nevertheless, women's soldier-hood as portrayed in the film can be interpreted as an expression of a more gender equal society.

As these Japanese films demonstrate, the issue of gender equality was already being explored and examined, though in its own way, during the war. Women were shown as highly qualified members of society even before the Allies occupied the country.[14] However, as I will argue, the visual representation of women faced a se-

---

USA), on the Women's Army Corps (*Stage Door Canteen Stage*, directed by Frank Borage, 1943, USA), shot in the famed New York City restaurant and nightclub for US and Allied servicemen.

12 See Thomas R. H. Havens, Women and War in Japan, 1937–45, in: American Historical Review 80 (1975), Vol. 4, pp. 913–34.

13 It has to be noted that gender equality, though limited, was granted to ethnic Japanese women, not to women in occupied and colonized territories during the war. As history proves, on one hand the social position of ethnic Japanese women was elevated, but on the other hand, colonized women were forced to serve as "comfort women". Therefore, the privilege of gender equality in these wartime films is restricted to ethnic Japanese.

14 Since the late 1990s scholarship on gender history in Japan has examined the negative impact of women's participation in the total war society. It has emphasized that nationalist and imperialist state endeavors can be supported by feminists, or various women who advocated for gender equality. As a result, recent feminist historians view that the mainstream feminism of ethnic Japanese women was also complicit with imperialism. It is in this academic context that I emphasize that feminist issues (gender equality, improvement of women's social positions, etc.) are located in the wartime society, instead of being limited in the postwar era. I find also Anglophone scholarship that examines wartime women's military services as a step of gender equality. For instance, see Yvonne Tasker, Soldiers' Stories: Military Women in Cinema and Television since World War II, Durham, NC 2011.

vere backlash following the end of the war and Japan's defeat. Women's public and social services, and their indispensable contribution to Imperial Japan as workers and soldiers quickly became minimized. It might not be surprising that female soldiers disappeared from the screen when the Japanese government surrendered and renounced war. Depictions of women in the workforce could have been kept in the postwar films but they too vanished.

3 Kenji Mizoguchi and a Melodrama of Defeat

While energetic, able, and competent women disappeared in postwar Japanese films, women like Yukie in *No Regret for Our Youth* and Noriko in *Early Summer* appeared in their place. Although both women work, their lives revolve exclusively around their husbands, their husband-to-be, or their family. Moreover, in occupation films the topic of women's liberation was often buried under an obscure plot. For instance, the Shōchiku film *Jōen* (Flames of Passion, directed by Minoru Shibuya, 1947) tells the story about a couple who feels their marriage is a failure. Yet, at the end they decide to stay married, after the husband has realized his wife's dedication to his parents and himself and begins to appreciate her anew.[15] Ironically, this narrow vision was intended to articulate a notion of "women's liberation" for this *new* era, in which women were actually granted suffrage. *Flames of Passion*, however, is just one example of many postwar films in which women's issues were often tied to family problems confined to a domestic or private space. It is in this context that Kenji Mizoguchi made several movies centered on the life of women.

In Japanese film history Mizoguchi, who made his first movies in the 1920s, is known for his editing techniques such as long takes and long shots. By the 1930s he was already an established director and was praised by critics for his superb portrayal of women, who often had to endure hardship, predicaments and even tragic circumstances in his movies. They were prostitutes or became mistresses, they perished tragically or tried to overcome immense suffering in an attempt to make a living and help others. Throughout his career these storylines and themes would feature prominently in his works.

When the Shōchiku studio was asked by the occupation government to produce movies on the issue of women's liberation, the studio turned to Mizoguchi. He directed several films during the occupation era, including the women's liberation trilogy *Josei no shōri* (The Victory of Women, 1946), *Joyū Sumako no koi* (The Love of the Actress Sumako, 1947), and *Waga koi wa moenu* (*Flame of My Love*, 1949). These films introduced exceptional female public figures: *Victory of Women* tells the story of female lawyer Hiroko Hosokawa (Kinuyo Tanaka). She represents her former

---

15 A plot summary is included in Hirano, Mr. Smith, pp. 170–71.

classmate who committed a crime out of poverty. *Sumako* narrates the life of Sumako Matsui (Kinuyo Tanaka), a pioneer actress in modern theater in early twentieth century Japan. *Flame of My Love* introduces female political activists of the Freedom and People's Rights Movement (*jiyū minken undō*) in the late nineteenth century, focusing on Eiko Kageyama (Kinuyo Tanaka). Both Matsui and Kageyama are actual historical figures. However, all three films were commercially unsuccessful and received unfavorable reviews. Critics complained about the technical flaws and often ridiculed how women were characterized. One reviewer called *Flame of My Love* a "howling film" (*hōkō eiga*), arguing that it was disturbing to see women howling and shouting loudly in the film.[16] However, the actual performance was not the main reason for this scathing review; more important was the fact that the critic was uncomfortable watching women argue on screen.

Women of the Night (1948) was released after *Victory of Women* (1946) and *Sumako* (1947). It was not only a commercial success but, also critically acclaimed. Critics praised the film and argued that Mizoguchi had finally overcome his artistic crisis. The film opens with a slow pan of a bird's eye view of Osaka and the camera zooms into a city block where streetwalkers hang out. The constant moving of the camera imitates the scrutinizing gaze of the director. The camera draws in close to a police sign, which reads "Women loitering after dark may be arrested for prostitution. Upstanding women should not stay past dark." This directive is the key moral message of the film and introduces the norms of femininity and divisions of womanhood: the promiscuous woman whose body can be purchased versus the virtuous woman of chastity.

Far behind the sign the viewer sees a woman, the protagonist Fusako (Kinuyo Tanaka), hurrying to be home before nightfall, thus asserting that she is a respectable woman. However, after she receives the news of her husband's death and loses her baby to tuberculosis she leaves her in-laws and becomes a mistress/secretary of a local businessman Kenzō Kuriyama (Mitsuo Nagata). Over the course of the film her social position keeps declining. She only decides to quit when her young sister-in-law, Kumiko (Tomie Tsunoda) joins her on the street. The film ends with Fusako and Kumiko, having survived a lynching by other prostitutes, walking away from the life of despair and social decline embodied by the other weeping women.

The characterization of Fusako in *Women of the Night* resonates with Omocha in Mizoguchi's prewar film *Gion no kyōdai* (Sisters of the Gion, 1936). Omocha, a young geisha in the Kyoto pleasure-quarter, is a rebellious woman. She points out to her sister geisha, "a geisha's only purpose is to give men pleasure. They pay us to be their playthings. We're bought and sold like common goods, and by whom? Men, that's who! Men are our enemies. I despise them! We should make them suffer for it. That's what I intend to do." However, it is Omocha who ends up being physically

---

16 See Jūzaburō Futaba, Nihon eiga hihan 1932–56, Tokyo 1992.

hurt by a man whom she betrays and ruins. Mortified and bedridden she cries; "Why do we have to suffer like this? Why do there even have to be such things as geisha? Why does the world need such a profession? It is so unfair. I wish they never existed!"

Similarly, Fusako confronts other characters in *Women of the Night*, saying that it is men who make women engage in such an undesirable business as prostitution: "We try hard to go straight, but men make us their toys. I just want to get even with them." She wants to take revenge by infecting men with sexually transmitted diseases. Yet, in the last scene of the film, she also challenges other prostitutes, "I've had enough. Aren't you afraid of what you've become? [...] There mustn't be any more women like us ever again!"[17] Thus, both films show two female sex workers who, at least initially, blame and challenge the society directly. Such behavior was remarkable and serves as strong social criticism against prostitution as an institutionalized system. However, both women also end up despising themselves.

Film historian Freda Freiberg points out that women in Mizoguchi's films – unlike their counterparts in Hollywood movies – are consistently more rebellious. Nevertheless, she cautions that Omocha's story still remains "a melodrama of defeat" since "the male viewer can indulge his sadistic impulses by enjoying the defeat and suffering of a woman who challenges the patriarchal order."[18] Her analysis of *Sisters of the Gion* is essential for our understanding of *Women of the Night*. While Fusako's challenging remarks are defiant, women's frustration, desperation, and despair as well as their sexualized presence are the center of attraction to (male) viewers, and the women's irreversible social and sexual decline appeals to those who find voyeuristic pleasure in the melodrama of defeated women.

4 The Milieu of the *Panpan* Prostitute: The Aftermath of War

The studio advertised *Women of the Night* in a very sensational manner: "Widow, dancer and runaway girl – fallen *panpan* women at dark, their crude sexual instincts and bitter tears;"[19] "Despair! Corruption! Tragic depiction of three sisters falling into the night world;"[20] "Auteur Kenji Mizoguchi's astute cinematic realism!"[21] Despite Fusako's strong social criticism the main attraction of the film was

---

17 *Women of the Night,* 01:10:11–01:10:33.
18 Freda Freiberg, Women in Mizoguchi Films, Melbourne 1981, pp. 15–17.
19 Advertisement, in: Asahi shinbun, 15.5.1948.
20 Advertisement, in: Asahi shinbun, 16.5.1948.
21 Advertisement, in: Asahi shinbun, 23.5.1948.

supposedly the social decline of women and the sexual descriptions – at least these two themes were meant to attract a vast audience.

As one of the ads illustrates, the production of *Women of the Night* is part of the *panpan*, or streetwalker, boom which was triggered by multiple cultural texts in the years 1947 and 1948. The term *panpan* was a neologism that circulated during the occupation era and refers to streetwalkers, who usually socialized with American GIs. The boom began rather inconspicuously with a letter from a prostitute published in a newspaper. The release of the popular song "In the Flow of Stars" (*Hoshi no nagareni*) with the catchy chorus "Who made me such a woman?", and the publication of the bestselling novel *Nikutai no mon* (The Gate of Flesh) by Taijirō Tamura in the literary magazine "Gunzō" in March 1947 consolidated the boom. The novel was made into a movie which attracted a total of 500 000 viewers by early 1948.[22] These years witnessed an increasing discourse on prostitution. In addition to fictional works like *The Gate of Flesh*, the voices of the actual *panpan* were introduced to the public one after another. An NHK radio program broadcasted *panpan* Otoki's talk in April 1947, a roundtable of *panpan* women and feminist activists was publicized, and *panpan* women were called to a public hearing before the Tokyo city council.[23] Their work and life were subjected to the general public's prurient curiosity, while reformers and activists regarded them as the product of urgent social problems.

It is this cultural and social context within which Mizoguchi's film should be closely examined. In *Women of the Night*, three women "fall": Fusako, her sister Natsuko and her sister-in-law Kumiko. What distinguishes them from Omocha in the 1936 film *Sisters of the Gion* is that their social decline was not simply triggered by the institutionalized system of prostitution, but was strongly tied to the defeat of Japan by the Allied forces. Fusako's life imploded due to the immediate postwar deterioration of economic and social conditions, including inflation, malnutrition, unemployment, lack of medicine, housing shortage, and so forth.

Natsuko, on the other hand, survives hunger, exhaustion, and violence during her postwar repatriation from the Korean peninsula to mainland Japan. She loses her mother and is raped on her way back to Japan. Instead of seeking a decent job, she works in a dance hall as a hostess, which suggests her sexual openness with customers. Thus, it might not be surprising that she later accepts to become a mistress without hesitation. Natsuko's (and the viewers') logic was that she does not deserve marriage. The name of the dance hall is Hollywood, alluding to the wealth, luxury, glamor, materialism, consumerism, and romance we would expect in American movies. Yet, such a dazzling appearance could be deceptive; it could actually –

---

[22] See John Dower, Embracing Defeat: Japan in the Wake of World War II, New York 1999, pp. 123–32. See also Kodansha hen, Showa nimannichi no zen kiroku, vol. 8, Tokyo 1989, p. 6–7.
[23] See Hikari Hori, Eiga o mirukoto to katarukoto: Mizoguchi Kenji 'Yoru no onna tachi' (1948) o meguru hiyō, jenda, kankyaku, in: Eizōgaku 68 (2002), pp. 47–66, here p. 50.

as in *Women of the Night* – stand for destruction, exploitation, and oppressive power relations.

Kumiko, the youngest of the three women, is a factory worker. She complains to the other two women, "There was no war when you were young, and you got married. The war ruined everything for kids my age."[24] She laments that because of the collapse of the wartime state of Japan she still has to give up everything that is pretty, fun, and exciting; she demands that she also has the right to enjoy being young, fall in love or simply have fun. As soon as she enters the dance hall where Natsuko works, Kumiko is enthralled by a world of sassy dresses, western music, and dancing and drawn to a dreamland of Hollywood. Her "fall" is the most tragic one in the film. She quits her low-paying factory work, buys new clothes, and sets out on an adventure. Out of naiveté, however, she is picked up by a young man, raped brutally and afterwards attacked by a group of girl gangsters who rip away her clothes. Standing in a white slip in despair, through which her nipples almost show through, she does not have any choice but to join the gangsters. Film critics would describe this scene as sadistic and remarkable.

Thus, though all three women represent different experiences of war and of the postwar period, they all ended up in situations that were not only undesirable for women, but actually violated and thwarted ideals of womanhood. Both Fusako and Kumiko end up as *panpan* prostitutes; Natsuko contracts syphilis and consequently has a miscarriage. Virtuous wifehood and motherhood proved inaccessible for them.

5 Ethnicities, Power Relations, and Democratic Censors

Given that the occupation government demanded films depict only respectable women it seems extraordinary that *Women of the Night* passed censorship. Obviously, censors accepted and approved brutal scenes such as Kumiko's rape and the lynching of Fusako and Kumiko by other prostitutes. But, was "the subjugation or degradation of women" not prohibited according to the official occupation policy? The film does not approve prostitution; but, was that enough to justify all the other problematic issues presented on the screen?

It is necessary to return to the occupation government's censorial policies and examine how censors dealt with the topic of prostitution. To begin with, American censors attempted to hide the fact that Japan was being occupied. For example, according to film historian Joseph L. Anderson, large railroad stations were heavily

---

24 *Women of the Night*, 15:37–15:44.

guarded by occupation troops but these forces were never shown in the railroad scenes of Japanese films.²⁵

According to documents, a scene with a man (his face hidden) who used gestures while negotiating with a streetwalker for a date was cut from a film because it pointed to the presence of allied personnel. By doing so, not only the presence of the occupying force should be hidden, but also the occupation government's implicit approval of prostitution concealed. One of the film censorial rules specifically banned the depiction of fraternization between Japanese women and occupation personnel. Biracial children fathered by American soldiers were also not shown on screen, and neither were Japanese American (*nisei*) soldiers.²⁶ These racially connoted rules were created to safeguard the "purity" of the Caucasian body and maintain the occupation forces' self-image of being democratic and gentlemanly.

It was indeed a great irony that in reality GIs frequently used prostitutes. It should be briefly added that the appearance of the *panpan* corresponded with the closure of the formal, public brothel for the occupation forces, the so called Recreation and Amusement Association (*Tokushu ian shisetsu kyōkai*; RAA). The RAA was originally devised by the Japanese Home Ministry to "protect the chastity of the 'good' women of Japan" on 18 August 1945, and was soon welcomed by the occupation forces. The GHQ even requested that Japanese authorities increase the number of such centers and set up districts reserved separately for white and black GIs. Despite its popularity, the occupation authorities ordered the abolition of the RAA after several months due to the alarming rise of sexually transmitted diseases among the troops. In the official justification, the occupation authorities argued that these centers were undemocratic and violated women's human rights. In the following years, between 55 000 and 75 000 women, including many from the former Japanese colonies, continued to work as prostitutes in designated areas, called "red-line" districts.²⁷ This is the social and cultural context in which both the *panpan* boom and the film are situated.

As mentioned earlier, film critics greatly praised *Women of the Night* and the director's artistic talent. Fuyuhiko Kitagawa argued that Kumiko's rape and the subsequent attack scenes reveal Mizoguchi's strong instinct for cinematic realism, which the director masterfully accomplished.²⁸ Hideo Tsumura was even more explicit in his view. He stated that the amazing essence of Mizoguchi's artistic talent

---

25 Anderson lived in Japan as his father works there during the occupation era. Richie was a former occupation officer. Quoted by Hirano, Mr. Smith, p. 54, 56.
26 Ibid., pp. 55, 58.
27 See Dower, Embracing Defeat, pp. 123–32.
28 See Fuyuhiko Kitagawa, Yoru no onnnatachi – Mizoguchi no riariti, Kinema junpō, 10.7.1948, p. 19.

lies in his depiction of Kumiko's fall, which symbolizes "the reality of Japan today" (*genjitsu no nippon*).[29]

It is important to examine the distance and intimacy these critics attempted to create, or manipulate, between themselves and Kumiko. On the one hand, Kumiko was the object of the male sexual gaze. Kitagawa's and Tsumura's wording and phrases reveal that both obviously enjoyed the poignant moments of Kumiko's demise as they simply integrate the scenes of violence and brutality into the discourse about the director's artistic talent. On the other hand, however, they equate Kumiko and other women's violated bodies with the reality of present day Japan. Kumiko, symbolizing Japan, loses her autonomy after being conquered, and awaits chaotic years in the future.

Historian John W. Dower's observation on the *panpan* is most illuminating when it comes to unraveling the tangled metaphorical relationship between the female protagonists in the film and the male film critics on the one hand, and between Japan and the occupation forces on the other hand. He points out that

> "[t]he defeated country itself was feminized in the minds of the Americans who poured in. The enemy was transformed with startling suddenness from a bestial people fit to be annihilated into receptive exotics to be handled and enjoyed. [...] The panpan personified this. Japan – only yesterday a menacing, masculine threat – had been transformed [...] into a compliant, feminine body on which the white victors could impose their will."[30]

The reconfiguration of gender identities in the discourse of film critics, however, served to secure Japanese masculinity. To assert masculine dominance, male positionality identifies with the occupation subject to escape the feminization of the Japanese male. This is reinforced by the establishment of a masculinist gaze designed to sexualize and patronize women.

Though not fully visualized, the conqueror and the conquered are portrayed in the intercultural and cross-ethnic power relations in this film. Visual clues in the film suggest that *panpan* prostitutes serve GIs; yet such implications were carefully removed from the scenes according to censorial rules that prohibited the depiction of occupation personnel. For example, in one scene Fusako hangs out near a sign with the English words "Railroad Crossing." In reality, many Japanese signs, including street names, were replaced by English ones to accommodate the English speaking occupation forces; however, they rarely appeared on screen. Furthermore, when Fusako takes Kumiko with her and leaves her prostitute group, the lynching occurs in front of a stained glass window of the Madonna with Child in a ruined church. For the majority of Japanese movie viewers who were not familiar with Christian iconography, churches were signs of the West and nothing more than that, this vis-

---

29 To note briefly, he was one of the most pro-state film critics during war. See Hideo Tsumura, Yoruno onna tachi – seisan na byōsharyoku, Kinema junpō, 10.7.1948, pp. 18–19.
30 Dower, Embracing Defeat, p. 138.

ual association of Fusako with the West was crucial. For Japanese viewers the Western (American) image suggests that the Allied powers forced Fusako into prostitution or used her as a prostitute, while at the same time, they offered salvation for women through laws and censorial codes.

The cultural identity and positionality of Japanese men were ambiguous in the occupation era. They, as the conquered, were emasculated by their defeat in the Second World War. Yet, as reviews written by male film critics display, Japanese men tried to resist this kind of feminization by dominating women, which in turn would reassert Japanese male position as the superior gender. To re-establish Japanese masculine identity, it was indeed crucial that Kitagawa and Tsumura clearly signaled their detached viewing of Kumiko's rape and assault and their sexual objectification of female characters as a way to separate themselves from the connotations of a Western occupied Japan and thus escape their own feminization via defeat and occupation.

Furthermore, the deliberate self-identification by Japanese males with the conqueror can also be seen in the film, where a male character even guides and supports women. An elderly Japanese medical doctor in the film negotiates this reconfiguration of gender. He speaks to prostitutes that they should go straight. His deep and thick accent suggests that he is perhaps from the Tōhoku region, a locality that reinforces the image of an old, honest male Japanese identity. He runs a correctional institution for women, provides women with medical care, and even attempts to protect them from aggressive female activists who harshly accuse them of impurity and immorality. Thus, he escapes feminization and re-establishes his masculine self and his authority. His character and job might also suggest that he is also a victim of defeat since he has now taken on the burden of saving women.

6 Conclusion

I now turn to a major problem in the discursive arena that comes up when the relationship between US (or occupation forces) and Japan is framed as gender relations.[31] When one states that Japan is feminized, it is crucial to note that a metonymic shift takes place. As cultural historian Ayako Kano argues, conceptualizing the bilateral relationship of nations as effeminization often blurs and conflates two entities: the abstract notion of "Woman" and the conditions of actual "women" as his-

---

31 As Nira Yuval-Davis articulates, gender relations are perceived to be at the heart of the discourse on nations and nationalism. Nations have been imagined as natural extension of the family and kinship relations, and the homeland is constructed as a woman/mother in which wars are fought to defend women and children. Nevertheless, most theories and critical discourse have tended to ignore women and their experiences completely, see Nira Yuval-Davis, Gender and Nation, London 1997.

torical actors.[32] When Japan is regarded as "Woman," the nation is associated with inferior qualities and is subordinated to other nations in international power relations. While it is useful to deploy a gendered metaphor to illustrate the hierarchical US-Japan relations, it obscures the social and historical experiences of actual women in Japan. The metaphor even re-assigns an inferiority to Japanese women given, as I have demonstrated, the majority of the female protagonists in the films are *panpan*. *Women of the Night* is one of the best examples of this metonymic shift. Though the film is filled with "fallen" women, it does not provide insight into either sexworkers's actual experiences or a large variety of women's lives during the immediate postwar years.

The examination of the film *Women of the Night* and the censorial codes under which it was made also reveal the problems and tensions of gender relations within a democracy under occupation authorities. Participatory parity, one of the most important elements of a democratic political system, was not ensured since women like Fusako and Kumiko were not actual constituents of the public space. They were not presented as social members but as social problems. For the issue of women's liberation, women in the film are rather ambiguous entities, as they represent a division between "virtuous wifehood" on the one hand and "fallen women" on the other hand. The film presents this split as something desirable given it caters to male citizens and occupation forces: it secures their pleasure and convenience and separates prostitutes from another group of women who are "biological reproducers of members of ethnic collectivities."[33] Women are thus situated in-between private and public domains – or, in other words, they are confined to no man's land. In this regard it is symbolic that *panpan* prostitutes, both Fusako and Kumiko, are portrayed without a home – even though they have a place to stay, they are leaving for an unknown destination at the end of film.

The problems of this fictional film cannot be dissociated from occupied Japan. The film illustrates the issue of gender equality as an incomplete project of the US democratization program for Japan; misogyny is heavily implicated in the reconstruction of Japanese masculinity vis-à-vis the American effeminization of the nation. Amidst ethnic and male gendered negotiations women are caught between both nations and are targeted as the object of control during the process of reconstructing nationalized masculinities. Thus, women are treated as signifiers of ethnic and national differences, not as independent historical agents, in the construction and reconfiguration of social, national, and gender identities in and outside of *Women of the Night*.

---

32 See Ayako Kano, Japanese Theater and Imperialism: Romance and Resistance, in: US-Japan Women's Journal English Supplement 12 (1996), p. 24.
33 Nira Yuval-Davis/Floya Anthias, Woman – Nation – State, Basingstoke 1989, p. 7.

Teil III: **Identitäten**

Johannes Hürter
Aus Ruinen zu einem neuen Leben

Gerhard Lamprechts Film *Irgendwo in Berlin* (1946)

„Irgendwo in Berlin auf den Trümmern eines zerstörten Garagenhofes und zwischen den Wunden dieser zum Krüppel geschossenen Stadt spielen Kinder, und was spielen sie? ‚Krieg'. Ein findiger Krämer, der um die Ecke wohnt, macht sich ein Geschäft daraus, den halbwüchsigen Jungen irgendwo verlagert gewesene Feuerwerkskörper gegen Lebensmittel zu vertauschen, die von den Bengels ihrerseits den Müttern gestohlen wurden.

Die Mütter haben es nicht leicht, die Männer sind noch nicht aus der Kriegsgefangenschaft zurück, sie selbst müssen schwer arbeiten, und so bleibt wenig Zeit übrig, den Kindern vernünftige und friedliche Spiele beizubringen.

Gustav Iller ist der aufweckteste und gleichzeitig besinnlichste dieser Jungen, der schon zu Anfang ein großes Abenteuer hat. Er versteckt einen flüchtigen Dieb, der ihm als Inbegriff des heldenhaften Verfolgten erscheint. Sein Kopf ist noch ganz von den falschen Idealen der zu früh zum Kriegsspiel erzogenen Jugend erfüllt. So ist er anfangs auch sehr enttäuscht, als er in einem müden abgerissenen Heimkehrer seinen sehnsüchtig erwarteten, von heldenhaftem Glanz umstrahlten Vater erkennt.

Der Heimkehrer Iller ist zunächst ganz zu Boden getreten, und als er im Zusammenhang mit einer Brieftasche, die der Dieb in seiner Wohnung versteckt hat, den großen Undank vieler heutiger Menschen erkennt, wird er noch mißmutiger und hoffnungsloser. Da geschieht etwas, das die Jungen und gleichzeitig ihn auf den rechten Weg bringt.

Im Bestreben, sich vor seinen kleinen Kameraden auf die übliche heldenhafte Weise groß zu tun, stürzt Willi, der beste Freund des kleinen Gustav, von einer hochragenden Häuserruine und stirbt. Gustav ist der erste, der mit sich Einkehr hält. Auch die übrigen Jungen, die noch gerade zuvor mit ihrem Unfug beinahe die schönen aufbauenden Bilder eines alten Malers zerstört haben, sehen das Sinnlose und Gefährliche ihrer kriegerischen Spiele ein.

Erst langweilen die Jungens sich furchtbar, denn sie wissen mit sich nichts Rechtes anzufangen, dann beginnen sie, mehr zum Zeitvertreib als aus Überzeugung, den Garagenhof von Gustavs Vater wieder aufzubauen. Damit ist das Eis gebrochen. Der Heimkehrer Iller sieht in der Jugend die Vorposten einer glücklicheren Zukunft und packt selbst mit an, um sich seine Existenz wieder aufzubauen."[1]

So faßte das offizielle Filmbegleitheft den Inhalt des dritten Spielfilms der im Mai 1946 gegründeten DEFA zusammen: *Irgendwo in Berlin*.[2] Seine Erstaufführung am

---

1 Filmbegleitheft (Illustrierte Film-Revue) *Irgendwo in Berlin*, in: Deutsche Kinemathek – Museum für Film und Fernsehen, Berlin, Nachlass Gerhard Lamprecht, 4.3-83/06-0.
2 *Irgendwo in Berlin* (Deutschland 1946); Produktion: DEFA; Erstverleih: Sovexport-Film; Regie und Drehbuch: Gerhard Lamprecht; Produzent: Georg Kiaup; Kamera: Werner Krien; Musik: Erich Einegg; Darsteller: Harry Hindemith (Iller), Hedda Sarnow (Frau Iller), Charles Knetschke (Gustav, beider Sohn), Hans Trinkaus (Willi, sein Freund), Siegfried Utecht (der „Kapitän"), Hans Leibelt (Eckmann), Paul Bildt (Birke), Fritz Rasp (Waldemar), Walter Bluhm (Onkel Kalle), Lotte Loebinger (Frau Steidel), Gerhard Haselbach (Hansotto, ihr Sohn), Magdalena von Nußbaum (Frau Schelp); Länge: 80 Min.; Erstaufführung: Berlin, 18.12.1946.

18. Dezember 1946 war beinahe ein Staatsakt ohne Staat. Die Kulturfunktionäre der sowjetischen Besatzungsmacht und der SED hatten mit dem Admiralspalast einen Rahmen gewählt, der so festlich wie symbolträchtig war. Hier residierte die ausgebombte Staatsoper, und hier hatte im April 1946 der Vereinigungsparteitag von SPD und KPD stattgefunden. Auf der Grundlage des guten Teils eines reichhaltigen Kulturerbes sollte auch im Kino etwas Neues aufgebaut werden, progressiv und sozialistisch. Ein plumper Propagandafilm war bei der vorweihnachtlichen Festaufführung jedoch nicht zu sehen. Wie die erste DEFA-Produktion, Wolfgang Staudtes *Die Mörder sind unter uns* (1946), am 15. Oktober 1946 ebenfalls im Admiralspalast uraufgeführt, spielt auch *Irgendwo in Berlin* in den Trümmern der Gegenwart, bevölkert von beschädigten und traumatisierten Überlebenden des Krieges. Und wie beim ersten deutschen Nachkriegsfilm hatte mit Gerhard Lamprecht auch bei der neuen Produktion ein früherer Ufa-Regisseur sowohl die Regie geführt als auch das Drehbuch verfasst, als ob er sich in die neue Zeit hineinschreiben wollte. Es war sein Film, fast schon ein Autorenfilm.

Irgendwo in Berlin wird im vorliegenden Beitrag als Projekt der Selbstverortung eines durch seine NS-Vergangenheit belasteten Künstlers in der Nachkriegsgesellschaft gelesen. Der Film war zugleich als Angebot an das Publikum konzipiert, sich ebenfalls mit einem veränderten Bewusstsein in ein anderes Deutschland einzufügen. Es diente also einer doppelten Identitätsfindung, der des Regisseurs und der seines Publikums. Es ging ihm um die Rekonfiguration von Biografien nach Krieg und NS-Diktatur, um die Erziehung zu neuem Denken und Handeln. Um zu verstehen, welchen Transformationsprozess der Regisseur selbst vollzog und wie es ihm gelang, biografische Kohärenz zu konstruieren, muss zunächst auf die Biografie und die Filme Lamprechts bis 1945 eingegangen werden. Anschließend wird die Produktionsgeschichte seines ersten Nachkriegsfilms dargestellt, um dann wesentliche Aspekte des Films zu analysieren. Wie zu zeigen sein wird, spielte bei Lamprechts filmischer Selbstvergewisserung und „Erziehung zu richtigem Denken" die Auseinandersetzung mit Kriegskindheiten und mit den „falschen Idealen" einer militärisch konnotierten Männlichkeit eine zentrale Rolle.

1 Ein Regisseur von Weimar zu Hitler – und (fast) wieder zurück

„Das Kriegsende erlebte ich in Berlin. Im Augenblick, da die Russen Friedenau einnahmen, am 27. April 1945 (es wurde nicht verteidigt) kam ich aus dem Keller in meine Wohnung, setzte mich an den Schreibtisch und begann zu arbeiten."[3] So lapidar beschrieb der Regisseur Gerhard Lamprecht im Rückblick seinen Übergang in die offene Situation der Nachkriegszeit. Seine Wohnung befand sich in einem Miethaus in der Stubenrauchstraße 3 im bürgerlich-gründerzeitlichen Stadtteil Friedenau. In dem Haus hatten in den vergangenen Jahren zeitweise Täter und Opfer Tür an Tür gelebt: jüdische Mitbürger, die zwischen 1941 und 1943 von der Gestapo abgeholt und in ihre Vernichtung nach Osten deportiert wurden, und, im scharfen Kontrast dazu, mit dem SS-Obersturmbannführer Andreas Weggel ein führender Mitarbeiter des SS-Wirtschafts- und Verwaltungshauptamts.[4] Auch Joseph Goebbels wohnte ganz in der Nähe. Lamprecht selbst war irgendwo dazwischen, „verstrickt", wie es bald verharmlosend und exkulpierend hieß. Der Regisseur hatte sich nach 1933 ohne Probleme in die systemstabilisierende Unterhaltungsmaschinerie der Ufa in Babelsberg integriert.

Die Fähigkeit, sich mit der eigenen Biografie in ein neues politisches System einzufügen, hatte Lamprecht bereits nach dem Ersten Weltkrieg bewiesen.[5] Der Sohn eines Gefängnispfarrers, geboren am 6. Oktober 1897 in Berlin, war seit früher Jugend ein leidenschaftlicher Cineast, der alles sammelte, was mit Kino zu tun hatte, und sich um Jobs in der noch jungen Filmindustrie bemühte. Dem ordnete er sein Studium der Neueren Philologie in Berlin unter, das er schließlich abbrach. Den Krieg erlebte er 1917/18 als Soldat bei einer Nachschubabteilung und schließlich, nach Krankheiten nur noch „garnisonsverwendungsfähig", in der Heimat. Während der Revolution arbeitete Lamprecht als Chefdramaturg bei der Berliner Rex-Film-Gesellschaft, wo er das Filmgeschäft in all seinen Aspekten kennenlernte. Den Aufschwung der Filmindustrie in der Weimarer Republik wusste er für sich zu nutzen. Bereits 1920 drehte er seinen ersten Film und gründete 1925 seine eigene Produktionsfirma. Er entwickelte sich zu einem der erfolgreichsten Regisseure der Weimarer Republik, mit dem Ruf, handwerklich hervorragend, wenn auch nicht innovativ zu sein.

Lamprecht zeigte in seinen über dreißig Filmen bis 1933 die Bandbreite eines Allrounders, der Liebeskomödien, Melodramen und Kriminalfilme ebenso konnte wie Literaturverfilmungen und Historienfilme. Erfolge feierte er etwa mit der ersten, von Thomas Mann als „strohdummes und sentimentales Kino-Drama"[6] kritisierten Verfilmung der *Buddenbrooks* (1923), mit zwei Fridericus-Rex-Filmen mit Otto Ge-

---

3 Interview mit Frau Hollender, Oktober 1956, in: Deutsche Kinemathek, Nachlass Lamprecht, 4.3-83/06-1.5.
4 Vgl. Wolfgang Jacobsen, Zeit und Welt. Gerhard Lamprecht und seine Filme, München 2013, S. 124, der die Namen von sieben ermordeten jüdischen Nachbarn Lamprechts nennt.
5 Zur Biografie und zu den Filmen Lamprechts vgl. ebenda; außerdem Rolf Aurich, Gerhard Lamprecht und die Welt der Filmarchive, München 2013, mit einer Chronik (S. 191–198).
6 Inge Jens (Hrsg.), Thomas Mann an Ernst Bertram. Briefe aus den Jahren 1910–1955, Pfullingen 1960, S. 117 (21.2.1923).

bühr (*Der alte Fritz*, in zwei Teilen 1927/28) und mit dem „vaterländischen" Ufa-Film *Der schwarze Husar* (1932), der sich mit seinen deutschnationalen Tönen und kriegerischem Gehabe in die Auflösungsphase der Republik fügte. Angesichts solcher Preußen- und Historienschwelgerei ist kaum zu glauben, dass Lamprecht Mitte der 1920er Jahre mit einer Trilogie von Berliner „Milljöh"-Filmen Aufsehen erregt hatte. In ihnen schilderte er, inspiriert durch das Werk Heinrich Zilles, recht unverblümt den prekären Alltag der unteren Schichten in der Großstadt.[7] Seine Begabung, mit Kinderdarstellern zu arbeiten, bewies Lamprecht insbesondere in *Die Unehelichen* (1926) über das Elend von Pflegekindern. Auch wenn die Milieuschilderungen dieser Filme eine sozialkritische Note enthielten, vermied der Regisseur eine politisch progressive Aussage, sondern ließ seine „Geächteten" am Ende von der großbürgerlichen Elite retten.[8] Die lebensnahe Beschreibung des Berliner Alltags gehörte auch zu den Stärken von Lamprechts größtem Erfolg, der Verfilmung von Erich Kästners 1929 erschienenem Kinderbuch-Bestseller „Emil und die Detektive". Der Ufa-Film von 1931, für den Billy Wilder unter Mitwirkung des Autors das Drehbuch schrieb, wurde zu einem Welterfolg und Klassiker des Kinderfilms.[9]

Genauso routiniert, wie er in der Weimarer Republik die Genres wechselte, wurde Lamprecht im „Dritten Reich" zum reibungslos funktionierenden Regisseur von Unterhaltungsfilmen der Ufa. Sein Filmwerk in der NS-Diktatur, insgesamt 17 vollendete Spielfilme, zeigt den für ihn charakteristischen Mix aus Literaturverfilmungen, Abenteuer- und Kostümfilmen, Melodramen etc., alle handwerklich gekonnt und mit der ersten Riege der Ufa-Schauspieler in Szene gesetzt. Propagandaminister Joseph Goebbels äußerte sich in seinen Tagebüchern mehrmals über seine Werke, meist wohlwollend, wobei ihn allerdings die Schauspielerinnen oft mehr interessierten als die „harmlosen" Filme.[10] Dass diese scheinbare Harmlosigkeit, mit der die Filme Lamprechts in diesen Jahren assoziiert werden, insbesondere im Krieg vom Regime gezielt dazu eingesetzt wurde, auf die Stimmung der „Volksgemein-

---

7 *Die Verrufenen* (1925), *Menschen untereinander* (1926), *Die Unehelichen* (1926). Verwandt mit dieser Sozial-Trilogie sind Lamprechts Großstadtfilme *Unter der Laterne* (1928) und *Zwischen Nacht und Morgen. Dirnentragödie* (1931) sowie *Emil und die Detektive* (1931) und eben auch *Irgendwo in Berlin* (1946).
8 Vgl. Ioana Crăciun, „Möchte doch wissen, wozu wir eigentlich auf der Welt sind!" Zur Inszenierung von Kindheit und Jugend im Weimarer Kino, in: Karin Herbst-Meßlinger/Rainer Rother/Annika Schaefer, Weimarer Kino neu gesehen, Berlin 2018, S. 121–143, hier S. 127–135 (über *Die Unehelichen*).
9 Vgl. Helga Belach/Hans-Michael Bock (Hrsg.), Emil und die Detektive. Drehbuch von Billy Wilder nach Erich Kästner zu Gerhard Lamprechts Film von 1931. Mit einem einführenden Essay von Helga Schütz und Materialien zum Film von Gabriele Jatho, München 1998.
10 Vgl. etwa Elke Fröhlich (Hrsg.), Die Tagebücher von Joseph Goebbels, Teil I: Aufzeichnungen 1923–1941, Bd. 3/1, München 2005, S. 48 (4.12.1934) über *Turandot*: „Harmlos und witzig, vielfach auch albern. Ja, so sind die Filmgewaltigen!" Ebenda, Bd. 4, München 2000, S. 108 (23.4.1937) über *Madame Bovary*: „Die Handlung an sich nicht so wild, aber Pola Negri spielt ganz wundervoll und ergreifend."

schaft" einzuwirken und Normalität vorzutäuschen, deutete Goebbels in einer Notiz über *Mädchen im Vorzimmer* (1940) an.[11]

Ob Lamprecht mit der Wahl von Genrestoffen expliziten Propagandafilmen bewusst aus dem Weg ging, wie das später behauptet wurde,[12] ist umstritten. Die subtile Analyse von Wolfgang Jacobsen zeigt, wie viele, auch antisemitische, Anpassungen an die NS-Ideologie in seinen Filmen nach 1933 stecken: Sie blieben zwar „zumeist in einer bürgerlichen Welt. Doch in einer, in der man unter dem Revers das Parteiabzeichen trägt."[13] Lamprecht gehörte zu den vielen Filmschaffenden, die ihre Karriere in der Diktatur fortsetzten, die Möglichkeiten der NS-Unterhaltungsindustrie nutzten und sich bereitwillig für die Politik des Regimes instrumentalisieren ließen. Am weitesten kam Lamprecht den Erwartungen des NS-Regimes in zwei Filmen entgegen, die keineswegs so „harmlos" waren. Das galt vor allem für *Der höhere Befehl* (1935), eine Agentengeschichte aus der Zeit der Napoleonischen Kriege mit militaristischer und antifranzösischer Botschaft. Bei der Premiere am 30. Dezember 1935 im Ufa-Palast am Berliner Zoo wurde als Vorfilm der Propagandastreifen *Tag der Freiheit – Unsere Wehrmacht!* von Leni Riefenstahl gezeigt; Adolf Hitler sowie die Spitzenmilitärs Wilhelm Keitel und Erich Raeder waren anwesend, es gab Beifallsstürme.[14] Auch Goebbels war begeistert von diesem „nationale[n] und hinreißende[n] Film",[15] der das seltene Prädikat „staatspolitisch und künstlerisch besonders wertvoll" erhielt.[16] Lamprecht nutzte geschickt seine Erfahrungen mit dem populären Genre „Preußenfilm", um sich in der NS-Diktatur fest zu etablieren.

Der zweite Film mit deutlichen Bezügen zur Ideologie der Machthaber war die Filmbiografie über den Erfinder Rudolf Diesel, der ganz im Sinne des nationalsozialistischen Führerprinzips als heroischer Willensmensch dargestellt wird (*Diesel*, 1942). Am Anfang und am Ende darf die Wehrmacht zeigen, was Dieselmotoren für den Endsieg leisten: Die Eingangssequenz bestreitet ein deutsches U-Boot im Kriegseinsatz, und zum Schluss füllen Kriegsschiffe, Fliegerstaffeln und Militärlastwagen das Bild. Goebbels war diesmal weniger begeistert und fand den Film „zwar anspre-

---

11 Ebenda, Bd. 8, München 1998, S. 67 (21.4.1940): „Ein Spielfilm von Lamprecht ‚Mädchen im Vorzimmer'. Ich beurteile vor allem die psychologische Seite für den Krieg. Eine harmlose Sache. Nur kleinen Teil angeschaut."
12 So noch aktuell die Kurzbiografie der DEFA-Stiftung: https://www.defa-stiftung.de/defa/kuenstlerin/gerhard-lamprecht/ (Abruf: 24.7.2019).
13 Jacobsen, Zeit und Welt, S. 81. Zu Lamprechts Filmen der NS-Zeit ebenda, S. 74–122.
14 Vgl. ebenda, S. 80; Harald Sandner, Hitler. Das Itinerar. Aufenthaltsorte und Reisen von 1989 bis 1945, Bd. 3, Berlin 2016, S. 1348.
15 Fröhlich (Hrsg.), Die Tagebücher von Joseph Goebbels, Teil I, Bd. 3/1, S. 345 (11.12.1935): „Alles beste Klasse. Man kann schon einen Aufstieg im deutschen Film feststellen."
16 Vgl. Klaus Kreimeier, Die Ufa-Story. Geschichte eines Filmkonzerns, München 1992, S. 324.

chend", aber „zu lehrhaft";[17] dennoch wurde auch dieser Film als „staatspolitisch und künstlerisch wertvoll" eingestuft. Das Drehbuch zu *Diesel* schrieb, gemeinsam mit Lamprecht, der bekannte Schriftsteller Frank Thiess, der 1943 notierte, er habe „den siegreichen Kampf um die Vollendung eines Werkes" schildern wollen.[18] Thiess war es dann, der kurz nach dem Krieg den Entlastungsbegriff von der „Inneren Emigration" prägte. Entgegen diesem Narrativ ist bei Künstlern wie Lamprecht und Thiess vielmehr danach zu fragen, ob sie am manipulativen Projekt der NS-Kulturpolitik nur opportunistisch oder auch aus Überzeugung mitwirkten – für Lamprecht fehlen die Quellen, um das eindeutig beantworten zu können.

Und nun, im April 1945, trat dieser Regisseur aus den Kellern und Trümmern der NS-Zeit in eine ungewisse Zukunft. Wollte er den dritten Systemwechsel in seinem Leben als Filmkünstler, der er mit Leidenschaft war, ebenso gut überstehen wie nach 1933, war erneut eine Anpassungsleistung notwendig. Sein künftiges Filmschaffen musste politisch und gesellschaftlich ähnlich affirmativ sein wie in der NS-Diktatur. In den nächsten Monaten näherte sich Lamprecht jenen Kulturfunktionären der Sowjetischen Militäradministration in Deutschland (SMAD) und der KPD an, die im sowjetischen Sektor eine neue Filmproduktion aufbauten.[19] Obwohl Lamprecht nach der Aufteilung Berlins im Westteil der Stadt lebte, entschied er sich professionell für den Ostsektor, wo die Filmpolitik zunächst viel dynamischer war als bei den Westalliierten und sich die meisten Hinterlassenschaften des NS-Kinos befanden. Sein Hauptantrieb scheint gewesen zu sein, schnell wieder filmen zu können. Wie er sich später erinnerte, ging es ihm darum, möglichst viele Fachkräfte aus der alten in die neue Filmindustrie zu überführen und damit ihr Know-how zu retten[20] – damit meinte er nicht zuletzt sich selbst und seine eigene Kompetenz.

Um dieses Ziel zu erreichen, zeigte sich Lamprecht sehr flexibel. Selbst sowjetischen Filmoffizieren und kommunistischen Kollegen galt der Routinier aus Ufa-Zeiten bald als „einer von uns".[21] Offensichtlich gelang es Lamprecht, seinen früheren Ruf als sozialkritischer Regisseur der Weimarer Republik wiederaufleben zu lassen.

---

17 Elke Fröhlich (Hrsg.), Die Tagebücher von Joseph Goebbels, Teil II: Diktate 1941–1945, Bd. 5, München 1995, S. 325 (16.8.1942): „Die Filmkunst hat die Aufgabe, große Männer in ihren Werken, nicht in ihren Worten zu zeigen."
18 Zit. nach Jacobsen, Zeit und Welt, S. 117.
19 Zur Entstehungsgeschichte der DEFA vgl. Christiane Mückenberger, Zeit der Hoffnungen 1946 bis 1949, in: Ralf Schenk (Red.), Das zweite Leben der Filmstadt Babelsberg. DEFA-Spielfilme 1946–1992, Berlin 1994, S. 8–49, hier S. 8–16; Thomas Heimann, DEFA, Künstler und SED-Kulturpolitik. Zum Verhältnis von Kulturpolitik und Filmproduktion in der SBZ/DDR 1945 bis 1959, Berlin 1994, S. 35–87; Dagmar Schittly, Zwischen Regie und Regime. Die Filmpolitik der SED im Spiegel der DEFA-Produktionen, Berlin 2002, S. 16–38.
20 Gerhard Lamprecht, Erinnerungen an „Irgendwo in Berlin", Oktober 1960, in: Deutsche Kinemathek, Nachlass Lamprecht, 4.3-83/06-0.
21 So jedenfalls das Zeugnis des kommunistischen Nachwuchsregisseurs (und zeitweiligen Assistenten Lamprechts) Günter Reisch, zit. nach Jacobsen, Zeit und Welt, S. 125.

Flankiert wurde diese Strategie durch das beharrliche Verschweigen der eigenen Rolle im Nationalsozialismus.[22] Dabei kam ihm entgegen, dass es an wirklich unbelasteten Fachleuten mangelte. Es blieb der SMAD und der KPD/SED kaum anderes übrig, als die Filmproduktion in der Sowjetischen Besatzungszone größtenteils mit vermeintlich „geläuterten" Profis des NS-Films aufzubauen, die außerdem mehrheitlich in den Westsektoren lebten.[23] Wie selbstverständlich war Lamprecht dabei, als am 22. November 1945 SMAD-Offiziere, KPD-Vertreter, kommunistische Filmleute und bürgerliche Künstler im Hotel Adlon über den künftigen deutschen Film diskutierten.[24] Auf der Konferenz bekannte er sich zur „humanistischen Vision des Films".[25] In den nächsten Monaten begleitete er die Gründung einer sowjetisch lizensierten Filmproduktion, der Deutschen Film Aktiengesellschaft (DEFA). Parallel dazu begann Lamprecht die Arbeit an einem Film.

2 Die Produktion eines erzieherischen Kinderfilms

Die Gründungsfeier der DEFA am 17. Mai 1946 in Babelsberg war ein performativer Akt der Kulturpolitik von SMAD und SED, die das Ziel hatte, die besten Filmschaffenden zu gewinnen. Oberst Sergej Tjulpanow, der die Propaganda-Abteilung der SMAD leitete, erinnerte die dreihundert geladenen Gäste an die kulturpolitischen Richtlinien, die seit dem grundlegenden SMAD-Befehl Nr. 51 vom 4. September 1945 wiederholt von der sowjetischen Besatzungsmacht und der KPD/SED proklamiert worden waren: Aufgabe des fortschrittlichen deutschen Films sei es, als „Massenkunst" einen Beitrag „zur Ausrottung der Reste des Nazismus und Militarismus aus dem Gewissen eines jeden Deutschen" sowie zur „Erziehung des deutschen Volkes, insbesondere der Jugend, im Sinne der echten Demokratie und Humanität" zu leisten.[26] Auf der Feier wurde das Produktionsprogramm für 1946 präsentiert, das lediglich aus drei Spielfilmen bestand: *Die Mörder sind unter uns* von Wolfgang Staudte, *Freies Land* von Milo Harbich, ein Film über Flüchtlinge und Bodenreform, sowie *Irgendwo in Berlin* von Gerhard Lamprecht. Alle drei Regisseure arbeiteten bereits seit Monaten an ihren Projekten.

---

22 Vgl. die nüchterne Feststellung von Jacobsen (ebenda, S. 123): „Es existieren keine Aufzeichnungen. Auch keine, die er nach dem Krieg anfertigte."
23 Vgl. Heimann, DEFA, S. 47, 57.
24 Vgl. ebenda, S. 49 f.
25 Zit. nach Jacobsen, Zeit und Welt, S. 126 (nach einem Bericht in der „Deutschen Volkszeitung").
26 Zit. nach Heimann, DEFA, S. 51. Ebenda, S. 42, zum SMAD-Befehl Nr. 51 über die „Befreiung der Kunst von allen nationalsozialistischen, militaristischen u. a. reaktionären Ideen und Traditionen" und den Einsatz der Kunst im Kampf gegen den Faschismus und für die „Umschulung des deutschen Volkes im Sinne der Demokratie".

Lamprecht hatte nach eigener Erinnerung im Dezember 1945 zur Feder gegriffen, um einen Film zu skizzieren, der sich mit der „wirren und weglosen Zeit nach Kriegsende" auseinandersetzen und den arbeitslosen Filmfachkräften ein Projekt bieten sollte.[27] Darüber hinaus verfolgte er ganz im Sinne der kommunistischen Kulturpolitik eine „volkspädagogische" Zielrichtung, wie er noch während der Produktion der Wochenzeitung „Sonntag" anvertraute:

> „Zunächst mußten wir die richtige Stoffauswahl treffen. Das war das schwierigste. Denn man kann ein Volk, das durch so viele Jahre der Entbehrungen gehen mußte, das in seiner Mehrzahl enttäuscht und verbittert ist und das nach der Entlarvung seiner ‚Führer-Verführer' oft geneigt scheint, jetzt an nichts mehr zu glauben, nur behutsam zum richtigen Denken erziehen. Unzweifelhaft hat der Film eine erzieherische Aufgabe. Aber der beste Erzieher ist immer der, bei dem man die Absicht nicht merkt. Deshalb versuche ich, vom Menschlichen her den Zuschauer zu packen."[28]

Lamprecht wollte sein Publikum zum „richtigen Denken" erziehen und Identifikationsangebote machen, um den Weg in eine bessere Zukunft aufzuzeigen. Von Verfehlungen sprach er nicht, nur von Entbehrungen. Implizit thematisierte Lamprecht aber doch die Schatten der Vergangenheit, denn offensichtlich musste altes, „falsches Denken" überwunden werden. Mit seinem Drehbuch vollzog der Autor selbst einen Wandlungsprozess, um sich von seiner Vergangenheit im NS-Staat zu lösen. Ebenso wie er nach 1933 seine „Preußenfilme" fortgeschrieben hatte, um sich mit *Der höhere Befehl* (1935) dem NS-Regime als militäraffiner, „nationaler" Regisseur zu empfehlen, sollte ihn jetzt der Rekurs auf seine Weimarer Milieu- und Kinderfilme sowie ein künstlerisches Statement gegen den Militarismus in der neuen Avantgarde der Filmschaffenden etablieren.

Ende Dezember 1945 akzeptierte Kurt Maetzig vom kommunistischen „Filmaktiv", aus dem dann das Führungsgremium der DEFA hervorging, Lamprechts Idee für einen Kinderfilm in der Berliner Gegenwart.[29] Bereits drei Wochen später lag der Handlungsaufriss vor – noch unter dem Titel *Neues Leben*, der die Intention des Autors treffend bezeichnete.[30] Im März 1946 wurde das fertige Drehbuch mit seinem endgültigen Titel *Irgendwo in Berlin* vom Filmaktiv angenommen. Noch bevor die Gründungsphase der DEFA abgeschlossen war und er einen regulären Regievertrag erhielt,[31] konnte Lamprecht sein Projekt in Angriff nehmen. Von Eingriffen oder Beschränkungen durch Funktionäre der SMAD oder KPD/SED ist nichts überliefert,

---

[27] Gerhard Lamprecht, Erinnerungen an „Irgendwo in Berlin", Oktober 1960, in: Deutsche Kinemathek, Nachlass Lamprecht, 4.3-83/06-0.
[28] Kulturarbeit nach einem Jahr. Film-Gespräch mit Gerhard Lamprecht, in: Sonntag, 1.9.1946, zit. nach: https://www.filmportal.de/node/28871/material/637798 (Abruf: 28.7.2019).
[29] Gerhard Lamprecht, Erinnerungen an „Irgendwo in Berlin", Oktober 1960, in: Deutsche Kinemathek, Nachlass Lamprecht, 4.3-83/06-0.
[30] Vgl. das Titelblatt von Lamprechts eigenhändigem Handlungsaufriss (Treatment), in: Deutsche Kinemathek, Nachlass Lamprecht, 4.4-83/06-45.

wie ohnehin die frühe Filmproduktion der DEFA noch von großen Freiräumen geprägt war. Zunächst musste Lamprecht sein Team finden. Als Kameramann stand Werner Krien bereit, der sich schon im September 1945 für den Aufbau der Filmproduktion in der Sowjetischen Besatzungszone zur Verfügung gestellt hatte.[32] Krien galt als einer der besten deutschen Kameramänner und hatte in der NS-Zeit bei den ambitionierten Spielfilmen *Münchhausen* (1943) und *Große Freiheit Nr. 7* (1944), aber auch beim unverhohlen NS-affinen Sportdrama *...und reitet für Deutschland* (1941) hinter der Kamera gestanden. Auch der Rest des technisch-künstlerischen Stabs bestand aus ehemaligen Ufa-Spezialisten. Mit diesem Stab lief Lamprecht „kreuz und quer durch Berlin", um geeignete Freimotive zu finden, die nicht Kulisse sein sollten, „sondern durch ihre bildhafte Kraft gleichsam Mitspieler".[33]

Intensiv war auch die Suche nach den Darstellern. Für das Ehepaar Iller wählte Lamprecht neue Gesichter. Harry Hindemith (Iller) war bis 1933 und dann wieder ab 1945 KPD-Mitglied, der die NS-Zeit mit Zugeständnissen an die Machthaber überstanden hatte (1937 NSDAP, 1944 Nebenrolle im Propagandafilm *Junge Adler*). Hedda Sarnow (Frau Iller) war weitgehend unbekannt und trat auch später nicht mehr als Filmschauspielerin hervor. Dagegen waren die übrigen Erwachsenenrollen teilweise prominent besetzt. Das galt besonders für das Gaunerpaar. Die Rolle des Schiebers Birke übernahm mit Paul Bildt einer der renommiertesten deutschen Schauspieler. Bildt war seit 20 Jahren mit Lamprecht eng befreundet und hatte schon 1925 in seinem Zille-Film *Die Verrufenen* mitgespielt. Um seine jüdische Ehefrau zu schützen, wirkte er in NS-Propagandafilmen mit, etwa in Veit Harlans *Kolberg* (1945). Bei Kriegsende suchte er sich mit seiner Tochter Eva das Leben zu nehmen – er allein überlebte und setzte seine Karriere zunächst am Deutschen Theater fort. Bei der Rolle des Diebes Waldemar griff Lamprecht auf Fritz Rasp zurück, der alle Welt durch seine Darstellung des Diebes Grundeis in *Emil und die Detektive* (1931) bekannt war. Dadurch unterstrich der Regisseur die enge Beziehung beider Filme. Auch Onkel Kalle (Walter Bluhm) und der Maler Eckmann (Hans Leibelt) waren mit ehemaligen Ufa-Schauspielern besetzt. Eine Ausnahme in diesem Ensemble bildete die kommunistische Remigrantin Lotte Loebinger (Frau Steidel), die frühere Ehefrau von Herbert Wehner, die schon 1933 in die Sowjetunion emigriert war.

---

31 Der Regievertrag mit der DEFA vom 18.6.1946 (mit Wirkung vom 1.1.1946) sicherte Lamprecht ein Pauschalhonorar von 30 000 Mark. Die DEFA verpflichtete sich, „keinem der im Produktions-Programm 1946 vorgesehenen Regisseure ein höheres Honorar zu zahlen, als mit Herrn Lamprecht vereinbart wurde". Außerdem erhielt er gesondert 15 000 Mark für Drehbuch, Idee und Stoff. Aurich, Lamprecht, S. 195.
32 Vgl. Mückenberger, Zeit der Hoffnungen, in: Schenk (Red.), Das zweite Leben, S. 10.
33 Gerhard Lamprecht, Erinnerungen an „Irgendwo in Berlin", Oktober 1960, in: Deutsche Kinemathek, Nachlass Lamprecht, 4.3-83/06-0. Passend dazu die Karikatur in der „Revue" am 9.1.1947, in der eine Ruine den flüchtenden Lamprecht verfolgt: „Ich bin ruiniert – Ich bin die einzige Ruine Berlins, die nicht mitspielen durfte."

Abb. 1: Casting in Trümmerlandschaft – Gerhard Lamprecht und Berliner Kinder (© DEFA-Stiftung/ Kurt Wunsch)

Die Kinderrollen besetzte Lamprecht, wie in seinen Weimarer Filmen *Die Unehelichen* und *Emil und die Detektive*, mit Laiendarstellern. Er nahm sich viele Wochen Zeit, um sektorenübergreifend in Berliner Schulen und auf der Straße nach geeigneten Kindern zu suchen. So entdeckte Lamprecht an einer Straßenbahnhaltestelle in Berlin-Mitte „seinen" Gustav, den 11-jährigen Charles Knetschke, der später als Charles Brauer ein populärer westdeutscher Schauspieler wurde.[34] Seine Vorauswahl testete er in einem tagelangen Casting auf einem für den Film ausgewählten Ruinengrundstück – er simulierte „‚Funkinterviews', bei denen ein halbzersplitterter Isolator von einem Telegrafenmast als Mikrofonersatz herhalten musste".[35] Lamprecht schrieb über seine Auswahlkriterien:

> „Der eine Junge ist ein sehr behütetes Kind, das mit beiden Beinen in seiner gesicherten Umwelt wurzelt. Ihm gegenüber steht die Figur des etwas verwahrlosten Jungen, dessen Eltern verschollen sind. Von der Voraussetzung ausgehend, daß das Milieu den Menschen formt, habe ich für die Besetzung dieser Rollen Jungen gewählt, deren wirkliche Umwelt der erdachten des Films ähnelt. Anders ist es mit der Rolle des ‚Bösewichts' im Film. Es ist interessant, daß

---

[34] Vgl. Knut Elstermann, Früher war ich Filmkind. Die DEFA und ihre jüngsten Darsteller, Berlin 2011, S. 19 f.
[35] Gerhard Lamprecht, Erinnerungen an „Irgendwo in Berlin", Oktober 1960, in: Deutsche Kinemathek, Nachlass Lamprecht, 4.3-83/06-0. „Diese improvisierten Spiele gaben interessante Aufschlüsse darüber, wieweit die Jungens fähig waren, sich natürlich zu geben […]."

ich in ganz Berlin keinen wirklichen elfjährigen Bösewicht gefunden habe. Ich nahm deshalb einen etwas älteren Jungen, der schon imstande ist, die Rolle zu ‚spielen'."[36]

Über den biografischen Hintergrund von Hans Trinkaus (Willi) und Siegfried Utecht, der den „Kapitän" genannten Anführer der Jungenclique und damit den „Bösewicht" spielte, ist nichts bekannt, aber von Charles Knetschke (Gustav) weiß man, dass die Familie dem Bombenkrieg durch Evakuierung entkommen und der Vater kurz nach Kriegsende zurückgekehrt war.[37] Auch in den Dreharbeiten, die am 17. Juni 1946 begannen, bemühte sich Lamprecht wie in seinen früheren „Milieufilmen" um eine authentisch wirkende Darstellung. Das gelang ihm insbesondere bei den Außenaufnahmen in einem Trümmerfeld in der Krummen Straße im westlichen Stadtteil Charlottenburg – für die Innenaufnahmen nutzte er die alten Tobis-Filmstudios im östlichen Johannisthal – sowie im Spiel seiner Kinderdarsteller. Charles Brauer erinnert sich, dass Lamprecht viel Zeit darauf verwendete, seine jungen Darsteller ihre eigene Lebenswelt nachspielen zu lassen.[38] Der Drehplan wies 56 Drehtage aus, 36 im Atelier und 40 für die Freiaufnahmen.[39] Die Kinder redeten in ihrem Slang und trugen ihre eigenen, zerschlissenen Schuhe und Kleider. Das ganze Team hatte außerdem mit der Lebensmittelknappheit zu kämpfen.[40] Manche Szenen wirken fast dokumentarisch. Durch diese aus Weimarer Jahren vertraute Filmsprache wollte Lamprecht das Thema und die Aussage seines Films möglichst glaubwürdig transportieren. Doch was zeigte sein Werk?

3 Von Kriegskindern zur Aufbaujugend

Die zu Beginn des Beitrags vollständig zitierte Inhaltswiedergabe aus dem Filmbegleitheft, die von Lamprecht zumindest autorisiert, wenn nicht selbst verfasst wurde, muss als filmhistorische Quelle gelesen werden. Sie gibt den Plot in seinem Hauptverlauf im Wesentlichen korrekt wieder, weckt durch ihre sprachliche Gestaltung Interesse und bietet Hinweise auf die intendierte Aussage. Der Text konzentriert sich

---

36 Kulturarbeit nach einem Jahr. Film-Gespräch mit Gerhard Lamprecht, in: Sonntag, 1.9.1946, zit. nach: https://www.filmportal.de/node/28871/material/637798 (Abruf: 28.7.2019).
37 Vgl. Elstermann, Filmkind, S. 21.
38 Vgl. ebenda, S. 22–24.
39 Drehplan, in: Deutsche Kinemathek, Nachlass Lamprecht, 4.3-83/06-0. Letzter Drehtag war nach diesem Plan der 28.8.1946. Im Oktober 1946 konnte der Rohschnitt der SMAD-Zensurstelle gezeigt werden und blieb offenbar ohne Beanstandungen. Vgl. Deutsche Kinemathek (Hrsg.), Irgendwo in Berlin von Gerhard Lamprecht. Begleitmaterialien zu den Ständigen Ausstellungen Film und Fernsehen, Berlin 2009, S. 8.
40 Daran und an den Mangel an technischem Material erinnerte Lamprecht in seinem Interview mit Frau Hollender, Oktober 1956, in: Deutsche Kinemathek, Nachlass Lamprecht, 4.3-83/06-1.5. Auch die Werkfotos zeigen teilweise unterernährte Menschen (Deutsche Kinemathek, Fotoarchiv).

auf die zwei zentralen Themen des Films: erstens die Transformation der Kriegskinder zu einer aufbauwilligen Jugend, die ihre Kriegsspiele und falschen Ideale hinter sich lässt; zweitens die Konflikte des Heimkehrers mit sich und seiner Umgebung sowie seine Reintegration in die Gesellschaft.[41] Beide Hauptstränge sind eng miteinander verwoben, ja bedingen sich in einem wechselseitigen Erziehungs- und Motivationsprozess, der sowohl den Vater als auch die Kinder „auf den rechten Weg bringt".

Einige Nebenstränge (Subplots) und vier weitere wichtige Rollen werden im Ankündigungstext jedoch nicht erwähnt, obwohl sie für die beiden Kernthemen ebenfalls von Bedeutung sind. Onkel Kalle hat seinen Sohn im Krieg verloren und dennoch den „rechten Weg" schon gefunden. Er ist Frau Iller ein Ersatzmann und Gustav ein Ersatzvater, wechselt nach der Rückkehr Illers aber sofort wieder in die Rolle des empathischen Bruders. Er steht für die Mitmenschlichkeit, die sich seine Generation trotz Krieg und Schicksalsschlägen bewahren kann. Frau Steidel verkörpert das Leid der Ehefrau und Mutter, die schwer an ihren Verlusten in beiden Weltkriegen trägt. Ihr Mann ist im Ersten Weltkrieg gefallen, ihr Sohn im Zweiten Weltkrieg schwer versehrt zurückgekommen. Der Letztere, Hansotto, ist eine Schlüsselfigur des Films. Anders als dieses „verlorene Kind" ist der „Kapitän" das „böse Kind", das sich nicht erziehen lässt; er ist ein wenig älter als seine etwa 11-jährigen Kameraden und somit vermutlich als Einziger noch aktiv in der Hitlerjugend gewesen. Am Ende schließt er sich, von seinen einsichtigen Kameraden isoliert, dem Taschendieb Waldemar an, der ebenso wie der Schieber Birke die egoistischen, ja kriminellen Seiten der Nachkriegsgesellschaft symbolisiert – alle drei unbelehrbare Menschen, die außerhalb der neuen Gesellschaft bleiben. Birke ist es auch, der Gustavs besten Freund Willi manipuliert und zum Komplizen seiner Hehlergeschäfte macht. Willi wird als sensibler und hilfsbereiter Junge gezeichnet, aber er ist als Kriegswaise ohne Halt und droht wie der „Kapitän" und die beiden Gauner auf den „falschen Weg" zu geraten. Bei der Mutprobe verliert er auf der Ruine, die er hochklettert, vollends den Halt und stürzt ab – ein etwas schlichtes, aber wirkungsvolles Symbol.

Auch das Ehepaar Iller und ihr Sohn Gustav sind vom Krieg gezeichnet. Aber sie bilden im Kern eine intakte Familie, die wieder zusammengeführt werden kann, die sich rekonstruiert und idealtypisch als Grundlage des Wieder- und Neuaufbaus gezeigt wird. Die bisherigen Interpretationen des Films haben sich vor allem auf diese drei Hauptfiguren konzentriert und sich mit der Heimkehrerproblematik beschäftigt. Der traumatisierte Soldat, der nach seiner Heimkehr erst wieder seine Rolle in der Familie und im Alltag finden muss, ist auch das Thema, das am meisten mit dem vagen Begriff „Trümmerfilm" verbunden wird.[42] Die Trümmer der Groß-

---

[41] Die vielen weiteren interessanten Themen, die dieser überraschend vielschichtige Film anschneidet, können hier nicht näher behandelt werden, angedeutet seien nur: der Hunger, die Distinktion durch Kleidung, Zigaretten und Namen, das Frauenbild, die (christliche) Symbolik.
[42] Zum „Trümmerfilm" vgl. Thomas Brandlmeier, Von Hitler zu Adenauer. Deutsche Trümmerfilme, in: Deutsches Filmmuseum (Hrsg.), Zwischen Gestern und Morgen. Westdeutscher Nachkriegs-

stadt sind dabei seit Staudtes *Die Mörder sind unter uns* (1946) das Abbild der psychischen Verwundungen der Menschen, die in ihnen leben. Lamprecht inszeniert den Auftritt des heimkehrenden Soldaten Iller in der Berliner Trümmerlandschaft eindrucksvoll, wenn auch melodramatisch.[43] Begleitet von düsterer Marschmusik schleppt sich ein (fast) zerstörter Mann durch die (fast) zerstörte Stadt. Beide gilt es wiederaufzubauen. Zerlumpt, erschöpft und zutiefst resigniert sinkt Iller in den Ruinen nieder, gleichsam selbst eine Ruine.[44] Hansotto, sein psychisch zerrütteter Kamerad, erblickt ihn als Erster. Sein Sohn Gustav erkennt ihn zunächst nicht, er hat ihn lange nicht gesehen und eigentlich die Rückkehr eines Helden erwartet. Er tritt an den niedergesunkenen Soldaten heran, der nichts Heroisches mehr an sich hat. Gustav sieht auf ihn hinunter, Iller zu seinem Sohn hinauf.[45] Die Rollen haben sich verschoben, der Vater erscheint machtlos.

Abb. 2: Perspektivwechsel – Gustav und sein Vater (© DEFA-Stiftung/Kurt Wunsch)

---

film 1946–1962, Frankfurt a. M. 1989, S. 32–59; Robert R. Shandley, Trümmerfilme. Das deutsche Kino der Nachkriegszeit, Berlin 2010 (amerik. Originalausgabe 2001).
43 Die ganze Sequenz: *Irgendwo in Berlin*, 26:57–31:11. Grundlage der Zeitangaben ist die DVD-Ausgabe von ICESTORM Entertainment GmbH (2016).
44 Vgl. das Tagebuch der Journalistin Ruth Andrea Friedrich, Schauplatz Berlin, München 1962, S. 208 f. (30.7.1945): „Sind das die strahlenden Sieger, die Adolf Hitler wohlausgerüstet vor Jahren in den Krieg schickte? Als wandelnde Ruinen wanken sie dahin."
45 *Irgendwo in Berlin*, ab 30:50.

An den Rollenzuschreibungen und Geschlechterverhältnissen setzen die meisten Interpretationen an. Für Robert R. Shandley sind der Verlust und die Wiedergeburt der Männlichkeit das zentrale Thema des Films.[46] Während die Frauen, in Gestalt von Illers Ehefrau, passiv und geduldig darauf warten, dass die Männer zurückkehren und ihre Männlichkeit wiedererlangen, tragen die Söhne (und nur sie, nicht die Töchter) aktiv dazu bei, ihre „echten" Väter anstelle von „falschen" Vorbildern wie Waldemar und Birke wieder in ihre dominante Position einzusetzen. „Die Wiederherstellung des Patriarchats statt des Vatermordes ist das Gebot der Stunde."[47] Die Trümmer sind die Gegenspieler des Vaters, die inneren lähmen ihn, und die äußeren können nur beseitigt werden, wenn er wieder zu sich selbst und seiner alten Rolle findet. Das Filmende gerät somit zu einer „Apotheose des *pater familias*":[48] Motiviert und umringt von den Jungen, die ihre Väter wiedereinsetzen wollen, ergreift Iller im Zentrum des Trümmerfelds – jetzt überragt er wieder seinen Sohn und die übrigen Kinder – die Spitzhacke und beginnt männlich-kraftvoll mit dem Wiederaufbau seines Arbeitsplatzes, des Garagenhofs.[49] *Irgendwo in Berlin* bietet in der Darstellung des Heimkehrers zugleich ein Entlastungsangebot, mit dem sich weite Teile der verunsicherten Nachkriegsgesellschaft identifizieren konnten: Iller ist zunächst Opfer des Krieges und zuletzt Held des Wiederaufbaus; von Schuld und Verbrechen ist keine Rede.[50]

So schlüssig diese Deutung ist, so sehr vernachlässigt sie den anderen wesentlichen, von Lamprecht intendierten Aspekt des Films: die Erziehung zu „richtigem Denken" und „neuem Leben" am Beispiel der Kriegskindergeneration. Der Regisseur stellte bewusst die Kinder – genauer gesagt die Jungen – in den Mittelpunkt seines Drehbuchs. Rückblickend bekannte er: „Es sollte ein Kinderfilm werden, aber nicht nur mit Kindern, sondern mit seiner sehr ernsten Mahnung ein Film für

---

46 Vgl. Shandley, Trümmerfilme, S. 185–196. Uta Fenske folgt dieser genderhistorischen Deutung und argumentiert ebenfalls, „dass der Film die zentrale Rolle der Vaterfigur für das familiäre und gesellschaftliche Wohl betont". Uta Fenske, Väter und Amnesie. Männlichkeiten in: Irgendwo in Berlin und Crack up, in: Uta Fenske/Walburga Hülk/Gregor Schuhen (Hrsg.), Die Krise als Erzählung. Transdisziplinäre Perspektiven auf ein Narrativ der Moderne, Bielefeld 2013, S. 205–224, hier S. 211. Auch Annette Brauerhoch, „Fräulein" und GIs. Geschichte und Filmgeschichte, Frankfurt a. M./Basel 2006, S. 311–324, stellt die „Krise deutscher Männlichkeit" in den Mittelpunkt ihrer Analyse des Films. Vgl. außerdem Anke Pinkert, Film and Memory in East Germany, Bloomington, IN 2008, S. 43–58.
47 Shandley, Trümmerfilme, S. 195. Der „Vatermord" wird hingegen in Roberto Rossellinis vergleichbarem „Trümmerfilm" *Germania anno zero* (Frankreich/Italien, 1948) vollzogen (siehe unten Anm. 87).
48 Fenske, Väter, in: Fenske/Hülk/Schuhen (Hrsg.), Krise, S. 214.
49 Schluss-Szene: *Irgendwo in Berlin*, 01:17:52–01:20:05.
50 Vgl. Shandley, Trümmerfilme, S. 195 f.; Fenske, Väter, in: Fenske/Hülk/Schuhen (Hrsg.), Krise, S. 215.

Kinder."[51] Es ging Lamprecht hauptsächlich um ein Thema, das ihn „zutiefst bewegte, Kinder, die vom Erlebnis des Krieges nicht loskommen, deren Phantasie bei kriegerischen Spielen in den Ruinen immer neue Nahrung findet. Missverstandenes Heldentum. [...] Seit eh und je haben mich die Schicksale der Kinder bewegt, ihre Abhängigkeit von der Umwelt, in der sie aufwachsen, die oft bestimmend für ihr ganzes Leben ist." In Deutschland gab es wohl keinen zweiten Regisseur, der junge Laiendarsteller so natürlich, ohne „die peinliche Maske eines gespielten Ausdrucks",[52] in ein Filmnarrativ einbinden konnte. Wohl deswegen war Lamprecht bereits 1947 unzufrieden mit dem pathetischen, fast propagandistisch wirkenden Schluss seines Films und drehte für die Auslandsfassung einen neuen. „Dieser ist ähnlich dem alten, nur vermeidet er die apotheosenhafte Übersteigerung, die ich damals beabsichtigt hatte, und die mir heute nicht mehr gefällt, so daß der neue Schluß die Linie des Films einheitlich zu Ende führt."[53] Offenbar fürchtete er nun, dass die Apotheose des Vaters und das Pathos des Wiederaufbaus die Glaubwürdigkeit der filmischen Erzählung und ihren Kern als Kinderfilm beeinträchtigten.

Mit den „Kriegskindern", also den nicht mehr zum Kriegsdienst eingezogenen Jahrgängen ab 1929, hat sich die zeithistorische ebenso wie die psychologische und soziologische Forschung erst nach der Jahrtausendwende intensiv befasst.[54] Nach 1945 wurden die traumatischen Erfahrungen, die Kinder mit Gewalt, Tod, Familientrennungen, Verlust der Eltern, Flucht und Vertreibung, Hunger und Entbehrungen gemacht hatten, im Vergleich zu den Problemen der erwachsenen Kriegsheimkehrer verhältnismäßig wenig thematisiert, ja meist bagatellisiert und in ihren medizinisch sowie gesellschaftlich relevanten Nachwirkungen unterschätzt. Lamprechts Kinderfilm und sein Bemühen, die Kinder und ihre Kriegsbelastungen ernst zu nehmen, sind eine bemerkenswerte Ausnahme. Die beiden Hauptfiguren Gustav und Willi

---

51 Gerhard Lamprecht, Erinnerungen an „Irgendwo in Berlin", Oktober 1960, in: Deutsche Kinemathek, Nachlass Lamprecht, 4.3-83/06-0.
52 Ebenda.
53 Brief Lamprechts an Charlotte Dieterle, Berlin 7.9.1947, in: Deutsche Kinemathek, Nachlass Lamprecht 4.3-83/06-2. Vgl. die alternative Fassung als Extra der DVD-Ausgabe von ICESTORM Entertainment GmbH (2016). Dort sind es nur noch etwa 20 Jungen, die auf Pfiff in den Garagenhof kommen (und nicht schon dort sind), um Iller zu helfen. Der alte Schluss findet sich bereits in Lamprechts Handlungsaufriss, so dass die Vermutung, er sei ein Zugeständnis an die SMAD (Deutsche Kinemathek [Hrsg.], Irgendwo in Berlin, S. 8), nicht zutrifft.
54 Vgl. vor allem Nicholas Stargardt, „Maikäfer flieg!" Hitlers Krieg und die Kinder, München 2006; Margarete Dörr, „Der Krieg hat uns geprägt". Wie Kinder den Zweiten Weltkrieg erlebten, Frankfurt a. M. 2007; Lu Seegers/Jürgen Reulecke (Hrsg.), Die „Generation der Kriegskinder". Historische Hintergründe und Deutungen, Gießen 2009; Christa Müller, Schatten des Schweigens, Notwendigkeit des Erinnerns. Kindheiten im Nationalsozialismus, im Zweiten Weltkrieg und in der Nachkriegszeit, Gießen 2014; sowie in internationaler Perspektive: Elke Kleinau/Ingvill C. Mochmann (Hrsg.), Kinder des Zweiten Weltkrieges. Stigmatisierung, Ausgrenzung, Bewältigungsstrategien, Frankfurt a. M./London 2016; Francesca Weil/André Postert/Alfons Kenkmann (Hrsg.), Kindheiten im Zweiten Weltkrieg, Halle (Saale) 2018.

werden als Kinder mit erheblichen Verlusterfahrungen gezeigt. Gustav ist in den letzten Jahren vaterlos aufgewachsen[55] und klammert sich an das Trugbild seines abwesenden Vaters als Kriegsheld. Immerhin ist er in ein relativ stabiles Familiensystem mit Mutter und Onkel eingebunden. Willi dagegen hat auf der Flucht beide Eltern verloren und lebt in Berlin bei der fremden, aber fürsorglichen Frau Schelp und dem Schieber Birke. Er ist ein Außenseiter, der von Gustavs Mutter wegen seiner Eltern- und Heimatlosigkeit misstrauisch beäugt wird. Lamprecht hingegen zeichnet ihn mit spürbarer Sympathie und widmet ihm eine Szene mit Eckmann, in der seine tiefe psychische Verletzung durch die Kriegserlebnisse offensichtlich wird: Willi greift im Atelier des Malers nach einer kleinen Hundefigur, die ihn an die „Wärme" seines eigenen Hundes und damit an die verlorene familiäre Geborgenheit und Heimat erinnert.[56] An die Tierplastik klammert er sich dann noch in seiner Sterbeszene.[57]

Abb. 3: Die Soldatenspiele der Kriegskinder – Strammstehen vor Gustav und dem „Kapitän" (© DEFA-Stiftung/Kurt Wunsch; Bildquelle: DFF – Deutsches Filminstitut & Filmmuseum, Frankfurt a. M.)

---

55 Zum Problem der Vaterlosigkeit vgl. Lu Seegers, „Vati blieb im Krieg". Vaterlosigkeit als generationelle Erfahrung im 20. Jahrhundert – Deutschland und Polen, Göttingen 2013.
56 *Irgendwo in Berlin*, 58:39–59:40.
57 Ebenda, 01:09:51–01:13:48.

Auch von den übrigen Kindern im Film muss angenommen werden, dass sie durch den Krieg und seine Folgen geschädigt und erschüttert sind. Sie wirken alle unbehütet und gefährdet durch die moralische Deformation der deutschen „Zusammenbruchgesellschaft"[58], die durch die beiden Gauner verkörpert wird – aber auch durch die Kinder selbst, die ihren Eltern die raren Lebensmittel klauen, um an ihr Kriegsspielzeug zu kommen. Hier gelangt man zum zentralen Aspekt des Spielfilms. So einfühlsam insbesondere Willis Traumatisierung durch den Krieg gezeigt wird: Der Film handelt im Kern weniger von den Verletzungen der Kriegskinder durch Gewalt, Verlust und Entbehrung als von ihrer Belastung mit dem Erbe „falscher Ideale". Lamprechts Zugang ist auch insofern bemerkenswert, als die Kinder dabei keineswegs nur als unschuldige Opfer dargestellt werden.[59] Sie wurden zwar manipuliert, sind aber nicht unschuldig; sie sind Akteure, die sich trotz ihres kindlichen Alters von elf, zwölf Jahren schon entscheiden können. Gustav entscheidet sich am Ende des Films, seinem Vater zu helfen, der „Kapitän", sich dem Dieb anzuschließen. Es hängt, so wird vermittelt, auch vom eigenen Willen und Charakter ab, sich zum „rechten Weg" zu bekehren.

Die ideologische Disposition der Jungen im Film ist zunächst gleich. Alle sind indoktriniert durch die im NS-Staat vermittelten militaristischen und heroischen Männlichkeitsideale. Sie lassen sich von ihrem „Kapitän" in Reih und Glied aufstellen und beteiligen sich ohne Ausnahme voller Enthusiasmus an einer Simulation des Krieges, die durch die Ruinen, die korrekte militärische Kommandosprache und die Verwendung von Feuerwerkskörpern als Geschosse sehr real und ernsthaft wirkt.[60] Das Kriegsspiel bekommt eine Wendung, als eines der Geschosse in das Atelier des Malers einschlägt und das Bild beschädigt, an dem Eckmann gerade arbeitet. Der Maler reagiert trotz seines Ärgers besonnen. Er zitiert die Jungen in sein Atelier und zeigt ihnen, was sie mit ihrem Kriegsspiel angerichtet haben.[61] „Immer nur Krieg und wieder Krieg, schießen und kaputt machen!"[62] Eckmann erweist sich als souveräner Pädagoge, der seinen „Schülern" an einem Beispiel vermittelt, dass Krieg und Gewalt schlecht und sinnlos sind – der Künstler als Erzieher: Man darf vermuten, dass sich Lamprecht hier selbst porträtierte. Allerdings gerät dem Regisseur die Symbolik ein wenig plump: Das beschädigte Gemälde, das Eckmann als Anschauungsobjekt präsentiert, zeigt eine Ruinenlandschaft, die von den wild sprießenden Blüten eines Baumstumpfes überdeckt wird. Dieses Symbol wollte

---

[58] So der inzwischen klassische Begriff von Christoph Kleßmann, Die doppelte Staatsgründung. Deutsche Geschichte 1945–1955, Göttingen [4]1986.
[59] Gudrun Brockhaus hat 2010 der Konjunktur der Beschäftigung mit Kriegskindern eine gewisse Tendenz der Schuldentlastung vorgeworfen, vgl. dies., Kontroversen um die „Kriegskindheit", in: Forum Psychoanalyse 26 (2010), S. 313–324.
[60] *Irgendwo in Berlin*, 19:12–22:45.
[61] Ebenda, 22:46–25:26.
[62] Ebenda, ab 24:18.

Lamprecht ursprünglich im letzten Bild seines Films wiederaufgreifen: „An fleissigen Gruppen vorbei nähern wir uns in ständiger Bewegung dem Hintergrund. Hier steht der Baumstumpf, der schon Eckmann als Motiv gedient hat. Die Reste eines Baumes, dessen Oberteil weggerissen ist. Er ist überwuchert von frischem Grün, das überall hervorspriesst. Mit diesem Symbol neuen Lebens endet der Film."[63]

Abb. 4: Lebensbaum versus Kriegsspiele – Eckmann und die Jungen (© DEFA-Stiftung/Kurt Wunsch)

Nicht minder plakativ ist die Szene, in der Iller voller Wut und Verzweiflung mit seinen zerschundenen Füßen und zerschlissenen Schuhen den Spielzeugpanzer zerstampft, den sein Sohn ihm stolz präsentiert.[64] Gustav ist schockiert angesichts der Diskrepanz zwischen seinem heroischen Wunschbild des Vaters und der Realität eines traumatisierten Soldaten, der gegenüber Kalle bekennt, im Krieg und in der Gefangenschaft sich selbst und alles Menschliche verloren zu haben: „Ich weiß ja gar nicht mehr, wie das ist, ein Mensch zu sein."[65] In der Vorstellungswelt der Jungen, von Krieg und NS-Ideologie geprägt, existiert dagegen nur die Bipolarität zwischen „mutig" und „feige", „Held" und „Versager". Der ziemlich eindimensional charakte-

---

63 Handlungsaufriss (Treatment), in: Deutsche Kinemathek, Nachlass Lamprecht, 4.4-83/06-45. Auch in der Urschrift des Drehbuchs ist diese letzte Einstellung noch enthalten (ebenda, 4.4-83/06-44). Warum sie nicht realisiert wurde, ist unbekannt.
64 *Irgendwo in Berlin,* 37:40–38:20.
65 Ebenda, 56:16–58:11 (Gespräch Iller/Kalle).

risierte „Kapitän" vertritt diese „falschen Ideale" am deutlichsten. Er bezeichnet Iller als „dreckigen Jammerlappen"[66] und provoziert („Du Feigling!") die sinnlose Mutprobe Willis auf dem schmalen Grat der Brandmauer, die als bedrohlich in den Himmel ragende Ruine bildhaft die anhaltende Zerstörungskraft, aber auch die Suggestivkraft des Vergangenen darstellt.[67] Der gewaltige Gebäuderest wirkt selbst wie ein „heroischer" Akteur und zugleich monströs; kurz vor dem optimistischen Schluss des Films wird er gesprengt. Willis Fall und Tod sind ein Fanal, den selbstzerstörerischen Individualismus des „Helden" und „Einzelkämpfers" nationalsozialistischer Prägung zu überwinden.[68] Gustav und die meisten seiner Kameraden verstehen die Lektion. Sie motivieren sich und Iller zum kollektiven und solidarischen Aufbau eines neuen Lebens. Die Verwandlung von der Kriegskindheit zur Aufbaujugend als Garant einer besseren Zukunft hat sich vollzogen.

In dieses recht offensichtliche Bekehrungsnarrativ, das in einem quasi sozialistischen Fortschrittsglauben und Optimismus mündet, hat Lamprecht eine Figur eingebaut, welche seine Aussage subtiler transportiert und ziemlich verstörend wirkt. Der durch eine schwere Kopfverletzung versehrte und durch seine Kriegserlebnisse traumatisierte Soldat Hansotto, der von seiner Mutter, der Kriegerwitwe, gepflegt wird, lebt als „Verrückter" nur noch in Albträumen und Visionen des Krieges.[69] Für Lamprecht war er „eine der wichtigsten Figuren des Films":

> „Diese Gestalt war von mir nicht am Schreibtisch erfunden. Noch sehe ich diesen armen Menschen hinter einem Fenster in der Schönhauser Allee, einen Stahlhelm auf, mit leerem Blick immer wieder salutierend, bis ihn die Mutter vom Fenster wegholt. Das war 1919! Und jetzt, auf unserer Motivsuche, als wir in Moabit den geeigneten Balkon für diese Szene an einem Haus inmitten von Ruinen gefunden haben, betritt ihn im gleichen Augenblick ein Mann, steht stramm, salutiert, steht stramm, salutiert. Immer wieder. Wie eine Marionette. Unfassbar, erschütternd für uns alle diese Duplizität. Nachfragen in dem Haus ergeben: Es ist ein Schwerverletzter, der dort mit seiner Mutter lebt. 1919... 1946... Nichts hat sich geändert. Dasselbe Bild, gleichsam ein Symbol der Sinnlosigkeit des Krieges."[70]

Auch wenn diese rückblickende Beschreibung stilisiert sein mag, so unterstreicht sie die Funktion Hansottos als „unglückseliges Opfer des Krieges",[71] die der Regis-

---

66 Ebenda, ab 43:00.
67 Ebenda, 01:02:10–01:06:51 (vollständige Sequenz der Mutprobe).
68 Zu diesem individualistischen Aspekt des Nationalsozialismus vgl. Moritz Föllmer, Wie kollektivistisch war der Nationalsozialismus? Zur Geschichte der Individualität zwischen Weimarer Republik und Nachkriegszeit, in: Birthe Kundrus/Sybille Steinbacher (Hrsg.), Kontinuitäten und Diskontinuitäten. Der Nationalsozialismus in der Geschichte des 20. Jahrhunderts, Göttingen 2013, S. 30–52.
69 In der filmhistorischen Forschung hat sich bisher nur Pinkert, Film, S. 43–58, eingehend und tiefsinnig mit dieser Figur auseinandergesetzt.
70 Gerhard Lamprecht, Erinnerungen an „Irgendwo in Berlin", Oktober 1960, in: Deutsche Kinemathek, Nachlass Lamprecht, 4.3-83/06-0.
71 Ebenda.

seur der Rolle zudachte. In seinem Handlungsaufriss gab Lamprecht das Alter mit „ungefähr Mitte Dreißig" an.[72] Damit ist Hansotto ein Kriegskind des Ersten Weltkriegs, nach 1918 ein Junge wie Gustav, Willi und ihre Kameraden in der Filmgegenwart. An der Wand des Zimmers, in dem er von seinen Albträumen verfolgt wird (im Film als Wochenschau-ähnliche Kriegsszenen visualisiert), hängt ein Bild des gefallenen Vaters,[73] ein Heldenbild, das ihn vermutlich sein Leben lang als „falsches Ideal" begleitet hat, verstärkt durch den Kult um die gefallenen Soldaten.[74] Auch als zutiefst Versehrter des Zweiten Weltkriegs bleibt er an dieses Ideal gekettet. Hansotto hält nach seinen „Kameraden" Ausschau und schreit „Ein Held, ein Held!", als er Willis tödlichen Aufstieg auf der Brandmauer beobachtet.[75] Willi stirbt in der Wohnung von Frau Steidel und Hansotto. Eine geradezu ikonische Einstellung zeigt den Kriegsversehrten, wie er allein bei seinem sterbenden „Kameraden" sitzt und Wache hält, wie ein Todesengel.[76] In der anschließenden langen Sterbeszene, bei der auch Eckmann, Gustav und weitere Jungen anwesend sind, wiederholt Hansotto zweimal mechanisch den Satz: „Soldaten sterben!"[77] Die ganze Szene greift in Darstellung, Beleuchtung und Musik die melodramatische Inszenierung des „Heldengedenkens" nach dem Ersten Weltkrieg und auch den „Todeskitsch" mancher Ufa-Filme auf.[78] Ob vom Regisseur beabsichtigt oder nicht: Diese Ästhetik wirkt verlogen, zumindest deplatziert – und entlarvt damit den „Heldentod" Willis als katastrophale Folge von Idealen, die zum sinnlosen Massensterben in zwei Weltkriegen geführt haben. Zugleich aber bietet die Sterbeszene gerade in ihrer vertrauten Symbolik und Melodramatik – und dem letzten Wort Willis: „Warum?" – dem Publikum einen Raum, die eigenen Kriegstoten zu betrauern.[79]

In *Irgendwo in Berlin* werden direkt und indirekt Bezüge zum Ersten Weltkrieg und zur Zwischenkriegszeit hergestellt. Hansotto repräsentiert die Kriegskinder, die nach 1918 ihre militanten, heroischen Weltbilder nicht überwinden konnten und für einen weiteren großen Krieg missbraucht wurden. Darüber hinaus wird die Figur

---

72 Handlungsaufriss (Treatment), in: Deutsche Kinemathek, Nachlass Lamprecht, 4.4-83/06-45.
73 *Irgendwo in Berlin*, 10:56–12:21.
74 Vgl. George L. Mosse, Fallen Soldiers. Reshaping the Memory of the World War, New York/Oxford 1990; Sabine Behrenbeck, Der Kult um den toten Helden. Nationalsozialistische Mythen, Riten und Symbole 1923 bis 1945, Vierow bei Greifswald 1996.
75 *Irgendwo in Berlin*, ab 01:06:25.
76 Ebenda, ab 01:09:42.
77 Ebenda, ab 01:12:04.
78 Ebenda, 01:09:51–01:13:48. Vgl. Brauerhoch, „Fräuleins" und GIs, S. 320–324. Die Interpretation, dass die ästhetische Inszenierung „zur Rehabilitierung des Soldatischen und Militärischen" beitrage (ebenda, S. 321), halte ich für werkimmanent nicht überzeugend. Ähnlich deutet Bernhard Groß, Die Filme sind unter uns. Zur Geschichtlichkeit des frühen deutschen Nachkriegskinos: Trümmer-, Genre-, Dokumentarfilm, Berlin 2015, S. 194–206, die Sterbeszene und den Film insgesamt als Gründung bzw. Rekonstruktion „einer Art von soldatischen Gemeinschaft" (ebenda, S. 196).
79 So die schlüssige Analyse von Pinkert, Film, S. 52–56.

des psychisch kranken Soldaten, der wie eine Marionette sinnlose militärische Rituale wiederholt, von Lamprecht als Symbol der „Sinnlosigkeit des Krieges" eingesetzt. Damit gelangt der Film zu einer nicht nur antimilitaristischen, sondern pazifistischen Aussage, die auch an anderen Stellen, etwa beim ostentativen Zertreten des Spielzeugpanzers, aufscheint. Auf diesem Weg werden der Krieg und seine Schrecken universalisiert und als anthropologische Konstante dargestellt: Der Krieg an sich ist schlecht und der Mensch sein Opfer. Das Spezifische des nationalsozialistischen Krieges sowie die schuldhafte Beteiligung von Soldaten und insgesamt der Deutschen an Kriegs- und NS-Verbrechen werden verschwiegen – anders als im kurz vorher entstandenen Film *Die Mörder sind unter uns*, der ein Wehrmachtsverbrechen thematisiert. Damit leistete Lamprecht einen Beitrag zur Selbstentlastung und Selbstviktimisierung der Deutschen. Sein Film deutet aber immerhin an, dass es einen deutschen Sonderweg an „falschen Idealen" gab, der vom Ersten zum Zweiten Weltkrieg führte.

Abb. 5: Der versehrte Soldat und sein sterbender „Kamerad" – Hansotto und Willi (© DEFA-Stiftung/Kurt Wunsch; Bildquelle: Bundesarchiv)

Noch eine andere, verborgene, Verbindung zu den Fehlentwicklungen der deutschen Geschichte ergibt sich, wenn man *Irgendwo in Berlin* als Remake oder Fortsetzung von Lamprechts altem Erfolgsfilm *Emil und die Detektive* versteht. Die Verwandtschaft beider Filme wurde oft betont,[80] allerdings bezog sich das meist auf das Offensichtliche, etwa stilistisch auf das recht freie Agieren der Kinderdarsteller oder inhaltlich auf die Solidarität der Kinder als Problembewältigung – nicht zufällig wird in beiden Filmen das Kinderkollektiv von einem Gustav organisiert. Doch es gibt noch eine andere Beziehung zum Sujet des neuen Films. In *Emil und die Detektive* wird eine scheinbar unbeschwerte Berliner Kindheit in der Zwischenkriegszeit gezeigt, die den Kriminalfall und seine Aufklärung als großes Spiel begreift. 1946 wusste Lamprecht, was aus seinen jungen Schauspielern geworden war: Emil Tischbein (Rolf Wenkhaus), Gustav mit der Hupe (Hans Schaufuß) und der kleine Dienstag (Hans Albrecht Löhr) waren zwischen 1940 und 1942 als Wehrmachtssoldaten gefallen. Übrig blieb der grandiose Fritz Rasp als Herr Grundeis, der Taschendieb mit der Melone, der nach dem Krieg in Gestalt von Waldemar wieder „irgendwo in Berlin" auftaucht. Es ist kaum vorstellbar, dass dieser Subtext bei Gerhard Lamprecht nicht mitschwang, als er im Winter 1945/46 die Erzählung seines ersten Nachkriegsfilms niederschrieb.

4 Schluss

Der Spielfilm *Irgendwo in Berlin* war, anders als manchmal angenommen,[81] keineswegs ein Misserfolg. Mit 3,9 Millionen Besuchern nimmt er unter den 20 DEFA-Produktionen zwischen 1946 und 1950 einen guten achten Rang ein.[82] *Die Mörder sind unter uns*, der als sehr großer Erfolg galt, wurde von 5,2 Millionen Menschen gesehen – so groß war der Abstand also nicht. Anders als der Staudte-Film war Lamprechts Spielfilm allerdings in seiner Wirkung weitgehend auf Berlin und die Sowjetische Besatzungszone (SBZ) beschränkt. Im Westen wurde er selten aufgeführt und wenig beachtet. Der Film fand später bei mehreren Ausstrahlungen im DDR-Fernsehen und 1975 auch im westdeutschen ZDF seine Zuschauer. Noch 1996 empfahl ihn eine Untersuchung als wertvollen Kinderfilm, der „auch heute noch ein begeistertes Kinderpublikum" habe.[83]

Die Presseresonanz entsprach dem Kassenerfolg. In der Pressemappe in Lamprechts Nachlass finden sich 65 zeitgenössische Artikel über *Irgendwo in Berlin* und

---

[80] Vgl. etwa Christiane Mückenberger, Sie wurden später jung als ihre Väter. DEFA-Jugendfilm 1946–1949, in: Johannes Roschlau (Red.), Träume in Trümmern. Film – Produktion und Propaganda in Europa 1940–1950, München 2009, S. 127–138, hier S. 130–132.
[81] Etwa von Shandley, Trümmerfilme, S. 196.
[82] Vgl. die Tabelle in Bettina Greffrath, Gesellschaftsbilder der Nachkriegszeit. Deutsche Spielfilme 1945–1949, Pfaffenweiler 1995, S. 430.
[83] Ingelore König/Dieter Wiedemann/Lothar Wolf (Hrsg.), Zwischen Marx und Muck. DEFA-Filme für Kinder, Berlin 1996, S. 73 – „das haben Veranstaltungen 1994 mit Schülern der zweiten bis fünften Klasse in Ost und West gezeigt".

seine Entstehung, zum allergrößten Teil aus Berlin und der SBZ.[84] Nur zwei prominente Stimmen seien herausgegriffen. In der „Berliner Zeitung", die im Ostsektor erschien, war der bekannte Journalist Walter Lennig über die „bewegliche, rastlose und forschende Regie" Gerhard Lamprechts voll des Lobes. Für ihn spielte die „Horde von Schuljungen" unbestritten die Hauptrolle, „alles vom Krieg gezeichnete und tief beeinflußte Kinder, deren Väter großenteils noch nicht zurück sind oder nie mehr wiederkehren. Kinder also, die allesamt mehr gesehen und erlebt haben als früher ganze Erwachsenengenerationen." Lennig hob als besonders gelungen hervor, dass der Film „am Schluß die Jugendproblematik mit dem Wiederaufbau auf sinnfällige und mitreißende Art" verknüpft.[85]

Dagegen machte sich Friedrich Luft im West-Berliner „Tagespiegel" gerade über diese „Schlußapotheose in den Trümmern" lustig: „Eine Kinderpyramide des Zupackens, mit Musik voll untermalt. Wie lange wird es dauern, dann spielen sie wieder." Ihn störte der „erhobene Zeigefinger" und die fehlende Konzentration auf das eigentliche Thema. „Man entschloß sich nicht, ob man einen Kinderfilm machen wollte oder einen für Erwachsene. Voll guten Willens, verhedderte man sich wieder in die Angst, ja nichts auszulassen, was Zeitnähe beweisen könnte. Das Thema hieß hier: wie bringt man die Lümmels vom Kriegsspiel ab, das sich in den Ruinen so verführerisch anbietet? Stoff genug, um den Streifen zu füllen. Aber nein – [...]" – und dann nannte Luft die vielen anderen Themen vom Heimkehrerschicksal über die „Peinlichkeit" des anderen Soldaten, „der über den Unverstand der militanten Raserei den eigenen Verstand auf dem Schlachtfeld verlor", bis zu Schwarzmarkt und Hehlerei.[86]

Tatsächlich werden in *Irgendwo in Berlin* viele Themen angeschnitten und Konflikte gezeigt – entsprechend viele Lesarten und analytische Vertiefungen sind möglich. Doch anders als von Friedrich Luft unterstellt, wusste Gerhard Lamprecht genau, was er wollte: einen aufklärerisch-erzieherischen Kinderfilm produzieren, mit einer auch für Kinder verständlichen Botschaft. Der Drehbuchautor und Regisseur zielte auf die Abkehr vom Militarismus und von der Idealisierung der „heroischen Tat" des Individuums, auf die Umkehr zu einer solidarischen, generationsübergreifenden – und männerdominierten – Aufbaugemeinschaft. Die „falschen Ideale" der Vergangenheit werden im Film ausschließlich mit den eigenen Opfern verbunden, nicht mit den eigenen Untaten im Nationalsozialismus. Die Soldaten Iller und Hansotto sowie das Waisenkind Willi stehen exemplarisch für die universalen Leiden und Schrecken des Krieges. Was die Erwachsenen in der NS-Zeit getan haben, bleibt unerwähnt. Der Film war ein Plädoyer, die Vergangenheit hinter sich zu lassen, zu-

---

84 Deutsche Kinemathek, Nachlass Lamprecht, 4.3-83/06-0.
85 Walter Lennig, „Irgendwo in Berlin". Uraufführung des neuen Defa-Films in der Staatsoper, in: Berliner Zeitung, 20.12.1946.
86 Friedrich Luft, „Irgendwo in Berlin". Eine DEFA-Uraufführung, in: Der Tagesspiegel, 20.12.1946.

gunsten einer besseren Zukunft. Damit kam Lamprecht den Entlastungsbedürfnissen der deutschen Nachkriegsgesellschaft nach.

Auch der Regisseur selbst wollte seine NS-Vergangenheit abstreifen und sich als progressiver Humanist in die neue Zeit einschreiben. Da nicht nur die Sowjetunion, sondern alle Siegermächte 1945/46 die Beseitigung des „deutschen Militarismus" als wesentliches Ziel der „Umerziehung" proklamierten, lag es nahe, sich als Filmkünstler mit einem pazifistischen Erziehungsfilm zu positionieren. Lamprecht bekannte sich damit zu einem „neuen Denken" in einem „neuen Leben", in deutlicher Abkehr von einem Teil seines bisherigen Filmschaffens. Dieser künstlerische Akt der Selbstvergewisserung und Neuverortung fiel ihm dadurch leichter, dass er stilistisch und inhaltlich teilweise an seine Milieu- und Kinderfilme aus Weimarer Zeit anknüpfen konnte. Auch wenn *Irgendwo in Berlin* die Filmsprache des Ufa-Melodrams nicht ganz überwand und einem konventionellen Erzählstil folgte, war der Film durch seine jungen Laiendarsteller und die fast dokumentarischen Aufnahmen des Berliner Alltags sogar an die Avantgarde des italienischen Neorealismus anschlussfähig.[87] Er blieb Lamprechts bester und erfolgreichster Film nach dem Krieg.[88] Der für ihn persönlich wichtigste war er allemal. Inwieweit der DEFA-Spielfilm *Irgendwo in Berlin* Ausdruck eines wirklichen Gesinnungswandels seines Regisseurs war, muss offenbleiben. Man sollte aber nicht von vornherein ausschließen, dass Gerhard Lamprecht selbst den Lernprozess vollzog, den er in seinem Film zeigte und seinem Publikum nahelegte.

---

[87] Als Roberto Rossellini im Sommer 1947 ebenfalls in den Trümmern von Berlin und ebenfalls mit Berliner Kindern mit *Germania anno zero* (Frankreich/Italien, 1948) ein ähnliches Sujet verfilmte, fiel das Ergebnis allerdings ganz anders aus, düster, pessimistisch, in der Hauptrolle ein Junge, Edmund, der beeinflusst von nationalsozialistischem Gedankengut seinen Vater ermordet und sich dann, fast eine Reminiszenz an Willis Absturz, von einer Ruine in den Tod stürzt. Vgl. Ulrich Dröge, Barbaren mit humanen Zügen. Bilder des Deutschen in Filmen Roberto Rossellinis, Trier 2009, S. 198–253; Massimo Perinelli, Achtung! Tedeschi! Trümmerfilm, Neorealismus und das Bild der Deutschen im italienischen Nachkriegsfilm, in: Bastian Blachut/Imme Klages/Sebastian Kuhn (Hrsg.), Reflexionen des beschädigten Lebens? Nachkriegskino in Deutschland zwischen 1945 und 1962, München 2015, S. 271–296; Groß, Filme, S. 204–206. Der Film wurde in Deutschland wegen seines negativen Bilds von der Berliner Nachkriegsgesellschaft scharf kritisiert. Auch Lotte H. Eisner, Die dämonische Leinwand, Frankfurt a. M. 1980, S. 334 f., stellt *Irgendwo in Berlin* „weit über" *Germania anno zero*.

[88] Lamprecht drehte nur noch einen weiteren Spielfilm für die DEFA (*Quartett zu fünft*, 1949) und dann im Westen vorwiegend recht belanglose Unterhaltungsfilme. Mitte der 1950er Jahre verlagerte er seine Tätigkeit auf die Filmwissenschaft. Seine umfängliche filmhistorische Sammlung bildete die Basis für die Deutsche Kinemathek in West-Berlin, die er 1963–1966 leitete. Gerhard Lamprecht starb am 4.5.1974 in Berlin.

Andreas Kötzing
„Ein Film aus unserer Wirklichkeit"?
Sozialistische Identifikationsangebote in Slatan Dudows *Unser täglich Brot* (1949)

Als Slatan Dudow, einer der bekanntesten Regisseure der Deutschen Film AG (DEFA), am 12. Juli 1963 bei einem Autounfall tödlich verunglückte, war die Bestürzung groß. Zahlreiche Nachrufe in der ostdeutschen Presse würdigten ihn als einen der wichtigsten Filmkünstler seiner Generation. Zugleich spiegeln die Artikel, die zu Dudows Tod erschienen, die ideologische Vereinnahmung seines Werkes. Der Regisseur, der bereits 1932 mit dem sozialkritischen Arbeiterfilm *Kuhle Wampe oder: Wem gehört die Welt* bekannt geworden war, wurde zu einem „Pionier der sozialistischen Filmkunst" in der DDR stilisiert. „Sein Lebensweg ist der Kampf eines unbeugsamen Antifaschisten und eines sozialistischen Künstlers", hieß es im offiziellen Nachruf des SED-Zentralkomitees. Er habe „sein ganzes Denken und Fühlen, seine Wünsche und Forderungen mit den Interessen des Volkes und der revolutionären Partei der Arbeiterklasse" verbunden.[1] Schon in seinen Jugendjahren sei Dudow, der 1903 in Bulgarien geboren wurde, durch die klassenbewusste Erziehung seines Vaters, eines Eisenbahners, zu einem überzeugten Sozialisten geworden. Der Kontakt zur revolutionären Arbeiterbewegung in Deutschland in den frühen 1920er Jahren habe schließlich seine „Position als sozialistischer Künstler" gefestigt. Dudows politisches Engagement, die frühe Zusammenarbeit mit Bertolt Brecht und Hans Eisler bei *Kuhle Wampe*, die politische Emigration während der NS-Zeit nach Frankreich und schließlich in die Schweiz und seine Rückkehr nach dem Krieg ins „antifaschistische Deutschland" – all das machte Dudow im Rückblick der SED-Führung zu einem Wegbereiter des sozialistischen Films, dessen künstlerisches Potenzial sich vollends erst bei der DEFA habe entfalten können.

Die politische Kanonisierung nahm postum weiter zu und ließ Dudow – zumindest in der offiziellen Berichterstattung – zu einer Art „Säulenheiligen" der DDR-Filmkunst erstarren. Sein eigentliches Werk wurde nur selten tiefergehend diskutiert.[2] Die zum Teil recht harschen Auseinandersetzungen um die insgesamt sieben

---

[1] Nachruf des ZK zum Tode Slatan Dudows, in: Neues Deutschland, 14.7.1963, S. 4. Dort auch die folgenden Zitate.
[2] Prägend für die DDR-Rezeption von Dudows Leben und Werk war die nur wenige Jahre nach seinem Tod erschienene Schilderung von Hermann Herlinghaus, die allerdings ohne jedwede Quellenangaben auskam. Vgl. Hermann Herlinghaus, Slatan Dudow, Berlin 1965. Neue Impulse setzte – wenngleich nur in der Fachwissenschaft – die Ausgabe Nr. 5 der Zeitschrift „Beiträge zur Film- und Fernsehwissenschaft" im Jahr 1982, in der zahlreiche Texte zu Dudows Schaffen veröffentlicht wurden.

Spielfilme, die Dudow zwischen 1949 und 1963 für die DEFA realisierte, spielten kaum noch eine Rolle.[3] Auch die manchmal eher verhaltenen Rezensionen seiner Filme, die auf eine durchaus ambivalente Rezeption schließen lassen, gerieten in Vergessenheit. Dass Dudow sich bisweilen sehr kritisch zur Filmpolitik der SED geäußert hatte, passte ebenfalls nicht so recht ins Bild des „sozialistischen Filmpioniers".[4] Widersprüchliche Aspekte seiner Biographie blieben ausgespart – zum Beispiel die Tatsache, dass Dudow zwar schon 1946 in die SED eingetreten war, sich jedoch lange Zeit gegen die Staatsbürgerschaft der DDR entschieden hatte. Erst 1956 beantragte er die Einbürgerung, die Hintergründe für seine Entscheidung sind jedoch bis heute unklar geblieben.[5] Eine werkbiographische Untersuchung von Dudows Filmen (und seiner Arbeiten fürs Theater) einschließlich einer kritisches Analyse ihres Entstehungskontextes von der späten Weimarer Republik bis in die DDR steht noch aus.[6]

In den erwähnten Zeitungsartikeln, die auf Dudows Leben und Werk zurückblickten, fanden einige seiner Filme besondere Erwähnung. Häufig wurde dabei *Unser täglich Brot* hervorgehoben,[7] Dudows erste Regiearbeit nach dem Krieg und zugleich seine erste Produktion für die DEFA. Während *Kuhle Wampe* als erster „sozialistischer deutscher Film" galt, sei *Unser täglich Brot* der „erste sozialistisch-realistische Film" der DEFA gewesen. „Vor allem diese beiden Filme machen Dudows Bedeutung für uns hier deutlich. Er war die Personifizierung der Verbindung zwischen Tradition und Gegenwart. Mit beiden Filmen beschritt er Neuland, beide

---

3 Besonders prägnant war die Diskussion über den Film *Frauenschicksale* (DDR 1952) im Rahmen der 1. Konferenz der Filmschaffenden in Ost-Berlin (17./18.9.1952). Vgl. Andreas Kötzing, Sturm und Zwang. Das 11. Plenum des ZK der SED in historischer Perspektive, in: ders./Ralf Schenk (Hrsg.), Verbotene Utopie. Die SED, die DEFA und das 11. Plenum, Berlin 2015, S. 11–146, hier S. 42 f.
4 Im Nachruf des „Neuen Deutschlands" ließ sich die streitbare Haltung des Regisseurs erahnen: „Er vertrat im künstlerischen Meinungsstreit leidenschaftlich seine Auffassungen, immer mit hoher geistiger Produktivität für die Zuhörer. Er konnte selber geduldig zuhören, wenn andere ihre Auffassungen entwickelten, wenn ihm auch dabei schon oft die Teufelchen des Widerspruchs in den Augenwinkeln saßen. Schien ihm das Thema des Streites wichtig genug, dann trat er ans Pult, um meist wie ein ausbrechender Vulkan seine Meinung vorzutragen. Selbst da, wo er mit seinen Auffassungen über das Ziel hinausschoß, blieb er durch die geistige Unruhe, die er auslöste, noch fruchtbar." Vgl. H. K. [Horst Knietzsch], Ein Pionier des sozialistischen Films, in: Neues Deutschland, 14.7.1963, S. 4.
5 Ausführlich zur Arbeit von Dudow bei der DEFA vgl. Hans-Jörg Rother: Der Weg in ein neues Leben. Der DEFA-Regisseur Slatan Dudow. Eine Spurensuche, in: apropos: Film 2004. Das Jahrbuch der DEFA-Stiftung, Berlin 2004, S. 174–189.
6 Die DEFA-Stiftung (Berlin) bereitet zurzeit einen Sammelband vor, der Dudows gesamtes künstlerisches Werk im Kontext seiner Entstehung näher beleuchten wird.
7 *Unser täglich Brot* (DDR 1949); Produktion: DEFA, Deutsche Film-Aktiengesellschaft; Erstverleih: Progress Film-Verleih; Erstaufführung: 9.11.1949 in Berlin; Regie: Slatan Dudow; Drehbuch: Slatan Dudow, Hans-Joachim Beyer, Ludwig Turek; Musik: Hanns Eisler; Hauptrollen: Paul Bildt, Siegmar Schneider, Harry Hindemith, Paul Edwin Roth, Inge Landguth; Länge: 105 Min.

Filme preschten vor, setzten Maßstäbe", hieß es in einem Artikel zu Dudows 70. Geburtstag.[8]

Die retrospektive Würdigung von *Unser täglich Brot* bezog sich vor allem auf die Darstellung des Wiederaufbaus nach Ende des Kriegs und die damit verbundene Neugestaltung der Gesellschaft. Dem Film wurde eine stilprägende Wirkung für andere Filme der DEFA zugesprochen. Inwieweit Slatan Dudow mit *Unser täglich Brot* tatsächlich ein realistisches Abbild der gesellschaftlichen Verhältnisse in der DDR zeichnete, soll im Folgenden genauer analysiert werden. Dabei werden die sozialistischen Identifikationsangebote, die der Film dem zeitgenössischen Publikum unterbreitete, näher betrachtet. Von zentraler Bedeutung ist der Wandel der Hauptfigur sowie ihres familiären Umfeldes. Relevant ist nicht nur, welche Motive und Handlungsoptionen der Film im Einzelnen aufzeigt, sondern welche Themen lediglich angedeutet oder ausgespart werden. Besonderes Augenmerk liegt dabei auf der symbolischen Bedeutung des Brotes für die Handlung des Films. Abschließend soll die durchaus zwiespältige Rezeption von *Unser täglich Brot* in der DDR-Presse genauer betrachtet werden. Von der späteren Glorifizierung des Films war nach der Premiere am 9. November 1949 zunächst nur wenig zu spüren.

1 Familiengeschichte als Spiegel der Gesellschaft

Unser täglich Brot galt frühzeitig als Prestigeprojekt der DEFA. Die Produktion war einer der ersten Filme, die nach der Gründung der DDR ins Kino kamen, und fand auch aufgrund der zeitgenössischen Handlung und gesellschaftspolitischen Thematik besondere Aufmerksamkeit. Schon Monate bevor der Film fertiggestellt war, erschienen erste Berichte über die laufenden Dreharbeiten.[9] „Ich möchte einen Film aus dem heutigen Berlin drehen", wird Dudow in einem der Artikel zitiert. „Ich will die Sorgen und Kämpfe um das tägliche Brot in einer Millionenstadt zeigen." Dabei gehe es jedoch nicht vordergründig um die Zerstörungen des Kriegs, die das Gesicht der Stadt bestimmten, sondern um das, „was sich entwickelt, was im Werden ist". Im Mittelpunkt seines Films stehe ein Familienvater, „der zwar in unserer Zeit lebt, aber mit ihren Problemen nicht fertig wird. Auch in seine Familie haben sich die Gegensätze der Außenwelt eingeschlichen. Dieser Riß führt bei ihm zu schweren Konflikten, und erst nach langen Kämpfen begreift er, wo der richtige und wo der

---

[8] Vgl. Michael Hanisch, Sein Hauptthema: die Gegenwart. Slatan Dudow zum 70. Geburtstag, in: Neue Zeit, 30.1.1973, S. 4.
[9] Vgl. Ms., Alexanderplatz im Frühlicht. Slatan Dudow dreht den DEFA-Film „Unser täglich Brot", in: Berliner Zeitung, 16.3.1949; H. Sch., Vom Buchhalter Webers und seinen Kindern. Slatan Dudow dreht für die DEFA den Gegenwartsfilm „Unser täglich Brot", in: Neues Deutschland, 24.6.1949, S. 3.

falsche Weg ist."[10] Dudow hatte damit nicht nur den zentralen Konflikt des Films umrissen, sondern zugleich auch die gewünschte Interpretation vorweggenommen.

Angesiedelt ist die Handlung im Jahr 1946.[11] Paul Bildt spielt den von Dudow erwähnten Familienvater Karl Webers, in dessen Wohnung zahlreiche Familienmitglieder Unterschlupf gefunden haben, darunter seine beide Söhne aus erster Ehe Harry (Paul Edwin Roth) und Ernst (Harry Hindemith). Während Harry sich als Schieber auf dem Schwarzmarkt verdient und zwielichtigen Geschäften nachgeht, steckt Ernst seine ganze Kraft in den Wiederaufbau einer im Krieg zerstörten Fabrik, die nun als volkseigener Betrieb von der Belegschaft selbst verwaltet wird. Es handelt sich dabei um die einst erfolgreiche Firma „Renner & Co.", in der sein Vater, der alte Webers, vor dem Krieg als Finanzverwalter tätig war. Der Dualismus der beiden unterschiedlichen Söhne und ihr Verhältnis zum Vater bilden den Hauptteil der Erzählung. Darüber hinaus spielen noch weitere Familienmitglieder eine wichtige Rolle. Neben Webers' zweiter Frau (Viktoria von Ballasko) und den gemeinsamen kleinen Zwillingskindern, tritt zum Beispiel Webers' Tochter Inge (Inge Landgut) auf. Sie versucht, sich in verschiedenen Berufen zu behaupten, gerät dabei jedoch immer wieder in Konflikte, ehe sie als Sekretärin in der Fabrik anfängt und sich in den Betriebsleiter Peter Struwe (Siegmar Schneider) verliebt. Webers' Nichte Nicki (Ina Halley) steckt die anderen immer wieder mit ihrer optimistischen und fröhlichen Lebenseinstellung an. Eine andere Nichte, Mary (Dolores Holve), lässt sich hingegen mit den Amerikanern im Westteil der Stadt ein und erlebt dort den sozialen Abstieg. Eine andere Verwandte (Angelika Hurwicz), die von allen eher widerwillig in der Wohnung geduldet wird, ist als Trümmerfrau tätig.

Die eng verflochtene und zugleich konfliktreiche Familienkonstellation, die Dudow u. a. zusammen mit dem Schriftsteller Ludwig Turek in verschiedenen Drehbuchfassungen entwickelte,[12] war bewusst als Spiegel der gesellschaftlichen Verhältnisse angelegt. Die innerfamiliären Spannungen, die sich im Verlauf der Handlung wiederholt in verbalen Auseinandersetzungen entladen, dienen als dramaturgische Projektionsfläche für die Schilderung der unmittelbaren Nachkriegszeit und die unterschiedlichen Interessen innerhalb der Bevölkerung. Einer vermeintlich „Alten" Welt – repräsentiert durch den Familienvater Webers – wird das „Neue" in Form einer von den Menschen selbst bestimmten Gesellschaftsordnung gegenübergestellt. Letztere ist vor allem an den Wiederaufbau der Fabrik und die Rolle von

---

10 Zit. nach Ms.: Alexanderplatz im Frühlicht, in: Berliner Zeitung, 16.3.1949.
11 Als Grundlage für die folgende Analyse dient die unter www.alleskino.de zugängliche Fassung des Films. Vgl. außerdem das ausführliche Sequenzprotokoll unter www.geschichte-projekte-hannover.de/filmundgeschichte/ (18.6.2019). Auf der Homepage werden Filme aus unterschiedlichen historischen Epochen analysiert, darunter auch Spielfilme aus der unmittelbaren Nachkriegszeit in Deutschland.
12 Vgl. die überlieferten Drehbuchfassungen im Bundesarchiv (BArch) Berlin, DR 117/56, DR 117/58 und DR 117/6092.

Ernst als überzeugten und beharrlichen Anhänger des neuen Systems geknüpft. Zwar treten die Konflikte zwischen Vater und Sohn im Verlauf des Films sehr deutlich zu Tage, letztlich überwiegt jedoch die optimistische, zukunftsweisende Sicht: Es besteht kein Zweifel daran, dass das „Neue" an die Stelle des „Alten" treten wird (bzw. aus Sicht des Publikums im Jahre 1949 bereits getreten ist), um gemeinsam Wohlstand für alle Arbeiterinnen und Arbeiter zu ermöglichen. Auch der alte Webers erkennt am Schluss, dass er sich geirrt hat, und stellt sich folgerichtig in den Dienst der neuen Ordnung.

Angesichts der klaren parteilichen Haltung des Films wäre es leicht, ihn vordergründig unter dem Gesichtspunkt seiner sozialistischen Propagandafunktion zu betrachten. Vor allem das plakativ gestaltete Ende von *Unser täglich Brot* – unter dem frenetischen Applaus der Belegschaft rollen neue Traktoren aus der wieder funktionsfähigen Fabrik vom Band – belegt die ideologische Intention des Films. „Mehr Traktoren – Mehr Brot" lautet eine der simplen Parolen auf den Bannern, die zur feierlichen Fertigstellung emporgehalten werden.

Abb. 1: Plakatives Ende: neue Traktoren verlassen die Fabrik (© DEFA-Stiftung/Erich Kilian)

Dudow selbst ließ keinen Zweifel daran, dass er sich mit dem Film bewusst einem politischen Ziel untergeordnet hatte. Es ging primär um die Rechtfertigung „volkseigener" Produktionsverhältnisse.[13] Die propagandistischen Aspekte von *Unser täglich Brot* erschließen sich umso deutlicher, je stärker man die weitere politische Entwicklung in der DDR in den Blick nimmt. Im Wissen um die Verwerfungen, die der planmäßige „Aufbau des Sozialismus" nach sowjetischem Vorbild für weite Teile der Bevölkerung mit sich brachte, wirkt der Film eher naiv. Diese Entwicklungen waren jedoch 1949 noch nicht absehbar, weder für den Regisseur noch für die beteiligten Schauspielerinnen und Schauspieler oder andere Mitwirkende. Es erscheint daher ratsam, *Unser täglich Brot* nicht nur unter dem Aspekt seiner prosozialistischen Absicht zu betrachten, sondern darüber hinaus seine konkrete Gestaltung und die auf das damalige Publikum abzielende Intention stärker in den Blick zu nehmen.

2 Grenzen der realitätsnahen Gestaltung

Wie bereits bei *Kuhle Wampe* legte Dudow auch bei den Dreharbeiten zu *Unser täglich Brot* großen Wert auf eine möglichst realitätsnahe Gestaltung seines Themas. Während die im Film überwiegenden Innenaufnahmen im Atelier entstanden, suchte er für andere Szenen bewusst nach Drehorten in Berlin, um vor Ort in den Straßen filmen zu können. Die Aufnahmen der vom Krieg gezeichneten Stadt besitzen einen dokumentarischen Charakter, weil sie – unabhängig von der eigentlichen Spielfilmhandlung – einen unverstellten Eindruck von den damaligen Verhältnissen vermitteln. In ästhetischer Hinsicht finden sich hier konkrete Bezüge zum italienischen Neorealismus.[14]

Gleich zu Beginn des Films sind beispielsweise Aufnahmen von der Ankunft eines überfüllten Zuges zu sehen, mit dem zahlreiche Menschen aus dem Umland in die Stadt zurückkehren. Sie schleppen Säcke voller „gehamsterter" Lebensmittel und Dinge des täglichen Bedarfs. Die Massenszene entstand mit Hilfe zahlreicher Komparsen. Dudow illustrierte mit dieser kurzen Sequenz die materielle Not und die Mangelversorgung nach Kriegsende, von der weite Teile der Bevölkerung betroffen waren. „Um meinem Film Wahrhaftigkeit zu verleihen, will ich alles vermeiden, was kulissenhaft wirkt", betonte er in Hinblick auf den Stil seiner Inszenierung. „Darum hole ich mir für solche Szenen vorwiegend Menschen aus dem Berufsleben.

---

13 Vgl. Um das tägliche Brot. Slatan Dudow zu seinem neuen Film, in: Neue Film-Welt, Nr. 12/1949, S. 7 f.
14 Gleiches gilt auch für andere DEFA-Gegenwartsfilme dieser Zeit. Vgl. Robert R. Shandley, Trümmerfilme. Das deutsche Kino der Nachkriegszeit, Berlin 2010, S. 181–231. Siehe auch Christiane Mückenberger, Zeit der Hoffnungen. 1946 bis 1949, in: Ralf Schenk (Red.), Das zweite Leben der Filmstadt Babelsberg. DEFA-Spielfilme 1946–1992, S. 9–49, hier S. 38.

Abb. 2: Dreharbeiten in Trümmern (© DEFA-Stiftung/Erich Kilian)

Dasselbe gilt für die Kostüme. Selbst die Schauspieler, die bei mir mitwirken, werden nicht geschminkt, um so die Atmosphäre der darzustellenden Wirklichkeit überzeugend wiederzugeben."[15]

Auch bei einzelnen Aufnahmen in der Fabrik griff Dudow teilweise auf „echte" Arbeiter als Statisten zurück, um im Film einen möglichst authentischen Eindruck zu vermitteln. Als der Betriebsleiter Struwe in einer Mittagspause den Beschäftigten der Fabrik mitteilen muss, dass das bislang erwirtschaftete Geld nicht ausreicht, um die versprochenen Löhne auszahlen zu können, kommen einige Arbeiter selbst zu Wort. Die offene und direkte Sprache (im Berliner Dialekt) verleiht der Szene eine hohe Authentizität. Die Kamera fährt an mehreren Gesichtern vorbei und zeigt diese in Großaufnahme: „Wat denn, wieder keen Geld?" „Eene Woche nüscht, zwee Wochen nüscht, drei Wochen nüscht? Für det Geld kann ich überall arbeiten!" Gemeinsam wird der Beschluss gefällt, dass zumindest die Arbeiter, die eine große Familie zu ernähren haben, einen Teil ihres Lohnes ausgezahlt bekommen sollen. Nichtsdestotrotz verlassen einige Arbeiter enttäuscht das Werk: „Ne, meine Herren, ohne mir! Bloß für nass arbeiten, det kann ich mir nicht erlauben." „Ick haue och ab", schließt sich ein weiterer Kollege an. Die negative Stimmung wird jedoch schnell durch andere Meinungen aufgefangen: „Mit Weglaufen ist auch keinem geholfen. Ich sag: weitermachen", erwidert eine Arbeiterin. „Ich meine auch, Leute, weiter-

---

15 Ms.: Alexanderplatz im Frühlicht, in: Berliner Zeitung, 16.3.1949.

machen", fordert ein weiterer Arbeiter. Daraufhin kehren die übrigen Beschäftigten wieder zurück in die Fabrik.[16]

Die Szene illustriert beispielhaft Dudows Bestreben, seine filmische Erzählung möglichst realitätsnah zu gestalten, belegt jedoch gleichzeitig, in welchen engen Grenzen er sich dabei bewegte. Die Skepsis, die in den Aussagen einiger enttäuschter Arbeiter mitschwingt, die schließlich sogar das Werk verlassen, durfte nicht unwidersprochen bleiben. Im Gegenteil: Hier – und auch an anderen Stellen – sind die zweifelnden Positionen mancher Arbeiter zwar als Einzelmeinungen sichtbar, die grundsätzliche Zustimmung zum gemeinschaftlichen Wiederaufbau des Betriebs steht jedoch nicht zur Diskussion. Die Mehrheit der Arbeiter hält zur Werksleitung, selbst wenn dies mit großen Entbehrungen verbunden ist. Dudow huldigte damit dem Zweckoptimismus der Zeit, weil es – zumindest aus sozialistischer Perspektive – keine Alternative dazu gab. Am Ende der Szene ironisiert er die rhetorische Aufbau-Propaganda jedoch mit einem weiteren Dialog. „Globst Du, dass die Bude hier mal wieder hochkommt?", fragt einer der Arbeiter seinen Kollegen, während beide beginnen, Trümmer zu beseitigen. „Nie im Leben!", erwidert der andere. „Genau meine Rede", schließt der Erste, woraufhin sich beide ordentlich in die Hände spucken und umso tatkräftiger die Arbeit aufnehmen.[17]

Wesentlich stärker als im Dialog kontrastiert der Film den Optimismus auf der Bildebene. Hier zeigt sich die eigentliche Realitätsnähe des Films, denn die (meist nur kurz) im Hintergrund zu sehenden Ruinen veranschaulichen deutlich, unter welchen Umständen der Wiederaufbau stattfand. Zerstörte Gebäude, fehlende Fensterscheiben und nur noch rudimentär erhaltene Produktionsanlagen bestimmen das Erscheinungsbild der „neuen" Fabrik. Dabei bleibt jedoch unerwähnt, dass der Zustand der Industrieanlagen in der damaligen Sowjetischen Besatzungszone (SBZ) keineswegs nur auf die Bombenangriffe der Alliierten zurückzuführen war, sondern auch ein Ergebnis der sowjetischen Besatzungspolitik darstellte. Die Demontage ganzer Betriebsanlagen im Rahmen der sowjetischen Reparationsforderungen hatte die Wirtschaftskraft in der SBZ erheblich reduziert.[18] Im Film konnte dies ebenso wenig thematisiert werden wie die tatsächlichen Produktionsbedingungen in den volkseigenen Betrieben, die zum Zeitpunkt der Dreharbeiten bereits nicht mehr von den Beschäftigten selbstverwaltet wurden. Die „Selbstbestimmung" der Arbeiter und Arbeiterinnen, von der im Film wiederholt die Rede ist, war inzwischen einer

---

[16] Im Verlauf des Films kommt es noch einmal zu einer ähnlichen Konfrontation im Werk. In der Szene wiederholt Dudow das erzählerische Prinzip, indem am Ende – trotz energischer Proteste durch die Arbeiter – die Arbeit wieder aufgenommen wird. Vgl. *Unser täglich Brot,* Szene bei 47:55–51:30.
[17] Ebenda, 12:45–15:04.
[18] Vgl. André Steiner, Von Plan zu Plan. Eine Wirtschaftsgeschichte der DDR, München 2004, S. 24–35.

zentralistischen Wirtschaftsplanung durch die Partei und deren Unterorganisationen gewichen.

3 Wandel des alten Webers

Ein wesentliches Anliegen von *Unser täglich Brot* war, auch jene Teile des Publikums zu erreichen, die der Politik der SED desinteressiert oder ablehnend gegenüberstanden. Während ein großer Teil der Künstler und Intellektuellen aus der Emigration zurückgekehrt und aus politischer Überzeugung in die SBZ gegangen war, besaßen die sowjetische Militäradministration (SMAD) und die SED in der breiten Bevölkerung keine hohen Zustimmungswerte.[19] Für die SED war es naheliegend, vor allem mittels ihrer Kulturpolitik Einfluss auf die Bevölkerung auszuüben und um Zuspruch zu werben. Filme spielten dabei eine zentrale Rolle. Neben dem Unterhaltungsbedürfnis sollten sie auch soziale Probleme ansprechen und Lösungsansätze im Sinne der SED vermitteln. Die frühen Gegenwartsfilme der DEFA waren unter anderem mit der Aufgabe konfrontiert, für das neue politische System zu werben, ohne sich in platter Propaganda zu erschöpfen. Ein probates Mittel dafür waren Figuren, die sich im Verlauf der Handlung wandeln. Sie geben ihre bürgerlichen, individualistischen oder gar nationalsozialistischen Ansichten auf, um sich in die neue Gesellschaft zu integrieren. Als eigentliche Handlungsträger erfüllten sie eine wichtige dramaturgische Funktion. Zugleich boten sie dem Publikum konkrete Identifikationsmöglichkeiten.[20]

In *Unser täglich Brot* fällt diese Funktion dem Familienvater Karl Webers zu. Während alle anderen Figuren von Beginn an eine bestimmte (politische) Überzeugung besitzen, durchläuft der ehemalige Buchhalter einen Wandlungsprozess. Anfangs erscheint er als überzeugter Anhänger konservativ-bürgerlicher Werte und einer kapitalistischen Wirtschaftsordnung, in der das Privateigentum den größten Stellenwert besitzt. Im Film wird dies schon zu Beginn durch kleine Gesten deutlich, beispielsweise wenn Webers im Schlafzimmer seine Krawatte ordentlich vor dem Spiegel richtet, bevor er zum Frühstück in der Küche erscheint. „Geld, mein Sohn, ist die Quelle allen Wohlstandes und regelt die Ordnung der Welt", belehrt er Ernst, noch bevor er allen einen Guten Morgen wünscht. Als er feststellt, dass der Tisch

---

[19] Ein deutliches Indiz dafür waren die Ergebnisse der Landtagswahlen im Oktober 1946, bei denen die SED trotz Wahlbehinderungen und gezielter Begünstigung durch die SMAD nicht die absolute Stimmenmehrheit erzielen konnte. Vgl. Andreas Malycha/Peter Jochen Winters, Die SED. Geschichte einer deutschen Partei, München 2009, S. 46–51.
[20] Vgl. Thomas Heimann, DEFA, Künstler und SED-Kulturpolitik. Zum Verhältnis von Kulturpolitik und Filmproduktion in der SBZ/DDR 1945 bis 1959, Berlin 1994, S. 60 f.

wackelt, fragt er ernüchtert: „Wann werden wir endlich wieder in einem Wohnzimmer frühstücken, wie es sich gehört?"[21]

Dass Webers alten Zeiten nachtrauert und mit den neuen politischen Verhältnissen hadert, wird im Verlauf des Films nach und nach immer deutlicher. Spöttisch lehnt er es ab, die Zeitung zu lesen. Dass überlasse er seinem Sohn Ernst, der sich in seinen Augen von der sozialistischen Propaganda vereinnahmen lässt. Er hält den Wiederaufbau „seiner" alten Fabrik für hoffnungslos und provoziert Ernst beim Abendessen, als dieser abermals ohne Lohn nach Hause kommt. Während er Harry für dessen Geschäftssinn lobt, behandelt er Ernst herablassend und ohne Respekt. Durch sinnlose Schufterei sei noch niemand zu etwas gekommen. Anstatt in den Ruinen „herumzubuddeln", solle sich Ernst lieber ein Beispiel an seinem Bruder nehmen. „Komische Leute seid ihr!", entgegnet Ernst. „Den Karren in den Dreck fahren, da ward ihr alle dabei. Aber wenn es heißt: Anpacken, damit man aus dem Dreck wieder herauskommt, da will keiner mit."[22]

Interessant ist die Gestaltung dieses Gesprächs zwischen Harry, Ernst und ihrem Vater nicht nur, weil ihre Konflikte zum ersten Mal offen zu Tage treten. Zugleich verweist Ernst mit seiner Anspielung auf eine mögliche Sympathie seines Vaters und Bruders mit dem NS-Regime. Explizit ausgesprochen wird dies zwar nicht, aber Ernsts Einwurf, wenn sich alle so verhalten hätten wie er – sprich: mit einer kommunistischen Gesinnung –, dann wären die Ruinen gar nicht erst entstanden, unterstreicht diese Lesart. Karl Webers scheint zumindest ein „Mitläufer" gewesen zu sein, wenn auch kein überzeugter Nationalsozialist oder gar aktiver Täter. Möglicherweise bleibt seine politische Haltung während der NS-Zeit bewusst indifferent, um den anschließenden Wandel der Figur glaubhafter erscheinen zu lassen.

Im weiteren Verlauf der Handlung erscheint Karl Webers zunehmend isoliert. Seine Kinder verlassen nach und nach das Haus; während Harry tiefer in die Kriminalität abdriftet (ohne dass sein Vater dies registriert) und Mary sich vom kapitalistischen Westen angezogen fühlt und sich dort prostituiert, findet Inge ihre Bestimmung in der Fabrik. Webers' Versuche, sich an seine frühere Lebenswelt zu klammern, führen in die Leere. Als er zum Beispiel den ehemaligen Besitzer der Firma „Renner & Co." besuchen will, findet er dessen Villa verlassen und zerstört vor. Webers wirkt ernüchtert, beharrt jedoch weiterhin auf seinen Ansichten. Nach einem erneuten Streit überwirft er sich mit Ernst, der die Sticheleien seines Vaters nicht mehr erträgt. Als Webers den Aufbau der Fabrik „als sozialistische Phantasterei" abtut, erwidert sein Sohn energisch, dass es noch gar nicht um Sozialismus gehe, sondern nur um den „Aufbau einer friedlichen Wirtschaft", die vom Volk geleitet werden soll. „Siehst Du denn noch immer nicht ein, dass das, was wir schaffen, auch einmal für Dich sein wird?", fragt er den Vater. Webers weigert sich je-

---

[21] *Unser täglich Brot*, 04:30–06:00.
[22] *Unser täglich Brot*, 18:50–20:00.

Abb. 3: Streit zwischen Vater und Sohn (© DEFA-Stiftung/Erich Kilian)

doch, irgendeinen Nutzen für sich zu erkennen, und wirft seinen Sohn und dessen Frau aus der Wohnung.[23]

In dieser Schlüsselszene kristallisiert sich die eigentliche Intention des Films heraus, denn der Streit zwischen Vater und Sohn fungiert als Spiegel für einen grundsätzlichen Konflikt innerhalb der Gesellschaft. Die Frage, warum Webers nicht einsieht, dass der politische Wandel irgendwann auch ihm nützen wird, richtete sich direkt an ein politisch unentschlossenes Publikum. Es ist bemerkenswert, dass der Film die starrköpfige Haltung von Webers so explizit deutlich macht, ohne ihn als grundsätzlich negativen Charakter zu zeichnen. Während Ernst von Beginn an als loyaler und überzeugter Anhänger des neuen Systems erscheint und im Verlauf des Films keine charakterliche Entwicklung durchläuft, bietet die Rolle des Vaters aufgrund ihrer Ambivalenz das deutlich größere Identifikationspotenzial. Webers' Wandel setzt nur zögerlich ein. Als Peter Struwe, der Werksleiter, ihn persönlich aufsucht, um ihn wieder als Kassenverwalter in der Fabrik einzustellen, zögert er kurz, lehnt das Angebot aber ab, weil der Fabrik noch immer das nötige Kapital zur Wiederaufnahme der Produktion fehlt. Der Werksleiter gewinnt jedoch seinen Respekt, als er berichtet, dass inzwischen schon wieder 500 Arbeiterinnen und Arbeiter in der Fabrik tätig sind und fast alle Maschinen wieder hergerichtet werden konnten.

---

23 *Unser täglich Brot*, 43:00–44:25.

Während bei „Renner & Co." die Umgestaltung weiter voranschreitet und erste Erfolge sichtbar werden, wirkt Karl Webers zunehmend frustriert. Seine Bemühungen, sich auf andere Stellen zu bewerben, bleiben ohne Erfolg. Eines Tages schreitet er an der Fabrik vorbei, hört von drinnen laute Betriebsgeräusche und verharrt unentschlossen vor dem Eingangstor, über dem inzwischen ein Banner mit dem Schriftzug „Volkseigener Betrieb" hängt. Er wirkt neugierig, scheut sich jedoch noch, die Fabrik zu betreten.

Seine Zurückhaltung gerät erst nach einem einschneidenden persönlichen Erlebnis ins Wanken: Auf dem Heimweg wird er überfallen – von seinem Sohn Harry, der seinen Vater in der Dunkelheit nicht erkennt und glaubt, einen Fremden vor sich zu haben. Verletzt wird Webers von der Polizei nach Hause begleitet. Dort erkennt er, dass sein eigener Sohn ihn bestehlen wollte. Zwar denunziert er Harry nicht bei der Polizei, aber er weiß jetzt, dass er dem „falschen" Sohn vertraut hat. Er wendet sich enttäuscht von Harry ab und sucht kurze Zeit später die Fabrik auf, um nach seiner alten Stelle zu fragen. Der Posten des Kassenverwalters ist inzwischen vergeben, aber als Buchhalter kann er bereits am nächsten Tag angestellt werden. Webers willigt ein und arbeitet fortan an der Seite von Ernst, der inzwischen zum Betriebsleiter aufgestiegen ist.

Die genauen Motive für den Erkenntniswandel des alten Webers bleiben letztlich unklar. Hat das Erlebnis, von Harry hintergangen worden zu sein, tatsächlich den Ausschlag für seine Entscheidung gegeben? Wenngleich die Handlung diesen individuellen Entschluss nahelegt, scheint Dudow das Augenmerk eher auf den gesellschaftlichen Wandel legen zu wollen, für den der Wiederaufbau der Fabrik nur ein Beispiel unter vielen ist. Denn bevor Karl Webers die Fabrik aufsucht, um nach Arbeit zu fragen, hat Dudow eine Sequenz eingefügt, die spiegelbildlich zur Auftaktszene am Bahnhof gestaltet ist, nun jedoch mit umgekehrter Intention: Statt der vom Krieg gezeichneten Fassaden, der Armut der Bevölkerung und der „Hamsterei" sieht man jetzt eine Massenszene mit fröhlich wirkenden Menschen, die in einer prall gefüllten Markthalle einkaufen. Und statt der zerstörten Häuser rückt der Film neu errichtete Gebäude mit glänzenden Fensterscheiben ins Bild. Diese optimistisch-verklärende Perspektive läutet inhaltlich den unmittelbar bevorstehenden Produktionsbeginn in der Fabrik ein. Indem Dudow diese Szene der Rückkehr von Webers in die Fabrik voranstellt, eröffnet er die Möglichkeit, den persönlichen Entwicklungsprozess seines Protagonisten als Ergebnis einer erfolgreichen Politik zu interpretieren: In Anbetracht der unverkennbaren Erfolge kommen auch skeptische Persönlichkeiten wie Karl Webers zu der Einsicht, dass sie sich dem Wandel nicht entziehen können und ihren Teil zum Gelingen des Wiederaufbaus beitragen müssen.

Ob Dudow mit dem (persönlich und/oder politisch motivierten) Gesinnungswandel von Karl Webers Zugeständnisse an die ideologische Erwartungshaltung der SED machen wollte, lässt sich anhand der bislang ausgewerteten Unterlagen zur Produktion des Films nicht belegen. Die Quellen deuten eher darauf hin, dass Dudow zwar von verschiedenen Seiten Auflagen erhielt, die meisten „Anregungen" jedoch nicht übernahm.[24] Generell fällt auf, dass Dudow in seinem Film die SED und ihre Instanzen nur beiläufig integrierte. Parteifunktionäre kommen lediglich im Rahmen einer kurzen Gewerkschaftssitzung vor, auf der Peter Struwe um finanzielle Unterstützung für den Betrieb bittet. Die Szene wirkt aufgesetzt und wie ein Fremdkörper im Film – nicht nur, weil unklar bleibt, woher die Gewerkschaft das Geld nimmt, sondern weil alle beteiligten Funktionäre ohne persönliches Profil bleiben und im weiteren Film keine Rolle spielen.[25] Es wirkt so, als habe Dudow mit dieser Szene nur eine leidige Pflicht erfüllt.

4 Brot als Symbol

Jenseits des Wiederaufbaus der Fabrik und der persönlichen Entwicklung von Karl Webers spiegelt Dudow den gesellschaftlichen Wandel auch auf einer symbolischen Ebene wider. Das bereits im Titel des Films angesprochene „tägliche Brot" taucht als wiederkehrendes Motiv an verschiedenen Stellen auf. Dabei werden unterschiedliche thematische Bezüge hergestellt und Brot als sinnstiftendes Symbol eingesetzt.

Schon zu Beginn des Films, in der erwähnten Frühstücksszene, steht das Brot im Mittelpunkt. Alle Familienmitglieder, die nach und nach die Küche betreten, werfen einen prüfenden Blick in den Brotkorb, in dem nur noch ein vertrocknetes Stückchen liegt. Das alte Brot verdeutlicht die mangelhafte Versorgungssituation der Familie. Als wenig später Webers' Nichte in der Wohnung eintrifft und vom „Hamstern" auf dem Land ein frisches Bauernbrot mitbringt, verschiebt sich die symbolische Bedeutung. Das Brot wird zu einem Sinnbild für die Eigeninitiative der Bevölkerung im Kampf gegen Hunger und Mangelversorgung. Die Art und Weise, wie mit dem Brot umgegangen wird, verdeutlicht zugleich die Charakterzüge einzelner Familienmitglieder. Fast alle freuen sich über das frische Brot – in einer Nahaufnahme sieht man, wie die Hände der einzelnen Familienmitglieder reihum nach den Brotscheiben greifen. Nur Harry, der später zum Frühstück in der Küche erscheint, betrachtet das Brot abschätzig und fragt seine Stiefmutter, warum es keine Butter dazu gibt. Trockenes Brot zu frühstücken, lehnt er ab.

---

24 Vgl. Rother, Der Weg in ein neues Leben, in: apropos: Film 2004. Das Jahrbuch der DEFA-Stiftung, Berlin 2004, S. 174–189, hier S. 176.
25 Vgl. *Unser täglich Brot*, Szene bei 59:30–01:00:15.

Abb. 4: Das Brot als Sinnbild für den gesellschaftlichen Wiederaufbau (© DEFA-Stiftung/Erich Kilian)

Auch im Konflikt zwischen Ernst und seinem Vater spielt Brot eine wichtige Rolle. Als Karl Webers Geburtstag hat, freut er sich über die Geschenke, die sein Sohn Harry ihm mitgebracht hat: Schokolade, Zigaretten und sogar eine Flasche Cognac. Ernst hingegen macht seinem Vater ein weniger „wertvolles" Geschenk, das er jedoch für das Wichtigste hält: ein Laib Brot. Sein Geschenk wirkt aufrichtig und bodenständig, während Harrys ergaunerte Schwarzmarktware dekadente Überheblichkeit repräsentiert.[26] Das Brot-Geschenk löst prompt einen neuen Streit zwischen Vater und Sohn aus. Ernst sieht das Brot als Ausdruck einer langsam wieder funktionsfähigen Wirtschaft und berichtet stolz von der begonnenen Produktion in der Fabrik, sein Vater hat jedoch nur Spott für ihn übrig. Als seine Frau ihm das aufgeschnittene Brot reicht, um die Situation zu schlichten, schlägt er es ihr herablassend aus der Hand: „Ich esse kein Sozialistenbrot!"[27]

---

[26] In der Zeichnung der „profitgierigen" Händler verfällt der Film in eine starke Schwarzweißmalerei, die von stereotypen Feindbildern geprägt ist. In einer der vorhergehenden Szenen beratschlagen die Händler, wie sie selbst den größten Gewinn auf Kosten der hungernden Bevölkerung erzielen können.
[27] *Unser täglich Brot*, 01:09:25–01:14:00.

In der charakterlichen Gegenüberstellung der beiden Brüder spielt Brot ebenfalls eine symbolische Rolle. Während Ernst in der Fabrik weiter für den erfolgreichen Wiederaufbau kämpft, verlaufen Harrys Schwarzmarktgeschäfte immer weniger erfolgreich. Er lebt zunehmend in Armut und kann auch die Miete für seine Unterkunft nicht mehr bezahlen. Als er allein in der Wohnung auf seine Eltern wartet, greift er gierig nach einem trockenen Stück Brot. Wie tief er moralisch gesunken ist, zeigt sich, als seine Stiefmutter ihn kurz darauf bittet, frisches Brot für die Familie zu besorgen. Harry wagt es nicht, seine Probleme einzugestehen. Er entschließt sich, einen Laib Brot zu stehlen und überfällt in der Dunkelheit unwissentlich seinen Vater, der das Brot in einer Bäckerei geschenkt bekommen hat. Diese Szene initiiert daher nicht nur den bereits beschriebenen Wandel von Karl Webers, der – auch anhand des Brotes – erkennen muss, dass er sich in Harry getäuscht hat. Im Kampf um das „täglich Brot" spiegelt sich auch der symbolische Integrationsprozess in die sozialistische Gesellschaft: Während der Weg für Karl Webers offensteht und er sich letztlich doch noch in die Fabrik einbringt, gibt es für Harry aufgrund seines moralischen Verfalls keine „Erlösung". Nachdem sein Vater sich von ihm abgewendet hat, weiß er keinen Ausweg mehr und begibt sich an die Bahngleise, um sich vor einen Zug zu werfen.

5 Die Rezeption des Films

Während die Intention von *Unser täglich Brot* anhand der dramaturgischen und ästhetischen Gestaltung klar ersichtlich wird, lässt sich die Frage, wie der Film vom damaligen Publikum aufgenommen wurde, deutlich schwieriger beantworten. Einige Indizien deuten darauf hin, dass der Film insgesamt eher verhalten rezipiert wurde.

Die eingangs beschriebene Glorifizierung des Films in der DDR – insbesondere nach Dudows Tod – deckt sich nicht mit der gespaltenen Kritik unmittelbar nach der Veröffentlichung des Films. Im Zentralorgan der SED, dem „Neuen Deutschland", erschien eine sehr wohlwollende Rezension, die den Film vor allem für die Darstellung des gesellschaftlichen Wandels lobte: „In dieser Geschichte von der Familie Webers sieht man, wie in einem zusammenraffenden Hohlspiegel, die Linien unserer Entwicklung vom gestaltlosen Trümmermeer zur volkseigenen Industrie, vom leeren Brotkasten zur neu begründeten Ernährungswirtschaft, vom politischen Vakuum zum demokratischen Sinn. Aus der verwirrenden Personenfülle des Anfangs lösen sich die Typen und gehen ihren typischen Weg. Die Notgemeinschaft am Küchentisch verkörpert die allgemeine Not, und ihre Konflikte sind die Konflikte der Zeit. Nicht nur die Webers streiten sich bei dünnen Suppen auseinander und werden dann durch die Arbeit wieder vereint – es ist das deutsche Volk, dessen Entschluss zur Selbstbestimmung und Gesundung in packenden Bildern verhandelt wird."[28]

Deutlich differenzierter fiel das Resümee in der „Berliner Zeitung" aus, die zum damaligen Zeitpunkt noch nicht unter Kontrolle der SED stand und sich bewusst an ein breites Publikum richtete.[29] Während Herbert Ihering, der zu den renommiertesten Kritikern zählte, die „optisch eindringliche" Schilderung der innerfamiliären Konflikte hervorhob und einzelne Schauspielerleistungen lobte, kritisierte er die „dramaturgische Anlage des Films". Der Grundton sei „schwer und schleppend", es mangele an Variationen. Zwar sei die Premiere des Films ein großer Erfolg, aber es wäre falsch, „sich mit dem Erreichten zu begnügen und nicht zu sehen, wie viel noch zu tun ist. Es muß für die Zukunft gesagt werden, daß Schwerfälligkeit oft Sentimentalität werden kann und Feierlichkeit nicht an die Stelle von Ernst treten darf. Die größte Gefahr dieser bedeutenden und entscheidenden Versuche ist die Monotonie. Ich bin gewiß, schon der nächste Film von Dudow wird sie überwunden haben", schloss Ihering seine indirekte Kritik, mit der er andeutete, dass der Film weder den künstlerischen noch den politischen Erwartungen gerecht wurde.[30]

Während Ihering zumindest das Anliegen des Films wohlwollend würdigte, gingen andere ostdeutsche Rezensenten erheblich stärker mit Dudows Film ins Gericht. Die „Neue Zeit", die Parteizeitung der Ost-CDU, kritisierte, dass die Szenen, in denen sich Vater Webers und sein Sohn aneinander reiben, „reichlich ungeschickt" inszeniert seien. „In diesem Film ist der Vater-Sohn-Konflikt sehr vergröbert und zugunsten einer auffälligen Tendenz aus dem echten Rahmen eines wirklichen im rein menschlichen verankerten Konflikts herausgerissen. Der Vater sieht später (selbstverständlich) seine Fehler ein, und damit wird der Vertreter der älteren Generation zur Karikatur." Schuld an dem „schwarzweißgemalten Konflikt" seien die Regie und das Drehbuch. Abschließend heißt es in der Kritik: „Die DEFA hat es sich um dieses ‚tägliche Brot' sehr einfach gemacht. Allein mit sozialistischem Optimismus kann man dieses Thema nicht gestalten. Dieser Film zeigt wohl, daß unser tägliches Brot das Wichtigste ist, aber er zeigt nicht, daß es trotz unserer Arbeit und unseres Bemühens dennoch ein Geschenk bleibt."[31]

Dass die dramaturgischen Vereinfachungen des Films so deutlich kritisiert wurden, ist überraschend, zumal die Rezension in der „Neuen Zeit" keine Ausnahme war. Auch in der „National-Zeitung" und in der „Täglichen Rundschau" erschienen

---

28 Heinz Lüdecke, Ein Film aus unserer Wirklichkeit. Slatan Dudows „Unser täglich Brot" in Berlin in den Landeshauptstädten uraufgeführt, in: Neues Deutschland, 11.11.1949, S. 3.
29 Vgl. Christoph Marx, Politische Presse im Nachkriegsberlin 1945 bis 1953, Stuttgart 2016, S. 63–69.
30 Herbert Ihering, „Unser täglich Brot". Ein Slatan-Dudow-Film im Babylon und in der Kastanienallee, in: Berliner Zeitung, 11.11.1949, S. 3.
31 „Unser täglich Brot", in: Neue Zeit, 11.11.1949, S. 2.

Kritiken,[32] die kaum ein gutes Haar an Dudows Film ließen. Hugo Hermann, der später selbst als Regisseur im DEFA-Dokumentarfilmstudio tätig war,[33] betonte in seiner Rezension, dass *Unser täglich Brot* zwar ein „nötiger Film" sei, mit einem „guten Thema", aber ohne die entsprechende Gestaltungskraft: „Die große Linie verliert sich in der Fülle vordergründiger Details; die Ereignisse und Menschen, die geschildert werden, lösen sich nicht aus dem dicken Brei einer zähflüssigen, in den Ausdrucksmitteln unbeherrschten Bildsprache; die Wahrheiten und Erkenntnisse, die sich als Konsequenz der menschlichen Anteilnahme, als Quintessenz aus der Handlung und ihren Charakteren im Zuschauer selber und von selbst ergeben müssten, werden breit auf die Szenen gespachtelt und in dürrem Gespräch zerredet. Zum ersten Mal hat die DEFA für die Dialoggestaltung einen Dichter zugezogen – aber so richtig und begrüßenswert das in der Theorie ist, so schwach war das Ergebnis: Ludwig Turek gab vom ersten bis zum letzten Wort den Schauspielern nichts als Leitartikel mit verteilten Rollen zu reden." Der Gesamteindruck sei „schwach und farblos" und der „starke Beifall am Ende des Films galt mehr der erfreulichen Tendenz des Films und den Tatsachen, die er registriert, als ihrer künstlerischen Bewältigung".[34]

Die Kritik von Hugo Hermann und anderen Journalisten stand im Kontrast zur „politischen Bedeutung", die dem Film von offizieller Seite zugeschrieben wurde. Dies blieb nicht ohne Folgen. Die Kritiker wurden öffentlich für ihre „Verrisse" gemaßregelt. Bei einer Veranstaltung des Kulturbundes Anfang Februar 1950 wurden ihre Texte nach der Filmvorführung verlesen und anschließend selbst einer „Kritik" unterzogen. Die anwesenden Zuschauer hätten die Texte einhellig abgelehnt, hieß es im Bericht des „Neuen Deutschland" über die Veranstaltung. Das Publikum habe den Filmkritikern vorgeworfen, „von einer solchen Warte aus zu urteilen, von der aus sie keine Verbindung mehr mit dem Volke hätten. Durch diese Art von Kritiken hielten die Kritiker Tausende und aber Tausende von Menschen von vornherein ab, sich den Film anzusehen." Slatan Dudow, der – anders als die angegriffenen Kritiker selbst – an der Veranstaltung des Kulturbundes teilnahm, rechtfertigte seinen Film und plädierte für eine „freundschaftliche Kritik", die künstlerische Mängel zwar benennen solle, aber „die Masse des Volkes nicht fernhalte von den Kunstwer-

---

32 Die „National-Zeitung" war das Zentralorgan der National-Demokratischen Partei Deutschlands (NDPD). Die „Tägliche Rundschau" war die Zeitung der SMAD, die jedoch – trotz einer dezidiert politischen Ausrichtung – insbesondere im Kulturteil der Zeitung bewusst Wert auf eine größere Meinungsvielfalt legte. Vgl. Marx, Politische Presse, S. 59–63.
33 Vgl. Günter Jordan, Von Wien nach Babelsberg. Filme von Hugo Hermann (1903–1975), in: Filmblatt Nr. 24 (2004), S. 4–10.
34 Hugo Hermann: „Unser täglich Brot". Uraufführung eines neuen DEFA-Films, in: Tägliche Rundschau, 11.11.1949, zit. nach www.geschichte-projekte-hannover.de/filmundgeschichte/ (20.6.2019). Vgl. dort auch die Zusammenstellung weiterer Pressestimmen.

ken, sondern sie zu ihnen hinführe und das Volk zum nachdenklichen, zum kritischen Zuschauer mache".[35]

Der Vorwurf, die Kritiker hätten interessierte Zuschauer von einem Kinobesuch abgehalten, ist in mehrerlei Hinsicht interessant – gerade im Hinblick auf die Rezeption durch das Publikum. Einerseits belegt die Debatte indirekt, dass *Unser täglich Brot* anscheinend keinen großen Erfolg an den Kinokassen hatte. Auch interne Auswertungen zeigen, dass der Film deutlich hinter den Erwartungen zurückblieb und im ersten halben Jahr nach der Premiere nur etwas mehr als die Hälfte der kalkulierten Zuschauerzahlen und Einnahmen erreichte.[36] Dass dafür aber die Meinung einiger Kritiker ausschlaggebend gewesen sein soll, wie in den Zeitungsberichten behauptet wurde, ist unwahrscheinlich, selbst wenn man berücksichtigt, dass die Zeitungen damals von einem großen Leserkreis wahrgenommen wurden.[37] Die „Kritik an den Kritikern" wirkt insgesamt vorgeschoben, um einen „Schuldigen" dafür zu benennen, dass der prestigeträchtige Film nicht den erhofften Anklang beim Publikum fand. Die Kritiker boten sich als Sündenbock an, zumal sie ähnlich argumentierten wie einige westliche Zeitungen, in denen vor allem die sozialistische Parteilichkeit des Films angeprangert wurde.[38]

Welche Gründe es wirklich dafür gab, dass der erhoffte Zuspruch beim Publikum ausblieb, ist letztlich unklar. Denkbar ist, dass die ideologische Intention des Films vom Publikum als aufgesetzt empfunden wurde. Dudows optimistische Perspektive könnte von vielen Zuschauern schon damals als Überzeichnung wahrgenommen worden sein. Gerade die Tatsache, dass die Konflikte innerhalb des Betriebs am Ende allzu leicht gelöst werden, dürfte sich nur bedingt mit der Lebenswirklichkeit der meisten Kinozuschauer gedeckt haben. Das sozialistische Identifikationsangebot, dass Dudow insbesondere mit dem Wandel seiner Hauptfigur unterbreiten wollte, war daher für das zeitgenössische Publikum nur bedingt attraktiv.

---

35 H., Scharfe Kritik an Kritikern, in: Neues Deutschland, 10.2.1950, S. 3. Vgl. auch dag., Kritik an Kritikern. Es ging um „Unser täglich Brot", in: Berliner Zeitung, 10.2.1950, S. 3. Im Beitrag der „Berliner Zeitung" wird erwähnt, dass die Auseinandersetzung zu einem späteren Zeitpunkt fortgesetzt werden sollte, dann in Gegenwart der angegriffenen Kritiker. Ob dieser Termin zustande kam, ist unklar.
36 Vgl. die statistischen Auswertungen zu den Zuschauerzahlen in einzelnen Bezirken; BArch, DR 117/54991 und DR 117/54992. In der Kostenkalkulation hatte der Film (Stand: Mai 1950) mit etwa 500 000 DM nur ca. 60 % der kalkulierten Einnahmen erzielt; vgl. BArch, DR 117/53173.
37 Allein die „Tägliche Rundschau" erschien damals mit einer Auflage von etwa 400 000 Exemplaren. Vgl. Marx, Politische Presse, S. 68.
38 Vgl. u. a. Heinz Reinhard, Unser täglich Brot, in: Illustrierte Filmwoche, Nr. 47/1949, S. 648; Film: Ein Mädchen muss lange warten, in: Der Spiegel, Nr. 47/1949, S. 34.

Tobias Hof
Ein Land auf der Suche nach sich selbst
Italiens Zukunft in *Ladri di biciclette* (1948)

Das Ende des Faschismus in Italien vollzog sich in langsamen Schritten.[1] Am 25. Juli 1943 beschloss der Faschistische Großrat, Benito Mussolini den militärischen Oberbefehl zu entziehen. Damit war der Boden für Mussolinis Sturz und Festnahme bereitet. Nach seiner Befreiung durch deutsche Fallschirmjäger rief der *Duce* die *Repubblica Sociale Italiana* (RSI) aus und hielt den Faschismus mit deutscher Unterstützung in Nord- und Mittelitalien am Leben. Es entbrannte ein beinahe zweijähriger Bürgerkrieg, der 45 000 Partisanen und 10 000 Zivilisten das Leben kostete. Nach dem Ende des Zweiten Weltkriegs und dem endgültigen Zusammenbruch des Faschismus waren die Italiener schließlich am 2. Juni 1946 dazu aufgerufen, in einem Referendum über die Abschaffung der Monarchie abzustimmen und Vertreter für die verfassunggebende Versammlung zu wählen.

Das italienische Königshaus sah dem Plebiszit mit großer Sorge entgegen, da die Verbundenheit Viktor Emanuels III. (1864–1947) mit der faschistischen Diktatur seinen Anspruch auf das Amt des Staatsoberhaupts eines post-faschistischen Italiens delegitimierte. Um die Chancen auf den Erhalt der Monarchie zu erhöhen, dankte er zugunsten seines Sohnes Umberto II. (1904–1984) ab. Aber selbst dieser Schachzug rettete die Monarchie nicht: 12,7 Millionen Italiener entschieden sich für die Republik, während 10,7 für die Monarchie votierten. Trotz einer hohen Wahlbeteiligung (89,2 Prozent) sorgte der Ausgang des Referendums nicht für eine Befriedung des Landes, sondern legte dessen Spaltung schonungslos offen. Während der Norden für die Republik stimmte, entschied sich Süditalien für die Beibehaltung der Monarchie. Unterschiedliche Erfahrungen mit dem antifaschistischen Widerstand, der tiefe Wurzeln in Norditalien besaß, war einer der Gründe für das Abstimmungsverhalten. Ferner war das Referendum zwar ein Votum gegen die Monarchie, aber kein Bekenntnis für eine konkrete Alternative, da die genaue Verfasstheit der italienischen Republik zu diesem Zeitpunkt noch ungewiss war.

Die ebenfalls am 2. Juni 1946 gewählte Konstituante hatte die Aufgabe, in den nächsten 18 Monaten eine neue Verfassung zu erarbeiten. Dominiert wurde die Versammlung von einer Koalition aus Christdemokraten (DC), Sozialisten (PSI), Kommunisten (PCI) und der Republikanischen Partei (PRI), dem so genannten *arco cos-*

---

[1] Die Ausführungen zur italienischen Nachkriegsgeschichte basieren auf Guido Crainz, Storia della Repubblica. L'Italia dalla Liberazione ad oggi, Rom 2015; Christopher Duggan, The Force of Destiny. A History of Italy since 1796, Boston/New York 2008; Paul Ginsborg, A History of Contemporary Italy. Society and Politics 1943–1988, Basingstoke 2003; John Foot, The Archipelago. Italy since 1945, London 2018.

tituzionale (Verfassungsbogen). Die Parteien einte ihr früherer gemeinsamer Kampf gegen den Faschismus; ihre politischen Ansichten lagen indes weit auseinander. Am 22. Dezember 1947 wurde schließlich die italienische Verfassung verabschiedet, die im folgenden Jahr in Kraft trat.[2] Die zähen Verhandlungen verliefen dabei parallel zu einer politischen und gesellschaftlichen Debatte darüber, wie mit der eigenen Vergangenheit umzugehen sei. Insbesondere Partisanenverbände sahen in der von Justizminister Palmiro Togliatti (PCI) im Jahr 1946 erlassenen Amnestie für ehemalige faschistische Politiker, Offiziere und Parteigrößen einen Verrat an der *Resistenza*. Die öffentliche Diskussion war letztlich nur ein Indiz unter vielen, dass trotz der Abschaffung der Monarchie und der Wahl der Konstituante das Schicksal des zukünftigen italienischen Staates noch nicht entschieden war. Denn nach der Euphorie des antifaschistischen Kampfes entstand rasch eine einflussreiche, konservative, teils gar neofaschistische Bewegung, die sich gegen eine allzu radikale Demokratisierung Italiens richtete.

Die tiefe Spaltung des Landes, das immer stärker in die Wirren des Kalten Kriegs hineingezogen wurde und unter hoher Arbeitslosigkeit, Wohnungsmangel und Nahrungsmittelknappheit litt, entlud sich am 13. Mai 1947. Alcide De Gasperi, Vorsitzender der DC, kündigte die Regierungskoalition mit den Linksparteien auf und setzte für den 18. April 1948 Neuwahlen an. Der Mythos der *Resistenza*, der zunächst für die DC und die Linksparteien als verbindendes Element fungiert hatte, wurde auf dem Altar des Kalten Kriegs geopfert.[3] Hinter diesen Auseinandersetzungen stand die quälende Frage, wie nach zwei Weltkriegen, der faschistischen Diktatur und einem blutigen Bürgerkrieg eine gemeinsame Identität für die italienische Nation geschaffen werden könnte. Hatte der Nationalismus nach der Vereinnahmung durch die Faschisten für viele Italiener als identitätsstiftendes Element ausgedient, so offenbarte das Ende des *arco costituzionale*, dass auch der Mythos der *Resistenza* keine langlebige Alternative darstellte; zu unterschiedlich waren die Ziele der einstigen Gegner des Faschismus. Die ehemaligen Verbündeten – allen voran die Christdemokraten und Kommunisten – griffen stattdessen auf universale Weltanschauungen zurück, um die zukünftige Identität Italiens zu prägen: den Katholizismus oder den Kommunismus.

Es waren diese materiellen und seelischen Trümmerlandschaften Italiens, welche die Regisseure und Drehbuchautoren des Neorealismus in ihren Nachkriegsfilmen aufgriffen. Gerade zu einer Zeit, als Italien in eine unbestimmte Zukunft steu-

---

[2] Die Verfassunggebende Versammlung hatte insgesamt 556 Sitze. Die Christdemokraten (DC) erhielten 207, die Sozialisten (PSI) 115 und die Kommunisten (PCI) 104 Sitze. Die restlichen 129 Sitze verteilten sich auf sieben Parteien. Vgl. Klaus von Beyme, Das politische System Italiens, Stuttgart 1970, S. 25; Günter Trautmann/Hartmut Ulrich, Das politische System Italiens, in: Wolfgang Ismayr (Hrsg.), Die politischen Systeme Westeuropas, Opladen ³2003, S. 553–608, hier S. 553.
[3] Anna Cento Bull, Italian Neofascism. The Strategy of Tension and the Politics of Nonreconciliation, New York 2007, S. 2.

erte, diagnostizierten und kommentierten sie in ihren Filmen die Vielschichtigkeit der zeitgenössischen Probleme und spielten verschiedene Lösungen durch, diese zu überwinden. Da der Kinobesuch zu den liebsten Freizeitbeschäftigungen im Italien der Nachkriegszeit zählte, verwandelten sie dadurch den Kinosaal zu einem wichtigen Forum, in dem neue Lebensformen verhandelt wurden.[4]

Diese Bedeutung des Kinos blieb auch den politischen und gesellschaftlichen Kräften nicht verborgen. Vor allem die katholische Kirche versuchte, über das Kino katholische Moralvorstellungen zu verbreiten und die politische Vormachtstellung der DC zu zementieren. Dies gelang ihr insbesondere in Süditalien, wo sie die Gemeindekinos betrieb, deren Anzahl in der unmittelbaren Nachkriegszeit stark anstieg.[5] Sie nutzte ihren Einfluss auch dazu, unliebsame Filme zu verbieten und damit deren Verbreitung in Italien maßgeblich einzuschränken. Einer der neorealistischen Filme, der auf dem kirchlichen Index landete, war *Ladri di biciclette* (Fahrraddiebe) von Vittorio De Sica (1901–1974), der am 21. November 1948 seine Premiere feierte.[6]

Etliche Filmwissenschaftler und Historiker haben sich bereits mit diesem Meilenstein der Filmgeschichte auseinandergesetzt. Dabei standen bislang Themen wie das Überleben des „einfachen Mannes" angesichts der desolaten sozialen Situation, die Zerbrechlichkeit der Maskulinität und des männlichen Körpers nach dem Weltkrieg, die Vater-Sohn-Beziehung sowie die Geschlechterbeziehungen im Mittelpunkt der Untersuchungen.[7] Ohne Zweifel sind dies zentrale Aspekte des Films; vernachlässigt wurde bislang aber das Thema der italienischen Identität, obwohl gerade in der Transformationsphase der Jahre 1943 bis 1949 in Gesellschaft und Politik eine Neuverhandlung des italienischen Nationalgefühls stattfand, an der sich auch das Kino beteiligte.[8] Eine stärkere Einbettung des Films in diesen Resonanzraum der italienischen Nachkriegszeit kann Aufschluss darüber geben, weshalb die katholische Kirche – und mit ihr die christdemokratische Partei – versuchten, die Vorführung des Films zu verhindern. Im Folgenden wird zunächst kurz die Entstehungs- und Rezeptionsgeschichte des Films *Ladri di biciclette* beschrieben und dessen Kommentierung der sozialen Verhältnisse thematisiert. Anschließend steht die Frage im Mit-

---

4 Vgl. den Beitrag von Margit Szöllösi-Janze in diesem Band.
5 Vgl. Massimo Perinelli, Fluchtlinien des Neorealismus. Der organlose Körper der italienischen Nachkriegszeit, 1943–1949, Bielefeld 2009, S. 34.
6 *Ladri di biciclette* (Italien 1948); Produktion: Produzioni De Sica (PDS), im Verleih von Ente Nazionale Industrie Cinematografiche (ENIC); Erstaufführung: 24.11.1948; Regie: Vittorio De Sica; Drehbuch: Cesare Zavattini, Vittorio De Sica u. a., nach der Vorlage des Romans „Ladri di biciclette" von Luigi Bartolini; Hauptrollen: Lamberto Maggiorani, Enzo Staiola, Lianella Carell.
7 Vgl. u. a. Robert S. C. Gordon, Bicycle Thieves [Ladri di biciclette], Basingstoke 2008; Perinelli, Fluchtlinien des Neorealismus; Robert A. Rushing, De Sica's *The Children Are Watching Us*. Neorealist Cinema and Sexual Difference, in: Studies in European Cinema 6 (2009), H. 2/3, S. 97–112; Antje Dechert, Stars all'italiana: Kino und Körperdiskurse in Italien (1930–1965), Köln 2014, S. 134–142.
8 Vgl. Perinelli, Fluchtlinien des Neorealismus, S. 51.

telpunkt, wie die Macher des Films mit dem Thema der italienischen Identität umgingen und ob – und wenn ja wie – sie verschiedene Varianten eines zukünftigen Nationalgefühls durchspielten.

1 Vittorio De Sicas *Ladri di biciclette* (1948)

Die Ursprünge des italienischen Neorealismus lassen sich bis in die Jahre des Faschismus zurückverfolgen. Entstanden als Gegenbewegung zum propagandistischen Korsett der faschistischen Filmindustrie mit ihrem Schwerpunkt auf epischen Historienfilmen, wandten sich seine Vertreter nach dem Zweiten Weltkrieg zusehends gegen das Unterhaltungskino aus Hollywood. Anstatt einer künstlichen und verzerrenden Darstellung des Lebens wollten sie das „wahre" Leben des „einfachen Mannes" mit all seinen Hürden, Schwierigkeiten und Ängsten kommentieren. Nach Ansicht von Cesare Zavattini (1902–1989), einem der wichtigsten Theoretiker des Neorealismus, handelte ein typisch neorealistischer Film vom Leben eines Menschen, dem nicht wirklich etwas widerfährt.[9] Zu den Klassikern des Genres zählen Roberto Rossellinis Kriegstrilogie – *Roma città aperta* (1945), *Paisà* (1946) und *Germania anno zero* (1948) –, die Filme *Sciuscià* (Schuhputzer, 1946) und *Ladri di biciclette* (1948) von Vittorio De Sica sowie Luigi Zampas *Anni difficili* (1948).

Angesichts der Zerstörung durch Welt- und Bürgerkrieg wurden die Filme als Ausdruck einer neuen italienischen Renaissance gefeiert und gelten heute noch als eine der größten Errungenschaften, die das italienische Kino je hervorgebracht hat. Aufgrund ihres thematischen Fokus auf die soziale Unterschicht, auf die Vergessenen und Zurückgelassenen der Gesellschaft, zeichneten sie oftmals pessimistische Stimmungsbilder der italienischen und europäischen Nachkriegsgesellschaft. Politiker der DC warfen deshalb seinen Vertretern vor, sich in die Dienste der kommunistischen Propaganda zu stellen und damit dem Vaterland keinen guten Dienst zu erweisen. Der seit 1950 in Italien einsetzende wirtschaftliche Aufschwung leitete den Niedergang des neorealistischen Films ein. Dessen sozialkritische Botschaft war nicht mehr mit dem neuen Lebens- und Selbstwertgefühl der Italiener in Zeiten des *miracolo economico* in Einklang zu bringen, wie sie etwa Federico Fellini in *La dolce vita* (1960) thematisierte.[10]

Vittorio De Sica begann seine Filmkarriere in den 1930er Jahren zunächst als Schauspieler, bevor er 1940 auf den Regiestuhl wechselte. Wie viele seiner Kollegen

---

[9] Vgl. Matthew Lee Harper, La Storia di un Altro. Adaptions and Appropriations in the Works of Vittorio De Sica and Cesare Zavattini, Ph.D. University of North Carolina at Chapel Hill, Chapel Hill 2009, S. 10–54.
[10] Claudia Baldoli, A History of Italy, Basingstoke 2009, S. 265; Harper, La Storia di un Altro, S. 29, 32, 46.

des neorealistischen Genre sympathisierte er in der Nachkriegszeit mit den Werten des Kommunismus, auch wenn er nicht der Partei beitrat.[11] Sein Film *Ladri di biciclette* basierte auf dem 1946 erschienenen gleichnamigen Roman des Malers und Schriftstellers Luigi Bartolini. Das Drehbuch stammte von Cesare Zavattini, mit dem De Sica bereits bei seinem Erfolg *Sciuscià* zusammengearbeitet hatte. Gedreht wurde der Film zwischen Juli 1947 und November 1948 in Rom – und somit unmittelbar nachdem De Gasperi den *arco costituzionale* aufkündigt hatte. Wie bei vielen neorealistischen Filmen üblich, beschäftigte auch De Sica für *Ladri di biciclette* überwiegend keine professionellen Schauspieler. Es lag jedoch nicht an den Laiendarstellern, dass die Dreharbeiten alles andere als reibungslos verliefen.[12] Sergio Amidei (1904–1981), der für *Roma città aperta* das Drehbuch geschrieben hatte und auch für *Ladri di biciclette* angeheuert worden war, verließ das Projekt nach Meinungsverschiedenheiten mit De Sica und Zavattini. Amidei, ein ehemaliges Mitglied der kommunistischen *Resistenza*, widerstrebte, dass der Film die viel beschworene Solidarität der Arbeiterklasse kritisch beleuchtete. Ferner missfiel ihm, dass Bartolinis Buch als Vorlage diente. Dies verstieß gegen seine Idealvorstellungen des neorealistischen Films, da nicht das „eigentliche" Leben verfilmt wurde, sondern lediglich eine fiktive Geschichte.[13]

Die Handlung des Films, die sich über drei Tage erstreckt, ist schnell erzählt: Antonio Ricci (Lamberto Maggiorani) erhält nach über zweijähriger Arbeitslosigkeit endlich einen Job als Plakatkleber, nachdem er sein Fahrrad gegen Bettwäsche beim Pfandhaus ausgelöst hat. Das Fahrrad wird ihm jedoch bereits am ersten Arbeitstag geklaut. Während seine Frau Maria (Lianella Carell) zu Hause bleibt, begibt er sich zusammen mit seinem Sohn Bruno (Enzo Staiola) in ganz Rom auf die Suche nach dem Dieb (Vittorio Antonucci), wobei ihm weder Polizei noch Kirche und Arbeiterschaft behilflich sind. Als Vater und Sohn den Dieb endlich stellen können, wird dieser von der eigenen Familie und der Nachbarschaft beschützt, so dass Antonio unverrichteter Dinge wieder abziehen muss. Da er keinen anderen Ausweg mehr sieht, versucht er in seiner Verzweiflung und zum Erschrecken seines Sohnes selbst ein Fahrrad zu klauen. Sein Diebstahl scheitert und bleibt nur deshalb ohne schwerwiegende Folgen, weil der Besitzer auf eine Anklage verzichtet.

International war *Ladri di biciclette* äußerst erfolgreich und wurde von Filmkritikern in den höchsten Tönen gelobt.[14] Er gewann zahlreiche Preise einschließlich des Golden Globe Award für den besten ausländischen Film, den British Film Aca-

---

11 Gordon, Bicycle Thieves, S. 23.
12 Vgl. ebenda, S. 27. Zu den Details der Produktion vgl. ebenda, S. 22–30.
13 Vgl. Jennifer Haraguchi, Ladri di bicilette. Zavattini's Recasting of Bartolini's Novel, in: Rebecca West (Hrsg.), Pagina pellicola pratica. Studi sul cinema italiano, Ravenna 2000, S. 109–125, hier S. 115 f.; Elena Lombardi, Of Bikes and Men. The Intersection of Three Narratives in Vittorio De Sica's *Ladri di biciclette*, in: Studies in European Cinema 6 (2009), H. 2/3, S. 113–126, hier S. 117.
14 Vgl. u. a. The Screen: Vittorio De Sica's „The Bicycle Thief", in: The New York Times, 13.12.1949.

demy Award (BAFTA) in der Kategorie Bester internationaler Film und den japanischen Kinema Junpo Award für den besten fremdsprachigen Film. Bei der Oscar-Verleihung im Jahr 1950 erhielt De Sica den Ehrenpreis für den besten fremdsprachigen Film. In Italien blieb *Ladri di biciclette* jedoch auch aufgrund der katholischen Zensur an den Kinokassen hinter den Erwartungen zurück und zog nach seiner Premiere immer wieder Kritik auf sich. Bartolini beklagte sich, dass Zavattini und De Sica die ursprüngliche Botschaft seines Romans, in dessen Mittelpunkt das Verhältnis zwischen Vater und Tochter einer bürgerlichen Familie steht, vollkommen verändert hätten. Und als De Sica im Jahr 1950 den Oscar erhielt, schrieb die kommunistische Wochenzeitung „Vie Nuove", dass De Sica mit seinem Film die Ideale des Kommunismus verraten habe und ein Knecht des Kapitalismus geworden sei.[15]

Außerhalb Italiens reagierten gerade Katholiken nicht immer positiv auf *Ladri di biciclette*, wie eine Episode aus New York belegt. Etwa 70 Personen der katholischen Laienorganisation *Knights of Columbus* drohten damit, das New Ozone Park Theater in Queens zu blockieren. Sie protestierten damit gegen die Aufführung des Films, der einen Dieb glorifiziere und dadurch die Jugend – deren Ticketpreis extra gesenkt worden war – verderbe. Der Kinobesitzer beugte sich dem Druck und nahm den Film aus dem Programm.[16] Mehr als die zahlreichen Lobeshymnen zeigten gerade die negativen Reaktionen, dass der Film sowohl bei Linken als auch bei Katholiken umstritten war; es bleibt zu klären, weshalb.

Heute wird *Ladri di biciclette* als Meisterwerk des Neorealismus angesehen, das nicht nur ein einfühlsames Porträt der Beziehung zwischen Vater und Sohn liefert, sondern auch die damalige italienische Gesellschaft und sozialen Missstände eindrucksvoll kommentiert. Der Film gilt als eine moderne Parabel über die Entfremdung eines Mannes in einer feindlichen Umgebung und über seinen Kampf ums Überleben in der Hauptstadt eines zerrissenen Landes, die von Hektik und Anonymität geprägt ist.[17] Dabei wurde die Suche nach dem Fahrrad mit einer Queste in einer mittelalterlichen Dichtung verglichen, in der sich die Hauptperson auf eine abenteuerliche und gefahrvolle Mission begab, stets ein – letztlich unerreichbares – Ziel vor Augen; das Fahrrad wurde dabei zum Symbol für das nackte Überleben in der prekären sozialen Situation Italiens.[18]

---

15 American Tribute to „Bicycle Thieves", in: The Manchester Guardian, 19.5.1950, S. 12.
16 K. of C. marches on Movie Theater, in: The New York Times, 16.2.1951.
17 Vgl. David A. Cook, A History of Narrative Film, New York ^{5}2016, S. 280.
18 Vgl. Lombardi, Of Bikes and Men, in: Studies in European Cinema 6 (2009), H. 2/3, S. 114 f.

2 *Ladri di biciclette* und die sozialen Verhältnisse in Italien

Unmittelbar nach Kriegsende kehrten tausende Soldaten und Zivilisten aus den deutschen Arbeitslagern nach Italien zurück und drängten auf den Arbeitsmarkt. Sie waren indes nicht die Einzigen: Jugendliche, ehemalige Partisanen und demobilisierte Soldaten suchten nach einer neuen Beschäftigung. Die offizielle Statistik sprach im Jahr 1947 von 1,7 Millionen Arbeitslosen, etwa neun Prozent der Bevölkerung.[19] Angelo Fumagalli, ein Fabrikarbeiter in Norditalien, beschrieb die damalige Situation: „Unser Leben war sehr einfach. Wir gingen zu Fuß zur Arbeit oder nahmen das Fahrrad. Nach der Arbeit gingen wir nach Hause oder zu einem Verein. [...] Dabei hatten wir Glück, überhaupt eine Beschäftigung zu haben. Die Arbeitslosen kamen von überall; es gab tägliche Demonstrationen vor den Fabriken. Eine ganze Armee wollte hinein, aber die Tore waren zu klein."[20]

Selbst viele von denen, die eine Anstellung hatten, kämpften ums Überleben. Das Einkommen reichte oftmals gerade dazu, genügend Essen für sich und die Familie zu kaufen.[21] Seit 1938 erlebte Italien eine rasende Inflation. Während die Lebenshaltungskosten beinahe um das Dreiundzwanzigfache teurer wurden, waren die Löhne nur um das Zehnfache gestiegen.[22] Aus diesem Grund mussten nach dem Krieg vielfach auch Kinder zum Erwerbseinkommen und damit zum Überleben der eigenen Familie beitragen. Nach Angaben der *International Labor Organization* gingen noch im Jahr 1950 über 29 Prozent der 10- bis 14-Jährigen einer Beschäftigung nach.[23] Die prekären sozialen Verhältnisse spiegelten sich auch in der Wohnungssituation wider. In den Großstädten herrschte aufgrund der Kriegszerstörung akuter Wohnungsmangel, so dass mehrköpfige Familien häufig in einem Zimmer leben mussten. Die Hälfte aller Haushalte verfügte zudem über keine eigene Küche, und gerade einmal 27 Prozent hatten ein eigenes Bad.[24]

Gegen die sozialen Missstände formierte sich früh Widerstand. In Süditalien kam es zu Ausschreitungen zwischen Sicherheitsbehörden und linken Militanten, die mehrere Tote forderten.[25] Bei einer kommunistischen Kundgebung zum 1. Mai 1946 im sizilianischen Portella della Ginestra erschoss eine Bande mit Verbindungen zur organisierten Kriminalität elf Personen und verwundete 27. Über mögliche politische Hintergründe und die Tolerierung oder gar Deckung des Massakers durch

---

19 Gordon, Bicycle Thieves, S. 14; Ginsborg, A History of Contemporary Italy, S. 80.
20 Zit. nach ebenda (Übersetzung durch den Autor).
21 Duggan, The Force of Destiny, S. 554.
22 Ginsborg, A History of Contemporary Italy, S. 80.
23 Giovanni Vecchi, Measuring Wellbeing. A History of Italian Living Standards, Oxford 2017, S. 143.
24 Duggan, The Force of Destiny, S. 554.
25 Vgl. ebenda, S. 544.

die Sicherheitsbehörden wird auch heute noch hitzig debattiert. Selbst in Rom ereigneten sich im Sommer 1946 gewaltsame Proteste, bei denen zwei Personen starben und 150 weitere verletzt wurden.[26]

Wie viele Filme des Neorealismus – zu nennen wäre hier De Sicas *Sciuscià* – nimmt auch *Ladri di biciclette* die desolaten sozialen Verhältnisse des kleinen Mannes in den Blick. Politik und Gesellschaft scheinen im Film keine Antwort auf die soziale Krise zu finden. Während der Staat mit Hilfe der Einsatzpolizei (*celere*) lediglich versucht, die Unruhen zu unterdrücken, scheinen sich etliche Italiener dem Schicksal zu ergeben, und versuchen, dem deprimierenden Alltag beim Spektakel eines Fußballspiels kurzzeitig zu entfliehen.[27] Lediglich die Kirche trägt im Film durch ihre Armenspeisung ein wenig zur Linderung der Not bei.[28] Kontrastiert wird die soziale Misere in Italien mit den von Antonio aufgehängten Plakaten der US-Schauspielerin Rita Hayworth, die damals den Glamour von Hollywood verkörperte – für Antonio und die Mehrheit der Italiener eine scheinbar unerreichbare Utopie von Wohlstand und Ruhm.[29]

Das Thema Arbeitslosigkeit zieht sich wie ein roter Faden durch den Film, ist ein fester, nicht wegzudenkender Bestandteil des dargestellten Lebens in Rom. Dabei fing De Sica aber nicht nur die sozialen Probleme der Zeit ein; sondern er präsentierte auch verschiedene Möglichkeiten, wie Italiener versuchten, trotz aller Widrigkeiten das eigene Überleben und das der Familie zu sichern. Sie reichten von Schwarzmarkt über Diebstahl bis hin zur Jobvermittlung durch lokale Arbeitsämter. Gleich zu Beginn wird eine Gruppe Arbeitssuchender gezeigt, die sehnsüchtig auf einen neuen Job wartet. Der eklatante Mangel an Arbeitsplätzen ist später Gegenstand einer hitzigen Debatte, die sich während einer Versammlung in Antonios Wohnviertel entzündet. Es sei nicht die Schuld der Arbeitsämter, so deren Vorsitzender, dass man den Leuten keine Jobs vermitteln könne. Denn ohne freie Stellen könnten nun mal keine Jobs vergeben werden. Die vom Arbeitsministerium ausgegebenen Wohlfahrtskarten seien auch keine Lösung, sondern würden die Arbeiter nur erniedrigen. Diese Szene ist ein weiterer Hinweis auf die Ohnmacht des Staates und unterstreicht die Bedeutung von Arbeit für das männliche Selbstverständnis, nachdem dieses durch den Kollaps des Faschismus (und dessen Männlichkeitsideal) und den Verlust des Weltkriegs tief erschüttert worden war.[30] Dabei entbehrt es nicht einer gewissen Ironie, dass gerade die sozialkritischen Filme des Neorealismus – *Ladri di biciclette* eingeschlossen – von der hohen Arbeitslosigkeit profitier-

---

26 Vgl. Ginsborg, A History of Contemporary Italy, S. 106. Zu Portella della Ginestra vgl. Girolamo Li Causi/Francesco Petrotta, Portella della Ginestra. La ricerca della verità, Rom 2007.
27 *Ladri di bicilette*, 01:21:32–01:31:38.
28 Ebenda, 47:30–47:42.
29 Ebenda, 18:03–19:30.
30 Ebenda, 26:00–26:15.

ten: Es war für die Regisseure kein Problem, genügend Laiendarsteller für Gruppenszenen in ihren Filmen zu gewinnen.[31]

Auch die Themen Kinderarmut und Kinderarbeit kommentierte De Sica. Während Bruno etwas Geld an einer Tankstelle verdient, verdingen sich andere Kinder als Bettler oder als Straßenmusiker.[32] *Ladri di biciclette* porträtiert diese Verhältnisse und warnt zugleich vor den sozialen Folgen, sollte gerade die jüngere Generation keine Arbeit finden. So streitet gegen Ende des Films die Mutter des Diebes entschieden die Anschuldigungen gegen ihren Sohn ab. Anstatt ihren Sohn mit ungerechtfertigten Unterstellungen zu beleidigen, solle man ihm lieber Arbeit verschaffen. *Ladri di biciclette* ist damit keine Heroisierung eines Verbrechers, wie die *Knights of Columbus* argumentierten. Vielmehr zeigt der Film, dass viele Italiener in diesen schweren Zeiten beinahe gezwungen waren, ihr Heil im Schwarzmarkt zu suchen, und womöglich gar in das organisierte Verbrechen abdrifteten, um der sozialen Misere zu entrinnen.[33]

Auch die damals prekäre Wohnungssituation thematisierte De Sica in seinem Film. Über weite Strecken empfindet der Zuschauer Sympathie und Empathie für Antonio und Bruno; man bangt und hofft, dass sie den Dieb stellen und das Fahrrad wieder bekommen. Gegen Ende des Films führt De Sica indes eine Wendung ein, die diese bisherige Schwarz-Weiß-Interpretation der Geschehnisse in Frage stellt. Der Betrachter muss erkennen, dass die Familie Ricci, obwohl Antonio jahrelang arbeitslos war und nun erneut seinen Job zu verlieren droht, immer noch in besseren Verhältnissen lebt als die Familie des Diebes. Dessen alleinerziehende Mutter wohnt mit ihren drei Kindern in einem einzigen Zimmer, eine Privatsphäre gibt es hier nicht, eine winzige Kochstelle ist der einzige Luxus.[34] Überblickt man den winzigen Raum und das Inventar, so scheint die Familie nicht einmal etwas zu besitzen, dass beim Pfandhaus gegen Geld eingetauscht werden könnte. Für viele Italiener war das Pfandhaus – De Sica fängt zu Beginn seines Films die endlosen, überfüllten Regale eines Pfandhauses mit der Kamera eindrucksvoll ein – oftmals die einzige Möglichkeit, um zumindest ein wenig Geld für den Lebensunterhalt zu erhalten.

3 Solidarität und Identität in Italien

Die Suche nach dem Fahrrad wurde bislang unter sozialkritischen Gesichtspunkten als Symbol für das Leben und Überleben des Protagonisten gedeutet.[35] Immer wie-

---

31 Prophets without Honor, in: The Manchester Guardian, 18.4.1949, S. 4.
32 *Ladri di bicilette*, 17:22–17:33, 18:39–18:45.
33 Vgl. Lombardi, Of Bikes and Men, in: Studies in European Cinema 6 (2009), H. 2/3, S. 116.
34 *Ladri di bicilette*, 01:15:50–01:18:30.
35 Vgl. Gordon, Bicycle Thieves, S. 38.

der zeigt der Film, wie wichtig das Fahrrad für Antonio und dessen Selbstwertgefühl ist, ein Selbstwertgefühl, das durch Arbeit und geregeltes Einkommen – und damit durch materielle Werte – definiert wird. Als er sich zu seinem neuen Arbeitgeber begibt, um die Plakate in Empfang zu nehmen, lässt er das Fahrrad keine Sekunde aus den Augen. Er trägt es mit sich herum, auch als er aufgefordert wird, es doch einfach stehen zu lassen – nur zu gut weiß er, dass das Rad seine Zukunft sichert.[36] Das Fahrrad war aber in der italienischen Nachkriegszeit weit mehr als ein Mittel zur eigenen Existenzsicherung; es besaß eine identitätsstiftende Symbolkraft für die italienische Nation.

Abb. 1: Antonio und sein Fahrrad (Filmstill aus *Ladri di biciclette*, 09:22)

Mit 3,5 Millionen Fahrrädern war das Fahrrad im Jahr 1947 das wichtigste Fortbewegungsmittel für Millionen von Italienern. „Für alles", so der Journalist Indro Montanelli, „was die Massen in Italien bewegt – Versammlungen, Kriege, Liebe, Verbrechen –, benutzen sie das Fahrrad. Wage es nicht, das Fahrrad eines Italieners anzufassen, denn alles, was sich hier bewegt – selbst Ideen – bewegt sich mit dem Rad und nicht mit dem Auto oder Zug wie in England, Amerika oder Deutschland."[37] Angesichts der damaligen Beliebtheit und Bedeutung des Fahrrads bezeich-

---

[36] *Ladri di biciclette*, 09:01–09:25. Vgl. ebenso Perinelli, Fluchtlinien des Neorealismus, S. 160.
[37] Zit. nach Anthony Cardoza, „Making Italians"? Cycling and National Identity in Italy: 1900–1950, in: Journal of Modern Italian Studies 15 (2010), H. 3, S. 354–377, hier S. 372 (Übersetzung durch den Autor).

nete mancher Zeitgenosse Italien als eine „Nation auf zwei Rädern".[38] Fahrradfahren, so der Schriftsteller Remo Bassetti, hat in einer Zeit ohne Fernsehen die „Italiener" geformt und dem gespaltenen Land eine gemeinsame Identität angeboten.[39]

Eine herausragende Rolle spielte auch der Radsport. Die Italiener Gino Bartali und Fausto Coppi dominierten damals den Sport nicht nur in Italien, sondern auch auf internationaler Ebene. Bartali gewann drei Mal den Giro d'Italia (1936, 1937, 1946) und einmal die Tour de France (1948); Coppi gewann fünf Mal den Giro d'Italia (1940, 1947, 1949, 1952, 1953) und zwei Mal die Tour de France (1949, 1952). Bei dem Giro d'Italia des Jahres 1948 triumphierte der Italiener Fioreno Magni. Nach dem verheerenden Welt- und Bürgerkrieg und dem Zerfall des Faschismus erfüllten diese internationalen Erfolge die meisten Italiener mit Stolz. Sie ermöglichten es ihnen, nach all den zurückliegenden Grausamkeiten rasch wieder einen „positiven Patriotismus" zu zelebrieren. In Zeiten des sozialen Notstands, des Hungers und der Arbeitslosigkeit vermochten diese Erfolge aber noch weit mehr: Sie inspirierten eine ganze Generation von Italienern, ihr Leben wieder neu aufzubauen und zu ordnen, sie gaben Hoffnung auf eine bessere Zukunft.[40]

Insbesondere der Giro d'Italia besaß seit seiner ersten Austragung im Jahr 1909 eine nicht zu unterschätzende Symbolkraft für die italienische Identität. Die Streckenführung durch alle Regionen des Landes sollte die Einheit der Nation trotz regionaler, sozialer, kultureller und ideologischer Unterschiede veranschaulichen. In diesem Zusammenhang besaß gerade der erste Giro d'Italia nach dem Zweiten Weltkrieg (15. Juni bis 7. Juli 1946), pathetisch als „Rennen der Wiedergeburt" bezeichnet, eine besondere Bedeutung.[41] Als die Rennfahrer die Stadt Triest erreichten, deren Zugehörigkeit zu Italien oder zu Jugoslawien umstritten war, wurden sie von projugoslawischen Kommunisten angegriffen. Steine wurden geworfen, Schüsse sollen gefallen sein. Einige Radfahrer wurden mit amerikanischen Militärtrucks vor die Tore Triests eskortiert und konnten nur so ihr Etappenziel erreichen. Die Streckenführung war eine bewusste Provokation, denn sie sollte der internationalen Öffentlichkeit, kurz bevor auf den Pariser Friedensverhandlungen (29. Juli bis 15. Oktober 1946) über das Schicksal Triests entschieden wurde, demonstrieren, dass die Stadt ein Teil Italiens ist. Ein italienischer Journalist machte aus der politischen Botschaft des Rennens keinen Hehl: „Der Giro d'Italia erfüllte seine Pflicht. Wieder einmal war er ausgezogen, um alle Italiener zu finden; um den Italienern zu sagen, dass man sich vereinen [...] solle."[42]

---

[38] Ebenda, S. 372.
[39] Zit. nach ebenda, S. 370.
[40] Ebenda, S. 370–373.
[41] Ebenda, S. 371.
[42] Vgl. John Foot, Pedalare! Pedalare! A History of Italian Cycling, London 2011, S. 73–93, Zitat S. 89 (Übersetzung durch den Autor).

Der Historiker Robert Gordon bezeichnet in seiner Studie über *Ladri di biciclette* das Fahrrad als ein typisches „MacGuffin"[43] nach Alfred Hitchcock, als ein beliebiges Objekt also, das lediglich dazu dient, die Erzählung in Gang zu bringen und voranzutreiben.[44] Angesichts der symbolischen Bedeutung des Fahrrads für die italienische Nachkriegsgesellschaft erscheint es indes nur schwer vorstellbar, dass Bartolini, Zavattini und De Sica das Fahrrad als ein „beliebiges Objekt" einstuften und dass die Zuschauer des Films keine Sehnsüchte in das Fahrrad projizierten. Das Fahrrad drückte für Antonio Ricci, ebenso wie für die italienische Nation in diesen Jahren, materielle Hoffnungen aus – die Hoffnung auf Arbeit, auf ein geregeltes Einkommen, auf einen Neuanfang, kurz gesagt, auf das eigene Überleben und das Überleben der Familie angesichts desolater sozialer Missstände.

Kann die Suche nach dem Fahrrad aber auch als eine Parabel für die Suche nach einer eigenen italienischen Identität interpretiert werden? Zunächst sprechen mehrere Indizien dafür. Zum einen nimmt De Sica in *Ladri di biciclette* konkret Bezug auf den italienischen Radsport, der gerade bei zeitgenössischen Betrachtern Fragen nach dem Selbstwertgefühl und der Identität Italiens auslösen musste. Als Antonio an seinem ersten Arbeitstag seinen Sohn abholt, der andächtig, beinahe liebevoll das Rad seines Vaters pflegt, kann der Zuschauer an der Wand die Titelseite der Ausgabe der „Gazzetta dello Sport" für den 31. Giro d'Italia des Jahres 1948 sehen.[45] Einen weiteren Bezug lieferte De Sica am Ende des Films, als Radsportler des Vereins *S. S. Lazio Ciclismo* im Bild zu sehen sind. Den Zeitgenossen dürfte dabei nicht entgangen sein, dass auch Fausto Coppi, Italiens damaliger Nationalheld, ein Mitglied dieses Vereins war.[46]

Zum anderen spielen in dem Film auch jenseits des Fahrrads Fragen nach italienischer Identität eine wichtige Rolle. Wie die Historikerin Maria Di Salvatore herausarbeitete, handelt etwa das in der Restaurant-Szene gesungene Lied Tammurriata Nera von der Krise der italienischen Identität und davon, dass auch nach zwei Weltkriegen nach wie vor kein kulturell, gesellschaftlich und politisch geeintes Italien existiere. Das Lied selbst war damals ein bekanntes Volkslied in Italien und symbolisierte die Sehnsucht nach einer Einigkeit Italiens, auch wenn es aus Neapel stammte und im lokalen Dialekt vorgetragen wurde.[47]

Ausgehend von diesen Überlegungen erscheint es naheliegend, dass die Macher des Films zu einer Zeit, als die Frage nach der politischen und gesellschaftlichen

---

43 Das Wort geht auf den Drehbuchautor Angus MacPhail zurück und wurde anschließend von Hitchcock aufgegriffen. Bis heute ist allerdings unklar, weshalb dieser Begriff genommen wurde. Womöglich bezieht sich „Guffin" auf das englische Wort „guff," das „Unsinn" bedeutet.
44 Gordon, Bicycle Thieves, S. 39.
45 *Ladri di bicilette,* 15:44–16:20.
46 Ebenda, 01:22:44–01:22:50.
47 Maria Di Salvatore, Presenza e Funzione della Canzone Napoletana nel Film *Ladri di biciclette* (1948) di Vittorio De Sica, in: Forum Italicum. A Journal of Italian Studies 41 (2007), S. 438–455, hier S. 439 und 446.

Verfasstheit des zukünftigen Italiens in der Schwebe war, auch die Problematik der italienischen Identität kommentierten. Dabei ist es offensichtlich, dass De Sica den damaligen Staat als zu schwach ansah, um einer neuen italienischen Identität Kraft zu geben: Die staatlichen Institutionen in Gestalt der Sicherheitskräfte werden entweder als nicht Willens oder als machtlos dargestellt, Antonio zu helfen.[48] Während zu Beginn die Polizei die Anzeige von Antonio als eine unwillkommene, da hoffnungslose Angelegenheit zurückweist, ist am Ende des Films der durchaus hilfsbereite Carabinieri schlichtweg hilflos. Er glaubt Antonio, macht ihm aber auch deutlich, dass er keinerlei Möglichkeit habe, gegen den Dieb vorzugehen. Angesichts der Schwäche des Staates wendet sich Antonio in seiner Verzweiflung an zwei Institutionen, die damals um die Vorherrschaft in Italien stritten: der politische Katholizismus und die katholische Kirche einerseits, die organisierte Arbeiterschaft andererseits. Aber auch die alten Geister des Faschismus lauerten noch im Hintergrund und warteten auf eine Gelegenheit, sich erneut der italienischen Gesellschaft als Model anzubieten.

Das Fehlen des Faschismus

Während Vittorio De Sica in *Ladri di biciclette* Antonio Riccis Misere im Detail zeigt und uns durch die Gassen, Straßen und Plätze Roms führt, verschweigt er gleichzeitig die Ursache für die prekäre Lebenssituation der Italiener. Die faschistische Diktatur, die italienische Teilnahme am Zweiten Weltkrieg und der anschließende Bürgerkrieg finden nahezu keine Erwähnung im Film; sie sind damit genau das, was Margit Szöllösi-Janze als „sichtbare Lücke" bezeichnet.[49] Es gibt keinen Hinweis darauf, ob die alleinerziehende Mutter des Diebes eine Kriegswitwe ist, und auch keinen, wie ihr Sohn in den Besitz einer deutschen Soldatenmütze kam. Auch über Antonios Vergangenheit erfährt der Zuschauer nichts, obwohl in der Romanvorlage dessen antifaschistische Tätigkeit thematisiert wird.[50] Bedenkt man die Nähe neorealistischer Filmemacher zum links-intellektuellen Milieu und dem Antifaschismus, so mag es verwundern, dass ausgerechnet dieses Detail nicht in den Film übernommen wurde. Aber jeder Hinweis auf den Antifaschismus wäre zumindest indirekt auch eine Anspielung auf die faschistische Vergangenheit gewesen.

Auch bei Antonios Odyssee durch Rom fällt auf, was gar nicht oder zumindest nur sehr reduziert gezeigt wird: die städtebaulichen Veränderungen der faschistischen Ära. Die wenigen Bauten, die zu sehen sind und aus der faschistischen Zeit stammen, sind das Wohnviertel, in der die Familie Ricci lebt, die Ponte Duca d'Aos-

---

[48] Vgl. Herbert L. Jacobson, De Sica's „Bicycle Thieves" and Italian Humanism, in: Hollywood Quarterly 4, (1949), H. 1, S. 28–33, hier S. 33; Baldoli, A History of Italy, S. 265.
[49] Vgl. den Beitrag von Margit Szöllösi-Janze in diesem Band.
[50] Vgl. Haraguchi, Ladri di biciclette, in: West (Hrsg.), Pagina pellicola pratica, S. 111.

ta sowie das kurz eingeblendete ehemalige Stadion der Faschistischen Partei. Im Gegensatz zu Bauwerken wie dem EUR Viertel im Süden Roms oder dem Foro Mussolini, das heutige Olympiagelände, zählten diese Gebäude indes nicht zu den bekanntesten faschistischen Bauten.[51] Es scheint, dass De Sica bekannte faschistische Bauten sogar bewusst ausblendete, führte doch die Ponte Duca d'Aosta direkt zum Mussolini-Obelisk und zum Foro Mussolini. Die Kamera fängt jedoch nur die südöstliche Hälfte der Brücke ein und gibt niemals den Blick auf das Foro Mussolini frei.

Abb. 2: Deutsche Priester drängen Bruno an die Wand (Filmstill aus *Ladri di biciclette*, 42:19)

Auch der deutsche Nationalsozialismus wird im Gegensatz zu anderen Film des Neorealismus – es sei insbesondere auf Rossellinis Filme *Roma città aperta* und *Germania anno zero* verwiesen – nicht direkt erwähnt. De Sica nutzt aber dennoch zwei Szenen, um dem Zuschauer den vermeintlichen Charakter der Deutschen und damit des einstigen Achsenpartners zu präsentieren. In der ersten Szene suchen Antonio und Bruno Schutz unter einem Gebäudevorsprung, als sie während ihrer Suche auf der Porta Portese vom strömenden Regen überrascht werden. Eine Gruppe deutscher Priester möchte sich ebenfalls dort unterstellen, wobei sie sich rücksichtslos hineindrängt und zunächst keine Notiz von Bruno zu nehmen scheint.[52] Die zweite Szene zeigt, dass der Fahrraddieb im Besitz einer deutschen Wehrmachtsmütze ist – es ist diese Mütze, die Antonio wiedererkennt und weshalb er davon überzeugt ist,

---

51 Vgl. Gordon, Bicycle Thieves, S. 62–81.
52 *Ladri di biciclette*, 42:00–43:02.

dass es sich bei ihrem Träger um den gesuchten Dieb handeln muss. Für die Freunde und Nachbarn des Diebes ist dies nicht überzeugend. Nur weil er eine deutsche Mütze trage, so entgegnen sie Antonio, bedeute dies noch lange nicht, dass er auch ein Dieb sei.[53] Während die meisten Kritiker und Wissenschaftler die letzte Anspielung gänzlich ignorierten, stufte die „New York Times" die Priester-Szene als das einzige „komödiantische Element" des Films ein.[54] Beides wird indes der Bedeutung dieser Episoden angesichts der damaligen Verdrängung der eigenen faschistischen Vergangenheit nicht gerecht. Denn die subtile Anspielung war für die italienischen Zeitgenossen eindeutig: Die Deutschen wurden als Rüpel und als Diebe dargestellt, die keine Rücksicht auf die Empfindlichkeiten der Italiener nahmen. Es ist kein Zufall, dass der Fahrraddieb ausgerechnet eine deutsche Mütze trägt; damit wurde suggeriert, dass es die Deutschen waren, die den Italienern ihre nationale Identität gestohlen hatten.

Diese Anspielung und ihre naheliegende Auslegung fügten sich nahtlos in die damalige Vergangenheitsbewältigung in Italien ein, auch wenn *Ladri di biciclette* sich hierzu weniger explizit äußerte als andere neorealistische Filmen wie *Roma città aperta*. Der fehlende Bezug auf den eigenen Faschismus und die negative Charakterisierung der Deutschen im Film bekräftigten das damals beliebte Narrativ über die italienische Rolle im Zweiten Weltkrieg. Die Italiener sahen sich als *brava gente*, als rechtschaffendes Volk, das von den „bösen" Deutschen verraten und in den Krieg gezogen wurde.[55] Die Italiener – wie Bruno in der Priester-Szene – wurden zu Opfern der rücksichtslosen Deutschen stilisiert. Darüber hinaus assoziierten etliche Italiener die Deutschen mit Dieben und Räubern aufgrund ihrer Erfahrungen mit der deutschen Besatzung nach September 1943. Angesichts des Unvermögens und Unwillens, sich mit der eigenen faschistischen Vergangenheit zu befassen, sollte das Narrativ des „guten" Italieners und „bösen" Deutschen als ein vereinendes Element der italienischen Identität instrumentalisiert werden. Dadurch konnten nicht nur Faschisten rehabilitiert, sondern auch Risse im antifaschistischen Widerstand überbrückt werden – denn in einem waren sie sich alle einig: Die Schuld für die desolate Lage trugen einzig die Deutschen.

---

53 Ebenda, 01:15:15–01:15:20.
54 The Screen: Vittorio De Sica's „The Bicycle Thief", in: The New York Times, 13.12.1949, S. 44; Lombardi, Of Bikes and Men, in: Studies in European Cinema 6 (2009), H. 2/3, S. 117.
55 Vgl. Filippo Focardi, Italy's Amnesia over War Guilt. The „Evil Germans" Alibi, in: Mediterranean Quaterly 25 (2015), H. 4, S. 5–26, hier S. 8; ders., Falsche Freunde? Italiens Geschichtspolitik und die Frage der Mitschuld am Zweiten Weltkrieg, Paderborn 2015.

Abb. 3: Die deutsche Soldatenmütze des Fahrraddiebes (Filmstill aus *Ladri di biciclette*, 01:12:38)

Die fehlende Thematisierung des Faschismus fügt sich nicht nur in die damalige Vergangenheitsverklärung ein. Sie macht auch deutlich, dass De Sica – und dies ist angesichts seiner damaligen Affinität zum Kommunismus nur wenig verwunderlich – dieser Ideologie und dem mit ihr eng verbundenen Ultranationalismus eine klare Absage erteilte. De Sica lehnte nicht nur eine Rückkehr zum Faschismus ab, er warnte sogar vor dessen katastrophalen Folgen. Zum einen wird dies in der Szene deutlich, in der ein Kind beinahe im Tiber ertrinkt, und Antonio zunächst denkt, dass es sich um seinen eigenen Sohn handelt. Das Geschehen, in dem am deutlichsten ein Bezug zum Thema Tod hergestellt wird, spielt sich unter der von den Faschisten errichteten Ponte Duca d'Aosta ab. De Sica stellt damit einen direkten Bezug zwischen Tod und Faschismus her. Und zum anderen konstruiert er am Ende seines Films einen direkten Zusammenhang zwischen faschistischer Ideologie und Niedergang: Als Antonio nach seinem eigenen Fahrraddiebstahl von den Verfolgern eingeholt und zu Fall gebracht wird, sieht der Zuschauer im Hintergrund das Stadion des *Partito Nazionale Fascista* (PNF), geschmückt mit Statuen, die das faschistische Männlichkeitsideal verkörpern.[56]

---

56 Gordon, Bicycle Thieves, S. 72–74; *Ladri di biciclette,* 01:25:13–01:25:18.

Kommunismus versus Katholizismus

Lehnte De Sica den Faschismus als identitätsstiftende Ideologie für das zukünftige Italien ab, so war er auch nur wenig davon überzeugt, dass Katholizismus und Kommunismus für sich allein genommen gangbare Alternativen darstellten. Denn weder die Solidarität der Arbeiter noch die katholische Kirche sind in der Lage oder willens, Antonio bei der Suche nach seinem Fahrrad zu helfen. Dies lässt sich an vielen Szenen aufzeigen.

Die Versammlung der Arbeiterschaft in Antonios Wohnviertel, die anderen Plakatkleber und Arbeiter in den Straßen Roms oder die unzähligen Personen, die nach einer Beschäftigung suchen – Vertreter der Arbeiterschaft sind im Film immer wieder zu sehen. Genauso deutlich wird aber auch, dass sie Antonio bei seiner Suche nicht unterstützen, ja teilweise sogar eine zusätzliche Gefahr für Antonio darstellen. So schreiten sie nicht ein, als er verzweifelt den Dieb verfolgt und die Passanten und Arbeiter aufruft, diesen zu stoppen. Auch die offiziellen Vertreter der Arbeiterschaft in seinem Viertel sind ihm keine Hilfe – er spricht sie erst gar nicht an, befürchtet er doch, seinen Job gleich an einen anderen Arbeitssuchenden zu verlieren.[57] Dass es bei der Verteilung der Arbeit jedem nur um das eigene Wohl geht und nicht um das oftmals beschworene Gemeinwohl der Arbeiterschaft, zeigt sich auch gleich zu Beginn des Films. Als Antonio seine neue Arbeitsstelle angeboten wird, zögert er, da er zu diesem Zeitpunkt kein Fahrrad besitzt. Sofort versuchen andere Arbeiter den Job für sich zu beanspruchen, so dass Antonio die Stelle annimmt, obwohl er erst sein Fahrrad aus dem Pfandhaus auslösen muss. Dass *Ladri di biciclette* die oft gerühmte Solidarität der Arbeiterschaft, wie sie die kommunistische Partei als Zukunftsmodel für die italienische Gesellschaft propagierte, kritisch hinterfragt, erklärt wiederum die eingangs geschilderten negativen Reaktionen führender linker Intellektueller und Medien.

Aber auch die katholische Kirche – und mit ihr die christdemokratische Partei – war nur wenig erfreut darüber, wie sie im Film dargestellt wurde. Im Gegensatz zum Ende von Rossellinis Film *Roma città aperta*, in der Kinder auf die Kuppel des Petersdoms zugehen, der damit als die wahre Hoffnung für Italiens Zukunft ins Blickfeld rückt, erscheint die Kirche in De Sicas Film als eine kalte, unpersönliche Institution.[58] Auf der Porta Portese entdecken Antonio und Bruno den vermeintlichen Dieb im Gespräch mit einem älteren Bettler. Auch wenn der Dieb entkommen kann, können beide den Alten in eine nahegelegene Kirche verfolgen und dort stellen.

---

[57] Es ist somit weniger das Kollektiv, das Antonio in dieser Szene aktiv ausschließt, wie dies Perinelli, Fluchtlinien des Neorealismus, S. 161 in seiner Analyse suggeriert. Vielmehr vermeidet Antonio freiwillig den Kontakt zur organisierten Arbeiterschaft im Bewusstsein, mit keiner Hilfe und Unterstützung rechnen zu können.
[58] The Screen: Vittorio De Sica's „The Bicycle Thief", in: The New York Times, 18.12.1949.

Aber selbst Antonios Drohungen mit Gefängnis und Polizei bringen den Alten nicht dazu, nützliche Informationen über den Dieb preiszugeben.

In dieser Szene wird nicht nur erneut die Schwäche der Staatsmacht kommentiert, zeigt doch die Androhung mit der staatlichen Ordnungsmacht keinerlei Wirkung. Vielmehr wird die Institution Kirche selbst zu einem Schutzraum für den Bettler und zu einem Hindernis bei der Suche nach dem Fahrrad und damit der Identität Italiens. Denn zum einen wird Antonio immer wieder von den anwesenden Kirchenbesuchern zur Ruhe und Anständigkeit ermahnt, was seinen Versuch maßgeblich erschwert, den Alten zur Rede zu stellen.[59] Und zum anderen kann der Bettler entkommen, da verschlossene Kirchentüren Antonio den Weg versperren.[60] Auch Antonio empfindet die Kirche als Hindernis und macht dies mit beinahe tabubrechendem Verhalten deutlich: Im Gegensatz zu seinem Sohn benetzt er seine Finger beim Betreten der Kirche nicht mit Weihwasser und verweigert auch das Kreuzzeichen; vielmehr setzt er seine Suche verbissen fort und möchte nicht durch derartige Gesten wertvolle Zeit verlieren.[61]

Antonios Ablehnung der institutionellen Kirche wird auch durch seine Zuwendung zum Mystischen deutlich. Ist er anfangs äußerst skeptisch, als seine Frau eine katholische Wahrsagerin aufsucht, so weiß er sich am Ende selbst nicht mehr zu helfen und fragt ebenso die Wahrsagerin um Rat. Auch in ihrer Wohnung nimmt Antonio – wie bereits in der Kirche – keine Rücksicht auf andere Personen. Obwohl er diesmal mit seiner rüpelhaften Art Erfolg hat, erhält er von der Wahrsagerin keine zufriedenstellende Antwort: „Entweder du findest es gleich", prophezeit sie ihm, „oder du findest es nie".[62] Wie es der Zufall will, sieht Antonio beim Verlassen des Hauses der Wahrsagerin den Dieb und kann ihn das erste Mal erfolgreich stellen. Erst Antonios Bereitschaft, sich dem Mythischen hinzugeben, bringt ihn auf die richtige Fährte.

Vater und Sohn – Italiens Zukunft

Die Art und Weise, wie De Sica Katholizismus und Kommunismus in seinem Film darstellte – und damit die beiden universalen Ideen, die um die Gunst der Italiener buhlten –, zeigt, dass beide Weltanschauungen in ihrer damaligen, institutionali-

---

[59] Es ist falsch zu behaupten, dass die Kirche als ein abgeschotteter, männlicher Raum gezeigt wird, wie dies Perinelli, Fluchtlinien des Neorealismus, S. 274 behauptet. Auch wenn die Männer in der Mehrheit sind, so werden Frauen nicht nur während der eigentlichen Armenspeisung gezeigt, sondern tauchen auch in anderen Szenen in der Kirche auf. *Ladri di biciclette*, 51:37–53:50.
[60] Ebenda, 53:22–53:37.
[61] Auch die Tatsache, dass es sich bei den Deutschen, die während des Regenschauers Bruno ohne Rücksicht an die Wand drängen, um Priester handelt, kann als eine Kritik an der institutionellen Kirche eingestuft werden.
[62] *Ladri di biciclette*, 01:08:07–01:08:09.

sierten Form für ihn nicht in der Lage waren, die richtigen Antworten auf die drängenden Fragen der Zeit zu haben. Im Gegensatz zum als ohnmächtig dargestellten Staat scheinen sie zumindest theoretisch über die Möglichkeit zu verfügen, Antonio bei der Suche nach dem Fahrrad zu helfen. Sie entscheiden sich aber dagegen. Aber welche Zukunft für die italienische Identität konnten sich die Macher des Films vorstellen? Oder machten sie darüber in ihrem Film keinerlei Aussagen?

In vielen neorealistischen Filmen spielten Kinder und Jugendliche – meistens Jungen – eine wichtige Rolle, wenn nicht gar die Hauptrolle. Hingewiesen sei nur auf die Filme *Germania anno zero* und *Roma città aperta*. In diesen Filmen stehen die Kinder stellvertretend für die Zukunft eines vom deutschen Nationalsozialismus zerstörten Landes. Auf ihnen liegen die Hoffnung und die Verantwortung für einen Neuanfang des Landes und Europas. In allen Filmen müssen sie jedoch erst den Geistern und dem Erbe der Vergangenheit entkommen. Es war ihre Bürde, die psychischen (*Germania anno zero*) oder physischen (*Roma città aperta*) Trümmerlandschaften ihrer Väter zu überwinden.

Es ist somit kein Zufall, dass auch in *Ladri di biciclette* ein Junge eine prominente Rolle spielt. Während Maria zuhause bleibt, begleitet Bruno seinen Vater auf dessen abenteuerliche Suche durch die Gassen Roms. Viel wurde bereits über die Beziehung zwischen Bruno und Antonio als Ausdruck der „zerbrechlichen Männlichkeit" in der Nachkriegszeit geschrieben und die Suche nach dem Fahrrad mit Brunos Suche nach seinem wahren Vater gleichgesetzt.[63] Dieser Vater-Sohn-Beziehung muss aber noch eine weitere Dimension hinzugefügt werden: Nicht nur die ältere Generation, sondern auch eine junge Generation beteiligt sich an der Gestaltung der zukünftigen Verfasstheit Italiens. Vergleicht man die jeweilige Entwicklung der beiden Protagonisten, so durchläuft Bruno einen Reifeprozess, während sein Vater resigniert zurückbleibt, obwohl beide ähnliche Erfahrungen machen.

Die fehlende Hilfsbereitschaft der Kirche, der Arbeiterschaft und des Staates kontrastierte De Sica mit der traditionellen Solidarität des Viertels und der Nachbarschaft, die als identitätsstiftende Klammer wirkt, Zugehörigkeit konstruiert und Sinn stiftet. Sie verhindert, dass Antonio Ricci den eigentlichen Dieb überführen kann; sie verhindert aber auch, dass er selbst ein Fahrrad klauen kann. Auch nach dem Zweiten Weltkrieg sicherte diese Form der Zugehörigkeit das Überleben vieler Italiener im Süden des Landes, wo weder antifaschistische Traditionen noch die kommunistischen Ideale der Arbeiter weit verbreitet waren. Gerade dort, so Christopher Duggan, setzten sich die traditionellen Methoden des Überlebens durch: Schwarzmarkt, Korruption und Klientelismus.[64] In *Ladri di biciclette* präsentiert De Sica diese familiäre, clanhafte Zugehörigkeit als eine verlockende Versuchung angesichts des Fehlens eines nationalen Gemeinschaftsgefühls. So fühlt sich auch Bruno

---

63 Lombardi, Of Bikes and Men, in: Studies in European Cinema 6 (2009), H. 2/3, S. 114 f. und 121 f.
64 Duggan, The Force of Destiny, S. 533 f.

kurzzeitig von ihr angezogen, bleibt zögerlich bei den Freunden des Diebes zurück, um sich dann doch wieder seinem Vater anzuschließen. Gerade diese Szene macht aber auch deutlich, dass De Sica dafür plädiert, die lokalbezogene Solidarität des Viertels zu überwinden und durch eine nationale zu ersetzen. In der spanischen Filmversion des Jahres 1950 beschwört am Ende eine Stimme aus dem Off die „christliche Solidarität", ein vager Begriff, der indes eine Kombination christlich-katholischer Werte mit – angesichts der Franco-Diktatur in Spanien womöglich ungewollt – Werten der Arbeiterschaft suggeriert, wurde der Begriff Solidarität doch vor allem im linken Milieu verwendet. Im Original fehlt dieser Bezug.[65] Jedoch kann der Anklageverzicht durch den Fahrradbesitzer beim Anblick des weinenden Bruno in eine ähnliche Richtung interpretiert werden, vereint diese Szene doch Vergebung und Reue und damit zentrale Säulen christlicher Wertvorstellungen. Politisch mag De Sica dabei die Idee des *arco costituzionale* im Blick gehabt haben, die nur wenige Monate vor Produktionsbeginn des Films durch De Gasperi zu Grabe getragen worden war.

Letztlich scheint De Sica aber doch optimistisch in die Zukunft Italiens zu blicken, auch wenn die physischen und psychischen Trümmerlandschaften zunächst als unüberbrückbar erscheinen. Dies wird deutlich, wenn man das Ende von *Ladri di biciclette* mit dem Schluss von Rossellinis Film *Germania anno zero* vergleicht. Während Bruno, und somit die Zukunft Italiens, seinen Vater an die Hand nimmt und sie gemeinsam – wenn auch unter Tränen – mit den Menschenmassen weiterziehen, ermordet Edmund in *Germania anno zero* seinen Vater, nachdem ein Lehrer ihn mit sozialdarwinistischem Gedankengut der Nazi-Zeit manipuliert hat. Am Ende begeht er – und damit die Zukunft Deutschlands – Selbstmord.

4 Zusammenfassung

Das Jahr 1948 brachte der noch jungen italienischen Republik gleich zwei Prestigeerfolge auf internationaler Ebene: Zum einen gewann der Italiener Bartali die Tour de France, und zum anderen feierte der später mit Preisen überschüttete Film *Ladri di biciclette* von Vittorio De Sica seine Premiere. Beide Erfolgsgeschichten verband nicht nur, dass in ihrem Mittelpunkt ein Fahrrad stand, sondern auch ihre Sinnhaftigkeit für die Suche nach einer gemeinsamen italienischen Identität nach dem Ende von Krieg und Faschismus. Diese naheliegende Deutung wurde bislang bei der Interpretation von De Sicas Meisterwerk vernachlässigt, fokussierten Studien

---

65 Fernando Ramos Arenas, Die Illusion einer anderen Realität. Cinephiler Kulturtransfer in der DDR und in Spanien um 1960, in: Dietmar Hüser (Hrsg.), Populärkultur transnational. Lesen, Hören, Sehen, Erleben im Europa der langen 1960er Jahre, Bielefeld 2017, S. 129–152, hier S. 137.

über den Film doch vor allem auf die sozialen Missstände und die Frage nach dem materiellen Überleben in einem individualistischen Italien.

Der Historiker Anthony Cardoza arbeitete die Symbolkraft des Fahrrads für die italienische Nachkriegsgesellschaft heraus, wobei er aber auch dessen Grenzen hervorhob: „Even at the pinnacle of its popularity and influence, cycling's efficiency as an agent of national solidarity and popular identification remained hostage to the legacy of fascism and the historic divisions within Italian society and politics."[66] Angesichts dieser Bedeutung darf das Fahrrad in *Ladri di biciclette* nicht einfach als ein willkürliches Objekt interpretiert werden. Vielmehr muss die letztlich vergebliche Suche nach ihm als De Sicas Antwort auf die Frage verstanden werden, was es nach dem Krieg bedeutete, Italiener zu sein, und wie eine italienische Identität geformt werden könnte. Eindrucksvoll nimmt er dabei Stellung zu den von Cardoza angesprochenen Hürden – der faschistischen Hypothek und der politischen Spaltung des Landes. Die faschistische Vergangenheit wird in dem Film vor allem im Zusammenhang mit Niedergang und Tod thematisiert, zugleich der ehemalige deutsche Verbündete in Andeutungen als brutal und räuberisch diffamiert. Letzteres fügte sich nahtlos in das vorherrschende Opfernarrativ der Italiener ein.

Antonio selbst scheitert in seiner Suche, da er weder von der katholischen Kirche noch von der organisierten Arbeiterschaft – und damit genau von den beiden Institutionen, die in der italienischen Nachkriegszeit versuchten, die Zukunft des Landes zu bestimmen – Unterstützung erhält, im Gegenteil: Beide präsentieren sich ihm eher als Hürde, als Gefahr. Menschliche Solidarität, sei es von Gläubigen oder Arbeitern, ist nach De Sica somit immer nur von kurzer Dauer und gerät dann in den Hintergrund, wenn die eigene Lebensgrundlage bedroht ist.[67] Es ist somit weniger die Darstellung der sozialen Visionen, die *Ladri di biciclette* auf den Index der katholischen Kirche brachte[68] – zumal nicht vergessen werden darf, dass die Kirche im Bereich der Fürsorge (etwa am Beispiel der Armenspeisung) durchaus positiv porträtiert wird. Vielmehr ist es De Sicas kritische Haltung gegenüber der Kirche als identitätsstiftende Institution in der italienischen Nachkriegszeit.

Trotz der pessimistischen Grundstimmung des Films scheint De Sica die Hoffnung nicht aufzugeben, dass eine nationale Identität und Solidarität in Italien geschaffen werden kann. Zum einen ist seine differenzierte Darstellung des familiären Zusammenlebens und der Solidarität des Viertels zu nennen, die allerdings zunächst als Hindernisse dargestellt werden, da sie helfen, den eigentlichen Dieb zu beschützen. Aber sie verhindern später eben auch ein weiteres Verbrechen – diesmal durch Antonio – und übernehmen dadurch eine gewisse Ordnungsfunktion in einer Zeit, als der Staat zu schwach war, Ordnung und Sicherheit zu garantieren. Zum anderen wird Bruno als Hoffnungsträger präsentiert, der anders als Rossellinis

---

[66] Cardoza, „Making Italians", in: Journal of Modern Italian Studies 15 (2010), H. 3, S. 372.
[67] Salvatore, Presenza e Funzione, in: Forum Italicum. A Journal of Italian Studies 41 (2007), S. 441.
[68] So Perinelli, Fluchtlinien des Neorealismus, S. 34.

Edmund nicht mit der faschistischen Ideologie infiziert ist und während der dreitägigen Suche nach dem Fahrrad durch ganz Rom einen erstaunlichen Reifeprozess durchmacht. Am Ende ist das Verhältnis zwischen dem Vater, dem Symbol für die Vergangenheit, und seinem Sohn, dem Symbol für die Zukunft, regelrecht auf den Kopf gestellt: Es ist Bruno, der den niedergeschlagenen Antonio an die Hand nimmt und in eine – wenn auch ungewisse – Zukunft führt.

Thomas Raithel
Die Wiederaufrichtung der Nation

Jour de fête (1947) von Jacques Tati

> „Meine Filme ähneln weniger Filmen als offenen Fenstern."
> (Jacques Tati, 1979[1])

1 Jacques Tati und sein erster Spielfilm

Jacques Tati (1907–1982) gehört zu den großen Komikern der Filmgeschichte – in einer Reihe mit Charlie Chaplin, Buster Keaton oder den Marx Brothers. Die filmgeschichtliche und biographische Literatur über den Schauspieler und Regisseur ist reichhaltig.[2] Auf die zeitgeschichtliche Bedeutung seines nur wenige Spielfilme umfassenden Werks als Regisseur wurde vielfach hingewiesen: Tati war ein scharfsichtiger Beobachter und Kritiker der soziokulturellen Moderne, die sich in Frankreich nach dem Zweiten Weltkrieg im langen wirtschaftlichen Aufschwung der *trente glorieuses*[3] entfaltete. Zur Personifikation dieser Auseinandersetzung wurde Monsieur Hulot, eine leicht zerstreut wirkende Figur in meist komischer, manchmal aber auch durchaus eleganter Auseinandersetzung mit ihrer Umwelt. Tati verkörperte Monsieur Hulot, den er selbst „einen Wirklichkeitsfremden" „in unserer funktionalen Zeit" genannt hat,[4] in vier Filmen: *Les vacances de Monsieur Hulot* (1953), *Mon oncle* (1958), *Playtime* (1967) und *Trafic* (1971).[5]

---

[1] „Mes films ressemblent moins à des films qu'à des fenêtres ouvertes." Tati in einem Interview in: The Guardian, 19.11.1979, M. Hulot's alter ego. Zit. nach: Yves Pédrono, Jacques Tati et les Trente Glorieuses, Paris 2017, S. 49. – Alle Übersetzungen in diesem Aufsatz stammen vom Verfasser.

[2] Vorrangig zu nennen ist die faktenreiche und filmanalytisch instruktive Biographie, die der Romanist David Bellos erstmals 1999 publiziert hat. Im Folgenden liegt die Taschenbuchausgabe zugrunde: David Bellos, Jacques Tati. His Life and Art, London 2001. Daten zu Tatis Filmen und einen Überblick über die bis Anfang der 1980er Jahre entstandene Literatur bietet Lucy Fischer, Jacques Tati. A Guide to References and Resources, Boston, MA 1983. Aus der neueren Literatur ist Pédrono, Tati, hervorzuheben, v. a. S. 55–74 zu *Jour de fête*. Die jüngste Biographie eines Filmjournalisten – Jean-Philippe Guerand, Jacques Tati, [Paris] 2007 – wurde von Bellos mit gewissem Recht als hagiographisch kritisiert; vgl. David Bellos, La postérité de M. Hulot, in: nonfiction.fr, 25.3.2008, https://www.nonfiction.fr/articleprint-807-la-posterite-de-m-hulot.htm [17.4.2019].

[3] Der Begriff stammt von Jean Fourastié, Les trente glorieuses ou la Révolution invisible de 1946 à 1975, Paris 1979 (Erstausgabe).

[4] „[...] M. Hulot, personnage d'une indépendance complète, d'un désintéressement absolu et dont l'étourdie, qui est son principal défaut, en fait – à notre époque fonctionnelle – un inadapté." Zit. nach: Armand J. Cauliez, Jacques Tati. Choix de textes et propos de J. Tati. Extraits de découpages.

Die familiäre Herkunft Tatis war international.⁶ Mit Nachnamen hieß er eigentlich Tatischeff, sein Großvater väterlicherseits, Graf Dimitri Tatischeff, entstammte altem russischen Adel und war in den 1870er Jahren Militärattaché in Paris. Schon früh zeigte Jacques Tatischeff eine Begabung zum Komiker; er gab daher das vom niederländischen Großvater mütterlicherseits und vom Vater erlernte Handwerk des Bilderrahmens auf und wurde Varietékünstler. Seit Mitte der 1930er Jahre feierte er Erfolge in Paris, London und Berlin. Eine Spezialität Tatis, der zeitweise Rugby gespielt hatte, war die Sportpantomime. Die auf die genaue Beobachtung gestützte Komik blieb ein Kernelement der Tati'schen Kunst, auch und gerade im Film. „Das von mir empfohlene Lachen entspringt der Beobachtung des Lebens" – so Tati 1980 in einem Interview.⁷

Bereits in den 1930er Jahren griff Tati diese Kunstform in mehreren Kurzfilmen auf; sein 1932 gedrehter erster Film trug den Titel *Oscar, champion de tennis*.⁸ Der filmische Erfolg setzte allerdings erst nach 1945 ein, beginnend mit dem 1946 entstandenen, 1947 uraufgeführten und 1949 preisgekrönten 18-minütigen Kurzfilm *L'Ecole des facteurs* (*Die Schule der Briefträger*), in dem Tati als Regisseur und Hauptdarsteller eine skurrile Beschleunigung und Rationalisierung der französischen Postzustellung vorführt.⁹ *Jour de fête,* der erste Spielfilm von Tati als Regisseur, knüpft thematisch hieran an.¹⁰ Hauptfigur ist der von Tati gespielte Briefträger François. Dieser wird auf einem ländlichen Volksfest mit einem bizarren Dokumentarfilm über die Modernität der US-Post konfrontiert.¹¹ François versucht danach,

---

Panorama critique. Témoignages Filmographie. Bibliographie. Documents iconographiques, überarb. und erweiterte Ausgabe, Paris 1968, S. 9.

5 Die deutschen Titel lauten: *Die Ferien des Monsieur Hulot, Mein Onkel, Playtime – Tatis herrliche Zeiten* und *Trafic – Tati im Stoßverkehr*. Darüber hinaus hat Tati 1974 *Parade* gedreht, einen Film über eine Zirkusaufführung. Alle genannten Filme sind in der für diesen Aufsatz verwendeten Arthaus-Edition enthalten: Jacques Tati, Complete Collection, 6 DVDs, Berlin 2015.

6 Zur Familiengeschichte vgl. Bellos, Tati, S. 4–8. Die Großmütter waren französischer und italienischer Herkunft. Zur frühen Karriere vgl. ebenda, S. 43–77.

7 „Le rire que je préconise, c'est celui qui naît de l'observation des choses de la vie". Unveröffentlichtes Interview mit Jean Lhôte; zit. nach Guerand, Tati, S. 105.

8 Leider gibt es keinerlei Überlieferung.

9 Der Film findet sich in der in Anm. 5 genannten Edition als Zusatzmaterial zu *Jour de fête*. Zu den beiden Preisen vgl. Fischer, Tati, S. 62.

10 *Jour de fête* (Tatis Schützenfest), Frankreich 1947; Produktion: Cady Films; Kinostart: Mai 1949; Regie: Jacques Tati; Drehbuch: Jacques Tati, Henri Marquet, René Wheeler; Hauptrollen: Jacques Tati, Guy Decomble, Paul Frankeur, Länge: 77 Min. (restaurierte Farbfassung).

11 Inwieweit es sich bei den Bildern um Auszüge aus originalen US-Wochenschauen handelt, scheint bislang nicht geklärt. Ein Manuskript des Sprechertextes findet sich auf der „site officiell de Jacques Tati", hinter der das Unternehmen „Les films de mon oncle" steht: http://www.tativille.com/index.php?page=starter&anim=jdf_jourdefete&width=800&height=600&titre=Tativille:%20Jour%20de%20f%EAte [24.4.2019].

die Methoden der amerikanischen Postzustellung nachzuahmen – bis die rasende Fahrradfahrt mit einem Sturz in einen Fluss endet.

Die Dreharbeiten zu *Jour de fête,* dessen Skript Tati zusammen mit seinem Artistenkollegen, Freund und langjährigem Mitarbeiter Henri Marquet verfasst hat,[12] fanden in der zentralfranzösischen Region Berry statt, in der kleinen Gemeinde Sainte-Sévère-sur-Indre. Der Drehort besaß einen autobiographischen Bezug, denn ganz in der Nähe – in dem Örtchen Marembert, das bis November 1942 in der nicht von deutschen Truppen besetzten *zone libre* lag – hatten Tati und Marquet während des Zweiten Weltkriegs eine Zeitlang gelebt. Wann genau das war, wie lange und warum, ist bis heute unklar: Eine neuere Spurensuche vor Ort geht davon aus, dass Tati im Sommer 1941 in Marembert eintraf.[13] Nach der von Tati selbst gepflegten und vom Großteil der Literatur übernommenen biographischen Erzählung zog der Künstler 1943 in den kleinen Ort, um sich einem bereits angetretenen Zwangsengagement in Berlin zu entziehen.[14] Wahrscheinlicher dürfte ein Abtauchen im Sommer 1942 aus biographisch noch kaum beleuchteten privaten Gründen gewesen sein: Tati hatte aus einem Verhältnis mit einer aus Österreich geflohenen Tänzerin am Lido de Paris, seiner damals wichtigsten Wirkungsstätte, eine uneheliche Tochter bekommen und die Beziehung abgebrochen. Danach scheint er am Lido in Ungnade gefallen zu sein.[15]

Mit den Erklärungen für Tatis zeitweisen Aufenthalt in der Provinz hängen unterschiedliche Beurteilungen seines Lebensabschnitts von 1940 bis 1945 eng zusam-

---

[12] Zu der bis 1945 zurückreichenden Geschichte der (nicht datierten) Drehbücher vgl. Bellos, Tati, S. 105 und 346 (Anm. 150). Eine von vier überlieferten Fassungen, an der auch der professionelle Drehbuchautor René Wheeler mitgewirkt hat, ist abgedruckt in Cauliez, Tati, S. 107–111. Die Fahnenmastepisode ist dort noch nicht enthalten, während die „amerikanische Tour" bereits ein wichtiges Handlungselement darstellt.

[13] Stéphane Pajot, Les jours de fête de Jacques Tati. De Sainte-Sévère-sur-Indre à Saint-Marc-sur-Mer, Le Château-d'Olonne 2006, S. 13.

[14] So z. B. in dem großen Text- und Bildband, der unter Mitwirkung von Tatis (ehelicher) Tochter entstanden ist: Marc Dondey, avec la collaboration de Sophie Tatischeff, Tati, [Paris] 1989, S. 40. Auch in der Biographie von Guerand, Tati, S. 77 f., ist diese Version noch zu finden.

[15] Tati hatte sich wohl von der Tänzerin gegen eine Geldsumme eine Erklärung ausstellen lassen, dass er nicht der Vater sei. Erst Jahre später, anlässlich der Einbürgerung seiner inzwischen verheirateten Tochter in Großbritannien, bestätigt Tati die Vaterschaft. Bellos, Tati, behandelt diese Vorgänge noch nicht. Vielmehr wird ebenda S. 86 nahegelegt, dass Tati möglicherweise bereits im Sommer 1940 nach Marembert gekommen sei, um sich als Soldat während der französischen *défaite* in Sicherheit zu bringen. Erst 2008, in einer Online-Rezension über die Biographie von Guerand (s. Anm. 2), geht Bellos auf die privaten Turbulenzen ein, leider ohne seine Quellen offenzulegen. Vgl. mit weiteren biographischen Hinweisen die Zuschrift von Richard McDonald, eines Enkels der Tänzerin, auf der Homepage des US-amerikanischen Filmkritikers Roger Ebert (1942–2013) vom 26.5.2010: https://www.rogerebert.com/balder-and-dash/the-secret-of-jacques-tati [21.4.2019]. Folgt man dieser Darstellung, so hat Tati seine verweigerte Vaterschaft in dem wahrscheinlich um 1960 entstandenen Drehbuch zu dem von ihm nie realisierten Film *L'Illusioniste* verarbeitet. Eine Fassung als Animationsfilm kam 2010 in die Kinos.

men. War er ein Künstler, der sich – trotz seiner Pariser Auftritte vor deutschen Besatzungstruppen – dem Zugriff des NS-Regimes entzog und um den ein Hauch von Résistance weht? Oder nutzte er, wie viele Stars des damaligen französischen Unterhaltungsbetriebes, die sich ihm bietenden beruflichen Möglichkeiten mit einem gewissen Opportunismus und gastierte keineswegs unfreiwillig in Berlin? Unabhängig von diesen Fragen ist festzustellen, dass Tatis eigene Erfahrungen in der ländlichen Provinz Inhalt und Gehalt von *Jour de fête* stark geprägt haben.

Der Film wurde unter Beteiligung zahlreicher lokaler Laiendarsteller von Mai bis November 1947 gedreht.[16] Da Tati zunächst keinen Verleih fand, lief *Jour de fête* erst im Mai 1949 in den französischen Kinos an, mit großem Erfolg beim Publikum, während die französische Filmkritik eher verhalten reagierte.[17] Rasch fand das Werk internationale Verbreitung. So kam Ende 1949, unter dem treffenden Titel *Tempo – Tempo!!*, auch eine deutschsprachige Fassung in die Filmtheater; der irreführende Titel *Tatis Schützenfest* stammt erst aus den 1960er Jahren.[18] Ebenfalls 1949 wurde *Jour de fête* auf den Filmfestspielen in Venedig für den Goldenen Löwen nominiert und gewann dort den Preis für das beste Drehbuch. 1950 erhielt Tati den Grand prix du cinéma français für den besten Film des Jahres 1949; weitere Preise folgten 1953.[19] Eigentlich sollte *Jour de fête* einer der ersten Farbfilme der französischen Filmgeschichte werden, doch die Reproduktion des Materials scheiterte an der unausgereiften Technik. Verbreitung fand daher zunächst eine parallel gedrehte Schwarz-Weiß-Version. Erst nach fast 50 Jahren, im Jahr 1995, wurde der Farbfilm in restaurierter Form der Öffentlichkeit zugänglich gemacht. Diese Version bildet die Grundlage für die folgenden Ausführungen.[20]

Eine spezifische zeitgeschichtliche Untersuchung zu *Jour de fête* liegt bislang nicht vor. In Darstellungen zur Biographie und zum Gesamtwerk Tatis gibt es zahlreiche, meist kürzere filmgeschichtliche Analysen und eine Vielzahl disparater Hinweise. Am ergiebigsten ist zweifellos die Biographie von David Bellos.[21] Dennoch bietet die Interpretation von *Jour de fête* noch vielerlei Fragen. Der vorliegende Auf-

---

16 Pédrono, Tati, S. 55.
17 Beispiele bietet Bellos, Tati, S. 155 f. – Im Kontext der französischen Filmgeschichte der Nachkriegszeit lässt sich Tati der innovativen Tendenz des *auteur cinema* zuordnen. Vgl. Guy Austin, Contemporary French Cinema, Manchester/New York 1996, S. 13.
18 Der Begriff steht hier als Synonym für Volksfest. Von einem Schützenfest im eigentlichen Sinne kann keine Rede sein, sieht man von einer kurzen Schießbudenszene ab.
19 Vgl. Fischer, Tati, S. 64.
20 Obwohl der Farbfilm etwas kürzer ist, sind relevante inhaltliche Unterschiede zum ebenfalls 1995 publizierten restaurierten Schwarz-Weiß-Film von 1949 nicht zu erkennen. Beide Fassungen sind auf der DVD 1 der Arthaus-Edition (s. Anm. 5) verfügbar. Eine weitere, inhaltlich leicht ergänzte Version aus den frühen 1960er Jahren konnte nicht eingesehen werden. Als zusätzlicher Handlungsrahmen ist dort die Aktivität eines Malers eingefügt, der Schauplätze des Geschehens im Bild festhält. Vgl. Bellos, Tati, S. 148 f.
21 Siehe Anm. 2.

satz wird diese, auch angesichts der ästhetischen Komplexität des Films, nicht erschöpfend beantworten können. Er hat aber das Ziel, die „filmische Burleske" – so die im Vorspann genannte Gattungsbezeichnung – tiefer in ihrem historischen Gehalt zu erfassen, als dies bisher geschehen ist.

2 Die Handlung des Films

In *Jour de fête* lassen sich drei Abschnitte relativ klar voneinander abgrenzen:

Im ersten Teil (01:50–22:37) geht es um die Festvorbereitung. Zu Beginn des Films fährt ein Traktor mit zwei Schaustellerwagen langsam in einen idyllischen ländlichen Ort ein. Auf dem zentralen Platz findet der Aufbau des Festes statt. Hierzu gehört vor allem das überaus schwierige Aufstellen eines Mastes mit der Trikolore. Der radfahrende Postbote François trifft ebenfalls in dem Örtchen ein, und der umkippende Mast verfehlt ihn nur knapp. Die beiden Schausteller Roger (Guy Decomble) und Marcel (Paul Frankeur), die schon bei ihrer Einfahrt in den Ort zu sehen waren, ernennen François sogleich zum „Chef", der nun die weitere Aufstellung leiten soll. François übernimmt die Aufgabe, setzt dann allerdings seine Brief- und Telegrammzustellungen fort. Als der Mast erneut zu kippen droht, rennt François heran und setzt ihn wieder in das vorgesehene Loch, um dann – noch ist der Mast nicht fixiert – erneut Post auszutragen und gestenreich davon zu erzählen, wie er die Aufstellung geleitet hat. Höhepunkt dieses „Nachspiels" ist eine Szene mit einem Wasserschlauch, die damit endet, dass François in ein mit Brettern abgedecktes Loch – vielleicht eine Jauchegrube – fällt. Dieser Sturz bildet eine filmische Zäsur: Die Geschichte vom Aufstellen des Mastes ist nun abgeschlossen, und François erzählt nicht mehr von seinen Heldentaten. Ähnlich wie beim späteren Sturz in den Fluss hat eine heroische Imagination des Briefträgers ein plötzliches Ende gefunden.

Der Mittelteil (22:38–50:06) zeigt zunächst den Anmarsch von Festbesuchern und einer Musikkapelle und dann den Festbetrieb. Auch François mischt sich in den Trubel auf dem Marktplatz und im angrenzenden Café, das einen wichtigen Schauplatz bildet. Dabei übergibt er weiterhin einzelne Briefe. Von Einheimischen, vor allem aber von Marcel und Roger, wird er zum Wetttrinken genötigt und betrunken gemacht. Da in einem zum Fest gehörenden Kinozelt ein Film über die amerikanische Post läuft, wird der Briefträger herbeigeholt. Von außen bekommt er durch eine Öffnung im Zelt die Vorführung mit. Kaum ist der Film beendet, beginnen Einheimische und Schausteller, François mit ironischen Bemerkungen über die Vorzüge der amerikanischen Post zu konfrontieren. Als der Festbetrieb eingestellt ist, verlässt der betrunkene Postbote den Ort mit seinem Rad. Nach einigem Herumirren übernachtet François schließlich in einem Güterwaggon auf dem Bahnhofsgelände.

Im dritten Teil (50:07–01:15:25) findet die spektakuläre „tournée à l'américaine" des Briefträgers statt, zu der dieser am nächsten Morgen aufbricht, nachdem ihn Marcel und Roger, die weiterhin ihre Scherze mit ihm treiben, entsprechend instruiert haben. Immer wieder angespornt, rast François mit seinem Fahrrad durch Ort und Umgebung und stellt dabei auf unkonventionell beschleunigte Weise Post zu. Seine Parole lautet „rapidité" („Schnelligkeit"). Das Tempo beschleunigt sich nochmals, als ein motorradfahrender Bäckerjunge wie bei einem Radverfolgungsrennen als Schrittmacher voranfährt – bis François schließlich eine Kurve nicht mehr schafft und mitsamt Rad in einen Fluss fällt. Nachdem er aus dem Wasser geklettert ist, lässt ihn eine bucklige alte Frau, die im Verlauf des Films schon mehrfach aufgetreten ist, auf ihr Eselsgespann. Bald steigt François wieder vom Wagen und hilft einigen Bauern beim Heuwenden. Das Postaustragen übernimmt einstweilen ein kleiner Junge. Der Schluss des Films korrespondiert mit seinem Beginn: Langsam verlassen der Traktor und die beiden Schaustellerwagen den kleinen Ort.

3 „Instinkt" und „Intelligenz": François als „Chef" beim Aufstellen des Fahnenmastes

Die nationale Symbolik in *Jour de fête* ist evident. Bezeichnend ist bereits der Vorname François, der von „France" abgeleitet ist und ursprünglich die Bedeutung des heutigen Adjektivs „français" hatte.[22] Das in *Jour de fête* gezeigte Volksfest trägt teilweise den Charakter der populären Feiern zur *fête nationale* am 14. Juli, wie sie sich in der Dritten Republik ausgebildet haben.[23] Besonders deutlich wird dies im Vorspann der Farbfassung, in der Lampions, Girlanden und Fähnchen in den Farben der Trikolore leuchten. Auch im weiteren Film tauchen immer wieder die in den Nationalfarben gehaltenen Requisiten des Festes auf. Neben der Bezugnahme auf den Nationalfeiertag könnte es sich auch um eine Anspielung auf die Feierlichkeiten nach der *libération* von deutscher Besatzungsherrschaft handeln.[24]

Das zentrale nationale Symbol in *Jour de fête* aber bildet der Fahnenmast mit seiner wimpelartig gehissten Trikolore. Der schwierige, von Pannen begleitete Vorgang des Aufstellens nimmt im Farbfilm insgesamt über achteinhalb Minuten ein. Rechnet man noch das anschließende Renommieren des Postboten hinzu,[25] sind es über elfeinhalb Minuten. Später kommt der stehende Mast mit seiner Fahne noch

---

22 Vgl. Pédrono, Tati, S. 61.
23 Vgl. Rosemonde Sanson, Les 14 juillet (1789–1975). Fête et conscience nationale, Paris 1976. Den republikanischen Charakter des im Film gezeigten Festes erwähnt auch Pédrono, Tati, S. 61.
24 Zur *communion patriotique* dieser Feiern vgl. Philippe Buton, La joie douloureuse. La libération de la France, Brüssel 2004, S. 95.
25 *Jour de fête*, 10:57–19:35 bzw. –22:37.

mehrfach ins Bild. Die Bedeutung der Episode für den gesamten Film wird im Abspann hervorgehoben: Als Hintergrund dient eine Aufnahme, die zeigt, wie François dirigierend vor dem Mast mit der Trikolore steht.

Dass François eine wesentliche Rolle beim Aufstellen zukommt, wurde bereits erwähnt. Allerdings ist diese Funktion weniger eindeutig, als in der Literatur üblicherweise dargestellt.[26] Der Postbote verlässt die Szenerie zu einem Zeitpunkt, als der wieder eingesetzte Mast noch keineswegs fest steht. Während ihn die beiden Schausteller mit schmeichelnden Worten auf das Fahrrad setzen, sind noch Personen zu sehen, die an den Seilen hantieren.[27] In diesem Zustand war der Mast auch schon, bevor François eingriff, um ihn vor dem erneuten Umstürzen zu bewahren.

Wie in der Literatur nicht selten beiläufig erwähnt, zeigen sich in der Fahnenmast-Handlung Ähnlichkeiten zwischen François und Charles de Gaulle, um den sich im Zuge der *libération* ein massiver Personenkult entfaltet hatte.[28] Die Analogien beginnen mit der äußeren Erscheinung des Briefträgers: Seine ungewöhnliche Größe und die Postuniform mit *képi*, das mit dem *képi* des Generals eine gewisse Ähnlichkeit hat, sind erste Signale. Hinzu kommt der kleine schwarze Schnurrbart, den François trägt und der dem de Gaulle'schen Schnurrbart der Nachkriegsjahre ziemlich nahekommt. Die weiteren Anspielungen auf den General bieten kein kohärentes Ganzes, und es wäre wohl verfehlt, jede diesbezügliche Szene eindeutig zu interpretieren. Allerdings handelt es sich um mehr als nur „fleeting but recognisable allusions to de Gaulle" (Bellos).[29] Die Analogien zwischen dem Postboten und dem General sind insgesamt so nachdrücklich gestaltet, dass das nationale Gleichnis dem zeitgenössischen Zuschauer klar vor Augen stehen musste.

Explizite De-Gaulle-Bezüge, dies scheint bislang kaum beachtet worden zu sein,[30] bietet bereits der Dialog bei der Bestellung von François zum „Chef" des Mastaufbaus durch Roger und Marcel.[31] Letzterer bedient sich dabei wörtlich der de Gaulle'schen Terminologie, indem er dem Postboten „de l'instinct, de l'intelligence" bescheinigt. Nach de Gaulle sind dies die sich notwendigerweise ergänzenden Grundeigenschaften eines militärischen Führers.[32] Und wenn Roger konstatiert, dass wir jetzt „in einer besseren Situation wären, wenn er [François] bereits zu Beginn des Unternehmens dabei gewesen wäre", so lässt sich auch dies als Hinweis

---

26 Klare Zuschreibungen z. B. bei Bellos, Tati, S. 140 f., und Pédrono, Tati, S. 61.
27 *Jour de fête*, 19:24–19:36.
28 Vgl. Matthias Waechter, Der Mythos des Gaullismus. Heldenkult, Geschichtspolitik und Ideologie 1940 bis 1958, Göttingen 2006, S. 184–189.
29 Bellos, Tati, S. 151.
30 Ein unbestimmter Hinweis auf eine „allusion au Général de Gaulle" in einem Dialog findet sich bei Pédrono, Tati, S. 61.
31 *Jour de fête*, 13:40–14:17.
32 Charles de Gaulle, Le fil de l'épée, in: ders., Le fil de l'épée et autres écrits, Paris 1994, S. 141–225 [zuerst 1932], hier S. 151–157. Angemerkt sei, dass 1944 die zweite Auflage von „Le fil de l'épée" erschienen ist.

auf de Gaulle deuten, der bei Beginn des Zweiten Weltkriegs noch keine herausragende Führungsposition innehatte.[33] Der Dialog endet in einem Plädoyer für einen „Chef", „einen Mann, der befiehlt" („un homme qui commande") – auch dies lässt sich als De-Gaulle-Zitat lesen.[34] Der Begriff des Chefs war zudem in besonderer Weise mit de Gaulle verbunden, seitdem Churchill den General 1940 als „chef des Français libres" anerkannt hatte. In der Zeit von Mitte 1944 bis Anfang 1946 wurde de Gaulle meist als „chef du gouvernement provisoire" bezeichnet.

Weniger eindeutig sind die zeitgeschichtlichen Bezüge in der anschließenden Handlungssequenz, in der François versucht, den Aufbau des Mastes zu koordinieren.[35] Bellos geht davon aus, dass die Anweisungen des Briefträgers zum Ziehen der Seile von links und von rechts auf das überparteiliche Politikverständnis des Gaullismus anspielen.[36] Eine derartige Deutung ließe sich auch auf die Szene anwenden, in der François einen stark schielenden Mann dazu bringt, einen Befestigungsklotz richtig einzuschlagen, indem er in seinen Befehlen einfach die Seiten vertauscht. Die beim Aufbau des Mastes mehrfach vorkommende Evozierung von „gauche" und „droite" – und damit der klassischen Grundspannung der französischen Innenpolitik – könnte aber auch einen durchaus affirmativen Verweis auf die traditionelle politische Dichotomie Frankreichs darstellen.

Eine weitere Analogie zwischen dem Postboten als Dirigenten der Mastaufstellung und der politischen Karriere de Gaulles ist bislang unbeachtet geblieben: Beide entfernen sich von ihrem Führungsposten. De Gaulle hatte zu dem Zeitpunkt, als der Film gedreht wurde, das im Juni 1944 übernommene Amt des Regierungschefs schon längst aufgegeben. Im Januar 1946 war der General infolge wachsender Spannungen mit den übrigen innenpolitischen Akteuren zurückgetreten und hatte sich auf seinen Landsitz in Colombay-les-deux-Eglises zurückgezogen.[37] Ursächlich waren Differenzen zwischen de Gaulle und den führenden Parteien über die im Prozess der Ausarbeitung befindliche Verfassung der Vierten Französischen Republik: De Gaulle wollte eine präsidentielle Republik, die Parteien eine parlamentarische und damit eine Neuauflage der 1940 untergegangenen Dritten Republik. Hinzu kam ein Streit mit der Assemblée constituante über die Höhe der Militärausgaben. Der harsche Ton, mit der François die am Aufbau Beteiligten zurechtweist, nachdem er den

---

[33] De Gaulle, bei Kriegsbeginn Colonel, wurde Ende Mai 1940 Brigadegeneral. Am 5.6.1940 begann seine politische Karriere als Staatssekretär in der Regierung Paul Reynaud, dem letzten Kabinett der Dritten Republik.
[34] Ebenda, S. 180: „L'homme qui commande [...] doit se fier pour être suivi moins à son élévation qu'à sa valeur."
[35] *Jour de fête*, 14:18–17:06.
[36] Bellos, Tati, S. 140.
[37] Als Überblick zu den innenpolitischen Kontexten vgl. Pascal Cauchy, La IVe République, Paris 2004, S. 7–61. Zum Rücktritt vgl. auch Waechter, Mythos, S. 235–240. – Von Bellos, Tati, S. 140, wird der Rücktritt de Gaulles kurz erwähnt, aber nicht in Beziehung zur Handlung des Films gesetzt.

Mast vor einem zweiten Umstürzen gerettet hat, könnte als Anspielung auf diese innenpolitischen Konflikte zu deuten sein.

François verlässt gleich zweimal den Schauplatz, um weiter Post auszutragen; die beteiligten Akteure haben – dies ist im Film nicht zu sehen – die Fixierung des Mastes offenbar ohne weitere Anleitung geschafft. Dass die Trikolore nun sicher steht, setzt Tati demonstrativ ins Bild. Nach Beginn des Festbetriebes ist mit Kamerablick auf den Fahnenmast ein bedrohliches Knarren zu hören, das sich als Vorzeichen eines erneuten Umstürzens deuten lässt. Ein Festbesucher schaut ängstlich Richtung Mast und wirkt dann erleichtert, als sich eine andere Quelle des Geräuschs offenbart: Ein Schausteller hantiert mit einem Brett am Reifen eines Wagens.[38]

Abb. 1: Salutieren nach dem Einzug der Musikkapelle (Filmstill aus *Jour de fête*, restaurierte Farbfassung, 30:19)

Die Anspielungen auf de Gaulle enden kurz darauf mit einer prägnanten Szene, auf deren nationalsymbolische Bedeutung unter anderem auch Bellos hingewiesen hat.[39] François ist (zum zweiten Mal) mit dem Fahrrad ins Café gefahren und erscheint kurz darauf auf dem Balkon im ersten Stock, während auf dem Platz die

---

38 *Jour de fête*, 29:03–29:08.
39 Bellos, Tati, S. 140 f., liefert hierzu eine präzise Skizze; *Jour de fête*, 29:55–30:23.

Musikkapelle einmarschiert und beim Fahnenmast zum Stehen kommt. Die Kapelle beendet ihren Marsch, der Leiter grüßt militärisch Richtung François, dessen schattenhafte Silhouette – mit Ähnlichkeit zu de Gaulle – die Kamera von hinten in den Blick nimmt (s. Abb. 1). Der Briefträger salutiert zurück, um sich dann, hier wird die Szene ironisch gebrochen, mit der rechten Hand im Nacken zu kratzen. François ist in dieser Szene mit militärischer Konnotation als „Chef" dargestellt, und vor ihm steht mit flatternder Trikolore der erfolgreich aufgebaute Fahnenmast. Das Salutieren des Briefträgers lässt sich somit als Gruß der Trikolore interpretieren.[40] Pédrono geht in seiner Deutung noch einen Schritt weiter und assoziiert die Balkon-Szene mit dem Auftritt de Gaulles auf dem Balkon des Pariser Rathauses nach der Befreiung der Stadt.[41]

Für eine Gesamtdeutung der Mastepisode in *Jour de fête* gibt es bislang in der Tati-Literatur allenfalls Ansätze. Bellos ist Recht zu geben, wenn er die These einer gaullistischen Färbung des Films mit dem Argument zurückweist, dass die Figur de Gaulles zum Objekt des Lachens wird.[42] Als De-Gaulle-Satire jedoch lässt sich die Episode allenfalls mit starken Einschränkungen bewerten, denn von einer kritischen Darstellung des sympathischen Briefträgers kann kaum die Rede sein. Um die Erzählung von der Mastaufstellung angemessen zu verstehen, ist eine breitere Perspektive notwendig. Dabei sollte zum einen Tatis ursprüngliche Profession als nachahmend-parodistischer Pantomime berücksichtigt werden, zum anderen der dokumentarische Grundcharakter des Tati'schen Œuvres.[43]

Die Geschichte der Mastaufstellung, die wohl erst in einem späten Stadium in das Drehbuch gelangte,[44] wäre demnach, so meine These, als parodistische Darstellung der innenpolitischen Ereignisse von der Endphase des Zweiten Weltkriegs bis ins Jahr 1946 oder 1947 zu deuten: die spannungsreiche Wiedererrichtung eines freien französischen Staates. De Gaulle spielte dabei bis Januar 1946 eine wichtige Rolle, danach aber wurde die Grundlegung der neuen Republik ohne den im provinziellen „Exil" auf ein erneutes innenpolitisches Eingreifen wartenden General abgeschlossen. Dieser Gründungsprozess fand erst in den Monaten vor Drehbeginn von *Jour de fête* sein Ende:[45] Am 27. Oktober 1946 trat die Verfassung der Vierten Französischen Republik in Kraft, die in ihren parlamentarisch-demokratischen Prinzipien der im Jahr 1940 untergegangenen Dritten Republik ähnelte. Das vorhergehende Plebiszit hatte ein äußerst knappes Ergebnis erbracht: Nur ein gutes Drittel

---

[40] So Klaus Ronneberger, Peripherie und Ungleichzeitigkeit. Pier Paolo Pasolino, Henri Levebvre und Jacques Tati als Kritiker des fordistischen Alltags, Hamburg 2015, S. 107.
[41] Pédrono, Tati, S. 61.
[42] Bellos, Tati, S. 141.
[43] Zu Letzterem vgl. Pédrono, Tati, S. 18–21, 49.
[44] So fehlt in dem bei Cauliez, Tati, S. 107–111, abgedruckten kurzen Drehbuch jeder Hinweis auf den Mast.
[45] Als Überblick immer noch hilfreich: Jean-Pierre Rioux, La France de la IVe République, Bd. 1: L'ardeur et la nécessité 1944–1952, [Paris] 1980, S. 68–96, 141–158.

der WählerInnen hatte für die Verfassung gestimmt, jeweils ein knappes Drittel hatte mit „Nein" votiert oder sich enthalten. Am 16. Januar 1947 wählten die beiden Kammern des Parlaments den Sozialisten Vincent Auriol zum ersten Staatspräsidenten der Vierten Republik. Am selben Tag trat die letzte provisorische Regierung ab, und wenige Tage später hatte die neue Republik ihre erste Koalitionsregierung, der vor allem Sozialisten, Christdemokraten und Kommunisten angehörten. Trotz aller innenpolitischen Wirren und Konflikte ist die Wiederaufrichtung des französischen Staates gelungen.

4 „Schnelligkeit plus Zuverlässigkeit ist gleich Effizienz"[46]: François und das Vorbild der amerikanischen Post

„Amerika" stellt das zweite große zeitgeschichtliche Thema des Films dar. Mit der Erzählung vom Fahnenmast ist dieses Thema auf den ersten Blick nur lose verbunden:[47] Das Aufstellen des Mastes bildet eine Voraussetzung für den Beginn des Volksfestes, und im Rahmen dieses Festes wird François mit der vermeintlichen Modernität der amerikanischen Post konfrontiert. Die Analogie zur historischen Realität erscheint erneut evident: Schon bald nach Begründung der Vierten Republik trat die Frage nach der Modernisierung Frankreichs in den Vordergrund der politischen und gesellschaftlichen Diskussion.[48]

Bereits vor der Vorführung des Films über die amerikanische Post weist *Jour de fête* Amerikabezüge auf:[49] Der Schausteller Roger trägt eine Art Cowboyhut, und als er seinen Flirt mit einer lokalen Schönheit beginnt, sitzt er wie ein Cowboy auf einem der Karussellpferde, die gerade von einem der Schaustellerwagen abgeladen werden. Als dann im Filmzelt der Probelauf eines amerikanischen Western stattfindet, schlüpft Roger, der vor dem Zelt auf die schöne Frau trifft, in die Rolle eines Westernhelden.[50] Die Szene zeigt eine doppelte Fiktion von Amerika – zum einen das Amerikakonstrukt des Western, zum anderen die kurze Szene, in der Roger den Westernhelden nachspielt. Eine ähnliche Doppelung von Fiktion und Nachspielen wird es später auch bei der „tournée à l'américaine" von François geben.

---

46 Die Formel „Rapidité et régularité egale efficacité" wird in der vorgeführten Wochenschau über die amerikanische Post erwähnt (*Jour de fête*, 39:08–39:11; vgl. unten S. 260).
47 Michel Chinon, The Films of Jacques Tati, Toronto u. a. 1997 [zuerst franz. 1987], S. 31 f., spricht sogar von „two nearly independent parts" und erwähnt zeitgenössische Kritik an der „inconsistent construction" des Films.
48 Vgl. Rioux, La France de la IVe République, Bd. 1, S. 235–258.
49 *Jour de fête*, 06:52–07:18.
50 Vgl. auch die subtile Interpretation der Tonregie bei Bellos, Tati, S. 122.

Der vorgeführte Film über die amerikanische Post und ihre moderne Technik[51] zeigt keineswegs ein realistisches Bild, abgesehen vielleicht von der Anfangsszene mit einer Briefsortiermaschine. Dargestellt wird vielmehr eine Mischung aus Übertreibung und Skurrilität: Heldenhafte „postmen" seilen sich aus dem Helikopter ab, hängen im Schlepptau von Flugzeugen, rasen mit Motorrädern über und durch Hindernisse und nehmen halbnackt an der Wahl des „facteur le plus sexy" teil. All dies wird von einem pathetischen Sprecher als Inkarnation des Fortschritts gepriesen, wobei auch Erwähnung findet, dass inzwischen andere Staaten, „darunter vor allem Frankreich", Informationsbesuche bei der amerikanischen Post durchführen. Als Leitsatz der rationalisierten Moderne formuliert der Sprecher die Gleichung „Schnelligkeit plus Zuverlässigkeit ist gleich Effizienz", gefolgt von der Aussage „Time is money".

François, der von Roger, Marcel und einigen Einheimischen betrunken gemacht worden ist, reagiert zunächst eher phlegmatisch. Ans Filmzelt gerufen, verfolgt er die Darbietung von außen durch eine offene Stelle in der Plane, wendet sich dann zeitweise ab, um einen Fahrradreifen zu flicken, und wird schließlich wieder ans Zelt gezerrt. Das Interesse an der amerikanischen Post geht demnach keineswegs von François aus. Vielmehr konfrontiert ihn seine Umwelt mit dem Thema, zunächst durch die Aufforderungen, sich die Filmvorführung anzusehen, und dann, indem sie den Briefträger immer wieder ironisch auf die amerikanischen Leistungen hinweist.[52] Diverse Äußerungen und Aktionen von François – wie der nächtliche Büchsenwurf in ein Schaufenster – zeugen von dessen Verärgerung.

Auch der Aufbruch von François zur „tournée à l'américaine" geht auf äußere Impulse zurück. Nachdem er die Nacht in einem Güterwaggon verbracht hat, fährt er mit seinem Fahrrad zurück auf den Marktplatz, wo gerade das Karussell abgebaut wird. Dabei kommt es erneut zu einer Begegnung mit Marcel und Roger.[53] Der Briefträger beklagt sich, dass ihm das amerikanische Exempel vorgehalten werde. Die beiden Schausteller vermitteln ihm daraufhin die Idee, es den Amerikanern gleichzutun und die Post nun schneller und effizienter auszutragen. Nach einigen Instruktionen, mit denen Marcel und Roger vorgeben, das Auf- und Absteigen vom Rad sowie den Umgang mit seiner Umhängetasche zu optimieren, startet der Briefträger seine rasende Fahrt.

---

51 *Jour de fête*, 37:44–40:16.
52 In der bei Cauliez, Tati, S. 107–111, abgedruckten frühen Drehbuchversion (vgl. Anm. 12) war dieser Aspekt bereits markant entwickelt: Der noch namenlose Briefträger hat sich den Film überhaupt nicht angesehen und wird erst am Folgetag mit den sarkastischen Bemerkungen der Dorfbewohner konfrontiert. Seine übliche Tour wird daher zum „Kreuzweg" („calvaire"); ebenda, S. 110.
53 *Jour de fête*, 52:37–55:48.

Die zeitweise mit Jazzmusik unterlegte „tournée" bildet den dramaturgischen Höhepunkt von *Jour de fête*.⁵⁴ Das Prinzip der hohen Geschwindigkeit wird dabei ebenso parodiert wie der Einsatz von Maschinen und die heldenhaften Leistungen der amerikanischen „postmen". Auch einzelne Szenen aus dem Pseudo-Dokumentarfilm besitzen ihre parodistische Entsprechung: Als François mit seinem Fahrrad durch brennenden Dung fährt, erinnert dies an die Motorräder, die brennende Hindernisse durchbrechen. Und als er bei der Postzustellung in einer Kirche plötzlich am Glockenseil hängt, ist dies offensichtlich eine Anspielung auf den Postboten, der sich im gezeigten Film aus einem Hubschrauber abseilt. Das Prinzip der Effizienz wird ad absurdum geführt, als François einem Fleischer das zuzustellende Päckchen direkt auf das Hackbrett legt, so dass wenige Sekunden später die gelieferten Schuhe gleichsam guillotiniert werden. Der Sturz in den Fluss hat die sofortige Beendigung der „tournée" zur Folge. Der Rausch der „rapidité" ist verflogen, und François fügt sich wieder in die ländliche Beschaulichkeit ein.

Abb. 2: François gibt vor, mit „New York" zu telefonieren (Filmstill aus *Jour de fête*, restaurierte Farbfassung, 56:23)

---

54 *Jour de fête*, 55:49–01:11:33.

Ähnlich wie in der „Western"-Szene zu Beginn des Films stellt „Amerika" in der „tournée à l'américaine" in doppelter Weise ein Konstrukt dar, mit dem sich Tati kritisch auseinandersetzt. Dies als einen Beitrag zum zeitgenössischen französischen Antiamerikanismus zu deuten,[55] ist eine Verkürzung. *Jour de fête* befasst sich nicht mit den realen Vereinigten Staaten. Vielmehr geht es um den Mythos „Amerika", wie er nach dem Zweiten Weltkrieg auch in Frankreich – trotz bedeutsamer Gegenstimmen – verstärkt Verbreitung fand.[56] In der einzigen Filmszene, in der US-Amerikaner gezeigt werden,[57] erweisen sich diese als das genaue Gegenteil des vorher entfalteten Mythos:[58] Die beiden Militärpolizisten, die François auf seiner „tournée" beobachten, setzen ihren Jeep tollpatschig in Bewegung und landen dann, abgelenkt durch die Erscheinung des auf seinem Fahrrad vorgeblich mit „New York" telefonierenden Briefträgers (s. Abb. 2), ganz ineffizient im Acker – während François ihnen ein mehrfaches „ça roule" („es läuft") zuruft.

Eine Reihe von Szenen aus der „tournée à l'américaine" findet sich bereits in der *Ecole des facteurs*, dem Kurzfilm aus dem Jahr 1946. Es gibt allerdings einige wichtige Unterschiede:[59] So erfolgt im Kurzfilm die rasende Fahrt eines Briefträgers nicht in Nachahmung der amerikanischen Post. Sie resultiert vielmehr aus einer Unterweisung, welche die von Tati gespielte Hauptfigur zusammen mit zwei Kollegen durch einen Vorgesetzten erhalten hat – mit dem Ziel, eine Rationalisierung und Beschleunigung der Bewegungsabläufe zu erreichen und eine Postsendung rechtzeitig zu einem abflugbereiten Postflugzeug zu bringen. Das Thema „Amerika" kommt nur am Rande in Form tanzender US-Soldaten vor.

Geht man von der *Ecole des facteurs* aus, dann zielt die parodistische Fahrt des Briefträgers auf die bereits stattfindende bzw. unmittelbar bevorstehende Modernisierung in Frankreich selbst, was auf die Thematik der späteren Filme Tatis vorausdeutet. Ein weiteres Indiz für diese These liefert eine scheinbar nebensächlich wirkende Szene in *Jour de fête*:[60] Eine viel zu schnell in den Ort einfahrende Limousine, die Fußgänger und spielende Kinder gefährdet, wird von François souverän gestoppt, indem er sich ihr mit dem Fahrrad in den Weg stellt. Dieser kurze Konflikt

---

55 Vgl. Bellos, Tati, S. 137, und Ronneberger, Peripherie und Ungleichzeitigkeit, S. 107 f.
56 Die Auseinandersetzung mit „Amerika" war im Frankreich der Zwischenkriegszeit noch relativ schwach geblieben. Vgl. Egbert Klautke, Unbegrenzte Möglichkeiten. „Amerikanisierung" in Deutschland und Frankreich (1900–1933), Stuttgart 2003; Thomas Raithel, „Amerika" als Herausforderung in Deutschland und Frankreich in den 1920er Jahren, in: Chantal Metzger/Hartmut Kaelble (Hrsg.), Deutschland – Frankreich – Nordamerika: Transfers, Imaginationen, Beziehungen, Stuttgart 2006, S. 82–97. Generell zur Situation nach 1945 vgl. Richard F. Kuisel, Seducing the French. The Dilemma of Americanization, Berkeley u. a. 1993.
57 *Jour de fête*, 56:26–57:10.
58 Insofern ist der Deutung von Bellos, Tati, S. 136, als „ugly Americans" zu widersprechen.
59 Zum Vergleich der beiden Filme vgl. auch ebenda, S. 134–137.
60 *Jour de fête*, 31:01–31:36.

mit der motorisierten Moderne weist voraus auf *Trafic,* den letzten Hulot-Film, der ganz im Zeichen des Verhältnisses von Mensch und Auto steht.

Wie erwähnt, kam in den Jahren 1946/47 dem Thema einer soziökonomischen Modernisierung Frankreichs erhebliche politische Bedeutung zu – einer wiederaufbauenden Modernisierung,[61] aber auch einer Modernisierung, die nach den Erfahrungen zweier Weltkriege darauf abzielte, sich als Industriemacht vor dem weiterhin gefürchteten Deutschland zu etablieren. Zum wichtigsten Instrument dieses Vorhabens sollte die volkswirtschaftliche *planification* werden.[62] Im Januar 1946 begründete de Gaulle per Dekret das „Commissariat général du Plan de modernisation et d'équipement", dessen erster Leiter Jean Monnet wurde. Der 1946 vorgelegte Monnet-Plan mit einer Laufzeit von fünf Jahren umfasste weitgehende wirtschafts- und infrastrukturpolitische Ziele.[63] Ein renommierter Vordenker der *planification* war im Übrigen ein alter Freund von Tati: der Demograph Alfred Sauvy, einst Kapitän von Tatis Rugby-Mannschaft.[64] Nicht auszuschließen ist, dass sich Tati in seinem Film auch an den Positionen Sauvys abgearbeitet hat.

Ein weiterer großer Unterschied zwischen der *Ecole des facteurs* und der „tournée à l'américaine" in *Jour de fête* liegt darin, dass der Briefträger im Kurzfilm mit seiner rasenden Fahrt schließlich erfolgreich ist und die Postsendung gerade noch an das startende Flugzeug übergeben kann, während er in *Jour de fête* desillusioniert aus dem Wasser steigt. Zusammen mit dem Umstand, dass Schnelligkeit und Effektivität nun als amerikanische Charakteristika erscheinen, hat dies eine Verstärkung der kritischen Perspektive zur Folge. Das Vorbild der amerikanischen Post erweist sich als Trugbild, was bereits angedeutet worden ist, als François angetrunken und fixiert auf einen vor seiner Nase schwebenden Luftballon zum Kinozelt gelaufen ist.[65]

Für die „Amerikanisierung" der Handlung in *Jour de fête* bietet Bellos vor allem eine filmgeschichtliche Erklärung, die neben einer technischen Ebene – die französisch-amerikanische Konkurrenzsituation in der Farbfilmtechnik[66] – auch eine film-

---

61 Vgl. den Zwischentitel in Cauchy, IVe République, S. 53, „Reconstruire pour moderniser".
62 Vgl. ebenda, S. 56: „Planifier pour moderniser".
63 Zur Anfangsphase der *planification* vgl. den Überblick auf der Homepage von „France stratégie", dem heutigen Nachfolger der Planungsbehörde: https://www.strategie.gouv.fr/actualites/premier-plan-de-modernisation-dequipement [29.6.2019], sowie Luc-André Brunet, The Creation of the Monnet Plan, 1945–1946. A Critical Re-Evaluation, in: Contemporary European History 27 (2018), S. 23–41.
64 Zur Rugby-Verbindung von Sauvy und Tati vgl. Bellos, Tati, S. 28 f. Sauvy war Mitglied der 1931 begründeten technokratischen Vereinigung „X-Crise", die aus ehemaligen Angehörigen der „Ecole polytechnique" bestand. Vgl. Olivier Dard, Voyage à l'intérieur d'X-Crise, in: Vingtième Siècle, H. 47 (1995), S. 132–146. Erinnerungen an den jugendlichen Tati und sein komödiantisches Talent bietet Alfred Sauvy, La vie en plus. Souvenirs, Paris 1981, S. 237–240.
65 *Jour de fête,* 37:25–37:34.
66 Vgl. Bellos, Tati, S. 105–107, 137.

politische besitzt: das Abkommen zwischen Frankreich und den Vereinigten Staaten, das der ehemalige und künftige Ministerpräsident und damalige französische Sondergesandte Léon Blum und der US-Außenminister James F. Byrnes am 28. Mai 1946 in Washington unterzeichnet haben.[67] Das Blum-Byrnes-Abkommen – eine Vorstufe zum Marshall-Plan – verschaffte dem notleidenden und zugleich ehrgeizige Modernisierungspläne verfolgenden Frankreich umfangreiche Kredite, die freilich nicht den weitgespannten Erwartungen in Teilen der französischen Politik und Öffentlichkeit entsprachen. Besonders groß war die Enttäuschung in den Kreisen der Filmindustrie, denn als Gegenleistung für die Kredite musste Frankreich seinen Filmmarkt stärker für US-amerikanische Produktionen öffnen. Dass auch Tati hiervon beeinflusst wurde, wie Bellos annimmt, ist plausibel. Die Vorführung zweier amerikanischer Filme auf dem Fest lässt sich als Reflex der aktuellen filmpolitischen Vorgänge deuten. Auch die „tournée à l'américaine" sieht Bellos in diesem Kontext. Tati habe in seinem Film „some historically significant jibes" gemacht und gleichzeitig die antiamerikanische Propaganda im Frankreich der späten 1940er Jahre befördert.[68]

Angesichts der umfassenden Entfaltung des Themas „Amerika" in *Jour de fête* erscheint dieser Deutungsansatz jedoch zu eng, zumal der Dokumentarfilm über die amerikanische Post bereits in einer frühen Drehbuchfassung vorkommt.[69] Die Idee einer Nachahmung „Amerikas" durch den Briefträger könnte somit älter sein als das Blum-Byrnes-Abkommen. Es geht zudem in *Jour de fête* nicht nur um einzelne „Sticheleien" („jibes"), sondern um eine konsequente bipolare Zuordnung: „Amerika" steht für die Moderne, das ländliche Frankreich für das Gegenteil. Dieser Dualismus resultierte vermutlich auch aus der intensiven zeitgenössischen Diskussion über das amerikanisch-französische Verhältnis in den Jahren seit 1944. Französische Empfindlichkeiten gegenüber dem starken Partner waren ebenso bedeutsam wie die seit dem Krieg wachsende Vorbildrolle der Vereinigten Staaten. Diesbezügliche Stimmungslagen in der französischen Öffentlichkeit mögen partiell eine antiamerikanische Färbung angenommen haben, darauf verkürzen lassen sie sich nicht: Dies belegt beispielsweise der 1946 unter dem Titel „Amérique, nous t'ignorons" („Amerika, wie kennen dich nicht") erschienene Reisebericht des Radioingenieurs, Komponisten und Schriftstellers Pierre Schaeffer, der ein sehr differenziertes Amerikabild bietet.[70]

---

[67] Ebenda, S. 98–101, 137; Irwin M. Wall, Les accords Blum-Byrnes. La modernisation de la France et la guerre froide, in: Vingtième Siècle, H. 13 (1987), S. 45–62; ders., The United States and the Making of Postwar France, 1945–1954, Cambridge u. a. 1991, S. 49–62.
[68] Bellos, Tati, S. 137.
[69] Siehe Anm. 12.
[70] Pierre Schaeffer, Amérique, nous t'ignorons, Paris 1946, hat sich das Ziel gesetzt, Klischees entgegenzuwirken; vgl. z. B. S. 15: „L'Amérique, c'est la vitesse, l'excentricité, les gangsters. Je vais m'employer au cours de mon récit, à montrer que l'Amérique est le pays de la lenteur, de la mesure et du respect des lois." Auf dem Titelbild trägt ein junger Mann einen Cowboyhut, der dem des

Bei genauerer Betrachtung zeigt *Jour de fête* das Leben in dem kleinen Ort als exakte Gegenthese zu der im Film über die US-Post proklamierten Modernitäts-Formel „Schnelligkeit plus Zuverlässigkeit ist gleich Effizienz": Die Geschwindigkeit ist langsam – so bestimmen einige Gänse, die vor dem Traktor trippeln, das Tempo der einfahrenden Schausteller. Die Post zeigt wenig Zuverlässigkeit – ein Telegramm wird von einer Ziege gefressen, der Briefkasten besitzt keine festen Leerungszeiten, der Briefträger holt nicht den eingeworfenen regulären Brief aus dem Kasten, sondern den „Spielbrief" der Kinder und lässt sich auf dem Fest betrunken machen. Auch das Agieren der Dorfbewohner ist von einer frappierenden Ineffizienz gekennzeichnet: Die für das Fest frisch gestrichenen Stühle vor dem Café sind erst ganz am Ende des Films getrocknet, die Musikkapelle spielt schief, und die Aufstellung des Fahnenmastes nimmt chaotische Züge an, obwohl der Bürgermeister – wie die alte Frau zu Beginn des Films bemerkt – ein Jahr Vorbereitungszeit hatte.

Diese selbstironischen Kontrapunkte gegen die postulierte amerikanische Moderne sind eingebettet in ein positiv gefärbtes Bild französischer Lebensart: die blau-weiß-rote Inszenierung des Festes, das Herausputzen der modebewussten Dorfbewohner, der kommunikative Ort des Cafés, die Hilfsbereitschaft des Briefträgers, die Streiche der Kinder, der den gesamten Film durchziehende Flirt zwischen Roger und einer schönen Ortsansässigen oder auch der Antagonismus von links und rechts beim Aufstellen des Fahnenmastes. Die Stationen der rasenden „tournée à l'américaine" spiegeln die agrarisch-handwerkliche Welt der ländlichen „France profonde".[71] Selbst der Versuch von François, ein „amerikanisches" Tempo anzuschlagen, setzt auf eine französische Methode: den Radrennsport – eine Disziplin, in der, wie Roger anmerkt, die Amerikaner keineswegs „großartig" („formidables") sind.[72]

Am Ende des Films steht eine Apologie der langsamen französischen Geschwindigkeit. Als François nach seinem Sturz in den Fluss mitsamt Fahrrad mühsam ans Ufer geklettert ist, trifft er auf die gerade vorbeikommende alte Frau, die im Laufe des Films schon wiederholt als Kommentatorin in Erscheinung getreten ist und deren ästhetische Funktion nicht zu Unrecht mit dem Chor im altgriechischen Theater verglichen wurde.[73] Die weise Alte nimmt den nassen Briefträger auf ihren langsam dahinfahrenden Eselskarren. Hier findet eine kurze, aussagekräftige Unterhaltung statt:[74]

Schaustellers Roger in Tatis Film ähnelt. – Zum Stellenwert von Amerikanismus und Antiamerikanismus in der frühen Vierten Republik vgl. Philippe Roger, Amérique, Amérique, in: Jean-Pierre Rioux/Jean-François Sirinelli (Hrsg.), La France d'un siècle à l'autre. 1914–2000. Dictionnaire critique, Paris 1999, S. 683–690, hier S. 685–687.

71 Die traditionelle Formel von der „France profonde" („tiefes Frankreich", „deepest France") wird auch von Bellos, Tati, S. 108 und 138, verwendet.
72 *Jour de fête,* ab 53:00.
73 Cauliez, Tati, S. 23; Bellos, Tati, S. 149.
74 *Jour de fête,* 01:12:20–01:12:46.

François: „Ach, ich habe mich aufgeregt." („Ah ben, je me suis énervé.")
Alte Frau: „Oh, Sie sollten sich nicht in solche Zustände bringen." („Oh ben, faut pas vous mettre dans ces états pareils!")
François: „Nein, aber versetzen Sie sich in meine Lage. Ich wollte schnell sein. Alles dreht sich nur um die Amerikaner." („Non, mais, mettez-vous à ma place, je voulais faire vite moi, y en a que pour les Américains.")
Alte Frau: „Ach, aber die Amerikaner, mein Junge, die Amerikaner machen doch, was sie wollen. Auch die Amerikaner können nicht das alles [sie blickt auf die Umgebung] schneller wachsen lassen. Und solange die Nachrichten gut sind, kann man gerne auf sie warten." („Oh, mais les Américains mon gars, les Américains ils font ce qu'ils veulent. C'est pas eux qui font pousser tout ça plus vite. Et pour ce qu'elles sont bonnes les nouvelles, on a bien le temps de les recevoir.")[75]

Diese Absage an das amerikanische Vorbild setzt den kritischen Schlusspunkt unter die rasende Fahrt des Briefträgers. Wenn François danach einigen Bauern bei der Heuernte hilft, und wenn in der letzten Szene[76] der Schaustellerwagen langsam durch die idyllische Landschaft fährt und ein kleiner Junge, wie schon bei Beginn des Films, von einem Bein auf das andere hüpfend den aus dem Anhänger herausragenden Karussellpferden nachläuft, dann ist dies eine Affirmation ländlicher Beschaulichkeit. Mehr noch: Es ist auch, wie der ganze Film, eine Liebeserklärung an die französische Provinz und damit auch an ein scheinbar heiles Frankreich früherer Zeiten. Die Analogie zu dem 1943 von Charles Trenet verfassten berühmten Chanson Douce France ist evident – ein Lied, das die als Kindheitserinnerung eingekleidete nationale Idylle nostalgisch besingt und damit auch der nationalen Selbstvergewisserung dient.[77]

---

[75] Die Transkription des schwer verständlichen, umgangssprachlich-dialektalen Textes folgt mit einigen Korrekturen Pédrono, Tati, S. 71, der den Dialog ebenfalls zitiert. Für hilfreiche Hinweise zur deutschen Übersetzung danke ich Maud Bondiguel-Schindler und Marc Schindler-Bondiguel.
[76] Jour de fête, 01:14:29–01:15:25.
[77] Der Refrain lautet: „Douce France/Cher pays de mon enfance/Bercée de tendre insouciance/Je t'ai gardée dans mon cœur!" Pédrono, Tati, S. 50, spielt in der Überschrift zu einem Kapitel über die sozioökonomischen Kontexte von Jour de fête auf Douce France an. Zum Chanson, das Trenet ursprünglich für Roland Gerbeau geschrieben und erst im Januar 1947 selbst aufgenommen hat, vgl. Jean-Philippe Ségot, Charles Trenet à ciel ouvert. Biographie, [Paris] 2013, S. 327–330, 377. Der Autor sieht ebenda, S. 329, bezugnehmend auf Gerbeau, in dem Chanson eine Auseinandersetzung mit der Besatzungsherrschaft. Ähnlich wie Tati trat auch Trenet vor deutschen Soldaten in Paris sowie in Deutschland auf.

5 Fazit: Die Wiederaufrichtung der Nation mit den Mitteln eines Komikers

„Ja, Sie haben genug davon ... sich Gemetzel anzusehen ... Naturkatastrophen ... dunkle Dramen ... rührselige Geschichten ... und Sie haben recht!"[78] Mit diesen Worten beginnt der Schrifttext eines vermutlich aus dem Jahr 1949 stammenden Trailers, der als Kinowerbung für *Jour de fête* diente. Gleichzeitig sind, beginnend mit Kriegsszenen, entsprechende Filmausschnitte zu sehen und eine melodramatische Begleitmusik zu hören. Kontrastierend hierzu verspricht die Vorschau dem Publikum mit *Jour de fête* „Musik", „Freude" und ein „Fest". Der Trailer liefert somit eine mögliche Teilerklärung dafür, warum der Film in Frankreich ein Kinoerfolg wurde.

Der Komiker Jacques Tati bezweckte mit seinem ersten Spielfilm jedoch nicht allein die Aufheiterung des Publikums, er wollte und erreichte mehr. *Jour de fête* wurde ein parodistischer Film über die Situation Frankreichs in den ersten Jahren nach der *libération*, ganz im Sinne des Tati'schen Anspruchs, ein Dokumentarist seiner Zeit zu sein. Darüber hinaus lässt sich aber auch eine politisch-gesellschaftliche Botschaft erkennen, die über eine – in späteren Filmen Tatis intensivierte – modernisierungskritische Grundhaltung hinausgeht.

In der Literatur zu Tati ist diese politische Bedeutungsebene kaum beachtet worden. Eine Ausnahme stellt Bellos dar, der zum einen – wie oben erwähnt – von einer Parteinahme Tatis im Konflikt um die Zulassung von US-Filmen für den französischen Markt und im Konkurrenzkampf der Farbfilmtechnik ausgeht. Zum anderen vertritt der Biograph die These, dass die „bucolic conclusion" des Films eine ideologische Nähe zum Vichy-Regime impliziere. In diesem Sinne spricht Bellos sogar von einem „potentially Vichyist moral ending" des Films.[79]

Ersteres mag eine Rolle gespielt haben, Letzteres wird den komplexen zeitgeschichtlichen Kontexten nicht gerecht. Die einseitige Identifikation des Vichy-Regimes mit agrarromantischen Positionen ist kaum haltbar. Die industriewirtschaftliche Rationalisierungs- und Modernisierungsoffensive Frankreichs hatte bereits eine Vorgeschichte in den 1930er Jahren und stärker noch während des Regimes von Marshall Pétain.[80] Es ließe sich daher auch eine gegenläufige These vertreten: Die satirische Rationalisierungskritik, die bereits 1946 in der *Ecole des facteurs* ohne jeden Amerikabezug inszeniert wurde,[81] könnte auch von Beobachtungen geprägt

---

[78] „Oui, vous en avez assez ... de voire des tueries ... des cataclysmes ... des sombres drames ... des histoires larmoyantes ... et vous avez raison!" Der Trailer findet sich als Zusatzmaterial in der Arthaus-Edition (s. Anm. 5).
[79] Ebenda, S. 143 (erstes Zitat)–145, 151 (zweites Zitat).
[80] Vgl. z. B. Olivier Dard, La technocratie, in: Rioux/Sirinelli (Hrsg.), La France, S. 883–890, hier S. 884–886; Claire Andrieu, Le plan, in: ebenda, S. 740–744, hier S. 741.
[81] Diese Deutung steht im Widerspruch zu Bellos, Tati, S. 96 f., der dem Kurzfilm die kritische Dimension abspricht. Das scheinbar positive Ende – der Briefträger erreicht das startende Postflug-

worden sein, die Tati während der Vichy-Zeit gemacht hatte. Da es von Tati wenig Explizites zu seinen Filmen gibt, wird allerdings auch diese These spekulativ bleiben müssen.

Abgesehen von der als Argument fragwürdigen „bucolic conclusion" liefert der Film keinerlei Indizien für eine ideologische Nähe zum Staat von Vichy. Legt man als Maßstab den propagandistischen Dreiklang des Pétain-Regimes an – „travail, famille, patrie" („Arbeit, Familie, Vaterland") –, so kann allenfalls über die Relevanz des dritten Begriffs diskutiert werden. Die zweifellos vorhandene patriotische Dimension in *Jour de fête* weist in eine andere Richtung: Der Festtag ist in der Tradition der Dritten Republik als *fête nationale* gestaltet, ist vielleicht sogar als Anspielung auf die Feiern zur *libération* im Jahr 1944 zu verstehen, die De-Gaulle-Analogie beim Aufrichten des Fahnenmastes gilt dem Gegenspieler von Pétain, und die Figur der weisen Greisin verkörpert einen nostalgischen Vergangenheitsbezug, der weit hinter die Vichy-Zeit zurückreicht.

Der Patriotismus, der in *Jour de fête* manifest wird, lässt sich auch nicht auf eine Bewunderung de Gaulles verkürzen. François alias de Gaulle bleibt eine komische Figur, die mit dem selbstverliebten Nachspielen seiner Rolle beim Aufstellen des Mastes erst nach dem Sturz in eine Grube aufhört. Die Fixierung des Mastes, die im Film nicht gezeigt wird, hat ohne den Briefträger stattgefunden – ähnlich wie die Verfassung der Vierten Republik in Kraft trat, als sich der General längst zurückgezogen hatte. Der Patriotismus in *Jour de fête* ist breiter angelegt: Es geht um eine Wiederaufrichtung der Nation, an der neben de Gaulle, dem zeitweise eine Führungsrolle zufiel, auch andere mitwirkten – wie beim Ziehen der Seile für den Mast „von links" und „von rechts". Tatis Film feiert hier den integrativen nationalen Erfolg, der trotz mancher innenpolitischer Wirren zu verzeichnen war: Vielleicht war dies auch eine Art, mit Zweifeln an der eigenen Rolle während der Vichy- und Besatzungszeit umzugehen.

Die nationale Thematik, die zunächst mit hoher Symbolkraft auf den Fahnenmast bezogen ist, wandelt sich in ihrem Bezug in der Mitte des Films und prägt nun das Spannungsverhältnis zwischen der als Vorbild evozierten amerikanischen Post und dem Status quo der französischen Provinz. Indem er die rasende Fahrt des Briefträgers als skurril-kontrastive „tournée à l'américaine" darstellt, entfaltet Tati die nationale Bedeutungsebene über den gesamten Film. Erst dadurch entsteht eine inhaltliche Kohärenz, welche die Handlung von *Jour de fête* zusammenhält.

Der amerikanisch-französische Gegensatz im Film ist allerdings subtiler, als es zunächst scheinen mag. Bei genauerer Betrachtung geht es um das medial vermittelte Amerikabild und um dessen Rezeption durch all die Personen, die François immer wieder antreiben, sich „wie in Amerika" zu verhalten. Die in das idyllische Dorf

---

zeug – ist jedoch noch kein Beleg dafür, dass es sich um „a work of acceptance and reconciliation" (ebenda, S. 97) handelt.

gekommenen Schausteller symbolisieren dabei gleichsam die von außen eindringende Herausforderung.[82] Die Belehrung, welche die alte Frau dem Briefträger auf ihrem Eselskarren gibt, richtet sich nicht gegen „Amerika" an sich, sondern gegen die Nachahmung Amerikas. Sie ist ein Plädoyer dafür, dieser Imitation nicht die eigene Lebensweise zu opfern, und somit auch ein Diskussionsbeitrag zur Modernisierung Frankreichs. Das Lachen über die bizarren Züge der Nachahmung, so wie sie François praktiziert, dient letztlich der mentalen Wiederaufrichtung der französischen Nation. Gleichzeitig geht es aber um grundsätzlichere Fragen: das Verhältnis von Tradition und Moderne und, damit verbunden, das Verhältnis von Mensch und moderner Technisierung bzw. Rationalisierung. Um diese Thematik in seinen späteren Filmen entfalten zu können, widerstand Tati allen kommerziellen Versuchungen, den national konnotierten Briefträger erneut auftreten zu lassen.[83] Jacques Tati legte die französische Postuniform ab und schlüpfte in den Regenmantel des Monsieur Hulot.

---

82 Vgl. auch Pédrono, Tati, S. 56, der Roger und Marcel mit vielbereisten mittelalterlichen Troubadouren vergleicht, die Neuigkeiten verbreiten und Veränderungen bewirken.
83 Zu Vorschlägen für eine Fortsetzung vgl. Bellos, Tati, S. 156. Bereits im Mai 1949 erklärte Tati: „François, c'est fini. Un autre personnage prendra sa place dans mon prochain film." Le parisien libéré, 29.5.1949, zit. nach Dondey, Tati, S. 57. Und in einem Interview mit der BBC meinte Tati am 20.6.1971: „François était trop français. J'ai essayé de trouver une expression plus internationale." Zit. nach ebenda, S. 88.

Helmut Altrichter und Lilia Antipow
Der Sieg der Volkspädagogik über die Wirklichkeit

Von der Bewältigung der Sinnkrise im sowjetischen Film der Nachkriegsjahre

1 Trümmerlandschaft Sowjetunion

„Der Große Vaterländische Krieg, den das Sowjetvolk gegen die faschistischen deutschen Okkupanten führte, ist siegreich beendet, Deutschland ist restlos geschlagen", verkündete am 9. Mai 1945 Josef Stalin als Oberbefehlshaber den Truppen der Roten Armee und der Kriegsmarine. In Würdigung ihres „glänzenden Sieg[es]" sollten am gleichen Tag um 22 Uhr in Moskau tausend Geschütze dreißig Artilleriesalven Salut schießen.[1] Am 24. Juni fand auf dem Roten Platz die große Siegesparade statt, bei der 40 000 Rotarmisten mit über 1800 Militärfahrzeugen an Stalin vorbeimarschierten und 200 eroberte deutsche Truppenfahnen auf die regennassen Stufen des Leninmausoleums warfen.[2] Schon im Februar 1945 hatte Stalin mit Franklin D. Roosevelt und Winston Churchill in Jalta über die Zukunft Osteuropas verhandelt, seit Frühjahr standen die Truppen der Roten Armee an der Elbe. Im Sommer beschlossen die Siegermächte in Potsdam Richtlinien für die gemeinsame Besatzungspolitik in Deutschland.

Am 8. August 1945 erklärte die Sowjetunion Japan den Krieg. In den folgenden Tagen marschierten ihre Truppen in die Mandschurei ein und landeten an der Ostküste Koreas; Mitte des Monats besetzten sie Südsachalin, in den folgenden Wochen die Inselkette der Kurilen. Selbst wenn die USA – nach der Kapitulation Japans Anfang September – der Sowjetunion die Beteiligung an dessen Besetzung verwehrten, hatte sie in den zurückliegenden Wochen ihre Einflusssphäre in Ostasien und im nördlichen Pazifik erheblich erweitert und war auch hier zum neuen weltpolitischen Rivalen der USA geworden.

Doch trotz ihres Triumphes über die äußeren Feinde und trotz ihres Aufstiegs zur Weltmacht – im Inneren war die Sowjetunion ein vom Krieg schwer gezeichnetes, zerstörtes, hungerndes Land. Erwartungen, dass nach Kriegsende rasch alles,

---

[1] J. W. Stalin, Werke, Band 15 (Mai 1945 – Oktober 1952), Dortmund ²1976, S. 6 f.
[2] Bilder der Siegesparade und des abendlichen Feuerwerks abzurufen bei YouTube unter https://www.youtube.com/watch?v=G7w3BMhRf7k [11.6.2019] (bei strömendem Regen) in der schwarz-weißen Originalfassung sowie in der nachgedrehten Farbfilmversion unter: https://www.youtube.com/watch?v=YlrEzWIbbrQ [11.6.2019].

wenn schon nicht „gut", zumindest „besser" würde, erfüllten sich nicht; trotz des äußeren Friedens kam das Land im Inneren nicht zur Ruhe; und hinter den Fassaden der neuen Weltmacht grassierten Ängste und materielle Not. Der Sieg war teuer erkauft: Eine mit der Feststellung der Kriegsschäden beauftragte staatliche Kommission registrierte 1945 1710 zerstörte und niedergebrannte Städte und über 70 000 ländliche Siedlungspunkte; zu den Verwüstungen und Verlusten zählten ebenso 71 Millionen Hektar Saatfläche, 31 850 Fabrikanlagen, 98 000 Kolchosen, über 1800 Sowchosen, ferner 40 000 Krankenhäuser und Heilstätten, 84 000 Schulen und Bildungseinrichtungen, 43 000 Bibliotheken; schließlich 65 000 Kilometer zerstörte Schienenwege, mit 4100 Bahnhöfen und 36 000 Einrichtungen von Post, Telefon und Telegrafie. Sechs Millionen Häuser waren zerstört, 25 Millionen Menschen obdachlos.[3]

Für den Sieg hatte die sowjetische Bevölkerung einen höheren Blutzoll entrichtet als jede andere Nation in Europa. In einem Interview mit der „Prawda" bezifferte Stalin im März 1946 die Zahl der sowjetischen Verluste, der Opfer des deutschen Angriffs und der deutschen Besatzungsherrschaft auf sieben Millionen. Eine riesige, unfassbare Zahl, und doch war dies, wie die Führung wusste, nur ein Teil der Wahrheit: die amtlich erfasste Anzahl der gefallenen sowjetischen Soldaten. Tatsächlich waren deutlich mehr, nach heutigen Berechnungen an die 27 Millionen Soldaten und Zivilisten umgekommen. Von den 8,5 Millionen „Frontkämpfern", die bis 1948 demobilisiert wurden, kehrten zwei Millionen als Invaliden zurück, als Menschen mit Arm- oder Beinprothesen, als Blinde oder Verkrüppelte.[4]

Viele waren von der Schulbank weg eingezogen worden und ohne Berufsausbildung geblieben; entsprechend schwer fiel es ihnen nun, eine angemessene Beschäftigung zu finden, zumal sie bei Wohnung und Arbeit mit den „Evakuierten" konkurrierten. Elf Millionen Menschen waren 1941/42 vor der immer näher rückenden Front in den Osten und Norden des Landes verbracht worden. Doch nun wollten viele zurück in die „Heimat", so sehr sich die Führung auch dagegen sperrte. Doch wenn sie sich in ihre alte Heimat durchschlugen, fanden sie in den völlig verwüsteten Regionen weder Wohnung noch Arbeit, hausten in Erdlöchern, Ruinen, Lagern. Eine Gruppe für sich waren die 5,2 Millionen „Repatrianten" (1,8 Millionen sowjetische Kriegsgefangene und 3,4 Millionen Zivilisten), die nun – wie in Jalta vereinbart – in die Sowjetunion zurückgeführt wurden und das Chaos noch vergrößerten.[5]

---

[3] Vgl. Sbornik soobščenij Črezvyčajnoj Gosudarstvennoj Komissii o zlodejanijach nemecko-fašistskich zachvatčikov, Moskau 1945, S. 429 ff.

[4] Vgl. G. F. Krivosheev (Hrsg.), Soviet Casualties and Combat Losses in the Twentieth Century, London 1997, S. 83 ff.; Jesse Russell (Hrsg.), Poteri v Velikoj Otečestvennoj vojne, Miami 2016, auch https://ru.wikipedia.org/wiki/Потери_в_Великой_Отечественной_войне [11.6.2019].

[5] Vgl. E. Zubkova, Sovetskoe poslevoennoe obščestvo, 1945–1953, Moskau 1999; dies., Die sowjetische Gesellschaft nach dem Krieg. Lage und Stimmung der Bevölkerung 1945/46, in: Vierteljahrshefte für Zeitgeschichte 47 (1999), S. 363–383, hier S. 363 ff.

Für sie wurden Kontroll- und Filtrierungslager geschaffen, wo der NKWD die Zivilisten, die militärische Spionageabwehr (Smersch) die Kriegsgefangenen einem strengen Verhör unterzog und wo entschieden wurde, ob sie nach Hause entlassen, zur Armee eingezogen, Strafbataillonen zugewiesen, als Landesverräter ins Lager geschickt oder als Offiziere der Wlassow-Armee, die gegen die Sowjetarmee gekämpft hatte, mit dem Tode bestraft wurden. Selbst wenn sie, wie etwas mehr als die Hälfte – vor allem Frauen und Kinder – nach Hause entlassen wurden, blieben sie Ausgegrenzte, hing ihnen der Ruf nach, „Volksfeinde" und „Verräter" zu sein.[6]

Noch während des Krieges hatte Stalin ganze Völkerschaften unter dem Vorwurf der Kollaboration mit dem Feind zwangsdeportieren lassen. Als Erstes traf das Fallbeil der Zwangsumsiedelung Ende August 1941 die Russlanddeutschen an der Wolga, dann die Deutschstämmigen aus anderen Gebieten Russlands; ein Jahr später waren etwa 1,4 Millionen deportiert, über 80 Prozent der in der Sowjetunion lebenden Deutschen. In mehreren weiteren Deportationswellen folgten seit November 1943 die Tschetschenen und Inguschen, die Tataren von der Krim, die Karatschaier, Balkaren und Kalmücken, alle vom Nordrand des Kaukasus bzw. der angrenzenden Krim – erneut etwa 900 000 Menschen. In ähnlichen Operationen wurden zwischen Juli und Dezember 1944 auch die Griechen, Bulgaren, Krimarmenier, Turkmescheten, Kurden und Chemschinen, über 90 000 Menschen, vom Nordrand des Schwarzen Meeres und aus Georgien nach Asien deportiert.[7]

Das gleiche Misstrauen, der gleiche Generalverdacht richtete sich gegen alle, die zeitweilig unter deutscher Besatzung gelebt hatten und mit der Rückeroberung der Gebiete durch die Rote Armee nun wieder sowjetischer Herrschaft unterstanden. Überall galt es, die Regionen erneut in Besitz zu nehmen, sie erneut zu sowjetisieren, was hieß: „Desserteure" und „Kollaborateure" ausfindig zu machen, „Banditen, Fahnenflüchtige, sozial fremde Elemente und Mitglieder nationalistischer Gruppen" festzunehmen und in die Lager zu schaffen. Das weitverzweigte Lagersystem hatte sich während des Krieges etwas geleert. Obwohl die „Politischen", die nach Artikel 58 Strafgesetzbuch verurteilten „Konterrevolutionäre", auch nach Verbüßung ihrer Strafe nicht freikamen, sondern eine zweite „Frist" erhielten, waren hunderttausende „leichtere Fälle" nach Kriegsbeginn amnestiert und sofort zur Armee eingezogen worden, Hunderttausende an harter Arbeit und Unterernährung in den Lagern verstorben. Nun füllten sich die Lager erneut, wobei vor allem der Anteil der

---

[6] V. N. Zemskov, K voprosu o repatricii sovetskich graždan, 1944–1951, in: Istorija SSSR 1990, H. 4, S. 26 ff.

[7] Vgl. Nikolaj Bugaj, 40-ye gody. Avtonomiju nemcev Povol'žija likvidirovat', in: Istorija SSSR 1991, H. 2, S. 172–182; ders., L. Berija – J. Stalinu. Soglasno Vašemu ukazaniju …, Moskau 1995; M. Guboglo/A. Kuznecov (Hrsg.), Deportacii narodov SSSR 1930-ye-1950-ye gody, Moskau 1992; Norman M. Naimark, Flammender Hass. Ethnische Säuberungen im 20. Jahrhundert, München 2004, S. 111 ff.; Nicolas Werth, Ein Staat gegen sein Volk. Gewalt, Unterdrückung und Terror in der Sowjetunion, in: Stéphane Courtois u. a. (Hrsg.), Das Schwarzbuch des Kommunismus. Unterdrückung, Verbrechen und Terror, München/Zürich [5]1998, S. 51–295, hier S. 240 ff.

Häftlinge aus der Ukraine und aus dem Baltikum sprunghaft anstieg. In den neu annektierten Gebieten entwickelten sich die Widersetzlichkeiten zum regelrechten Partisanenkrieg, der bis in die Anfänge der 1950er Jahre anhielt.[8]

So traf eine entwurzelte, von Displaced Persons unterschiedlicher Art verunsicherte, von allgemeinem Misstrauen zersetzte Gesellschaft auf eine Wirtschaft, die – wo sie noch funktionierte – vor allem für den Krieg produziert hatte, erst auf Friedensbedingungen umgestellt werden musste und seit Kriegsende auch keine Lebensmittellieferungen aus dem westlichen Ausland mehr erhielt. Dabei war die Produktion in der Landwirtschaft weit hinter das Vorkriegsniveau zurückgefallen; es fehlte an Arbeitskräften, Maschinen und Geräten, um die vom Krieg verwüsteten Saatflächen rasch wieder zu bestellen; noch dazu wurden landwirtschaftliche Regionen in Zentralrussland im Sommer 1946 von schweren Dürren heimgesucht, so dass die Ernte miserabel ausfiel. Seit dem Herbst war absehbar, dass das Land erneut auf eine Hungerkrise zusteuerte.

Die Rezepte der Führung waren die alten: Sie machte persönliches Fehlverhalten Einzelner für die Missstände verantwortlich. Ende Oktober 1946 verabschiedete die Regierung ein Dekret zur „Verteidigung des Staatlichen Getreides". Es las sich wie eine Wiedervorlage des Ährengesetzes vom August 1932. In den folgenden zwei Monaten wurden über 50 000 Menschen, vor allem Kolchosbauern, wegen Getreidediebstahl zu Lagerhaftstrafen verurteilt. Zugleich wurden Tausende von Kolchosvorsitzenden wegen „Sabotage der Steuereinzugskampagne" festgenommen; tatsächlich gelang es, die Planerfüllung von 36 auf 77 Prozent zu steigern. Hintergrund und Folgen dieser Maßnahmen blieben im Westen unbekannt. Die Kolchosbauern und -vorsitzenden trieb die blanke Not, das Land stand erneut am Rande einer Katastrophe. Im Winter 1946/47 verhungerte mindestens eine halbe, nach anderen Schätzungen über eine Million Menschen.

Die politische Führung setzte ihre Kampagne im Sommer 1947 fort und entzog damit zugleich allen Gerüchten den Boden, die während des Krieges von einer bevorstehenden Auflösung des Kolchossystems wissen wollten. So wurden im Juni zwei Gesetze veröffentlicht, die für „Missachtung des Eigentums des Staates oder einer Kolchose" Lagerhaft von fünf bis 25 Jahren vorsahen und selbst für die Mitwisserschaft zwei- bis dreijährige Lagerhaft androhten. In den folgenden sechs Jahren wurden 1,3 Millionen Menschen nach diesen Dekreten verurteilt, 75 Prozent davon zu mehr als fünf Jahren; sie machten schon 1951 mehr als 50 Prozent der gewöhnlichen Häftlinge, einschließlich der „Politischen" 40 Prozent in den GULAG Lagern aus. Darunter waren viele Frauen, Kriegerwitwen und Mütter mit Kindern, die ver-

---

8 Vgl. Werth, Ein Staat gegen sein Volk, in: Courtois u. a. (Hrsg.), Schwarzbuch, S. 257 ff.; Zusammenfassung, auch zum Folgenden, und mit Hinweisen auf weitere Literatur: Helmut Altrichter, „Offene Großbaustelle Russland". Reflexionen über das „Schwarzbuch des Kommunismus", in: Vierteljahrshefte für Zeitgeschichte 47 (1999), S. 321–361, hier S. 343 ff.; ders., Stalin. Der Herr des Terrors. Eine Biografie, München 2018, S. 290 ff.

sucht hatten, sich mit diesen kleinen Diebstählen notdürftig über Wasser zu halten. Und was die „Politischen" betraf, so wurde bei Hunderttausenden, die 1937/38 nach Artikel 58 verurteilt worden waren und nun freikommen sollten, die Frist ohne weiteren Prozess um 10 Jahre verlängert.

Das Lagersystem verzeichnete Anfang der 1950er Jahre einen neuen, traurigen Höhepunkt: Anfang 1953 gab es im GULAG 2 450 000 Häftlinge, in 60 großen Arbeitslagerkomplexen, vor allem im Norden und Osten, sowie ungefähr 500 kleinere Arbeitskolonien. Die Zusammensetzung der Häftlinge war buntgemischt: neben gewöhnlichen Kriminellen und alten „Konterrevolutionären" viele Hunderttausende, die gegen die neuen Gesetze zum Schutz des sozialistischen Eigentums verstoßen hatten, sowie „Konterrevolutionäre" und „Nationalisten" aus den wiederbesetzten Westgebieten. Auch die Zahl der Verbannten in den Sondersiedlungen war mit 2 750 000 so hoch wie nie zuvor; hier hatten die deportierten Völkerschaften der 1940er Jahre die „Kulaken" der 1930er Jahre ersetzt.

2 Sowjetische Spielfilme in der Zeit der Sinnkrise

Die Sinnkrise, in die das Kriegsende große Teile der sowjetischen Bevölkerung stürzte, als der Jubel über den Sieg verklungen war und die Freude, selbst überlebt zu haben, allmählich verflog, war gewaltig.[9] Wie wollte, wie sollte man der Probleme Herr werden? Waren sie in der Öffentlichkeit überhaupt anzusprechen? Trotz der Zensur und ihrer allgegenwärtigen Helfershelfer und Instanzen? Etwa im Kino, das wegen seiner Breitenwirkung unter besonderer Beobachtung stand? Eine erste Bestandsaufnahme zeigt: Manche, nicht wenige der hier genannten Probleme und Personengruppen wurden im sowjetischen Spielfilm der Nachkriegsjahre durchaus thematisiert oder kamen zumindest vor, wenn auch oft nur in Andeutungen oder nur dadurch, dass sie zu offensichtlich gerade nicht in Szene gesetzt wurden. Im Folgenden einige Beispiele aus der sowjetischen Filmproduktion dieser Jahre.[10]

Schon 1944 wurde in den Taschkenter Studios von Mosfilm, den staatlichen Moskauer Filmwerkstätten, unter der Regie von Michail Romm und mit der Musik von Aram Chatschaturjan ein Film mit dem Titel „Der Mensch Nr. 217" (*Tschelowek*

---

[9] Vgl. Lilia Antipow, Der lange Abschied von der Unmündigkeit. Aleksandr Tvardovskij (1910–1971), Diss. Bamberg 2018, S. 675–688.

[10] Einen Überblick über die sowjetische Nachkriegsproduktion geben: Birgit Beumers, A History of Russian Cinema, Oxford 2008; Christine Engel (Hrsg.), Geschichte des sowjetischen und russischen Films, Stuttgart/Weimar 1999; Lars Karl, „Von Helden und Menschen". Der Zweite Weltkrieg im sowjetischen Spielfilm und dessen Rezeption in der DDR, Diss. Tübingen 2002; Peter Kenez, Cinema and Soviet Society. From the Revolution to the Death of Stalin, London 2001; Richard Taylor, Film Propaganda: Soviet Russia and Nazi Germany, New York ²1998; N. M. Zorkaja, Istorija sovetskogo kino, Sankt-Petersburg 2006.

No 217) gedreht, der 1945 in die Kinos kam und 1946 mit dem Stalinpreis Zweiter Klasse ausgezeichnet wurde.[11] Als Mensch mit der Nummer 217 wird eine junge Frau, Tatjana (Jelena Kusmina), mit ihrer Freundin 1942 als „Ostarbeiterin" nach Deutschland verbracht. Während die Freundin in eine Fabrik gesteckt wird, wird Tatjana Haushaltshilfe bei einem Ehepaar, das einen Kolonialwarenladen betreibt. Dort trifft sie den Mathematiker Sergei (Wassili Saitschikow), der – ebenfalls „Ostarbeiter" – im Haus als Stallknecht gehalten wird. Beide werden von ihren neuen Herrschaften, die selbst in dunkle Geschäfte mit jüdischem Vermögen verwickelt sind, und von deren kleinbürgerlicher Entourage malträtiert, schikaniert, erniedrigt, und der Freundin in der Fabrik geht es noch viel schlechter. Tatjana setzt sich zur Wehr, wird vorübergehend sogar in Haft genommen, und Sergei weigert sich, seine Kenntnisse als bedeutender Mathematiker der deutschen Seite zur Verfügung zu stellen. Die Situation eskaliert, als Sergei in den Armen von Tatjana stirbt, Tatjana noch in derselben Nacht den Sohn des Hauses und dessen Freund ersticht, Bomben sowjetischer Flugzeuge das Haus der Eltern zerstören, sie töten, und Tatjana und ihre Freundin fliehen können. Doch während die Freundin an ihren in der Fabrik erlittenen Verletzungen stirbt, stößt Tatjana auf einen Eisenbahnzug, der traumatisierte „Ostarbeiter" zurück in die Heimat bringt.

1945 entstand im kasachischen Alma-Ata, wohin die Leningrader Filmstudios, Lenfilm, im Spätsommer 1941 evakuiert worden waren, der Film „Einfache Leute" (*Prostye ljudi*). Unter der Regie von Leonid Trauberg und Grigori Kosinzew, mit der Filmmusik von Dmitri Schostakowitsch, handelt der Film von der Evakuierung einer Leningrader Flugzeugfabrik vor der unaufhaltsam vorrückenden Wehrmacht nach Usbekistan. Während die zur Stammbelegschaft gehörenden Arbeiter an der Front gegen den Feind kämpfen, begeben sich Alte, Frauen und Heranwachsende auf die lange Zugfahrt quer durch das ganze Land, um am Zielort, zusammen mit Tausenden neu Hinzukommender, unter freiem Himmel, das Werk wieder zu errichten, in entsagungsvoller Arbeit, trotz der persönlichen Kümmernisse, die jeden, den Fabrikdirektor eingeschlossen, bedrücken. Alles endet gut: Die verschollene Frau des Direktors, die in deutsche Gefangenschaft geraten war und alle Strapazen der Okkupation durchlebt hatte, kehrt im Laufe des Films schwer gezeichnet zurück. Sie kann das Krankenhaus am selben Tag verlassen, an dem im neuen Werk das erste Flugzeug das Band verlässt.[12]

Im gleichen Jahr 1945 entstand im Kiewer Filmstudio unter der Regie von Mark Donskoi der Film „Die Unbeugsamen" (*Nepokorjonnye*). Im Donbass lässt sich der alte Arbeiter Taras Jazenko (Amvrosi Butschma) nicht evakuieren; seine kleine Enkelin ist krank, deren Eltern sind bei den Partisanen. Die Deutschen zwingen ihn,

---

11 Der Film ist zu sehen unter: https://www.youtube.com/watch?v=X-esHuA6w6k [11.6.2019].
12 Der Film ist abzurufen unter https://www.youtube.com/watch?v=RomfWKEL9sM [11.6.2019]. Zur Evakuierung der Studios nach Alma-Ata vgl. Neja Zorkaja, Vescie sny Al'ma-Aty, in: Iskusstvo kino, 1999, H. 7.

das Werk wieder funktionsfähig zu machen, doch er sabotiert ihre Bemühungen. Als die Deutschen beschließen, die jüdische Bevölkerung zu liquidieren, versteckt der alte jüdische Arzt seine Enkelin bei Taras. Bei einer Razzia wird sie entdeckt. Als sie von Taras weggehen, erschlägt der ukrainische Hilfspolizist den SS-Mann und bringt das Mädchen bei den Partisanen unter. Die Untergrundkämpfer setzen den Kampf fort, doch kurz vor dem Rückzug gelingt es den Deutschen, das Mädchen zu fassen. Bei den Filmfestspielen in Venedig erhielt der Film 1946 den Preis der Kritik.[13]

1946 drehte Regisseur Alexander Medwedkin im Filmstudio von Swerdlowsk (seit 1992 wieder Jekaterinburg) den Film „Befreites Land" (*Oswoboschdjonnaja semlja*). 1943 vertreibt die Rote Armee die Wehrmacht aus dem Kubangebiet nördlich des Kaukasus. Im Gefolge der Front kehren die früheren Besitzer in ihre Kosakendörfer und alleinstehenden Gehöfte zurück. Im dargestellten Gehöft sind es die Frauen, ein Greis und einige Heranwachsende. Die Anlage ist fast völlig zerstört. Das veranlasst den gewitzten Vorsitzenden einer benachbarten Kolchose, Hilfe bei der Aussaat anzubieten; die Bewohner des Gehöfts lehnen ab, in der Angst, ihr Zuhause dann für immer zu verlieren. Die Mitbewohner organisieren ihre eigene Kolchose, nennen sie „Wiedererwachen", wählen eine ehemalige Partisanin zur neuen Vorsitzenden und bauen die gesamte Anlage wieder auf. Der Vorsitzende der Regionalverwaltung beschließt, ihnen zu helfen. Im Herbst wird auf den befreiten Fluren die erste Ernte eingebracht, und im nächsten Frühjahr kehren die Männer von der Front zurück.[14]

1947 verfilmte der Regisseur Herbert Rappaport, der 1938 „Professor Mamlock" nach dem gleichnamigen Schauspiel von Friedrich Wolf gedreht hatte,[15] ein Stück des estnischen Schriftstellers August Jakobson „Leben in der Zitadelle" (*Schisn v zitadeli*, est. *Elu tsitadellis*, dt. *Abseits vom Leben*). Es war der erste Spielfilm der neuen Estnischen Sowjetrepublik, mit technischer Unterstützung von Lenfilm. Im Mittelpunkt dieses verfilmten Kammerspiels steht ein Professor der Botanik, der sich, wegen ausbleibender wissenschaftlicher Anerkennung seiner Arbeiten zur Flora von Moorlandschaften verbittert, ganz hinter seine Bücher zurückgezogen hat, auf seinem Landsitz, in seiner „Zitadelle". Die deutsche Besetzung seiner estnischen Kleinstadt, die sowjetische Gegenoffensive und die Verbrechen in den nationalsozialistischen Konzentrationslagern erschüttern diese Grundhaltung der inneren Emigration, vor allem in der Auseinandersetzung mit seinem Sohn aus erster Ehe und einem Neffen, die früher mit den Faschisten kooperiert haben und sich nun in

---

13 Der Film ist abzurufen unter https://www.youtube.com/watch?v=teOmp-hdMgY [11.6.2019].
14 Der Film ist abzurufen unter https://www.youtube.com/watch?v=-2mT8439aTA [11.6.2019].
15 Zu Herbert Rappaport siehe Rainhard May, Von Brüchen und über Brüche der Illusionen menschlichen Glücks, in: Lilia Antipow/Jörn Petrick/Mattias Dornhuber (Hrsg.), Glückssuchende? Conditio Judaica im sowjetischen Film, Würzburg 2011, S. 175–197.

seinem Haus versteckt halten. Er liefert die Kollaborateure den neuen Machtinstanzen aus und engagiert sich für den Aufbau eines neuen, sozialistischen Lebens.[16]

Im Jahr darauf kam der Film „Die Junge Garde" (*Molodaja gwardia*), nach dem gleichnamigen Roman von Alexander Fadejew, in zwei Teilen in die sowjetischen Kinos. Die Filmmusik schuf Dmitri Schostakowitsch. Regisseur war Sergei Gerassimow, schon zuvor hochdekoriert als „Verdienter Künstler der RSFSR" und „Volkskünstler der UdSSR". Für seinen Film „Der Lehrer" (1938) war er mit dem Stalinpreis Zweiter Klasse ausgezeichnet worden; für „Die Junge Garde" erhielt er den Stalinpreis Erster Klasse. Angeblich wurde der erste Teil des Films von 42,4 Millionen, der zweite Teil von 26,7 Millionen Zuschauern gesehen. Der Film erzählt die Geschichte junger Komsomolzen, die in der Bergarbeiterstadt Krasnodon nach ihrer Besetzung durch die Deutschen unter dem Decknamen „Junge Garde" eine Widerstandsgruppe bilden, antifaschistische Flugblätter verteilen, eine Gruppe von Rotarmisten aus deutscher Kriegsgefangenschaft befreien, das deutsche Arbeitsamt in Brand setzen, damit ihre Landsleute von einer Deportation zum Arbeitseinsatz in Deutschland bewahren und zum Jahrestag der Oktoberrevolution rote sowjetische Fahnen hissen.[17]

Im selben Jahr 1948 stellte Abram Room seinen Film „Ehrengericht" (*Sud tschesti*) fertig, der im Folgejahr in die Kinos kam, mit dem Stalinpreis Erster Klasse ausgezeichnet und angeblich von über 15 Millionen Zuschauern gesehen wurde. Es war ein Film nach wahren Begebenheiten, wie es hieß, über den Kampf gegen die vaterlandslosen „Kosmopoliten", denen die Staatsführung Katzbuckelei vor westlicher Kultur und Wissenschaft und fehlenden sowjetischen Patriotismus vorwarf.[18] Verrat an den Interessen des sowjetischen Staates und seiner Bevölkerung begehen im Film zwei sowjetische Biochemiker, die mit ihrem Team auf dem Gebiet der Krebsforschung wichtige Entdeckungen gemacht haben, auf einer Dienstreise in die USA mit vermeintlichen amerikanischen Kollegen – in Wirklichkeit handelt es sich um Pharmavertreter und Geheimdienstler – darüber sprechen und dort sogar einen Aufsatz über die noch nicht abgeschlossenen Forschungen veröffentlichen. Zurückgekehrt haben sie sich einem Ehrengericht zu stellen, das ihre Schutzbehauptung, dass Wissenschaft keine Grenzen kenne und ihre Erkenntnisse der ganzen Menschheit gehörten, nicht teilt und als „geistige Unreife" verurteilt.[19]

1949 entstand bei Mosfilm unter der Regie von Iwan Pyrjew auch der Film „Die Kubaner Kosaken" (*Kubanskie kosaki*), eine optimistische Komödie mit Musik. Ihre

---

16 Der Film liegt neben der estnischen und russischen Fassung auch in einer deutschen Fassung vor. Für den Beitrag wurde die russische Fassung eingesehen, abzurufen unter https://www.youtube.com/watch?v=LhlxZD5lbtc [11.6.2019].
17 Der Film ist abzurufen unter https://www.youtube.com/watch?v=oppg-I3apr4 (1. Folge) [11.6.2019], https://www.youtube.com/watch?v=NOZ2gsBAgpk (2. Folge) [11.6.2019].
18 Zur Kampagne gegen den Kosmopolitismus und „jüdischen bourgeoisen Nationalismus" vgl. Gennadij Kostyrčenko, V plenu u krasnogo faraona. Političeskie presledovanija evreev v SSSR v poslednee stalinskoe desjatiletie, Moskau 1994.
19 Der Film ist abzurufen unter https://www.youtube.com/watch?v=fNcS8v2m4h8 [11.6.2019].

Rahmenhandlung gibt der sozialistische Wettbewerb zweier Musterkolchosen ab, mit den bezeichnenden Namen „Roter Partisan" und „Das Vermächtnis von Ilitsch [Lenin]", die stereotypengerecht von einem verwegenen Kosaken auf der einen Seite und einer jungen, attraktiven Witwe auf der anderen geleitet werden. In die Rahmenhandlung hinein sind mehrere Liebesgeschichten geflochten, zu denen auch die heimliche Liebe der beiden Vorsitzenden gehört. „Am Ende finden sich alle für einander bestimmte Herzen – persönliches Glück und landwirtschaftliche Leistungsfähigkeit gehen eine traumhafte Synthese ein."[20] Mit der harten Lebenswirklichkeit in sowjetischen Kolchosen der Nachkriegszeit hatte das hier Gezeigte nichts zu tun, die Zuschauer erfreuten sich an gutaussehenden, freundlichen, jungen Menschen in einem sorgenfreien, paradiesischen Umfeld, an folkloristischen Festen, Kosakentänzen und Pferderennen. Zum Erfolg trug nicht unwesentlich auch die mal mitreißende, mal „wunderschön kitschige" Musik von Isaak Dunajewski bei, der sich mit Musikkomödien dieser Art bereits in den 1930er Jahren einen Namen gemacht hatte. Der Film war wieder in der Vorkriegszeit angekommen.[21]

Selbst wenn die genannten Filme zentrale Themen aufgriffen, zumindest streiften, die in der Nachkriegszeit von erheblicher Bedeutung sein sollten – die Evakuierung, die Verlagerung von Betrieben zu Kriegsbeginn; das Schicksal der „Ostarbeiter", von Zivilisten, die zum Arbeitseinsatz nach Deutschland verbracht wurden; der Widerstand und die Kollaboration in den von Deutschen besetzten Gebieten; der Wiederaufbau von industriellen Produktionsanlagen und Kolchosen nach dem Rückzug der Deutschen; die Traumatisierungen, die blieben; und die Einforderung von sowjetpatriotischem Verhalten gegen den neuen äußeren Feind im beginnenden Kalten Krieg: Eine Widerspiegelung der riesigen Probleme, mit denen sich die Sowjetunion nach Kriegsende konfrontiert sah, eine Abbildung des oben skizzierten Szenariums einer Mangel- und Zusammenbruchsgesellschaft waren diese Filme, auch zusammengenommen, nicht. Das lag nicht nur daran, dass sie zumeist mit dem Beginn der Nachkriegszeit endeten, also allenfalls deren Vorgeschichte zeigten. Auch wenn sie zeitlich darüber hinaus reichten, war in der Darstellung der reale sowjetische Nachkriegsalltag kaum zu erahnen. Das galt nicht nur für das fröhliche, üppige Kolchosleben bei den „Kubaner Kosaken", sondern auch für das großbürgerliche, heimische Ambiente, in dem die sowjetischen Naturwissenschaftler, die sich dem „Ehrengericht" zu stellen hatten, angeblich lebten. Es machte ihren Verrat nur noch schlimmer.

---

[20] Matthias Stadelmann, Isaak Dunaevskij – Sänger des Volkes. Eine Karriere unter Stalin, Köln 2003, S. 400 ff.
[21] Der Film ist abzurufen unter https://www.youtube.com/watch?v=r5OY3HuYegg [11.6.2019].

3 Das staatliche Verdikt gegen die Filme „Das Große Leben" und „Iwan Grosny"

Die sowjetischen Filmemacher wussten sehr wohl, was „oben" gewünscht wurde und was nicht. Am 4. September 1946 hatte das Zentralkomitee der Kommunistischen Partei den zweiten Teil des Kinofilms „Das Große Leben" (*Bolschaja schisn*) scharf kritisiert, seinen Regisseur Leonid Lukow gerügt und den Verleih verboten. Stein des Anstoßes war die „falsche und fehlerhafte" Darstellung des Wiederaufbaus der Bergwerke im Donbass nach der Vertreibung der Deutschen. Der Film tue so, als ob der Wiederaufbau nicht auf der Grundlage neuester Technik, sondern mit einfachster Gerätschaft und bloßer Muskelkraft erfolge; als ob die Anstrengungen der Arbeiterschaft von staatlichen Stellen kaum unterstützt, eher behindert würden; Ähnliches gelte für Parteifunktionäre; schließlich zeige der Film rückständige und ungebildete Arbeiter und Ingenieure, die einen erheblichen Teil ihrer Zeit mit Saufen und leerem Geschwätz verbringen würden. Der Film beweise, dass manche Kunstschaffenden, die doch unter sowjetischen Menschen leben, deren hohe geistige und moralische Qualitäten gar nicht wahrnehmen würden und zum Ausdruck bringen könnten; dass sie leichtfertig und verantwortungslos ihren eigentlichen Pflichten nachkämen. Die übergeordneten Stellen würden ihnen das durchgehen lassen, achteten zu wenig auf den ideellen Inhalt und Prinzipientreue, legten einen schädlichen Liberalismus an den Tag. Und die Filmschaffenden sähen darüber, in cliquenhafter Kumpanei, einfach hinweg.[22]

Wer den hochgelobten, mit einem Stalinpreis Zweiter Klasse ausgezeichneten ersten Teil des Films aus dem Jahr 1939 noch im Kopf hatte, für den war die politische Fallhöhe des zweiten Teils (gedreht 1946) unübersehbar: Der erste Teil hatte vom Aufbau der Schwerindustrie im Donbass gehandelt: Ein junger, energischer Ingenieur modernisiert die Arbeitsmethoden; unterstützt wird er von der Partei, einem älteren, erfahrenen Kumpel und einem begeisterungsfähigen, hünenhaften Jungen, die gegen den Widerstand der alten Grubenleitung und eines Vorarbeiters, eines ehemaligen Kulaken, anzukämpfen haben. Doch der Fortschritt setzt sich durch, der junge Hüne und seine Bergarbeiterbrigade fördern eine Rekordmenge an Kohle zutage, fahren als „Helden der Arbeit" aus dem Schacht. Energische, begeisterungsfähige Junge gegen alte Strukturen, Bedenkenträger und sowjetfeindliche Sabotage, damit lag der Film ganz auf der stalinistischen Linie.

---

[22] Vgl. O Kinofil'me „Bol'šaja žizn'". Postanovlenie CK VKP (b) ot 4 sentjabrja 1946 goda, unter http://cineo.ru/?article_id=10589&fbclid=IwAR13X1YCem_WJwKy2_KOYn4SU4yZmhrIi8_ma4evspnAIaJi-BSePwCF46s [11.6.2019], dazu vorausgehend der Auftritt Stalins im Organisationsbüro zum Film am 9.8.1946: Pravlennaja stenogramma vystuplenija I. V. Stalina na zasedanii orgbjuro CK VKP (b) po voprosu o kinofil'me Bol'šaja žizn'(2-ja serija) unter https://www.alexanderyakovlev.org/fond/issues-doc/69293?fbclid=IwAR216Wx5iSGkb_pDKOZO_McyheEQq4dR_4Xu6wIWFAf1tP-qeNm40hjS79M4 [11.6.2019].

Der zweite Teil handelt von derselben Grube, derselben Kleinstadt nach dem Krieg, und es sind im Wesentlichen noch immer dieselben Personen, die uns hier begegnen. Doch es ist nun eine Gemeinschaft der Überlebenden und Kriegsopfer, der weltanschaulich und moralisch Orientierungslosen. Sie sprechen vom Krieg nicht als dem „Großen Vaterländischen Krieg", vom „heroischen Feldzug" oder vom „Kampf um die heilige Sache". Er war gleichbedeutend mit Gewalt, Leiden, Tod, Verlust und traumatischen Erlebnissen. In der Überlebensgemeinschaft gibt es ehemalige Partisanen und Kollaborateure, Personen, die um des persönlichen Vorteils willen sich den Besatzern andienten, Frauen, die sich von ihnen anstellen ließen, damit ihre Familie und die Kinder nicht verhungerten, Männer, die kollaborierten und die dabei gewonnenen Informationen an die Partisanen weitergaben. Genaue Grenzen zwischen Gut und Böse waren da schwer zu ziehen.

Gewiss, auch im zweiten Teil werden heroische Anstrengungen gezeigt, die nötig sind, um in den zerstörten und gefluteten Schächten die Kohleförderung wieder in Gang zu bringen. Doch von heroischer Begeisterung ist im Film wenig zu spüren, zumal von „Maschinen" zwar gesprochen wird, die Arbeitsumstände aber eher „vorindustriell", die Versorgung mit Lebensmittel mangelhaft, der Wohnraum knapp und die Zustände in den Gemeinschaftsunterkünften miserabel sind. Durch die undichten Dächer tropft der Regen in die Wohn- und Schlafräume, so dass Eimer aufgestellt werden müssen. Man spricht darüber, dass die Preise für Butter unerschwinglich geworden seien; eine Frau ist stolz darauf, für ihren Ehemann die Schuhe eines geflüchteten Deutschen aufgehoben zu haben, was dieser entrüstet zurückweist. Woran man sich festhält, wovon man träumt, drückt eine alte Frau so aus: „Das gute Leben noch zu erleben". Hunger und Kälte, Schwermut und Niedergeschlagenheit bekämpft man mit Liedern und Humor, oder man greift, und nicht zu selten, zur Flasche.

Der hünenhafte Held der Arbeit des ersten Teils kehrt aus dem Krieg als Versehrter zurück, mit Verwundungen an den Beinen. Er ist, wie vor dem Krieg, noch immer „Patriot", seiner kleinen Donezker Heimat und seiner großen Heimat Sowjetunion, und bereit, für beide „anzupacken". Aber seine heroische Ethik ist weniger auf die Legitimation von Gewalt angelegt als auf eine fast christliche Demut und Selbstaufopferung; schließlich „duldet, leidet das ganze Volk". Und in seinem Verhalten hat, wider die stalinistische Ethik, das Private die Oberhand gegenüber dem Kollektiven gewonnen: Er lässt einen Vaterlandsverräter, der bei den Deutschen Polizeidirektor gewesen war, laufen, um als Gegenleistung den Aufenthaltsort seines kleinen Sohnes zu erfahren. Auch Stalin kommt in diesem Film vor: Er hängt als Porträt beim Helden zu Hause an der Wand. An keiner Stelle ist von Stalin als „Vater des Sieges" die Rede. Als der Held in einer Szene gefragt wird, ob er sich Gedanken mache, was Stalin von seinem Verhalten halten würde, winkt er ab. Lediglich die Schlussszene, in der der Held auf das Porträt blickt, stellt diesen referenziellen Bezug her.

Das Verdikt des Zentralkomitees bezog auch den zweiten Teil des Films „Iwan Grosny" von Sergei Eisenstein mit ein.[23] Im Grunde lagen hier die Dinge ähnlich: Der im Auftrag Stalins gedrehte erste Teil wurde mit dem Stalinpreis Erster Klasse ausgezeichnet. Aus offizieller Sicht sollte „Iwan der Schreckliche", wie andere sowjetische Historienfilme im Rahmen der stalinistischen „Symbolpolitik", zur historische Legitimation des Personenkultes, der Einparteiherrschaft, des Terrors der 1930er Jahre und der Großmachtpolitik beitragen sowie die Loyalität der sowjetischen Bürger und ihre sowjetpatriotische Gesinnung fördern, indem er das politische System des Stalinismus, seine Innen- und Außenpolitik als Teil und Fortführung der russischen Nationalgeschichte präsentierte.[24] In Übereinstimmung mit den Repräsentations- und Legitimationsinteressen des stalinistischen Staates sollte der Film in cineastischen Formen diese „Nationalgeschichte" mit neuen Bedeutungen unterlegen, die Tradition „erfinden" und Iwan den Schrecklichen, gegen das negative Urteil der russischen Historiografie und dem offiziellen Diskurs über den Zaren folgend, als „den großen Vorläufer" des ebenfalls „großen Zeitgenossen" Stalin positiv darstellen.

Die Ziele seiner, wie der Film zeigte, durchaus erfolgreichen Innen- und Außenpolitik – die Stärkung der politischen und gesellschaftlichen Basis der Autokratie, die soziale Disziplinierung der Bevölkerung und die Behauptung der Großmachtstellung Russlands – stimmten mit denen des „großen Zeitgenossen" überein. Iwans Patriotismus, seine Xenophobie und „Abgrenzung gegenüber dem Ausland" wurden durch den stalinistischen Patriotismus- und Antikosmopolitismus-Diskurs der 1940er Jahre gleichsam „fortgeführt". Wie bei Stalin entbehrten die sinnstiftende Weltanschauung des Zaren, seine Ethik, sein Herrschafts- und Rechtskonzept der Ambivalenz und des Widerspruchs. Iwans Rechtspositivismus entsprach wiederum der Rechtsauffassung Stalins, der kein über dem Staat stehendes Recht anerkannte und das Recht als Instrument der Politik gebrauchte.

In seinem zweiten Teil jedoch wirkte der Film der stalinistischen Herrschaftsrepräsentation und -legitimation entgegen, indem er die Mechanismen der totalitären Herrschaft freilegte. Iwan wurde in seiner „tragischen Gespaltenheit" gezeigt – „in der Art der Figuren von Dostojewski" (Eisenstein). Dem Zuschauer begegnete nun

---

[23] Ferner die Filme *Admiral Nachimow* von Wsewolod Pudowkin, auf den hier nicht näher eingegangen wird (offensichtlich ging Stalin die Heroisierung des Generals, der im Krimkrieg Sewastopol verteidigt hatte und nach dem im Zweiten Weltkrieg ein Orden benannt worden war, nicht weit genug) und *Einfache Leute* der Regisseure Kosinzew und Trauberg, von dem oben bereits die Rede war. Der Film *Admiral Nachimow* ist abzurufen unter https://www.youtube.com/watch?v=Afj4-S5aPnx8 [11.6.2019].

[24] Der Film ist zu sehen unter https://www.youtube.com/watch?v=igq6Is867Rw (1. Folge) [11.6.2019], https://www.youtube.com/watch?v=61R7cGfY7hw (2. Folge) [11.6.2019]. Vgl. Lilia Antipow, Kommentar zu *Iwan der Schreckliche* (1943/45) von Sergei Eisenstein, http://www.1000dokumente.de/index.html?c=dokument_ru&dokument=0001_iwa&object=context&l=de [11.6.2019]. Im Folgenden stützen sich die Ausführungen auf diesen Beitrag.

ein labiles Subjekt, dessen Weltanschauung, Ethik, Herrschaftskonzept und Rechtsauffassung – in keinem Sinnsystem fest verortet – der Eindeutigkeit und Integrität, dessen Handeln der Entschlossenheit und Kontinuität entbehrte. Tabus des stalinistischen Gewaltdiskurses wurden gebrochen, die Autokratie als „Herrschaft gegen das Volk" präsentiert: Iwan und sein Terrorapparat üben im zweiten Teil eine durch keine Staatsräson gerechtfertigte, unkontrollierte und willkürliche, chaotische und exzessive Gewalt aus, deren Objekt infolge der krankhaften „Wachsamkeit" des „verschwörungsgläubigen" Zaren auch das „Volk" ist. Statt Iwan als Allegorie des „sozialistischen Übermenschen" begegnete man einem emanzipierten und autonomen Individuum der russischen Moderne. Das Psychogram Iwans des Schrecklichen zeigte „den Untergang des Menschen im Zaren" (Eisenstein). Seine psychische Devianz, die mit dem Aufstieg der autokratischen Terrorherrschaft und des Russischen Imperiums zunahm, untergrub seine Stellung als die politische Ratio der autokratischen Herrschaft und wurde – neben der Ambivalenz der Weltanschauung – zur weiteren Ursache für seine Handlungsunfähigkeit als Staatsmann. An einer solchen Darstellung seines „Vorgängers" hatte Stalin kein Interesse mehr.

4 Dokumentarspielfilme zur Verherrlichung Stalins

Als der Stellvertretende Minister für Kinematografie Wladimir Schtscherbina gut zwei Jahre später auf die genannte ZK-Entschließung von 1946 zurückschaute, meinte er eine durchaus positive Zwischenbilanz ziehen zu können und zitierte dabei Molotow: „Unsere Literatur, das Kino und andere Kunstgattungen bringen immer mehr Werke hervor, die in ihren Bildern den ideellen Sinn der Ereignisse und der Tätigkeit der Menschen in der sowjetischen Epoche freilegen."[25] Ein Hauptverdienst sprach er dabei den Drehbuchautoren und dem neuen Genre der Dokumentarspielfilme (chudoschestwenno-dokumentalnye proiswedenija, wörtlich: künstlerisch-dokumentarische Werke) über den Großen Vaterländischen Krieg zu. Die Wortschöpfung versprach, einen fiktiven Handlungsstrang mit dem Wahrheitsgehalt, und Wahrheitsanspruch, einer Dokumentation zu verbinden.

Der „Sozialistische Realismus" verlange vom Künstler, die Wesensmerkmale der Wirklichkeit darzustellen und deren Darstellung mit der Aufgabe der Politerziehung des Volkes zu verknüpfen. Als gelungene Beispiele nannte Schtscherbina die Filme „Der dritte Schlag", „Die Schlacht von Stalingrad" und „Der Fall von Berlin". Da alle „Filmschaffenden" die drei Filme kannten, war die Botschaft seines Appells

---

[25] Aus einem Vortrag des Stv. Ministers für Kinematografie der UdSSR W. Schtscherbina, Sovetskaja kinodramaturgija posle postanovlenija CK VKP8b) ot 4 sentabrja 1946, einzusehen unter http://cineo.ru/?article_id=10589&fbclid=IwAR13X1YCem_WJwKy2_KOYn4SU4yZmhrIi8_ma4evspnAIaJi-BSePwCF46s [11.6.2019].

unschwer zu entziffern: Beim Rückblick auf den Großen Vaterländischen Krieg, ja beim Blick auf die gesamte sowjetische Geschichte, hatte die sinnstiftende Idee und das Narrativ ihrer Darstellung der Heroismus zu sein, und in dessen Mittelpunkt hatte, wie bei den genannten Filmen, Stalin zu stehen.

„Der dritte Schlag" (*Treti udar*) entstand 1948 in den Kiewer Filmstudios. Das Drehbuch hatte Iwan Perwenzew geschrieben, der dafür den Stalinpreis Zweiter Klasse erhielt und bei den Filmfestspielen in Karvy Vary (Karlsbad) für das beste Drehbuch ausgezeichnet wurde. Regie führte Igor Sawtschenko, die Musik bediente sich bei Peter Tschaikowski.[26] Der Titel war eine Anspielung auf die zehn sowjetischen Offensiven des Jahres 1944, mit denen Stalin die Rote Armee zum Sieg führte, die – so vermutlich der ursprüngliche Plan – in zehn Filmen verewigt werden sollten. Zum „Dritten Schlag", der auf die Befreiung Odessas zielte, gehörte auch die Befreiung der Krim im Frühjahr 1944, die das Thema des Films ist. Er zeigt, wie die Rote Armee die schwer befestigten deutschen Stellungen auf der Halbinsel erobert. Gedreht in Schwarz-weiß, erscheinen die Massenszenen von Infanteristen, von Vorstößen vom Meer aus, von Panzerschlachten und vom Einsatz der Bombenflugzeuge, begleitet von Artillerieattacken im Halbdunkel, mit viel Rauch und Staubwolken, fast so, als ob es sich um Dokumentaraufnahmen handeln würde, ein Eindruck, der durch die eingeblendeten Ortsangaben noch verstärkt wird. Den Bildern von der Front folgen Szenen im Kreml, die Stalin allein, gebeugt über Karten oder fast kammerspielartig im Gespräch mit engsten Beratern zeigen, ruhig, besonnen argumentierend, der alles entscheidende, überlegene Stratege, der am Ende bereits den nächsten Schritt, den „Vierten Schlag" der sowjetischen Offensive ankündigt. Stalin wird gespielt vom russischen Schauspieler Alexei Diki – angeblich sah er ihn am liebsten in dieser, seiner eigenen Rolle. Als man in den 1960er Jahren den Film „überarbeitete", alle Szenen herausschnitt, die Stalin zeigten, und den Streifen unter neuem Namen („Der südliche Knoten", *Juschny usel*) wieder in den Verleih brachte, waren von den ursprünglich 106 Minuten nur noch 77 übrig geblieben; der „Dritte Schlag" war ein Film über Stalin, mit Stalin als dem ruhenden Mittelpunkt, aus dem er so einfach nicht zu entfernen war.

Das gilt in gleicher Weise, ja noch mehr für den Film „Die Schlacht von Stalingrad" (*Stalingradskaja bitwa*), der mit einer Gesamtlänge von fast drei Stunden in zwei Teilen von Mosfilm 1949 in die sowjetischen Kinos gebracht und im Jahr darauf mit dem Stalinpreis Erster Klasse ausgezeichnet wurde.[27] Das Drehbuch stammte von Nikolai Wirta, Regie führte Wladimir Petrow, und die Musik komponierte Aram Chatschaturjan. Stalin wurde wieder von Alexei Diki gespielt; damit blieb auch die

---

[26] Der Film ist anzusehen unter https://voenhronika.ru/news/tretij_udar_1948/2013-04-19-82 [11.6.2019]; eine deutsche Fassung ist auch im Bundesarchiv (DEFA-Stiftung) verfügbar.
[27] Der Film liegt inzwischen in einer von International Historic Films (IHF) Chicago vertriebenen DVD-Fassung (Remastered Version) mit deutschen und englischen Untertiteln vor (*The Battle of Stalingrad. The Restored Two Part Soviet WW2 Epic*).

Anlage der Rolle dieselbe, was zweifellos mit Absicht geschah. War Stalin im „Dritten Schlag" im Grunde ohne Gegenspieler geblieben – Hitler tauchte nur als Nebenrolle auf –, war er in der „Schlacht von Stalingrad" stärker präsent, freilich weiterhin nur als Karikatur, mehr Schreihals als Schlachtenlenker, von dem sich Stalin umso deutlicher abhob. Auch die Westalliierten kamen im Film vor, Franklin D. Roosevelt, der noch einigermaßen sympathisch „den kämpfenden Russen" sein Mitgefühl aussprach, und Winston Churchill, der die Bildung einer zweiten Front hintertrieb. Im großen Strategiespiel, wo es um das Überleben der Sowjetunion ging, war – wie schon im „Dritten Schlag" – für die kleinen Leute, die einfachen Rotarmisten und die Zivilisten, ihre Ängste und Tragödien, kein Platz, sie kamen im Film nicht bzw. nur als Statisten in den Massenszenen vor. Eine nicht unbedeutende Randnotiz: Auch die „Schlacht von Stalingrad" wurde Anfang der 1960er Jahre überarbeitet und aus dem ersten Teil Lawrenti Beria, der von Stalins Nachfolgern gestürzte und erschossene Geheimdienstchef, aus dem Film herausgeschnitten. Die Schlacht von Stalingrad war noch immer unverzichtbarer Bestandteil der sowjetischen Erinnerungskultur, und da sollte – aus volkspädagogischen Gründen – an niemanden erinnert werden, der diese Erinnerung störte.

„Der Fall von Berlin" (*Padenie Berlina*) bedeutete noch einmal eine volkspädagogische Steigerung in der kaum mehr zu überbietenden Verklärung Stalins, als Lehrer und Freund, als Generalissimus und Weltenlenker. Dazu trug nicht allein bei, dass der hochdekorierte, mit dem Leninorden (1935), dem Verdienstorden des Roten Banners (1939), dem Orden des Roten Sterns (1944) und viermal mit dem Stalinpreis Erster Klasse (1941, 1943, 1946 und 1947) ausgezeichnete Michail Tschiaureli die Regie übernahm, zusammen mit dem als Schriftsteller, Drehbuchautor und Kulturfunktionär mehrfach ausgezeichneten Pjotr Pawlenko das Skript schrieb, Dmitri Schostakowitsch die Filmmusik komponierte, im Film zahlreiche Personen der Zeitgeschichte auftraten und die Filmcharaktere bis in die Nebenrollen hinein mit prominenten sowjetischen Schauspielern besetzt wurden. Was den „Fall von Berlin" von seinen beiden Vorgängern vor allem unterschied, war erstens, dass er in Farbe gedreht wurde, und zweitens, wichtiger noch, dass neben den „dokumentarischen" ein „fiktiver" Erzählstrang trat und beide eng mit einander verbunden wurden.[28]

Die beiden Handlungsstränge sind rasch skizziert: Der Film beginnt mit einer Vorkriegsidylle. Eine Volksschullehrerin, Natascha (Marina Kowaljowa), besucht mit ihren Schülern ein nach Stalin benanntes Werk, wo der Bestarbeiter Alexei Iwanow (Boris Andrejew) fröhlich Norm um Norm bricht. Er ist, wen wundert's, ein echtes Kind des neuen Staates, am Tag der Oktoberrevolution geboren. Als man aus der

---

[28] Der Film liegt inzwischen ebenfalls in einer DVD-Fassung (Remastered Version) von IHF Chicago vor (*The Fall of Berlin. The Restored Soviet WW2 Epic*), mit englischen Untertiteln. Zu diesem Film siehe: Lars Karl, Kommentar zu *Der Fall von Berlin* (1949) von Michail Čiaureli, https://www.1000dokumente.de/index.html?c=dokument_ru&dokument=0010_fal&object=abstract&st=&l=de [11.6.2019].

„Prawda" erfährt, dass Alexei eben mit dem Leninpreis ausgezeichnet wurde, wird Natascha gebeten, die Laudatio zu halten. Es wird ein Loblied auf Stalin, „der uns das gute Leben gab". Man ahnt es bereits: Alexei und Natascha sind für einander bestimmt, doch als sie im Weizenfeld endlich zueinander finden, bricht der Krieg aus: Das Weizenfeld brennt, Alexei wird verwundet, Natascha nach Deutschland verschleppt.

Als Alexei nach einem Lazarettaufenthalt drei Monate später davon erfährt, meldet er sich freiwillig an die Front. Alexei zeichnet sich auch dort aus, erhält den Rotbannerorden. Er ist dabei, wenn sein zerstörtes Heimatdorf zurückerobert wird, die Seelower Höhen gestürmt, die Häftlinge eines Konzentrationslagers befreit werden, der Endkampf um Berlin beginnt, schließlich auch der Reichstag genommen und auf seiner Kuppel die Rote Fahne gehisst wird. Bei der Siegesfeier, im Angesicht Stalins, der nach Berlin gekommen ist, trifft Alexei seine Natascha wieder.

Diesem Handlungsstrang läuft der zweite, vom Anspruch her „dokumentarische", parallel, der Strang der großen Politik und der militärischen Entscheidungen, mit Stalin als weisem, gleichwohl entschlossenem Steuermann. Auf ihm ruhen alle Hoffnungen der sowjetischen Bevölkerung, er leitet den Abwehrkampf, harrt in Moskau aus, als die deutschen Truppen immer näher rücken, ordnet die legendäre Parade vom 7. November 1941 an, spricht den Soldaten Mut zu; er trifft sich mit Roosevelt und Churchill in Jalta, weiß, dass die Nationen endlich den Frieden wollen, leitet als überlegener Stratege den Angriff auf Berlin, beeindruckt damit selbst die Generäle. Seine Gegner sind nicht „die Deutschen", sondern der „Führer" und seine Clique – getreu dem Stalinwort, dass die Hitler kommen und gehen, das deutsche Volk aber bleibe. Im Film wird Hitler als ein – sich immer irrsinniger gerierender – Krakeler vorgeführt, der von der Parkinson'schen Erkrankung gezeichnet in gebückter Haltung zitternd durch die Reichskanzlei geht, hartnäckig daran festhält, dass die Russen „nie" Berlin einnehmen werden, und General Brauchitsch herunterputzt, der ihn vor dem Russlandfeldzug gewarnt hatte.

Die Klammer zwischen den beiden Handlungssträngen, zwischen der individuellen Geschichte und der großen Politik ist Stalin. Er wird diesmal gespielt vom georgischen Schauspieler Michail Gelowani, und er ist ein etwas anderer als in den beiden vorgenannten Filmen. Er lenkt nicht nur das Geschehen im Großen, er ist auch im Kleinen stets präsent („Stalin ist mit uns"), ihm verdankt das Land wie das Individuum „alles", er ist der Stifter des großen wie des kleinen Glücks und beide erscheinen untrennbar miteinander verbunden. Nicht nur, dass die beiden Liebenden im Angesicht seiner wieder zueinander finden, er war es auch, der sie einst zusammenbrachte. Als Alexei als Lenin-Ordensträger zu Stalin bestellt wurde, erzählte er Stalin auch von seiner bisher nicht erwiderten Liebe zu Natascha. Stalin versicherte ihm, Natascha liebe ihn sicher auch, wenn nicht, solle Alexei ihm, Stalin, schreiben. Als Alexei dies – zurückgekehrt – bei einem Spaziergang Natascha erzählt, hilft das Stalinwort Natascha, ihre Liebe zu Alexei zu erkennen und sie ihm endlich auch zu gestehen. Und am Ende des Films bittet Natascha, Stalin küssen zu dürfen, was ihr auch gewährt wird.

Der Rekurs auf verbürgte Personen, Begebenheiten und Details vermittelt, wie schon in „Der dritte Schlag" und „Die Schlacht von Stalingrad" dem Geschehen die Aura des Authentischen. Dazu trägt auch die starre Kamera bei, die gleichsam alles dokumentiert. Wenn sie zum Himmel schwenkt, erblickt sie sowjetische Flugzeuge im Formationsflug. Der Grundton ist der des Heroischen – auch beim Endkampf um Berlin. Dass beim Sturm auf die Seelower Höhen über 10 000 Wehrmachtssoldaten und über 30 000 Rotarmisten fielen, beim Sturm auf Berlin an die 100 000 sowjetischen Soldaten umkamen, ist nicht zu erahnen. Was „Der Fall Berlins" den beiden vorgenannten Filmen voraus hatte, demonstriert eindrücklich die triumphale Schlussszene: Als Stalin zur Potsdamer Konferenz mit dem Flugzeug nach Berlin kommt, stürmt eine riesige Menge, Vertreter der Völker der Welt, das Rollfeld, um Stalin jubelnd zu empfangen. Der Sieg der „Volkspädagogik" über die Wirklichkeit! Stalin flog nicht, sondern kam mit dem Panzerzug, und ganz abgesehen davon, wo die internationalen Jubelmassen hätten herkommen sollen: Einen solchen „Empfang" hätten Stalin und seine Sicherheitsorgane nie zugelassen.[29]

Der Sozialistische Realismus, so hatte der Stellvertretende Minister für Kinematografie seinen „Filmschaffenden" eingeschärft, verlange vom Künstler, die „Wesensmerkmale" der Wirklichkeit darzustellen und deren Darstellung mit der Aufgabe der Politerziehung des Volkes zu verknüpfen. Was freilich die „Wesensmerkmale" der Wirklichkeit waren, wurde nicht von ihnen definiert. Sowjetische Trümmerlandschaften gehörten nicht dazu.

---

[29] Für die Sicherheit entlang der 1923 Kilometer zwischen Moskau und Berlin hatten 17 000 Mann NKWD-Truppen und 1515 Soldaten aus den operativen Mannschaften zu sorgen. An jedem Kilometer der Strecke wachten 6 bis 15 Personen, und insgesamt waren acht Panzerzüge auf der Strecke unterwegs. In Potsdam standen für die Bewachung sieben Regimenter des NKWD zur Verfügung. Vgl. Dmitri Wolkogonow, Stalin. Triumph und Tragödie. Ein politisches Porträt, Düsseldorf 1989, S. 672 f.

Teil IV: **Religion**

Benjamin Städter
Zwischen Zukunftsoptimismus und zu bewältigender Vergangenheit

Der religiöse Spielfilm *Nachtwache* (1949)

„Na Mücke, Angst gehabt?" Gerade noch hatte der Kinobesucher des Jahres 1949 das Ticket mit seinen neuen DM-Münzen bezahlt, und nun sah er auch auf der Leinwand Aufbruch und Neubeginn – und das in einem Film mit dem düsteren Titel *Nachtwache*.[1] Die Frage nach Angst im ersten Dialog des Films ist eine Frage nach Vergangenem, die Gegenwart scheint von ganz anderen Gefühlen bestimmt zu sein.

Ein Zug verlässt einen Tunnel. Die Frage des Pfarrers Johannes Heger (Hans Nielsen) beantwortet dessen lebensfrohe Tochter Lotte (Angelika Voelkner), genannt Mücke, mit einem kindlich verspielten „Nö". Angst vor dem düsteren Tunnel, den die Zugreisenden soeben hinter sich gelassen haben, hat sie nicht mehr. Zuversicht und Vorfreude auf das Neue scheinen ihr die Furcht zu nehmen. Gemeinsam sind die beiden auf ihrem Weg in das niedersächsische Burgdorf, den Ort von Hegers neuer Pfarrstelle. Zu seiner Gemeinde gehört auch das örtliche Krankenhaus. Hier treffen Mücke und Heger auf die Frauenärztin Cornelie Badenhausen (Luise Ullrich), die dort als Oberärztin der Geburtsstation arbeitet.

Erst nach und nach wird dem Kinobesucher der späten 1940er Jahre deutlich, wie schwer die an der Oberfläche so optimistischen und der Zukunft zugewandten Filmcharaktere von der Vergangenheit gezeichnet sind, wie düster auch ihre Gegenwart ist: Heger ist verwitwet, verlor seine Ehefrau im Zweiten Weltkrieg. Badenhausens Tochter kam bei einem Bombenangriff ums Leben. Auf ganz unterschiedliche Weise versuchen Pfarrer und Ärztin, mit solchen Schicksalsschlägen fertig zu werden: Heger mit seinem scheinbar unumstößlichen Glauben, Badenhausen mit Verdrängung und Flucht in ein fatalistisches Weltbild. Ihr Umgang mit der Vergangenheit erweist sich als kurzsichtig, als sie in Burgdorf auf ihren vormaligen Geliebten und Vater ihrer verstorbenen Tochter Stefan Gorgas (René Deltgen) trifft, der nun als Schauspieler in der Rolle des Jedermann in Hugo von Hofmannsthals gleichnamigem Schauspiel in verschiedenen Städten auftritt. Der aufbrausende Kriegsveteran hofft auf eine Aussöhnung mit der erfolgreichen und attraktiven Ärztin, wird von ihr aber jäh zurückgewiesen.

---

[1] *Nachtwache* (Bundesrepublik Deutschland 1949); Produktion: Neue Deutsche Filmgesellschaft (ndF), München, Filmaufbau GmbH Göttingen; Erstaufführung: 21.10.1949 in Hannover; Regie: Harald Braun; Drehbuch: Harald Braun, Paul Alverdes; Hauptrollen: Luise Ullrich, Hans Nielsen, René Deltgen, Dieter Borsche, Angelika Voelkner; Länge: 107 Min.

Während seiner Theaterproben trifft Gorgas die junge Pfarrerstochter Lotte. Auf dem örtlichen Stadtfest animiert er sie, auf einer Schiffsschaukel zu spielen. Das Spiel endet mit einem fatalen Unfall: Lotte verliert ihren Halt, stürzt unglücklich von der Schaukel und erliegt kurz später ihren Verletzungen. Pfarrer Heger, erneut vom Schicksal schwer getroffen, ringt in der Nacht, in der seine Tochter stirbt, um seinen Glauben und erfährt Stärkung im Austausch mit seinem katholischen Amtsbruder Kaplan von Imhoff (Dieter Borsche). Letztendlich ist es aber die Begegnung mit Stefan Gorgas, die ihn neuen Lebensmut schöpfen lässt. Gorgas fühlt sich für den Tod der kleinen Lotte verantwortlich und will sich vom Glockenturm in den Tod stürzen. Heger trifft dort auf den Verzweifelten und kann ihn in einem Gespräch vom Suizid abbringen. Tief betrübt, aber fest im Glauben macht sich der Pfarrer am folgenden Tag an seine Arbeit in der Gemeinde.

1 Siegerinnen in Trümmern? Die Kirchen nach dem Zweiten Weltkrieg

Mit der bedingungslosen Kapitulation der Deutschen Wehrmacht im Mai 1945 erlosch die deutsche Staatlichkeit. Auch wenn viele Deutsche den 8. Mai 1945 nicht als Ende des Zweiten Weltkriegs erlebten, da ihre Dörfer und Städte bereits zuvor von den alliierten Truppen befreit wurden, erfuhr ein Großteil der Bevölkerung diesen Tag als einen eklatanten Bruch, der das öffentliche Leben und damit den Alltag zutiefst prägte.

In den Zeiten der alliierten Besatzung standen die beiden großen Kirchen hingegen für Kontinuität – vor allem aus Sicht der Zeitgenossen. Sowohl ihre religiösen Sinnangebote als auch ihre institutionelle Struktur und ihre Riten unterschieden sich nicht (oder nur in einem sehr geringen Maße) von denen vor 1945. Bereits während des Zusammenbruchs staatlicher Ordnung in den letzten Kriegsmonaten waren es die beiden großen Religionsgemeinschaften, die unter chaotischen Voraussetzungen nicht nur sonntägliche Gottesdienste, sondern auch ihre geistlichen Amtshandlungen an vielen Orten aufrechterhalten konnten und somit die Beständigkeit ihrer Institution öffentlich demonstrierten.[2] Der entscheidende Grund für die weitgehende Akzeptanz des Fortbestehens kirchlicher Strukturen beider Konfessionen lag in ihrer öffentlichen Wahrnehmung. Sowohl die überwiegende Mehrheit der deutschen Bevölkerung als auch die Besatzungsmächte sahen in den Kirchen keine Steigbügelhalter der Nationalsozialisten, sondern vornehmlich Institutionen der

---

[2] So wurden etwa noch im April 1945 in katholischen Gemeinden viele Kinder zur Erstkommunion geführt, vgl. Antonius Liedhegener, Nachkriegszeit (1945–1960), in: Lucian Hölscher/Volkhard Krech (Hrsg.), Handbuch der Religionsgeschichte im deutschsprachigen Raum, Bd. 6/1: 20. Jahrhundert – Epochen und Themen, Paderborn 2016, S. 135–174, hier S. 138.

verweigerten Anpassung oder gar des Widerstandes. Auch wenn dieser Blick auf kirchliche Amtsträger in den folgenden Jahrzehnten differenziert und teils auch revidiert wurde, erkannten die Zeitgenossen der Nachkriegsjahre in den kirchlichen Institutionen und in vielen Amtsträgern moralische Instanzen, die die Zeit des Nationalsozialismus überlebt hatten, ohne mit den staatlichen Machthabern zu paktieren.[3]

Die Niederlage im Zweiten Weltkrieg, die materielle Not und vielmehr noch der Kulturbruch des nationalsozialistischen Terrorregimes ließen in breiten Teilen der deutschen Bevölkerung den Wunsch nach einer wertebasierten Revitalisierung christlicher Religiosität und kirchlicher Strukturen der Gesellschaft aufkommen. Nur mit dieser, so die Verfechter einer Rückbesinnung auf kirchliche Normen und christliche Werte, könne die schuldig gewordene deutsche Gesellschaft die vor ihnen liegenden Herausforderungen meistern.

Die hohen Erwartungen an einen „religiösen Frühling" nach den Katastrophen des Nationalsozialismus und des Zweiten Weltkriegs konnten jedoch nur sehr bedingt erfüllt werden. Während der Einfluss der beiden Kirchen auf die sich in den Folgejahren konstituierende demokratische Ordnung in Westdeutschland unbestreitbar ist, lässt sich eine religiöse Hinwendung breiter Bevölkerungsschichten zu den Inhalten und Normen der christlichen Kirchen nur sehr eingeschränkt feststellen.[4] Trotz der unerfüllten Hoffnungen galt bis vor wenigen Jahren auch in der Religionsgeschichte das Bild der „Siegerin in Trümmern" als adäquate Metapher zur Beschreibung zumindest der katholischen Kirche in der direkten Nachkriegszeit.[5] Dies, so die grundlegende These der folgenden Ausführungen, lag aber weniger an der realen Bindekraft der Kirche selbst als an den Zuschreibungen, die die bundesdeutsche Gesellschaft der späten 1940er und 1950er Jahre über die Massenmedien erreichten und die das Bild der Kirchen auch noch in den folgenden Jahrzehnten prägten. Das gilt zum einen für die Zuschreibungen durch den westdeutschen Journalismus.[6] Darüber hinaus nutzten beide Kirchen zum anderen die in der Nachkriegszeit florierende Filmwirtschaft, um ihr Selbstbild und auch religiöse Inhalte zu verbreiten. Hierbei knüpften sie an Traditionen an, deren Anfänge bereits in den späten 1920er und 1930er Jahren lagen.[7]

---

3 So etwa für die katholische Kirche Joachim Köhler/Damian van Melis (Hrsg.), Siegerin in Trümmern. Die Rolle der katholischen Kirche in der deutschen Nachkriegsgesellschaft, Stuttgart 1998.
4 Hierzu ausführlich Thomas Großbölting, Der verlorene Himmel. Glaube in Deutschland seit 1945, Bonn 2013, S. 26–34; Antonius Liedhegener, Nachkriegszeit, in: Hölscher/Krech (Hrsg.), Handbuch.
5 Vgl. Köhler/van Melis (Hrsg.), Siegerin.
6 Hierzu ausführlich Benjamin Städter, Verwandelte Blicke. Eine Visual History von Kirche und Religion in der Bundesrepublik 1945–1980, Frankfurt a.M. 2011, S. 30–104.
7 Für die Anfänge der katholischen Filmarbeit in Deutschland siehe Christian Kuchler, Kirche und Kino. Katholische Filmarbeit in Bayern (1945–1965), Paderborn u. a. 2006. Für die Zeit vor 1945 Heiner Schmitt, Kirche und Film. Kirchliche Filmarbeit in Deutschland von ihren Anfängen bis 1945, Boppard am Rhein 1979.

Im religiösen Film fanden kirchlich gebundene Filmschaffende ein Genre für diese neuartige Kommunikation der Kirchen mit der Gesellschaft. Als frühes und zugleich aufgrund seines breiten Publikumszuspruchs herausragendes Beispiel für solch einen religiösen Film kann die Filmproduktion *Nachtwache* des evangelischen Drehbuchautors, Filmproduzenten und Regisseurs Harald Braun aus dem Jahr 1949 gelten. Hier verhandelten die christlichen Filmemacher die zeitgenössische Problemlage der physisch und psychisch kriegsversehrten Gesellschaft, um eine dezidiert christliche Antwort auf die Fragen der Zeit zu geben, die über das populäre Medium Film ein Millionenpublikum erreichte.

2 Produktionsvoraussetzungen, Intentionen und Filmproduktion

Der Genrebegriff des religiösen Films ist beides: sowohl ein Quellenbegriff, auf dessen Grundlage Filmschaffende gerade in den 1940er Jahren ihre Überzeugungen zur Einbettung religiöser Glaubensinhalte in das populäre Massenmedium diskutierten, als auch ein filmanalytischer Begriff, mit dem Theologen und Filmhistoriker retrospektiv Filme beschreiben und kategorisieren. Dabei erlebte die Kategorie des religiösen Films im Laufe des 20. Jahrhunderts einen steten Wandel: In der Frühzeit des Massenmediums Film wurde sie noch als „Spezialfall des historischen Films"[8] verstanden und umfasste vornehmlich biblische Filmerzählungen oder biografische Filme über Heilige und andere Protagonisten der Kirchengeschichte. Dieses zunächst eng gefasste Genre hatte seinen Ursprung in den 1920er und 1930er Jahren vor allem in Italien, Frankreich und den USA. Hier setzten christliche Gemeinden religiöse Filme auch als Mittel der missionarischen Evangelisation ein.[9] In dieser Arbeit vollzogen sie bereits eine Öffnung für das Verständnis eines religiösen Films und erweiterten ihn in einer pastoralen Perspektive. In den 1940er und 1950er Jahren definierte sich ein religiöser Film immer weniger durch seinen Inhalt, sondern vielmehr durch seinen Nutzen für die kirchliche Mission. In der Auseinandersetzung des Publikums mit ihm, so die Intention christlicher Filmschaffender, sollte das Ver-

---

[8] Oskar Kalbus, Vom Werden deutscher Filmkunst. 1. Teil: Der stumme Film, Altona-Bahrenfeld 1935, S. 54, zit. nach: Peter Hasenberg u. a. (Bearb.), Religion im Film. Lexikon mit Kurzkritiken und Stichworten zu 1200 Kinofilmen, Köln² 1993, S. 9.
[9] Diesen Einsatz des Massenmediums Film als Mittel der kirchlichen Verkündigung übernahmen evangelische und katholische Gemeinden in Deutschland nach der Zeit des Nationalsozialismus, hierzu ausführlich für die evangelische Kirche Anne Kathrin Quaas, Evangelische Filmpublizistik 1948–1968. Beispiel für das kulturpolitische Engagement der evangelischen Kirche in der Nachkriegszeit, Erlangen 2007, S. 272–274.

ständnis für Religion „geweckt, vermittelt oder gestärkt" werden.[10] Die Nachteile einer solch breiten Definition liegen auf der Hand: Nahezu jeder Film, der in seiner Handlung oder einzelnen Bildern grundlegende Fragen über die menschliche Existenz thematisiert, kann als religiöser Film klassifiziert werden.[11] So fasst auch die Pastoraltheologie gegenwärtig den Begriff des religiösen Films wieder enger und führt Diskussionen über Filme, die implizit eine religiöse Fragestellung aufwerfen, unter den Schlagworten „Film und Spiritualität".[12] In dieser Eingrenzung des Genres nähert sie sich auch der geschichtswissenschaftlichen Auseinandersetzung mit Filmen wieder an.

Die Planungen zur Filmproduktion von *Nachtwache* in den späten 1940er Jahren boten der kirchlichen Filmarbeit, das heißt Filmemachern, kirchlichen Journalisten und auch Amtsträgern, die Möglichkeit, grundlegende Überlegungen für die zukünftige Ausrichtung des Genres religiöser Film anzustellen. Gerade hierin zeigt sich die grundsätzliche Bedeutung des Spielfilms *Nachtwache*, dessen Produktion und Rezeption der kirchlichen Filmwirtschaft als Basis für eine Selbstvergewisserung des eigenen Tuns nach der Herrschaft der Nationalsozialisten diente.

Innerhalb Deutschlands bildeten sich nach 1945 schnell filmbegeisterte Zirkel von kirchlichen Amtsträgern, die in eben dieser Tradition beabsichtigten, das Medium Film für die angestrebte Rechristianisierung der deutschen Gesellschaft nutzbar zu machen. In kurzer Zeit entwickelten sie Publikationsorgane wie den „Evangelischen Filmbeobachter" oder „Kirche und Film", die nun als überregionale Plattformen ihrer Diskussionen dienten.[13] Darüber hinaus nutzten sie zumeist konfessionell gebundene Medien, um ihre Ideen über den Einsatz von Filmen für die christliche Pastoral vorzustellen und in einer breiter angelegten, aber stets konfessionell gebundenen Öffentlichkeit zu diskutieren. So definierte etwa der Filmbeauftragte der Evangelischen Kirche, Pfarrer Werner Hess, im Oktober 1949 in der ein Jahr zuvor gegründeten evangelischen Wochenzeitung „Christ und Welt", dass es das Ziel eines religiösen Films sein müsse „den Menschen in eine innere Entscheidung für den Herrn Christus zu führen".[14] Zudem forderte er, das Label religiöser Film nicht zu weit zu fassen. Innerhalb der kirchlichen Filmpublizistik sollte nicht jeglicher Film, der seine Geschichte um einen gottesfürchtigen Menschen wie eine biblische Figur oder einen Pfarrer entwickelt, als religiöser Film firmieren. Auch einem Bibelfilm, wie etwa Cecil de Milles Klassiker *King of Kings* von 1927, sprach Hess ab, ein

---

10 Hasenberg u. a. (Bearb.), Religion, S. 10.
11 So etwa die Kritik von Michael Schramm, Der unterhaltsame Gott. Theologie populärer Filme, Paderborn 2008, S. 8 f.
12 Hasenberg u. a. (Bearb.), Religion, S. 10. Diese grundsätzliche Unterscheidung zwischen religiösen Filmen und Filmen, die implizit religiös relevante Motive verwenden, treffen etwa auch Thomas Bohrmann/Werner Veith/Stephan Zöller (Hrsg.), Handbuch Theologie und populärer Film, Bd. 1, Paderborn 2007, S. 9–13.
13 Für die evangelische Filmarbeit siehe etwa Quaas, Filmpublizistik, S. 29–63.
14 Werner Hess, Pfarrer auf der Leinwand, in: Christ und Welt, 31.10.1949.

religiöser Film in dem von ihm definierten Sinne zu sein, da dieser zwar sein Publikum mit atemberaubenden Massenszenen überwältigt, ihre Wirkung aber letztendlich „fremdartig und unpersönlich" bleibe und somit nicht die persönliche Sinnsuche nach Gott anstoße oder gar unterstütze.[15]

Harald Braun, Berliner Pfarrerssohn und einer der ersten Protagonisten der in Westdeutschland entstehenden Filmlandschaft, wusste sich diese Intentionen der Kirchen nutzbar zu machen, um das von ihm entworfene Filmprojekt zu realisieren, welches 1948 noch den vorläufigen Titel „Die Nachtwache" trug. Braun trat nach einem Philosophiestudium zunächst als Journalist und Opernlibrettist in Erscheinung. Seit Ende der 1930er Jahre schrieb er – teils als Co-Autor – Drehbücher für ganz unterschiedliche Filmgenres, etwa für das Lustspiel „Die Umwege des schönen Karl" (Deutschland 1938) oder „Das Herz der Königin" (Deutschland 1940), einem biografischen Film über die schottische Königin Maria Stuart. Sein Regiedebüt folgte 1942 mit dem Film „Zwischen Himmel und Erde" (Deutschland 1942). Nach dem Zweiten Weltkrieg arbeitete Braun neben seiner Tätigkeit als Drehbuchautor und Regisseur dann auch als Produzent, so etwa für das Filmdrama „Das verlorene Gesicht" (Deutschland 1948), das er für die von ihm selbst 1947 mitgegründete Neue Deutsche Filmgesellschaft produzierte.

Das Drehbuch für den nun geplanten Film hatte Braun gemeinsam mit dem Schriftsteller Paul Alverdes geschrieben, der in den 1920er und 1930er Jahren vornehmlich mit autobiografisch geprägten Kriegsromanen in Erscheinung trat. Im Zentrum ihres Drehbuches stand der Gottesmann Heger, der an seiner neuen Pfarrstelle wie im Brennglas gebündelt auf die drängenden Herausforderungen und Schicksalsschläge der Menschen in der direkten Nachkriegszeit trifft: den Verlust eines nahen Angehörigen an der Front und im Bombenkrieg, die schwierige Integration der aus dem Krieg heimgekehrten Soldaten in die Zivilgesellschaft, die Vertreibung breiter Bevölkerungsteile aus ihrer angestammten Heimat und schließlich die psychologischen Herausforderungen, die sich den Deutschen nach Jahren der entfesselten Gewalt während Krieg und nationalsozialistischer Herrschaft stellten. Gemeinsam mit seinem katholischen Amtsbruder, Kaplan von Imhoff, nahm sich Pfarrer Heger den Problemen der Menschen und seinen eigenen Schicksalsschlägen an. Bei aller Gewissheit, dass die religiösen Antworten auf die Fragen der Zeit auf seine Mitmenschen oftmals als leere Phrasen wirken, versucht er in Wort und Tat, die Antworten der Kirche zu verkünden.

All diese in der christlichen Pastoral verankerten Prämissen der filmischen Botschaft von *Nachtwache* gehen auf Überlegungen zurück, die Regisseur und Drehbuchautor Harald Braun parallel (und teils auch im Austausch) mit den Diskussionen um den Wiederaufbau der kirchlichen Filmarbeit entwarf. Da der metaphysi-

---

[15] Ebenda. Ganz ähnlich argumentierte für die katholische Filmarbeit etwas später Franz Everschor, Darstellung religiöser Inhalte im Film, in: Stimmen der Zeit 193 (1975), S. 388–396.

sche Aspekt des Religiösen für Braun als filmisch nicht darstellbar galt und somit seiner Meinung nach auch eine Verfilmung des Lebens Jesu nicht als religiöser Film gelten konnte, müsse ein religiöser Film andere Geschichten erzählen. Auf einer Tagung des Evangelischen Presseverbandes für Deutschland zum Thema „Religiöser Film" im April 1948 formulierte er Alternativen: Er forderte, dieses Filmgenre müsse Charaktere entwerfen, die an den kirchlichen Botschaften festhielten, auch wenn sie täglich mit den deprimierenden Erfahrungen ihrer Zeitgenossen konfrontiert seien und die Erfahrungen machten, dass die christliche Botschaft vielen Menschen in Zeiten der inneren und äußeren Zerstörungen eben keine adäquaten Antworten gebe: „Wäre das vielleicht ein christlicher oder sogar der christliche Film, der diese äußere Erfolglosigkeit zum Thema hat? Der zeigt, daß die Botschaft eben nicht eindringt, daß die Welt eben nicht besser wird, daß die Menschen teils wohlwollend, teils ablehnend, teils kirchlich, teils unkirchlich, in jedem Falle aber unerschüttert und unerschütterlich vor dieser Botschaft stehen, daß aber mitten in dieser Verlorenheit die Menschen, die den völlig unbewiesenen und unbeweisbaren Glauben an diese Botschaft haben, unbeirrbar daran festhalten."[16] Grundlegendes Ziel Brauns war es, mit solch einem religiösen Film die Grenzen der konfessionellen Milieus zu überwinden und ein breites, auch kirchenfernes Publikum zu erreichen.[17]

Auf der Tagung im April 1948 traf Braun auf Hans Abich, der gemeinsam mit dem österreichischen Regisseur Rolf Thiele soeben die Göttinger Filmaufbau GmbH gegründet hatte.[18] Die beiden Filmemacher verabredeten eine gemeinsame Produktion von Brauns Filmstoff *Nachtwache*. Während Brauns Neue Deutsche Filmgesellschaft (München) die Produktionsleitung übernahm, sollte Abichs Göttinger Filmaufbau GmbH für die Geschäftsführung sowie für die Organisation der Ateliers verantwortlich sein.[19]

Allen am angestrebten Filmprojekt Beteiligten war schnell bewusst, dass die für den Verleih vorgesehene Schorcht Film GmbH nicht bereit war, die Gesamtproduktionskosten zu übernehmen – gerade weil das Genre des religiösen Films kein etabliertes deutsches Filmformat war und sich die Filmemacher somit bei ihren finanziellen Berechnungen auf sehr wenige Erfahrungswerte im Hinblick auf den Publikumszuspruch stützen konnten. Rolf Thiele schlug daher vor, sich an die Kirchen zu wenden und die evangelischen Landeskirchen für Ausfallbürgschaften zu

---

16 Harald Braun, Probleme des religiösen Films, in: Helmut Müller (Hrsg.), Kirche und Film. Ein Zeitproblem. Sonderdruck des Filmposts Archiv, Frankfurt a. M. u. a. 1948, S. 9–18, hier S. 16, zit. nach: Quaas, Filmpublizistik, S. 277.
17 Vgl. Julia Helmke, Kirche, Film und Festivals. Geschichte sowie Bewertungskriterien evangelischer und ökumenischer Juryarbeit in den Jahren 1948–1988, Erlangen 2005, S. 82–84.
18 Zur Biografie Abichs (der sich später u. a. in verschiedenen Gremien der Evangelischen Kirche in Deutschland, EKD, engagierte) und auch Thieles, sowie zur Gründungsgeschichte der Filmaufbau GmbH Göttingen siehe: Jens U. Sobotka, Die Filmwunderkinder. Hans Abich und die Filmaufbau GmbH Göttingen, Düsseldorf 1999.
19 Genaue Rekonstruktion der Filmproduktion ebenda, S. 110–117.

gewinnen. Hierfür überzeugten die drei Filmemacher Braun, Thiele und Abich den Filmbeauftragten der evangelischen Kirche Werner Hess. Nachdem Hess nach Lektüre des Drehbuchs die Chancen für eine kirchliche Unterstützung des Filmprojekts als außerordentlich hoch einschätzte,[20] ließen sie dem Kirchenmann am 24. März 1949 eine ausführliche Kostenkalkulation zukommen: Sie setzten die Produktionskosten auf insgesamt 800 000 DM fest. Bei einem geschätzten Einspielgewinn von 2 Millionen DM errechneten sie abzüglich der „üblichen Verleihspesen des Filmverleihs von 25 %" und der Produktionskosten einen möglichen Nettogewinn von 700 000 DM, der sich letztlich auf die Verleihfirma und die unterstützenden Landeskirchen verteilen ließe.[21] So gelang es erstmals in Deutschland, eine Zusammenarbeit von Kirchen und nichtkirchlichen Filmproduktionsgesellschaften zu organisieren. Dies garantierte den Filmemachern kirchliche Gelder, hatte aber zugleich zur Folge, dass Werner Hess für die evangelische Kirche und Anton Kochs, Leiter der katholischen Filmstelle in Köln, in die Produktion eingebunden wurden und teils auch Änderungen an Brauns Drehbuch vornahmen.[22]

Die Filmproduzenten planten eine Drehdauer von etwa einem Monat. Der Baubeginn des Ateliers in Göttingen sollte bereits Mitte April 1949 und der eigentliche Dreh Ende desselben Monats beginnen. Die angestrebte Uraufführung im September 1949 wurde letztlich nur um einen Monat verpasst.[23]

2 Die Herausforderungen der zu bewältigenden Vergangenheit

Verlust und persönliches Aufarbeiten

Auf eindringliche Weise spiegelt sich in den Schicksalen der Protagonisten die emotionale Last der Einsamkeit wider. Die auseinandergerissene Pfarrersfamilie Heger, die Ärztin Badenhausen, aber auch der vormalige Kampfflieger Gorgas – sie alle stehen paradigmatisch für die Menschen, die nach dem Zweiten Weltkrieg den Verlust eines ihnen nahestehenden Menschen verarbeiten müssen. Ein wesentliches Kompositionsmerkmal der Figurenkonstellation in *Nachtwache* lässt die unterschiedli-

---

[20] Brief des Evangelischen Filmbeauftragten Werner Hess an die Neue Deutsche Filmgesellschaft m.b.H. vom 16.2.1949, Evangelisches Zentralarchiv in Berlin (EZA), Ordner 2/310.
[21] Planung und Kalkulation für „Die Nachtwache", EZA, Ordner 2/310.
[22] Hess gelang es u. a. eine breite Darstellung des evangelischen Taufritus zu verhindern, siehe den Brief des Evangelischen Filmbeauftragten Werner Hess an die Neue Deutsche Filmgesellschaft mbH vom 16.2.1949, EZA, Ordner 2/310.
[23] Ebenda. Die Uraufführung fand schließlich am 21.10.1949 in Hannover statt.

chen Versuche, mit ihren Verlusten umzugehen, in der Beziehung der Charaktere zueinander deutlich werden.

Am emotional eindringlichsten gerät dies in der Beziehung der Pfarrerstochter Lotte und der jungen Ärztin Badenhausen. Wohl eher unbewusst als bewusst suchen die beiden Charaktere in ihrem Gegenüber einen Ersatz für ihren Verlust: Lotte in der Ärztin eine neue mütterliche Bezugsperson, Badenhausen in der kleinen Lotte ein Mädchen, für das sie Verantwortung übernehmen kann. Der spielerisch-unbeschwerte Umgang der beiden scheint dabei frei von Schmerz über ihren Verlust. Er wird vielmehr dominiert von der Hoffnung auf neue emotional ähnlich besetzte Bindungen. Der Filmbetrachter mag zurecht bezweifeln, ob sich die beiden Charaktere über die eigentliche Tiefe ihres Miteinanders in ihrer nur wenige Tage andauernden Begegnung bewusst werden.

Trotz ihres tiefen Kummers wirkt Badenhausen auf ihre Umgebung als überaus starke und selbstbewusste Persönlichkeit. Dem Zuschauer wird indes schnell deutlich, dass sie mit ihrer vermeintlichen inneren Stärke ihre zutiefst verletzte Persönlichkeit zu überspielen versucht. Der Oberin der Diakonissen begegnet sie mit professioneller und menschlich kalter Distanz. Den jungen Diakonissen, die im Krankenhaus arbeiten, ist sie zugleich eine vorbildhafte Vorgesetzte und auch eine Freundin, die ihnen Zigaretten und Alkohol zukommen lässt und mit der sie gemeinsam in ihrer Stube moderne Tanzmusik hören können. In steter Regelmäßigkeit fällt Badenhausen aus dieser Rolle, wenn ihr Gegenüber sie mit ihrem persönlichen Schicksal und ihrer Schwäche konfrontiert. Hier zeichnet der Film sie zum Gegenpol der strengen Oberin, etwa in ihrem Zwiegespräch über die Suche nach vordergründigem und tiefergehendem Glück im Leben. Im belehrenden Duktus weist die Oberin Badenhausen zurecht und wirft ihr vor, dass ihr Leben vornehmlich die „Genüsse der Welt" suche und somit kein wahres Glück finden könne, da dieses wahre Glück nicht in der Welt zu finden sei, sondern in der Liebe, die „von oben her hält."[24] Badenhausen kann mit dieser frömmelnden Weltdeutung nichts anfangen – eine Replik findet sie indes nicht, da sie sich in ihrer emotionalen Schwäche ertappt fühlt.

Ähnlich getroffen zeigt sie sich in den Gesprächen mit Pfarrer Heger. In ihm findet sie zwar einen empathischen Gesprächspartner und – wie sie später erfährt – einen Leidensgenossen, der während des Krieges seine Ehefrau verlor. Seine Worte über den Glauben als Halt im Leben, der auch über einen schweren Schicksalsschlag hinweghilft, verwirft sie jedoch als „sehr schöne Worte",[25] die ihr in ihrer Trauer nicht helfen können. Badenhausen bleibt somit auch am Ende des Films eine Suchende, die von der Glaubenskraft des Pfarrers zwar berührt ist, diese aber nicht teilen kann. Staunend und ratlos zugleich beobachtet sie Heger, wie dieser

---

24 *Nachtwache*, ab 17:46.
25 *Nachtwache*, ab 01:40:26.

nach Lottes Tod allein Paul Gerhardts „Nun ruhen alle Wälder" mit gefasster und fester Stimme am Klavier anstimmt. „Damit kann niemand fertig werden",[26] war sie sich ob des Schicksalsschlags des Pfarrers noch wenige Momente zuvor sicher, auch vor dem Hintergrund ihrer eigenen Erfahrung. Nachdem sie ihn singend und trauernd vor dem Bett seiner verstorbenen Tochter gesehen hat, verlässt sie überrascht und enttäuscht zugleich das Haus und versichert der Haushälterin kurz: „Er braucht mich nicht."[27] So steht sie am Ende des Spielfilms wieder allein. Die im Film angedeutete Möglichkeit einer Zweisamkeit von Pfarrer und Ärztin hat sich nun für sie zerschlagen – sie bleibt einsam zurück.

Gänzlich anders als Badenhausen scheint auch der evangelische Pfarrer den Tod seiner Frau verarbeitet haben. Er selbst thematisiert seinen Verlust nie, seine Umgebung erfährt indirekt von seinem Schicksalsschlag. Auch formuliert er an keiner Stelle Worte des verlorenen Lebensmutes. Sein Glaube scheint ihm eine tröstende Antwort auf das Erfahrene und die Frage nach der Zukunft ohne eine Frau an seiner Seite zu geben. Diese Glaubenssicherheit schwindet (wenn auch nur für einen kurzen Moment) nach dem Verlust seiner Tochter. Verzweifelt erklimmt er den Turm der Kirche und lehnt sich schwer atmend an das Kirchgebälk. Lebensmüde irrt er auf dem Kirchturm umher, schaut mit leerem Blick auf die unter ihm liegenden Dächer der Stadt und scheint kurz über einen Suizid nachzudenken. Da schlägt die Glocke neben ihm; er blickt sie verdutzt an, als hätte sie ihn mahnend an seinen Gottesglauben erinnert. In diesem Moment erblickt er Gorgas, der mit ähnlichen Gedanken an einen Suizid den Kirchturm besteigt. Dessen aggressiv vorgetragenen Wunsch, ihn schuldig für den Tod von Hegers Tochter zu sprechen, entspricht der Pfarrer nicht. Vielmehr hält er ihn im seelsorgerischen Gespräch vom Selbstmord ab. Er bekennt vor Gorgas, dass auch er nicht an einen „lieben Gott" glaube, sondern an einen Gott, den es zu fürchten gilt und der niemals zu begreifen ist. In dessen Hände, so die Herausforderung des Glaubenden, gelte es, sich fallen zu lassen, um inneren Frieden und Freiheit zu finden. Filmisch setzt der Regisseur diesen Glauben des Pfarrers in seiner dunklen Stube ins Bild; in sich gekehrt sitzt er am Klavier, spielt und singt Gerhardts „Nun ruhen alle Wälder", während die Kamera das leere Bett seiner Tochter einfängt. Für Heger sind die Verse des Liedes Erinnerung und Trost zugleich. Jeden Abend sang er das Lied auch mit seiner Tochter und folgte somit einer zutiefst lutherischen Tradition.[28]

---

26 *Nachtwache,* ab 01:37:34.
27 *Nachtwache,* ab 01:40:26.
28 Zur Entstehung, Rezeption und theologischen Deutung des Abendliedes siehe Albert Beutel, Lutherischer Lebenstrost. Einsichten in Paul Gerhardts Abendlied „Nun ruhen alle Wälder", in: Zeitschrift für Theologie und Kirche 105 (2008), S. 217–241.

Umgang mit Schuld und Erinnerung

Die Frage nach dem Umgang mit Schuld zeigt sich in dem Antrittsbesuch des Pfarrers beim namenlosen Bürgermeister der Stadt (Herbert Kroll). Dieser begegnet dem Kinobesucher als ein in seiner Gestik und Rhetorik recht überzeichnet inszenierter Opportunist. Als Beamter, so gesteht er dem Pfarrer, trat er in der NS-Zeit aus der Kirche aus, um nach dem Krieg „selbstverständlich"[29] wieder einzutreten und eine Sammlung für den Wiederaufbau der evangelischen Kirche zu organisieren. Trotz seiner scheinbaren Abkehr vom Vergangenen bleibt er ganz dem Vokabular und Stil nationalsozialistischer Herrschaftsmethoden verhaftet. Er möchte, so berichtet er Pfarrer Heger, die Kirche in Zukunft als „kulturellen Machtfaktor"[30] sehen. Seine Forderung unterstreicht er mit einem beherzten Schlag auf den Tisch. Er geriert sich als „Mann der Praxis",[31] auch hier noch ganz einem opportunistischen „Pragmatismus" verhaftet, der ihn auch im Machtgefüge des Nationalsozialismus nach vorne bringen konnte. Ohne über grundsätzliche Werte einer zukünftigen Gesellschaft „im stillen Kämmerlein"[32] nachzudenken, sieht er sich als Mann der Tat, der nach vorn blickt. Hegers kritisches Nachfragen ob seiner Vergangenheit kann er nicht verstehen. Durch seinen Tatendrang versucht er, seine mögliche Schuld zur Lappalie zu deklarieren, mit der er sich nicht tiefergehend auseinanderzusetzen braucht. Mit Zigarren, Likör und Spenden für den Wiederaufbau der evangelischen Kirche versucht er, den Pfarrer für sich einzunehmen. Dieser soll sich, so scheint es, um christliche Werte wie Nächstenliebe kümmern, während er als Bürgermeister in wenig reflektiertem Aktionismus zur Tat schreitet und ohne Blick auf das Vergangene den materiellen Wiederaufbau des Kirchenbaus und der Stadt insgesamt organisiert. Er desavouiert sich als prinzipienloser Karrierist, dem es trotz aller abschätzigen Blicke und Gesten des neuen Pfarrers bestens gelingt, seinen Platz in der Nachkriegsordnung zu finden. Hegers Frage, ob er gut schlafen könne, beantwortet er mit innerer Überzeugung: „Ausgezeichnet, danke vielmals".[33] Die Frage, ob er ein gutes Gewissen habe, kann oder will er nicht verstehen, was Heger wiederum mit einem Kopfschütteln und einem „merkwürdig"[34] quittiert. An einer direkten Konfrontation mit dem Bürgermeister ist der Pfarrer dann aber nicht interessiert, er verabschiedet sich mit einem aufgesetzt wirkenden Lächeln und einem Handschlag.

Der Film nimmt in diesen Szenen die Fragen nach Schuld auf, die sich in den späten 1940er Jahren entlang des Spannungsfelds von kollektiver Schuld, der Schuld einiger weniger Kriegsverbrecher und der individuellen Schuld breiter Teile

---

29 *Nachtwache*, ab 30:03.
30 *Nachtwache*, ab 30:07.
31 *Nachtwache*, ab 30:14.
32 *Nachtwache*, ab 30:15.
33 *Nachtwache*, ab 30:48.
34 *Nachtwache*, ab 31:00.

der deutschen Bevölkerung entspannte. Die internationale Publizität des Hauptkriegsverbrecherprozesses in Nürnberg 1945/46 lenkte die Aufmerksamkeit vornehmlich auf die Schuld einer eng umgrenzten NS-Führungselite. Im Gegensatz dazu geriet die Frage nach der individuellen Schuld der Menschen jenseits dieser Elite gerade in den westlichen Besatzungszonen aus dem Blick der Öffentlichkeit. Aber auch in der sowjetischen Besatzungszone unterschied die Besatzungsmacht im Zuge der Entnazifizierung bereits 1947 zwischen nominellen NSDAP-Mitgliedern und Aktivisten und eröffnete somit vielen vormaligen NS-Kadern die Möglichkeit einer Rehabilitierung. Am deutlichsten wurde der Abschied von der Idee der individuellen Schuld großer Teile der Bevölkerung in der US-Zone, in der weniger als ein Prozent der Erwachsenen für ihre Taten zwischen 1933 und 1945 tatsächlich bestraft wurde. In der Person des Bürgermeisters greift *Nachtwache* diese Praxis auf und stellt sie in der Reaktion des evangelischen Pfarrers implizit in Frage. Heger kann und möchte nicht verstehen, warum der politische Wendehals wenige Jahre nach dem Ende des Zweiten Weltkriegs trotz seiner offensichtlichen Mitarbeit im NS-Staat wieder seinen Weg in die politische Verantwortung finden konnte.

Ein anderer Umgang mit Schuld und Vergangenheit offenbart sich im Charakter des vormaligen Kampfpiloten Stefan Gorgas. Als umherziehender Schauspieler kann er seinen Lebensunterhalt verdienen, eine bürgerliche Zukunft in der zivilen Gesellschaft der Nachkriegszeit bleibt ihm jedoch verwehrt. Der Ruhm des lokal gefeierten Künstlers erfüllt sein Leben nicht mit Sinn. Im Gespräch mit seinem ehemaligen Hauptmann Graf von Imhoff, der nun Kaplan in der katholischen Gemeinde von Burgdorf ist, zeigt er sich als zutiefst fatalistischer Atheist. In seiner Person kommen Schuldgefühle und Verlusterfahrung zusammen. Einerseits brachte er als Kriegsteilnehmer selbst Leid über Menschen, andererseits bedeutete der Krieg den Verlust seiner zivilen Lebensperspektive: Die Liebe seines Lebens, die damalige Lazarettärztin Badenhausen, musste er verlassen, als er an die Ostfront kommandiert wurde. Von ihrem gemeinsamen Kind erfuhr er erst nach dem Krieg und seiner Gefangenschaft. Im Gespräch mit dem Kaplan misst er dem Glauben und der Kirche keinen Wert bei. Er schaut geringschätzig auf den christlichen Wertehorizont und kann in ihm weder Trost noch persönlichen Halt finden. Zigarette paffend steht er in der Wohnung des Kaplans vor einer Christusstatue, die Christus als Kind mit einer Weltkugel in der linken Hand als Weltenherrscher darstellt. Sein bissiger Kommentar, dass die Herrschaft Christi über die Welt „verdammt lange her"[35] sein müsse, offenbart seine Überzeugung, dass der vom Krieg gezeichnete Mensch Gott nicht mehr als ordnende Macht in der Welt anerkennen könne. Seine erfolglose Suche nach Sinn und Ordnung in seinem Leben zeigt sich in seinem sarkastischen Fatalismus, etwa wenn er über die „verdreckte, zerstörte Welt"[36] sinniert. Dabei lösen die

---

35 *Nachtwache,* ab 40:03.
36 *Nachtwache,* ab 40:07.

Erinnerungen an sein tödliches Wirken als Kampfpilot in ihm eine nervöse Aggressivität aus. Er lebt in dem nicht aufgearbeiteten Durcheinander von Schuldgefühlen, Kriegserinnerungen und Alleinsein nach dem Krieg.

Ganz anders als der Bürgermeister stellt sich Gorgas aber die Frage nach persönlichen Konsequenzen aus seinem Tun. Antworten scheint er indes nur im Suizid zu finden, auch wenn er diesen schließlich nicht ausführt. Sein anfänglicher Wunsch, durch eine Wiederannäherung an Badenhausen sich eine neue Perspektive zu eröffnen, wurde bereits zuvor von dieser jäh zurückgewiesen. So bleibt er letztendlich ein hilfloser, vom Krieg gezeichneter Charakter, dem der Weg zurück in das zivile Leben verschlossen bleibt. Damit steht er innerhalb des Films exemplarisch für eine Generation von Kriegsteilnehmern, die gezeichnet von ihren Erfahrungen an der Front an ihrer Rückkehr in die zivile Nachkriegsgesellschaft zu scheitern drohen. In der Gegenüberstellung von Bürgermeister und Gorgas zeigt der Film die zeittypische Kritik am Übergang von der Kriegsgesellschaft in die zivile Ordnung der Nachkriegszeit: Während den von Schuld geplagten Frontkämpfern der Weg in diese verwehrt bleibt, gelingt es den vormaligen nationalsozialistischen Organisatoren der Heimatfront, ihren Platz auch im neuen System scheinbar mühelos zu finden.

Einen dritten Weg in die Nachkriegszeit wählt Staffelkapitän Graf von Imhoff. Auch er ist ein Kriegsheimkehrer; durch seine Entscheidung für das geistliche Amt eines Priesters findet er seinen Platz in der Nachkriegsgesellschaft aber auf gänzlich andere Weise. Sein christlicher Glaube gibt ihm Antworten auf die Fragen, die Gorgas für sich nicht beantworten kann. Als sprichwörtlicher Mann Gottes steht er zugleich auf einer ganz anderen Ebene als etwa der Bürgermeister. Seine Umgebung sieht in ihm und in seinem evangelischen Amtsbruder Johannes Heger Menschen, deren Lebensentwürfe und Auftreten außerhalb der gesellschaftlichen Norm stehen. So löst der evangelische Pfarrer Heger als äußerlich unscheinbarer Mitvierziger bei seinen Mitmenschen immer wieder Überraschung aus: Badenhausen gibt in unverblümter Koketterie offen zu, sie habe sich einen Gottesmann „immer mit einem weißen Vollbart"[37] vorgestellt. Die jungen Diakonissen berichten, Heger sehe gar nicht wie ein Pfarrer aus, sondern „wie ein richtiger Mensch"[38]. Die Gesellschaft, in der Heger und von Imhoff leben, weist ihnen als Kirchenmännern also ganz andere Rollenbilder und Klischees zu als Männern außerhalb der Kirchen. Diese Sonderrolle weiß vor allem von Imhoff in seinem Auftreten und seiner Kleidung zu bekräftigen. Während Heger Überraschung auslöst, wenn sein Gegenüber erfährt, dass er ein geistliches Amt innehat, ist von Imhoff stets an seiner Soutane, an seinem Birett oder am römischen Kollar als Priester zu erkennen.

---

37 *Nachtwache*, ab 21:44.
38 *Nachtwache*, ab 12:31.

Materieller und geistiger Wiederaufbau

Die gesellschaftliche Aufgabe des materiellen Wiederaufbaus thematisiert *Nachtwache* vornehmlich am Wiederaufbau der evangelischen Kirche von Burgdorf, die während des Krieges von einem Volltreffer zerstört wurde. Innerhalb der Filmnarration kommt es in einem ersten Schritt dieses Wiederaufbaus zur Weihe der neuen Glocken; der Bürgermeister organisiert zudem Spenden für weitere Aufbaumaßnahmen. Die Kirche wird von der Stadtgesellschaft beim Wiederaufbau des Gotteshauses unterstützt und gibt einen Teil der Unterstützung zurück, indem Pfarrer Heger die Hälfte der Spenden als Hilfe für die Wohnungslosen in Burgdorf zur Verfügung stellt. Kirche und Stadtgesellschaft stehen also beide vor den Herausforderungen des materiellen Wiederaufbaus; Hand in Hand gehen sie diese Aufgaben an.

Es ist aber nicht der materielle, sondern vielmehr ein geistiger Wiederaufbau, der im Zentrum des Films steht. Die beiden Geistlichen finden für diese Aufgabe das Bild der Nachtwache. Es sei ihre Aufgabe, so bestärken sie sich gegenseitig, „die Nachtwache zu halten, während es um uns herum dunkel ist".[39] In ihrem Wirken geben sie sich aber keinen Illusionen hin, sie gestehen sich vielmehr ein, dass sie mit der Aufgabe einer Rechristianisierung der Gesellschaft zum Scheitern verurteilt sind. So präsentieren sie sich nicht als wirkmächtige Missionare, die wortreich und offensiv ihre Umgebung von ihren transzendenten Welterklärungsmodellen überzeugen. Recht resignativ gesteht sich Heger bei seiner ersten Begegnung mit von Imhoff ein: „Die Türen sind zu, wir Pfarrer stehen draußen. [...] An die Menschen richtig ranzukommen, wem glückt das heute schon?"[40]

Heger und von Imhoff betrachten sich als Vorbilder in ihrer demütigen Akzeptanz des Schicksals, das sie als ein aus Gottes Hand gegebenes begreifen. Aus ihrem christlichen Glauben heraus wollen sie nicht mit ihm hadern, sondern es tragen. In diesem frommen und demütigen Selbstbild finden sie keinen Zugang mehr zu den Menschen der Nachkriegszeit – weder Heger zum Bürgermeister noch von Imhoff zu einem Ehepaar, dessen Streit er schlichten möchte und dabei abgewiesen wird. Beide treffen nach diesen für sie ernüchternden Begegnungen zufällig im Treppenhaus aufeinander und tauschen sich über die nicht zu bewältigende Herausforderung aus. „Wenn wir Staubsauger zu verkaufen hätten", so von Imhoff spöttisch, „würde es vermutlich anders sein."[41] Heger pflichtet ihm bei – ohne sich jedoch von seiner Aufgabe abbringen zu lassen.

So gibt der Film keine allgemeingültigen Antworten auf die Herausforderungen seiner Zeit. Es ging den Filmemachern vielmehr darum, kirchliche Glaubenshorizonte vor den Problemstellungen der späten 1940er Jahre auszutarieren. In der filmischen Narration entspinnen sich so die schicksalhaften Abgründe der Nachkriegs-

---

39 *Nachtwache*, ab 01:18:25.
40 *Nachtwache*, ab 31:58.
41 *Nachtwache*, ab 32:04.

zeit, auf die die Kirchen mit ihren Botschaften oftmals vergebens eine Antwort zu geben versuchten. Es bleibt dem Zuschauer freilich selbst überlassen zu entscheiden, ob diese Antworten für ihn in seinen persönlichen Krisen und Konfliktlagen stimmig und annehmbar sind. Zu einem Happy End innerhalb der Filmhandlung führen die Glaubenshorizonte nicht. Im Gegenteil: In teils dramaturgisch überzeichneten Schnitten zeigt *Nachtwache* auf, dass auch der christliche Glaube nicht vor Nöten, Unglücken und existenziellen Krisenerfahrungen schützt. In dem Moment, in dem seine Tochter umkommt, stimmt Pfarrer Heger – ohne vom Unfall seiner Tochter zu wissen – mit seiner Gemeinde in der Kirche den Choral „Nun danket alle Gott" an. Was auf dem ersten Blick makaber wirkt, reflektiert doch die Glaubensüberzeugung des Geistlichen: Er selbst verwirft alle naiven Ideen an einen „lieben Gott" und beschreibt diesen vielmehr als zu fürchtenden Weltenlenker. Gerade dies sei die Herausforderung für einen Christenmenschen, sich diesem unergründbaren Gott trotz aller Schicksalsschläge zuzuwenden.

Der geistige Wiederaufbau der Gesellschaft bleibt innerhalb des Films somit auf die beiden Gottesmänner Heger und von Imhoff beschränkt. Ihre Kraft reicht nicht aus, um die Menschen in ihrer nächsten Umgebung von ihrem Glauben zu überzeugen, der den beiden Geistlichen hilft, einen Weg durch die Zeit des Verlusts aber auch des Wiederaufbaus zu finden. In seinem tragischen Ende gerät *Nachtwache* zu einem religiösen Film par excellence, ganz wie Regisseur Harald Braun dieses Genre definierte, nämlich als Film, „der zeigt, daß die [christliche] Botschaft eben nicht eindringt, daß die Welt eben nicht besser wird, [...] daß aber mitten in dieser Verlorenheit die Menschen, die den völlig unbewiesenen und unbeweisbaren Glauben an diese Botschaft haben, unbeirrbar daran festhalten".[42]

3 Rezeption – ein einzigartiger Publikumserfolg

In doppelter Hinsicht produzierten Harald Braun und Hans Abich einen überaus erfolgreichen Film. Zum einen konnte er sich eines außergewöhnlichen Publikumszuspruchs erfreuen. So fand sich *Nachtwache* auf der Jahresliste der in Bezug auf Zuschauerzahlen in Deutschland erfolgreichsten Filme des Jahres 1950 immerhin auf Rang sechs. Zum anderen gewann Produzent Hans Abich den seit 1949 vergebenen Bambi für den künstlerisch wertvollsten Film des Jahres.[43] Neben Millionen von Zuschauern in den Kinosälen konnte der Film auch professionelle Filmkritiker über-

---

42 Harald Braun, Probleme, zit. nach Quaas, Filmpublizistik, S. 277.
43 Klaus Sigl/Werner Schneider/Ingo Tornow (Hrsg.), Jede Menge Kohle? Kunst und Kommerz auf dem deutschen Filmmarkt der Nachkriegszeit, München 1986, S. 124. Sigl zieht zur Erstellung der Jahreslisten die von der Spitzenorganisation der Filmwirtschaft (d. h. dem Dachverband der deutschen Filmwirtschaft) herausgegebenen „Filmstatistischen Taschenbücher" heran. Zur statistischen Aufstellung der Jahreslisten siehe ebenda, S. 119 f.

zeugen. In der Minderheit blieben Stimmen wie die des Publizisten Karl Korn, der dem Streifen in der „Frankfurter Allgemeinen Zeitung" eine „fatale Sentimentalität" attestierte und Brauns Werk als „pseudoreligiösen Film" brandmarkte, der dem Kinobesucher weniger eine religiöse Botschaft als vielmehr „Salbader, Pose, Ausdruckskrampf [und] Gerede" präsentiere.[44]

Insgesamt erhielt *Nachtwache* von der Filmkritik ein äußerst differenziertes Urteil. So kritisierte etwa die Mehrzahl der Teilnehmer einer Diskussionsrunde bei den Hamburger Filmtagen, dass es *Nachtwache* an entscheidenden Antworten auf die Frage fehle, wie bei all dem Leid ein Glaube an Gott noch überzeugen könne. Trotz allem bleibe Brauns Werk aber ein „geglücktes Beispiel" für einen religiösen Film.[45] Dies kann umso mehr gelten, da Braun in seinen grundsätzlichen Überlegungen zum religiösen Film ja von einfachen Antworten auf die Fragen der Zeit Abstand nehmen wollte und stattdessen die christlichen Menschen, die sich trotz dieser offenen Fragen standhaft im Glauben zeigen, in den Mittelpunkt seines Films stellte.

Gerade diese Konzeption erfuhr etwa im Bericht des Magazins „Der Spiegel" über die Uraufführung am 21. Oktober 1949 explizites Lob: „Der Film macht es sich nicht so einfach, mit der Belehrung der Abtrünnigen zu enden."[46] Ähnlich argumentierte Stefan Fiedler in der Wochenzeitung „Die Zeit": „In der Tat; ein künstlerischer, ein ehrlicher Film. [...] Es geht um die ewige Frage nach Gott. Aber diese überzeitliche Fragestellung gewinnt eine brennende Aktualität, weil sie sich aus der Not und Hoffnungslosigkeit unserer Zeit ergibt. [...] Es ist vielleicht das Hauptverdienst des Regisseurs und Drehbuchautors Dr. Harald Braun, daß er nicht versucht hat, probate Lesungen und Rezepte zu verabfolgen, sondern mit eindringlichem Ernst Fragen zu stellen und zur Gewissenserforschung anzuregen."[47]

Oftmals betonten die Filmkritiker, dass *Nachtwache* auf hervorragende Weise die gesellschaftlichen Fragen der Nachkriegszeit im Hinblick auf die Bewältigung des Vergangenen aufgreife und ausbreite. Wilhelm Müller-Debus, selbst evangelischer Pfarrer, stellte in seiner Filmrezension im Bremer „Weser-Kurier" recht pathetisch dazu fest: „Daß das religiöse Problem heutzutage in der Luft liegt, braucht man einem Volk nicht zu sagen, das den Vorgeschmack der Hölle bereits hinter sich hat", um dann im Hinblick auf die filmische Umsetzung Brauns lobend hervorzuheben: „Aufs Ganze gesehen muß man den Versuch, die chaotische Problematik einer religiösen Beleuchtung vom Horizont her auszusetzen, als ebenso geglückt wie dankenswert bezeichnen, der auf jeden Fall den Beschauer zum Nachdenken zwingt."[48]

---

44 Karl Korn, Noch einmal „Nachtwache", in: Frankfurter Allgemeine Zeitung, 19.1.1950.
45 Der gute Film als moralischer Faktor. Vertreter von Kirche und Film diskutierten in Hamburg, in: Illustrierte Filmwoche 1950, Nr. 8 (25.2.1950), S. 134.
46 Wache im Dunkeln. Bischofshut und Baskenmütze, in: Der Spiegel 44/1949.
47 Stefan Fiedler, Die Nachtwache. Uraufführung in Hannover, in: Die Zeit, 17.10.1949.
48 Wilhelm Müller-Debus, „Nachtwache" – ein Film des guten Willens. Religiöser Film – Kanzel der Zukunft?, in: Weser-Kurier, 14.1.1950.

Ebenso wie die Thematisierung grundlegender zeitgenössischer Fragen, die viele Menschen existenziell bewegten, griff die Filmkritik die im Jahr 1949 als zukunftsweisend verstandene Annäherung der beiden Geistlichen unterschiedlicher Konfession auf. In ihrem respektvollen Miteinander und ihrer Idee, durch ihre Aufgaben miteinander verbunden zu sein, wurden von Imhoff und Heger als ein Plädoyer für eine ökumenische Zusammenarbeit der beiden Konfessionen gedeutet. Hier sahen Filmkritiker eine wesentliche Grundlage für einen kirchlichen Beitrag zur Überwindung der geistigen Trümmerlandschaften. Dies stellte vor allem die Filmkritik in der Hamburger Tageszeitung „Die Welt" als eigentliche Bedeutung des Films heraus: Die beiden Protagonisten in *Nachtwache* verstünden, „daß sie über die persönliche Zuneigung hinaus durch den gleichen Dienst verbunden sind [...], daß die gemeinsame Idee des Christentums stärker ist als die konfessionellen Unterschiede".[49]

Blickt man auf die positive Zuschauerresonanz und die guten Filmkritiken, so erstaunt es umso mehr, dass *Nachtwache* als singuläre Ausnahme für einen religiösen Film im Sinne der konfessionellen Filmarbeit gelten muss, der ein breites Kinopublikum fand. Den christlichen Filmemachern gelang in den Folgejahren kein weiterer Publikumserfolg, der Brauns Prämissen eines religiösen Films folgte.[50] Zudem wandelte sich die Darstellung von Geistlichen in den populären Kinofilmen der 1950er und 1960er Jahre eklatant. Zunehmend gerieten sie, etwa in den nun immer populärer werdenden Heimatfilmen, zur wenig aussagekräftigen Staffage, ohne dass an ihnen eine tiefergehende christliche Botschaft deutlich wurde.[51]

Diese Entwicklung mögen der sich wandelnde Publikumsgeschmack und die damit einhergehende Veränderung in der Themensetzung erfolgreicher Kinofilme erklären. Die Epoche des Trümmerfilms blieb auf die unmittelbare Nachkriegszeit beschränkt, anschließend lockten ganz andere Sujets – wie eben der Heimatfilm – Menschen in die Kinos. Hier lässt sich die kurze Epoche der Trümmerfilme mit ihrem fotografischen Gegenstück, der Trümmerfotografie, parallelisieren. Die Fotogra-

---

49 Nachtwache, in: Die Welt, 24.10.1949.
50 Der 1963 von der Neuen Deutschen Filmgesellschaft m.b.H. in München geplante Film mit dem Titel „Nachtwache – Heute" über die Problematik konfessionsverschiedener Ehen wurde nicht realisiert. Ähnlich wie in *Nachtwache* sollten die kirchlichen Filmbeauftragten der evangelischen und katholischen Kirche in den Produktionsprozess eingebunden werden, siehe Archiv des Erzbistums Köln, Aktenbestand der Deutschen Bischofskonferenz (DBK), Katholische Hauptstelle für Bild und Film (KHBF), Teilbestand Kochs, Ordner 245.
51 Hierzu ausführlich Benjamin Städter, Der Geistliche im Bild. Zur Transformation öffentlicher Bildwelten in der Bundesrepublik 1945–1970, in: Frank Bösch/Lucian Hölscher (Hrsg.), Kirche – Medien – Öffentlichkeit. Transformationen kirchlicher Selbst- und Fremdwahrnehmungen seit 1945, Göttingen 2009, S. 89–114; ders., Vom kirchlichen Verwalter zum kritischen Wortführer kirchlicher und gesellschaftlicher Reform. Facetten im Wandel des öffentlichen Geistlichenbildes, in: Traugott Jähnichen/Franz Josef Jelich (Hrsg.), Sonntagskirche und Alltagswelt. Beiträge zur Geschichte des Protestantismus im Ruhrgebiet, Forum Industriedenkmalpflege und Geschichtskultur, Sonderheft, Essen 2009, S. 152–157.

fien der zerstörten deutschen Städte fanden zwar ihr Publikum auch noch in den 1950er Jahren, dann aber zumeist als Kontrastfolie zu den erfolgten oder noch zu tätigenden materiellen Aufbauanstrengungen.[52]

Eingepasst in die deutsche und internationale Filmlandschaft, verortete die (nicht konfessionelle) Filmwirtschaft und Filmkritik den religiösen Film nunmehr in den monumentalen Bibelverfilmungen, die in den USA produziert wurden und auch in der Bundesrepublik einen großen Anklang fanden.[53] Somit bleibt *Nachtwache* eine einzigartige Filmproduktion, die die Ideen der sich nach dem Zweiten Weltkrieg neu formierenden konfessionellen Filmwirtschaft mit den existenziellen Fragen der Nachkriegsgesellschaft in einer überaus erfolgreichen Weise miteinander in Verbindung brachte.

---

52 Vgl. Ludger Derenthal, Bilder der Trümmer- und Aufbaujahre. Fotografien im sich teilenden Deutschland, Marburg 1999, S. 87–104.
53 Für die in den USA produzierten Bibelepen vgl. etwa Melanie J. Wright, Religion and Film. An Introduction, New York 2007. Für deren Rezeption in der Bundesrepublik vgl. Städter, Blicke, S. 129–147.

Michael Hochgeschwender
Gesellschaftlicher Wiederaufbau aus dem Geist des Katholizismus

Frank Capras *It's a Wonderful Life* von 1946

Als im August 1945 der Zweite Weltkrieg mit der Kapitulation Japans nach dem Abwurf der ersten beiden Atombomben auch auf seinem pazifischen Schauplatz endete, waren die USA zur weltweit führenden Großmacht aufgestiegen. Aber ein echtes Triumphgefühl wollte sich nach dem ersten Freudentaumel nicht einstellen. Zu groß waren die Sorgen der Bevölkerung darüber, wie es nun weitergehen sollte. Die unmittelbare Nachkriegszeit des Ersten Weltkriegs, die Jahre 1919 bis 1921, bildete den Referenzrahmen für diesen sorgenvollen Blick in eine ungewisse Zukunft. Wie damals zeichneten sich 1945/46 erhebliche Probleme am Horizont ab: Massive Streikwellen durchzogen das Land, da die Gewerkschaften nach den erheblichen Kriegsanstrengungen nun ihren gerechten Anteil an den enormen Profiten der Großkonzerne verlangten. Zum Teil waren die monatelangen, häufig gewalttätigen Streiks auch mit Rassenunruhen gekoppelt. Beide, Arbeitskämpfe und Rassenkonflikte, hatten sich bereits während des Kriegs, etwa in Detroit oder in den *Zoot Suit Riots* in Los Angeles im Jahr 1943, bemerkbar gemacht. Sowohl Schwarze als auch Latinos waren darin involviert gewesen. Im Süden erinnerte man sich nur zu gut an uniformierte schwarze Weltkriegsveteranen, die nach 1918 für sich das Wahlrecht eingefordert hatten, was zu einer neuerlichen Lynchwelle geführt hatte.

Parallel dazu befürchteten viele Beobachter, gleichfalls vor dem Hintergrund der Erfahrungen der jüngeren Vergangenheit, Spannungen zwischen Männern und Frauen. Wie im Ersten Weltkrieg hatten nach 1941 zunehmend Frauen die Arbeitsplätze der Männer in den Büros und Fabriken eingenommen und sich dabei bestens bewährt. Die *Rosie the Riveter*-Kampagnen der *New Deal*-Regierung Franklin Delano Roosevelts hatten zwar betont, dieser Arbeitseinsatz sei zeitlich befristet, und die werktätigen Frauen aufgefordert, ihre Weiblichkeit nicht aufs Spiel zu setzen, aber niemand konnte voraussagen, ob dies auch funktionieren würde.[1] Mehr noch: Wie würden sich durch den Krieg gezeichnete Männer wieder in den Arbeitsalltag einfügen? Die Furcht vor einer Krise der Männlichkeit angesichts langweiliger Bürotätigkeiten und einer allgemeinen Feminisierung der Gesellschaft griff um sich. Würde es gelingen, die Familien wieder zu rekonstituieren, nachdem viele Soldaten und ihre Verlobten im Krieg jung geheiratet hatten? Wie würde man im amerikanischen

---
[1] Vgl. dazu u. a. Jürgen Martschukat, Die Ordnung des Sozialen. Väter und Familien in der amerikanischen Geschichte seit 1770, Frankfurt a. M. 2013, S. 263–292.

Hinterland mit europäischen und japanischen Frauen umgehen, die von heimkehrenden GIs mitgebracht wurden?

Über all diesen sozioökonomischen und soziokulturellen Ängsten schwebten zwei weitere, dunkel drohende Wolken: die einer wirtschaftlichen Rezession, in ihren Auswirkungen womöglich schlimmer als die eben erst überstandene Große Depression, sowie die eines neuerlichen, nunmehr nuklearen Weltkriegs mit der Sowjetunion nach dem Zerfall der Kriegsallianz von 1941. Mindestens ein kalter Krieg, obwohl der Ausdruck erst kurz darauf geprägt wurde, stand zu erwarten. Insgesamt waren die USA, vor allem im Vergleich zum weithin zerstörten europäischen Kontinent, gewiss keine Trümmerlandschaft, aber man wusste um die erheblichen Schwierigkeiten, welche die immer schon fragile Ordnung und Stabilität der amerikanischen Gesellschaft bedrohten. Das Zeitalter des Wohlstands (*Age of Affluence*), von dem man in den 1950er Jahren reden sollte, begann als Zeitalter der Angst (*Age of Anxiety*).[2]

1 *It's a Wonderful Life* – eine Weihnachtsgeschichte

Vor diesem Hintergrund ist Frank Capras inzwischen zum Klassiker avancierter Weihnachtsfilm *It's a Wonderful Life*,[3] eine Tragikomödie mit James Stewart in der Hauptrolle, einzuordnen. Bereits die Wahl des Hauptdarstellers verweist unmittelbar auf den Zeitkontext. Wie kein anderer Hollywoodschauspieler verstand es Stewart, den einfachen, ehrlichen, von den Wirrnissen der Zeit erfassten Amerikaner aus dem kleinstädtischen *Heartland* der Republik, dem Mittelwesten, zu interpretieren und ihm ein glaubwürdiges Gesicht zu verleihen. Dies hatte er schon unter Capras Regie in *Mr. Smith Goes to Washington* von 1939 unter Beweis gestellt. Vor allem aber war er attraktiv, weil er, anders als die meisten Stars seiner Zeit, im Krieg gekämpft und damit zuverlässig seinen Patriotismus unter Beweis gestellt hatte. Auf diese Weise vermochte er es einerseits, eine brüchige, krisenhafte Männlichkeit darzustellen, ohne dass aber andererseits die Überwindung dieser Krise bei ihm unglaubhaft gewirkt hätte.

---

[2] Zur Situation der USA zwischen 1945 und 1953 vgl. z. B. James T. Patterson, Grand Expectations. The United States, 1945–1974, New York 1997, S. 3–206. Der Titel könnte treffend die Träume des George Bailey beschreiben. Vgl. überdies Gary A. Donaldson, The Making of Modern America. The Nation from 1945 to the Present, Lanham 2009, S. 1–72, sowie allgemein Jean-Christophe Agnew/Roy Rosenzweig (Hrsg.), A Companion to Post-1945 America, Malden 2002.

[3] *It's a Wonderful Life* (USA 1946); Produktion: Liberty Films; Verleih: RKO Radio Pictures; Drehbuch: Frances Goodrich, Frank Capra, Jo Swerling, Albert Hackett, basierend auf der Vorlage von Philipp Van Doren Stern; Regie: Frank Capra; Hauptrollen: James Stewart, Donna Reed, Henry Travers; Musik: Dimitri Tiomkin; Länge: 131 Min.; Erstaufführung: New York, 20.12.1945; deutscher Verleihtitel: Ist das Leben nicht schön?

In *It's a Wonderful Life* spielt Stewart George Bailey, den ältesten Sohn einer glücklichen Kleinstadtfamilie in dem fiktiven Ort Bedford Park im westlichen New York. Bereits als Kind träumt er davon, Entdecker oder Forschungsreisender zu werden, weite Reisen zu unternehmen und ferne Länder zu erforschen, weswegen ihn lange der Spitzname „Captain Cook" begleitet. Später will er dann studieren und Architekt oder Stadtplaner werden, am besten in New York City. Im Alter von neun Jahren rettet er seinem jüngeren Bruder Harry (Todd Karns) das Leben, wobei er das Hörvermögen des linken Ohrs einbüßt. In der Folgezeit wird sein Leben geprägt von Ereignissen, die ihn daran hindern, seinen großen Erwartungen und Träumen nachzugehen. Sein Vater (Samuel S. Hinds), Vorstand einer Bausparkasse vor Ort, der *Building and Loan*, stirbt gerade dann, als George aufs College gehen will, woraufhin er, in eher zögerlicher Pflichterfüllung, das genossenschaftliche Erbe des Vaters gegen seine Nemesis, den lokalen Großkapitalisten, Bauunternehmer und Bankeigentümer Mr. Potter (Lionel Barrymore) verteidigt.[4] Dabei hilft ihm seine loyale Frau Mary (Donna Reed), die sich bereits mit acht Jahren in den etwas älteren, mitunter unbeholfen wirkenden Knaben verliebt und ihm seitdem die Treue gehalten hatte, obwohl er sich gerne von der lasziv-promiskuitiven Kleinstadtschönheit Violet (Gloria Grahame) umgarnen ließ. Nun geht Georges Bruder Harry zur Universität, heiratet eine reiche Erbin und wird zum Kriegshelden. Auch der Schulkamerad Sam Wainwright erfüllt sich seine Träume, wird ebenfalls reich und zieht in die weite Welt, nach New York und London.[5] George hingegen beweist sich vor Ort, hilft seinen Mitmenschen, sorgt für bessere Wohnungen und setzt in der Großen Depression sein eigenes Vermögen ein, um die Baugenossenschaft vor dem Zugriff Potters zu bewahren. Bedford Park verlässt er nie, wird aber Vater von vier Kindern und ein angesehenes, wenn auch nicht sonderlich vermögendes Mitglied der *community*. Kurz nach Ende des Kriegs verliert die Baugenossenschaft infolge einer Ungeschicklichkeit seines Onkels Bill (Thomas Mitchell) ihr gesamtes Barvermögen von 8000 Dollar. George verzweifelt inmitten eines inbrünstigen Gebets buchstäblich an Gott und der Welt, betrinkt sich, baut einen Verkehrsunfall und will, ausgerechnet am Heiligen Abend, Selbstmord begehen, indem er sich von einer Brücke stürzt.[6]

Der Film setzt just an diesem Punkt ein, und zwar mit einem Prolog im Himmel.[7] Man hört die aus der Stadt aufsteigenden Gebete der Freunde und Verwandten für George Bailey an Joseph, Jesus und die Gottesmutter Maria, interessanterweise in dieser etwas ungewöhnlichen Reihenfolge. Daraufhin treffen sich in einer fernen Galaxis zwei Milchstraßensysteme, die wiederum zwei Engel symbolisieren, den komplett unbekannten „Franklin" und den heiligen Joseph, Nährvater Christi und Schutzheiliger der Ehegatten, Familien und Verzweifelten, der hier – dogmatisch

---

4 *It's a Wonderful Life*, 28:00–30:35.
5 Ebenda, ab 01:01:00.
6 Ebenda, 01:27:25–01:30:55.
7 Ebenda, 01:10–03:40.

nicht ganz korrekt, aber einem alten Volksglauben entsprechend – zum Engel avanciert ist. Im Auftrag des „Chefs", also Gottes, entsenden sie den Engel zweiter Klasse Clarence Oddbody (Henry Travers), einen vor über 200 Jahren verstorbenen älteren Herrn, der sich indes seine Flügel noch nicht verdient hat, auf Erden, um George Bailey zu helfen. Dieser Prolog mündet in eine Reihe von Rückblenden, in denen Clarence von seinen Vorgesetzten die Lebensgeschichte und die guten Werke von George berichtet bekommt. Diese Rückblenden dienen unter anderem dazu, den historischen Kontext zu thematisieren. Nicht zufällig nimmt dabei das Jahr 1919, Krisenjahr der letzten Nachkriegszeit, einen besonderen Stellenwert ein. Wie nebenbei wird in dieser Szene zum Beispiel über ein Telegramm auf die Spanische Grippe verwiesen.[8] Es folgen mehr oder minder subtile Anspielungen auf die Bankenzusammenbrüche der ausgehenden 1920er Jahre,[9] die Große Depression und den Zweiten Weltkrieg, während Politik im engeren Sinn praktisch keine Rolle spielt. Nur ein einziges Mal, in einem Gespräch zwischen Mr. Potter und einem seiner Angestellten, wird auf einen im Vorzimmer wartenden Abgeordneten hingewiesen.[10] Interessanterweise siedelt der Film ausgerechnet die komödiantischen Elemente weitgehend in dieser Sphäre des Übernatürlichen und Heiligen an, wenn etwa die himmlische Hierarchie arg verdächtig dem höchst irdischen Büroalltag ähnelt. Dennoch sollte dies nicht dazu führen, das Element der Übernatur im Film nicht ernst zu nehmen. Es sei nur an die vergleichbare Erzähltechnik in C. S. Lewis' „Dienstanweisungen für einen Unterteufel" (*The Screwtape Letters*) von 1942 erinnert, die ebenfalls dazu dient, einen theologisch ernsthaften Inhalt zu popularisieren.

Clarence rettet George, indem er sich, kurz bevor dieser springt, selbst in die eiskalten Fluten stürzt. Ohne lange zu überlegen, spontan und ohne Rücksicht auf das eigene Überleben springt George hinterher und rettet den Engel. Indes wird er von seiner Verzweiflung nicht geheilt. In einer dramatischen, hypothetisch-kontrafaktischen Vision zeigt Clarence daraufhin, wie Bedford Park, nun Pottersville, aussehen würde, wenn George nie gelebt hätte.[11] Entsetzt stellt George fest, wie verkommen, korrupt, von kapitalistischer Gier und Egomanie zerfressen seine Heimatstadt ohne ihn wäre. Er bittet Clarence, aller Not zum Trotz die Realität wieder herzustellen, und kehrt zu seiner Familie zurück, die inzwischen die städtische Solidargemeinschaft – inklusive des abwesenden Kriegshelden Harry Bailey und des reichen Sam Wainwright in London – mobilisiert hatte, um die Schulden der Bausparkasse zu bezahlen.[12] Am Ende stimmen alle, außer Mr. Potter und seine Angestellten, in weihnachtlichen Festgesang ein und loben erst Christus, den König, und dann die Gemeinschaft der guten, alten Zeit, die *auld aquaintance* der *auld lang syne*.[13]

---

8 Ebenda, ab 08:46.
9 Ebenda, 47:35–54:00.
10 Ebenda, ab 01:10:43.
11 Ebenda, ab 01:42:40.
12 Ebenda, 01:53:55–01:55:08.

Es wäre relativ simpel, die Geschichte als sentimental bis hin zum Kitsch abzutun, wenn auch solche Vorbehalte vermutlich verantwortlich dafür waren, dass sich die skeptische Kriegsgeneration anfänglich schwer mit dem Film tat. Die Produktion erwies sich 1947 als Flop.[14] Erst im Laufe der Zeit offenbarten sich die Qualitäten des Films, insbesondere die Leichtigkeit der Inszenierung und der flotte, an den *Screwball Comedies* der 1930er Jahre orientierte Wortwitz. Obendrein wurde deutlicher, welche Vielfalt an interpretatorischen Ebenen Capras Werk zulässt und wie dieser Film in sein Gesamtschaffen eingeordnet werden kann. Hier soll in zwei Schritten eine Interpretation vorgelegt werden, die sich insbesondere dem religiössozialen Gehalt des Films zuwendet. Demnach hat Capra mit *It's a Wonderful Life* einen Wiederaufbaufilm gedreht, der sich primär des Gedankenguts der katholischen Gnaden- und Soziallehre seiner Zeit, wenngleich in einer typisch amerikanischen und mithin leicht modernisierten Variante, bedient, um in Anbetracht einer sorgenvollen Nachkriegszeit nicht nur leicht zu unterhalten, sondern gesamtgesellschaftlichen Sinn und damit Kohäsion zu vermitteln. Um diese Interpretation zu rechtfertigen, ist es notwendig, zunächst kurz auf Capras Leben einzugehen, da der Film seine soziale Thematik beständig mit Problemfeldern koppelt, die sich aus den ganz persönlichen Traumata des Regisseurs ergaben.[15]

2 Der Regisseur Frank Capra

Frank Capra wurde 1897 als Francesco Rosario Capra als Sohn einer armen, illiteraten sizilianischen Bauernfamilie geboren, die 1903 nach Kalifornien emigrierte. Dort löste Capra sich als Jugendlicher von der Familie und seinem angestammten katholischen Glauben, nachdem er zur Überzeugung gelangt war, reiche Menschen würden weder beten noch in die Kirche gehen. Er amerikanisierte seinen Namen in Frank Capra und wandte sich für einige Jahre vorbehaltlos dem amerikanischen Traum von Sozialaufstieg und Reichtum zu. Erst in den 1930er Jahren begann er, sich intensiver mit den Schattenseiten des liberalen, materialistischen Kapitalismus auseinanderzusetzen. Insbesondere in *Mr. Smith Goes to Washington* kritisierte er den zerstörerischen Einfluss sinisterer Mächte aus Wirtschaft und Medien auf die amerikanische Demokratie. Mindestens ebenso wichtig wie seine sozialpolitische Neuorientierung am progressiven New Deal waren aber schwere persönliche Krisen

---

13 Ebenda, ab 01:56:04.
14 Vgl. Thomas Klingenmaier, Ist das Leben nicht schön?, in: Andreas Friedrich (Hrsg.), Filmgenres. Fantasy- und Märchenfilm, Stuttgart 2003, S. 43–46, hier S. 46.
15 Vgl. Richard A. Blake, AfterImage. The Indelible Catholic Imagination of Six American Filmmakers. Scorsese, Hitchcock, Capra, Ford, Coppola, De Palma, Chicago 2000, S. 87–128, vgl. ferner Joseph McBride, Frank Capra. The Catastrophe of Success, New York 1992 und Ray Carney, American Vision. The Films of Frank Capra, Hanover 1996.

in den 1920er und 1930er Jahren, etwa das Scheitern seiner ersten Ehe, der Tod zweier Kinder und eine beinahe tödlich verlaufene Krankheit – eine verschleppte Blinddarmentzündung. Hinzu kamen schwere Depressionen mit Suizidgedanken, die auf Versagensängste als Regisseur zurückzuführen waren. Schon Capras persönliche Geschichte führte dazu, dass in seinen Filmen häufiger Selbstmordabsichten thematisiert wurden. Während seines langwierigen Krankenhausaufenthalts hatte er, so seine eigene Darstellung, eine Art Vision, den Besuch eines mysteriösen Mannes, der ihn aufforderte, seinem filmischen Schaffen eine optimistische Note zu verleihen. 1943 konvertierte seine zweite Ehefrau nach dem Tod des gemeinsamen Kindes zum Katholizismus, 1952 kehrte auch er, nach reiflicher Überlegung und langen inhaltlichen Auseinandersetzungen mit der Institution Kirche, zum Glauben seiner Väter zurück. Das Sinnangebot des rationalistischen, aus der Aufklärung stammenden Unitarismus und der neognostischen *Christian Science* mit ihrer individualistischen, selbstreferentiellen Selbsterlösung, denen er sich zeitweilig zugewandt hatte, hatte ihm in den eigenen Lebenskrisen keine tragfähige Antwort geboten. Wie alle optimistischen Anthropologien versagten sie in Anbetracht von Leiden und sinnlosem Sterben, sei es in der Familie, sei es im massenhaften Sterben im Zweiten Weltkrieg.

Der Schritt zurück in die katholische Kirche kam jedoch nicht völlig überraschend. Nach eigener Aussage hatte er in all den Jahren seiner Entfremdung von der von ihm als zu reich und prunkvoll wahrgenommenen Institution stets an Ostern und Weihnachten die heilige Messe besucht, um die von ihm als tröstlich erfahrene geheimnisvolle Gegenwart Christi im Sakrament zu erleben. In Krisenzeiten las er häufig Heiligengeschichten, gleichfalls um sich Trost zu verschaffen. Nicht zuletzt in seinen Filmen wurde beständig auf dieses katholische Erbe rekurriert, etwa wenn in *Mr. Smith Goes to Washington* mehrmals unmotiviert Nonnen durch die Gegend laufen. Robert Orsi hat in diesem Zusammenhang zu Recht darauf aufmerksam gemacht, dass Nonnen selbst unter antiklerikalen Italienern, ganz anders als Priester und Mönche, als Bestandteil der Familie wahrgenommen wurden und positiv konnotiert waren.[16] Deswegen konnten sie, nach der antikatholischen, vor allem gegen Nonnen gerichteten Hysterie in den USA des 19. Jahrhunderts,[17] nun problemlos als ikonische Stellvertreter des katholischen Glaubens fungieren, gerade in den Augen eines italienischen Regisseurs. Im ersten Teil von *Why We Fight* (*Prelude to War*, 1942) wurden neben den Juden vor allem deutsche und europäische Katholiken als Opfer des nationalsozialistischen Regimes porträtiert. In *Mr. Deeds Goes to Town* (1936) wurde der Hauptdarsteller Longfellow Deeds (Cary Grant) durch den Verweis

---

[16] Vgl. Robert Orsi, The Madonna of the 115th Street. Faith and Community in Italian Harlem, 1880–1950, New Haven 2002, S. 84 f.
[17] Vgl. dazu u. a. Nancy Lusignan Schultz, Fire & Roses. The Burning of the Charlestown Covenant, 1834, New York 2000.

auf den Opfertod Jesu Christi von Selbstmordgedanken abgebracht. Diese Reihe von Beispielen aus Capras Filmen ließe sich fortsetzen.

3 Eine katholische Heiligenlegende im modernen Amerika

Ausgehend von diesen biographischen Überlegungen lohnt es sich, einen genaueren Blick auf die religiöse Tiefenstruktur von *It's a Wonderful Life* zu werfen, die sich sowohl auf der individuellen wie auf der sozialen Ebene aufzeigen lässt. Der Film reflektiert im Grunde ein Heiligenleben. George Bailey lebt sein Leben, entgegen den eigenen Wünschen, Träumen und Erwartungen, in steter, opfervoller Hingabe, ja fast schon Entsagung, an seine Ideale und seine Mitmenschen. Er rettet mehrfach Menschenleben, teilweise unter eigener Lebensgefahr, er verzichtet auf Reichtum, Macht und Abenteuer, um am Schreibtisch der *Building and Loan* das Erbe seines Vaters fortzuführen. Dafür wird er mit einer glücklichen Ehe mit Mary, seiner am Typus der Jungfrau und Gottesmutter Maria orientierten Gattin, und vier wohl geratenen Kindern sowie hohem Ansehen in der kleinstädtischen Gemeinschaft belohnt. Anders als Bailey liebt seine Frau Bedford Park und sehnt sich in die Kleinstadt zurück, als sie zeitweilig in New York lebt.[18] In diesem Idyll ist der Großkapitalist Mr. Potter sein unermüdlicher, regelrecht teuflischer Gegenspieler, der ihn zweimal echten Verführungen aussetzt: einmal als er ihm, im Glauben, so *Building and Loan* endlich übernehmen zu können, ein Jahresgehalt von 20 000 Dollar anbietet, um damit weite Reisen unternehmen und seine Frau und die Kinder glücklich machen zu können,[19] ein anderes Mal, inmitten der schweren Krise, als er ihn auf seine Lebensversicherungspolice und die Möglichkeit des Suizids aufmerksam macht. Potter ist es zudem, der die existentielle, an Hiob gemahnende Lebenskrise von George überhaupt erst auslöst, indem er das von Onkel Billy verlorene Barvermögen der Bausparzgenossenschaft an sich nimmt.

In dem Moment, in dem sein Leben zerbricht, aber greift, wortwörtlich, der Himmel ein. George wird durch die Gnade Gottes in Gestalt eines leicht absonderlichen Engels gerettet, nicht im Sinne des protestantischen Fiduzialglaubens (also dem absoluten Vertrauen in die Gnade Gottes, denn George ist in diesem Moment vollkommen verzweifelt und will sogar seine komplette vorhergehende Existenz zur Gänze auslöschen) und nicht gemäß den Prinzipien des rationalistischen Universalismus oder einer neognostischen Selbstrechtfertigung, sondern nach Maßgabe der katholischen Gnadenlehre durch die *fides caritate formata*, das heißt dank seiner

---

18 *It's a Wonderful Life*, ab 40:35.
19 Ebenda, 01:03:20–01:06:07.

guten Werke. Man könnte noch einen Schritt weitergehen und die These aufstellen, Capra reflektiere hier die molinistische Version der damaligen neuscholastischen Gnadenlehre.[20] Denn durch die Einführung einer hypothetisch-kontrafaktischen Welt ganz ohne die guten Werke eines George Bailey bezieht er sich indirekt auf die *scientia media* Gottes, wonach Gott seine unfehlbar wirkende Gnade mit der Freiheit des Menschen dadurch kompatibel macht, dass Gott eben durch seine *scientia media* um alle möglichen hypothetischen und kontingenten Futurabilien, mithin auch alle denkbaren und realen Verdienste (*praevisa merita*) und Sünden (*praevisa demerita*) in sämtlichen hypothetischen Schöpfungs- und Gnadenordnungen weiß, ehe er die aktuelle Seinsordnung mit ihren je spezifischen Gnadenakten ins Leben ruft.[21] Das Eingreifen von Clarence Oddbody ist zumindest mit diesem Ansatz der zeitgenössischen Neuscholastik eher in Einklang zu bringen als mit dem damals dominanten Modell der streng thomistischen *praedeterminatio physica* mit ihren die menschliche Freiheit aufhebenden göttlichen Willensdekreten bei der Zuweisung aktueller Gnaden.[22]

In Capras Version bleibt George Bailey frei, insbesondere in dem Moment, als er Clarence das Leben rettet. Dies ist bedeutsam, weil er somit seine Suizidabsichten selbstlos aufgibt. Clarence weist ihn nachdrücklich darauf hin, Selbstmord sei nach den menschlichen und dem göttlichen Gesetz eine Sünde. Diese, unter dem Einfluss der Gnade in Gestalt des Engels erbrachte, freie Zurückweisung der Sünde und die Akzeptanz der drohenden Folgen des scheinbaren Bankrotts sowie die Rückwendung zur Familie beenden den an den alttestamentarischen Hiob gemahnenden Zustand Georges und führen zur gelungenen Reintegration in die Gemeinschaft von Familie und Freunden. Im typisch molinistischen *concursus simultaneus* von Gnade und Freiheit ist der Heilige final gerechtfertigt; Natur und Übernatur sind nach dem scholastischen Axiom *gratia supponit naturam, et non destruit* versöhnt, und George

---

20 Als bislang unübertroffenes Standardwerk zur katholischen Gnadenlehre und dem Verhältnis von Natur und Übernatur darf weiterhin Matthias J. Scheeben, Die Mysterien des Christentums, Freiburg i. Br. 1941, S. 505–540 gelten; ferner ders., Natur und Übernatur. Eine systematische Darlegung der natürlichen und übernatürlichen Lebensordnung des Menschen, Münster 1922. Die hier vertretene These hat bereits der molinistische Philosoph Thomas P. Flint, Divine Providence. The Molinist Account, Ithaca 1998, S. 80 f., angeregt, aber nicht im Detail ausgeführt.
21 Zur Gnadenlehre aus molinistischer Sicht vgl. u. a. Karl Premm, Katholische Glaubenskunde. Ein Lehrbuch der Dogmatik, Bd. IV, Wien 1953, S. 11–499, mit einer eingehenden Analyse der Gnade im Verhältnis zu den theologischen Tugenden von Glaube, Hoffnung und Liebe, die bei Capra allesamt auftauchen. Zudem einschlägig Joseph Pohle SJ/Joseph Gummersbach SJ, Lehrbuch der Dogmatik, Bd. II, Paderborn 1956, S. 490–855.
22 Der strenge Thomismus wurde vorrangig von Dominikanertheologen wie Réginald Garrigou-Lagrange OP, Predestination. The Meaning of Predestination in Scripture and Church, New York 1998, oder Gallus P. Manser OP, Das Wesen des Thomismus, Freiburg (Schweiz) 1949, vertreten. Vgl. auch die dogmatischen Ausführungen in Franz Diekamp/Klaudius Jüssen, Katholische Dogmatik, Wil (Schweiz) 2013, S. 664–803, und Johannes Brinktrine, Die Lehre von der Gnade, Paderborn 1957.

kehrt zurück in den Zustand opferbereiter, tugendhafter Pflichterfüllung in seiner kleinen, überschaubaren Welt.

Dreierlei ließe sich an dieser Stelle einwenden: Zum einen wäre es nicht auszuschließen, das kontrafaktische Zwischenspiel des Engels als Übung in pragmatisch-amerikanischem Utilitarismus zu interpretieren. Demnach wäre es das größte Glück der größten Zahl im Rahmen eines ethischen Kosten-Nutzen-Kalküls, das beim Eingreifen der Übernatur den Ausschlag geben würde. Ohne George wären viel mehr Menschen unglücklich als mit ihm. Der Vulkanier Mr. Spock aus *Star Trek* würde zweifellos so argumentieren und dies als der rationalistischen Weisheit letzten Schluss verkaufen. Aber genau darum geht es Capra hier nicht, sondern vielmehr und ausschließlich um die Bedingung der Möglichkeit, das Individuum George Bailey im Status der Rechtfertigung zu retten. Diese Rettung ist, wie noch zu zeigen ist, qualitativ-organisch mit dem Glück der Anderen verbunden, aber nicht quantitativ-ursächlich für Georges Rechtfertigung. Nicht die Zahl seiner guten Werke zählt, sondern ihre Intensität.

Zum anderen könnte man kritisch bemerken, George Bailey gebe im Laufe des Films komplett jede Form von Selbstverwirklichung auf. Dies träfe Capras Anliegen schon eher, weil er exakt, allerdings ins Positive gewendet, diesen Punkt unterschreiben würde. Ja, George Bailey verwirklicht sich nicht selbst, sondern er stellt sich vorbehaltlos in den Dienst der lokalen, personalen Gemeinschaft, nicht einer abstrakten Gesellschaft. Selbstverwirklichung, reiner Individualismus ist der Figur fremd. Man kann noch einen Schritt weitergehen. In einer Schlüsselszene bietet die attraktive Violet dem scheuen George ein Rendezvous an, ist dann aber vollkommen entsetzt als er, der große, aber verhinderte Entdecker mit ihr einfach nur die Natur in der näheren Umgebung erkunden will.[23] Der Verdacht drängt sich auf, dass George freiwillig in Bedford Park bleiben will, weil er es für richtig und gut hält. Das ändert nichts an seinen individuellen Träumen von der weiten Welt, denn immerhin wollen er und Mary kurz danach auf große Hochzeitsreise, ehe sie erneut alles Geld hergeben müssen, um eine Krise der Genossenschaft abzuwenden. Die Heiligenfigur verwirklicht sich im Tun des Guten, und dieses Tun des Guten folgt aus den Tugenden, insbesondere der Gerechtigkeit und der Freundschaft, die am Ende darüber entscheiden, ob ein Leben als Ganzes gelungen und glücklich ist oder eben nicht. Nicht die punktuelle Selbstverwirklichung des modernen Individualismus der nachaufgeklärten Epoche wird hier gefeiert, sondern die abendländische, personalistische Tradition von Sokrates, Platon, Aristoteles und Thomas von Aquin.[24] Dies wiederum lässt sich konsequent mit dem Tugendrepublikanismus der Gründerväter der

---

23 *It's a Wonderful Life*, ab 38:00.
24 In der gebotenen Gründlichkeit und Ausführlichkeit wird diese Tradition von Terence Irwin, The Development of Ethics. A Historical and Critical Study, 3 vols., New York 2014, dargestellt. Vgl. ebenfalls Frederick Copleston SJ, A History of Philosophy, 9 vols., New York 1994.

USA[25] kombinieren und somit in die amerikanische ideelle Tradition problemlos einschreiben, wenngleich in Abgrenzung von rein liberalen und strikt individualistischen Denkinhalten.

Drittens könnte man auf die Idee kommen, es handle sich um ein auf der deontologischen Pflichtethik Immanuel Kants basierendes Narrativ, zumal der Gedanke der Pflichterfüllung in fast jeder Szene zum Tragen kommt. Diese Interpretation würde indes übersehen, dass es Capra an keiner Stelle um die Pflicht geht, insofern sie reine Pflicht ist, sondern er vollkommen in Übereinstimmung mit der katholischen Tradition des Eudämonismus steht, das heißt dem Zusammenspiel von natürlichen Tugenden, übernatürlichen Gnaden und finaler Glückseligkeit.

Ein letzter Punkt auf der individualmoralischen Ebene: Im Gegensatz zu Charles Dickens' nicht minder klassischer Weihnachtsgeschichte „A Christmas Carol" von 1843 wird Mr. Potter, der Wiedergänger von Ebenezer Scrooge, nicht gerettet, allerdings, anders als es mit den Bösen im traditionellen Märchen der Fall ist, auch nicht bestraft. Er bleibt außerhalb der Sphäre des Guten. Gott rechtfertigt ihn nicht vorbehaltlos, und jede Strafe wird auf Gottes Prärogative beschränkt. Wir wissen einfach nicht, was aus Potter wird.

4 Personalität, Solidarität, Subsidiarität: Capras Entwurf für die Nachkriegsgesellschaft

So weit, so gut. Man kann demnach *It's a Wonderful Life* relativ problemlos als sentimental-kitschige, aber durchaus gehaltvolle katholische Analyse eines Heiligenlebens lesen, aber was sagt das über die Lösung der sozialen Reintegrationsprobleme der unmittelbaren Nachkriegszeit in den USA 1945/46 aus? Die Antwort auf diese Frage erfolgt in zwei Schritten, die beide wiederum genuin katholischen Denkweisen zugerechnet werden können. Für den ersten dieser Schritte muss nochmals auf die vom Engel Clarence kontrastiv inszenierte kontrafaktische Realität von Pottersville zurückgegriffen werden. Dort nämlich zeigt sich überdeutlich, wie sehr George Bailey im wahrsten Wortsinn die Seele von Bedford Park war. Ohne ihn und sein Handeln änderte sich sogar der Charakter der Einwohner, sowohl als Individuen wie als Gemeinschaft. Insofern fungierte er, in der aristotelisch-thomistischen Sprache der hylemorphistischen Neuscholastik, als *forma corporis*, als personale Seelenform eines lebendigen Gemeinschaftskörpers, der ohne sie geistig-geistlich absterben musste. Bailey verhielt sich zu Bedford Park wie die Seele zum Körper oder wie der Heilige Geist zur Kirche als mystischer Leib Christi. Gemeinschaften haben dem-

---

[25] Dazu ausführlich Michael Hochgeschwender, Die Amerikanische Revolution. Geburt einer Nation, 1763–1815, München 2016, S. 75–101.

nach ihren eigenen, organischen Zusammenhalt, sind mehr als die bloß äußerliche Addition ihrer individuellen Bestandteile. Dadurch kann überdies Capras Desinteresse an Potters Schicksal erklärt werden: Potter steht ausschließlich für die Negation der Gemeinschaft, er hat, ganz wie das Böse überhaupt, keine eigene tragfähige Substanz mehr. Das Böse in Gestalt der Gier und des Stolzes, zweier typischer Todsünden, die letztlich im *peccatum originale* wurzeln (das im Deutschen etwas unglücklich als Erbsünde bezeichnet wird und dadurch zu Unrecht sexuelle Konnotationen weckt, denn der Kern der Ursünde liegt im Stolz), hat ihn förmlich ins Nichts gestürzt.

Dieser Gedanke muss durch einen zweiten Schritt, eine zweite Überlegung ergänzt werden: Der katholische Personenbegriff, der hier zugrunde gelegt wird, basiert wesentlich auf der inhärenten Relationalität von Personen, die eben keine reinen, atomistischen Individuen (wie im aufgeklärten Liberalismus) sind, sondern – in Analogie zur substantiellen Relationalität der innertrinitarischen Hervorgänge und der schöpfungstheologisch geoffenbarten Ebenbildlichkeit des Menschen mit Gott – zwar akzidentiell, aber dennoch konstitutiv für die Personalität des Menschen. Der Mensch ist Beziehung und Kommunikation, er ist wesentlich gemeinschaftlich ausgerichtet. Die Gemeinschaft ist somit kein bloßes, additives Anhängsel an den Einzelmenschen, sondern Einzelmensch und Gemeinschaft konstituieren sich wechselseitig. Was über das Verhältnis von Personen ausgesagt werden kann, muss demnach auch für die Gemeinschaften gelten. Individualmoral und Gesellschaft sind eng miteinander gekoppelt, ohne dass indes die Person im Kollektiv aufgehen würde. Wenn man so will, ist jede Person zugleich das Ganze, weil nur in ihr das Ganze subsistiert. Anders gewendet: Der neuscholastische Molinismus nimmt dezidiert die Freiheitsdiskurse der neuzeitlichen Philosophie auf, die gerade in den USA konstitutiv für die nationale Identität geworden waren, und integriert sie in das katholische Denken, vernachlässigt darüber aber, im Gegensatz zur emphatisch voluntaristischen Freiheitradition des Liberalismus, nicht die in der personalen Vernunftnatur angelegte wesenhafte Soziabilität des Menschen. Dadurch wiederum wird er anschlussfähig für die gleichfalls in der amerikanischen Tradition präsenten kommunitären, also auf den Primat organischer Gemeinschaften ausgerichteten Strömungen.

Mit der Kategorie der Personalität ist eine zentrale Begrifflichkeit aus dem Bereich der katholischen Soziallehre eingeführt, die von Capra in diesem Film systematisch thematisiert und in einen gesamtgesellschaftlichen Kontext sowie in die amerikanische Tradition gestellt wird. In der Sozialenzyklika „Quadragesimo Anno" von Papst Pius XI. von 1931 und den sozialen Lehräußerungen von Pius XII. waren die Personalität, die Solidarität und die Subsidiarität als naturrechtliche,[26] vernunft-

---

[26] Zur katholischen, thomistischen Naturrechtstradition vgl. z. B. Rafael Hüntelmann, Grundkurs Philosophie VI. Natürliche Ethik, Neunkirchen 2017; Gallus P. Manser OP, Das Naturrecht in tho-

hafte und somit übersubjektive, zeit- und kulturunabhängige Fundamentalprinzipien der katholischen Soziallehre herausgestrichen worden. Im Rahmen einer personalistisch-kommunitaristischen Ordnung, deren Ziel das *bonum commune*, das Gemeinwohl, war, sollte soziale Gerechtigkeit als Unterform der aristotelischen distributiven (Verteilungs-)Gerechtigkeit verwirklicht werden.[27] Diese Idee war im Laufe des 19. und frühen 20. Jahrhunderts von Denkern wie Pater Luigi Taparelli d'Azeglio SJ, Pater Heinrich Pesch SJ und dem in den 1930er Jahren populären amerikanischen Geistlichen Msgr. John A. Ryan,[28] dem *Right Reverend New Dealer*, wie sein Spitzname lautete, entwickelt worden. Papst Leo XIII. hatte in seiner Enzyklika „Rerum Novarum" von 1891 diese Ansätze erstmals lehramtlich und autoritativ gebündelt, ehe sie dann von seinen Nachfolgern und einer Reihe Theologen aus dem Dominikaner- und Jesuitenorden noch vertieft wurden.

Capra greift, neben dem erkennbar zentralen Gemeinwohlgedanken, vor allem die Idee der Solidarität heraus und stellt sie, in Gestalt von George Bailey als Person und der *Building and Loan* als Institution, in den Mittelpunkt seiner sozialpolitischen Überlegungen. Wieder und wieder hebt er hervor, wie wichtig das genossenschaftliche, solidarische Miteinander im Ringen mit dem ausbeuterischen Kapitalismus von Potters Bank und seinen anderen Betrieben ist. Nur im Miteinander kann eine bessere Welt auf der Grundlage beispielsweise besseren, gesünderen und bezahlbaren Wohnens aufgebaut werden. Bailey Park, von *Building and Loan* im Laufe der Zeit als Alternative zu den verkommenen *tenement houses* Potters errichtet, entwickelt sich auf diese Weise zu einer modernen, hygienischen und attraktiven Suburb, genau zu dem Zeitpunkt, als in den realen USA mit Levittown an einer vergleichbaren kostengünstigen Siedlung gebaut wurde.[29] In der Vision Capras wirkt diese Form des Wohnens integrativ, denn dank ihrer werden Klassengegensätze ebenso überwunden wie ethnische Differenz. Eine Schlüsselszene des Films zeigt, wie eine italienische Großfamilie mit gewaltigem Getöse und sogar in Begleitung mehrerer Ziegen in den neuen Vorort umzieht.[30] Im alternativen Pottersville hingegen existieren weder diese Siedlung noch die italienische Familie.

---

mistischer Beleuchtung, Freiburg (Schweiz) 1944; Heinrich Rommen, Die ewige Wiederkehr des Naturrechts, München 1947.

[27] Grundlegend zur katholischen Soziallehre auf der Basis der lehramtlichen Aussagen: Franz Klöber, Grundriß der katholischen Soziallehre, Osnabrück 1972; Joseph Höffner, Christliche Gesellschaftslehre, Kevelaer 1962; Nikolaus Monzel, Katholische Soziallehre, 2 Bde., Köln 1965; Otto Schilling, Katholische Sozialethik, München 1929. Den gegenwärtigen Forschungsstand fasst Anton Rauscher (Hrsg.) in Verbindung mit Jörg Althammer/Wolfgang Bergsdorf/Otto Depenheuer, Handbuch der Katholischen Soziallehre, Berlin 2008, übersichtlich und kenntnisreich zusammen.

[28] Vgl. Gary Dorrien, Social Ethics in the Making. Interpreting an American Tradition, Malden 2009, S. 185–225.

[29] *It's a Wonderful Life*, ab 59:00.

[30] Ebenda, ab 58:15.

Während Klasse und ethnische Identität für den Italiener Capra bedeutsam waren, fehlen – abgesehen von der üblichen schwarzen Haushaltsperle Annie, die problemlos und vollständig in die Familie Bailey integriert ist – sämtliche Hinweise auf die amerikanischen Rassenkonflikte. An dieser Stelle ist ein Schwachpunkt in Capras sozialpolitscher Integrationsideologie nicht zu leugnen. Ein vergleichbarer blinder Fleck findet sich im Blick auf die Frauenrolle. Mary ist zwar, wie Georges Mutter, eine resolute, kluge, patente und selbstbewusste Gefährtin auf Georges Weg in die Heiligkeit, aber sie geht ganz und gar in der von ihr von Beginn an erstrebten Rolle als loyale Ehefrau und treusorgende Mutter auf. Im alternativen Pottersville weigert sich der Engel Clarence sogar zeitweilig, George über ihr „grausames" Schicksal Auskunft zu erteilen, das darin besteht, als alternde Jungfrau die städtische Bücherei zu verwalten.[31] Dies ist offenbar, zumindest in Capras Sicht, weit schlimmer als die Verbrechen und die Sittenlosigkeit von Pottersville. An dieser Stelle schlägt das viktorianische Frauenbild heftig durch. Dies wird noch deutlicher an Violet, die in Pottersville als alkoholisierte Prostituierte in den Fängen der Polizei endet. In der Realität von Bedford Park ist es ausschließlich George Baileys Charisma, das einer ständig von den Verlockungen einer ungezügelten Sexualität bedrohten Violet einen letzten Rest von Anstand gibt und sie dementsprechend davon abhält, abzugleiten. Zwar gelingt es Capra in der Gestalt von Violet, das klassische binäre Narrativ von Heiliger versus Hure aufzubrechen, aber eben nur dank der Anwesenheit des Heiligen in der Gemeinschaft. Gleichzeitig erfüllt George Marys Bestimmung als Frau und Mutter, der sie sich freiwillig unterwirft. Das völlige Fehlen der Rassenfrage und das Frauenbild des Films sprechen einerseits für den in der ersten Hälfte des 20. Jahrhunderts nicht untypischen konservativ-restaurativen Zug im katholischen Denken, lassen sich aber auch mit der Praxis des progressiven New Deal, zu dessen Anhänger Capra sich seit 1933 entwickelt hatte, vereinbaren.

Nicht minder *New Deal*-konform war der bereits aufgezeigte Solidarismus bei Capra. Er konnte sich zum Beispiel in eine Reihe mit unterschiedlichen *co-operative movements* in den USA stellen. Sowohl die frühen Gewerkschafter der *Knights of Labor* als auch die populistischen *Granger* und *Farmer Alliances* der 1870er bis 1890er Jahre sowie der New Deal hatten in den USA zahllose Kooperativen und Genossenschaften hervorgebracht, die alle ein gemeinsames Ziel hatten: den Markt vor Übergriffen der großkapitalistischen Monopole und Oligopole zu schützen, um kleine und mittlere Betriebe aller möglichen Sparten zu erhalten.[32] Damit war eine ökonomische Auffassung verbunden, die vorrangig in privatwirtschaftlichen Kategorien dachte, allerdings im Rahmen einer nicht ausschließlich auf Profitmaximierung angelegten *moral economy*, wie sie Thomas Jefferson und seinen Anhängern im 18.

---

31 Ebenda, ab 01:49:00.
32 Vgl. Richard White, The Republic for which It Stands. The United States during Reconstruction and the Gilded Age, 1865–1896, New York 2017, und Charles Postel, The Populist Vision, New York 2007.

und 19. Jahrhundert vorgeschwebt hatte. Demnach sollten die Märkte in einer Weise geordnet sein, die es Kleinproduzenten, Kleinhändlern und Kleinkonsumenten ermöglichte, in unmittelbarem Austausch Geschäfte auf Gegenseitigkeit, unter Wahrung der *iustitia distributiva*, zu tätigen.[33] Abstrakte, globale Märkte, Großbanken, Großbörsen und transnationale Unternehmen waren diesem lokalistischen Konzept fremd, was ihm, in Verbindung mit der ausgeprägten Betonung kleinstädtisch-ländlicher Lebensstile, einen romantisch-utopischen, stellenweise rückwärtsgewandten Zug verlieh. Seine Dynamik erhielt der *Jeffersonianism* aus seiner energischen Verteidigung der massendemokratischen Partizipationsansprüche des *common man*, des kleinen Mannes. Ihm – und nicht den *special interests* mächtiger und finanzstarker Eliten – galt entsprechend die Sorge um das *bonum commune*. Der populistische *Jeffersonianism* trat immer dann zutage, wenn ökonomische oder sozialtechnologische, akademische oder mediale Eliten sich zusammentaten, um Partizipation zugunsten vorgeblicher Sachzwänge einzuschränken und auf diese Weise perzipierte Defizite der Demokratie durch Technokratie zu lösen. Capra hat sich in all seinen Filmen seit den 1930er Jahren zum unnachgiebigen Verfechter dieses demokratischen Populismus gemacht, der mit den aktuellen Populismen von rechts und links nur den Namen gemeinsam hat.[34]

Die strukturelle Nähe zum Denken der katholischen Soziallehre war unverkennbar, wenn man zwei kritische Momente ausräumte. Zum einen musste der dem *Jeffersonianism* inhärente Rassismus überwunden werden, was Capra durch Nichtthematisierung der Rassenfrage nur auf fragwürdige Weise zu leisten vermochte. Zum anderen musste das Demokratiedefizit der katholischen Soziallehre, die insbesondere in den mediterranen und lateinamerikanischen Staaten (Spanien, Portugal, Brasilien), aber auch in Österreich mit dem „austrofaschistischen" Christlichen Ständestaat, gerne autoritäre Züge annahm, abgebaut werden. Dies war relativ leicht zu bewerkstelligen, da die päpstlichen Verlautbarungen seit Leo XIII. bewusst darauf verzichteten, ein bestimmtes Politikmodell zu bevorzugen, und Pius XII. in seiner Weihnachtsansprache von 1944 die Demokratie gelobt hatte. Überdies existierten mit der Zentrumspartei vor 1930 in Deutschland und den amerikanischen Katholiken in der Demokratischen Partei praktikable Vorbilder für eine derartige Korrektur.

Neben Personalität und Solidarität exerzierte Capra in seiner Weihnachtsgeschichte schließlich das Prinzip der Subsidiarität durch, das in den gegenwärtigen Diskussionen um das, was nach dem II. Vatikanischen Konzil von der katholischen Soziallehre übrig geblieben ist,[35] noch am bekanntesten sein dürfte. Die Subsidiari-

---

[33] Diese Traditionslinie schildert am besten John Ashworth, Slavery, Capitalism, and Politics in the Antebellum Republic, 2 vols., New York 1995 und 2007.
[34] Vgl. hierzu Thorsten Beigel/Georg Eckert (Hrsg.), Populismus. Varianten von Volksherrschaft in Geschichte und Gegenwart, Mainz 2017.
[35] Zum Niedergang der katholischen Soziallehre vgl. Edward P. DeBerri u. a. (Hrsg.), Catholic Social Teaching. Our Best Kept Secret, Maryknoll 2007, dessen Untertitel schon programmatisch ist. Vgl.

tät ist in *It's a Wonderful Life* gewiss weniger augenfällig vertreten als die beiden anderen Fundamentalprinzipen, aber bei genauerem Hinschauen ist sie doch sehr präsent. Es ist etwa auffällig, dass überlokalen Institutionen, weder dem Staat noch der Kirche, in der gesamten Geschichte nahezu keine Funktion zukommt. Anders als in anderen Capra-Filmen tauchen weder Nonnen noch Priester auf. Lediglich in einigen, freilich wichtigen, kurzen Szenen werden Staat und Kirche eingeführt, am Ende des Zweiten Weltkriegs. Der Sieg über das nationalsozialistische Deutschland wird in einer katholischen Kathedrale mit einer heiligen Messe gefeiert,[36] und Harry Bailey, Georges Bruder, wird vom – anonym bleibenden – Präsidenten mit der *Congressional Medal of Honor* ausgezeichnet. Harry jedoch verlässt die Feierlichkeiten, als er die Nachricht von der Notlage seines Bruders erhält. Der Primat des Lokalen als der Ebene, auf der Probleme zu lösen sind und auf der sie, in Solidarität, gelöst werden können, bleibt gewahrt. Darin steckt keine Abwertung des Nationalstaates, denn Patriotismus ist für alle beteiligten, Potter selbstredend ausgenommen, eine nicht zu hinterfragende Tugend. Aber niemand erwartet vom Staat Hilfe. Selbst in den Rückblenden zur Weltwirtschaftskrise wird der benevolent staatsinterventionistische New Deal nicht einmal erwähnt, was insofern eigentümlich ist, als sowohl Capra *New Dealer* war, als auch der Populismus der *Jeffersonians* und die katholische Soziallehre nicht prinzipiell gegen jedwede Form der Staatsintervention in sozialen Fragen eingestellt waren. Offenkundig wollte Capra in märchenhafter Form und deswegen überoptimistisch die Problemlösungskompetenz lokaler Gemeinschaften unter charismatischer personaler und tugendhafter Führung herausstreichen. Diese können, wenn man ihnen nur vertraut, so die Botschaft, mit allen Schwierigkeiten fertig werden. Man kann dies auch als Kritik einer im Fortgang des New Deal und dem Aufbau des nationalen Sicherheitsstaates immer mehr ausufernden bundesstaatlichen Bürokratie lesen, aber dafür fehlen im Film selbst die Anhaltspunkte. Das Thema stellt sich schlicht nicht. Und selbst in der Pottersville-Dystopie der alternativen Realität kommt der Bundesstaat nicht vor. Die Demokratie, so eine weitere Botschaft, wird von den Menschen vor Ort verteidigt. Sie können ihre Verantwortung keinesfalls auf übergeordnete Strukturen abwälzen.

5 Schluss: Frank Capras demokratisch-katholischer Progressivismus

1946 hielt das FBI in seiner wie üblich höchst intensiven Suche nach Kommunisten und Sozialisten, die meist am falschen Ort stattfand, Capras Film für kommunisti-

---

zudem André Habisch u. a. (Hrsg.), Tradition und Erneuerung der christlichen Sozialethik in Zeiten der Modernisierung, Freiburg i. Br. 2012.
36 *It's a Wonderful Life*, ab 01:09:43.

sche Propaganda, weil darin ein Kapitalist als Figuration des Bösen fungierte.[37] Das war grotesk, denn Capra stellte in *It's a Wonderful Life* nicht einmal im Ansatz Privateigentum oder Privatwirtschaft in Frage. *Building and Loan* etwa basiert auf marktwirtschaftlich-privatökonomischen Grundlagen, allerdings eingebettet in eine *bonum commune*-Teleologie. Der böse Großkapitalist hingegen zählte zum Standardrepertoire progressivistischer, sozialkritischer Narrative, spätestens seit den 1890er Jahren. Präsident Theodore Roosevelt hatte ihn ebenso kritisiert wie die Journalistin Ida Tarbell, wobei in der Regel John D. Rockefeller und andere Räuberbarone des *Gilded Age* im Fokus der Kritik standen. Auf filmischer Ebene hatte unter anderem John Ford – bezeichnenderweise ein bekennender irischer Katholik – diesen progressivistischen Topos, der der katholischen Soziallehre nicht fremd war, in *Stagecoach* (1939) aufgenommen. Der Westernklassiker mit dem unvermeidlichen John Wayne in der Hauptrolle malt vermittels einer zufällig in einer Postkutsche versammelten Gruppe von Menschen (überlebensunfähige, aber stolze Südstaatenaristokraten, ein frömmelnder Geschäftsreisender, der dynamische Held und eine ebenso dynamische, auf die Zukunft ausgerichtete Prostituierte, ein Sheriff und der Kutscher sowie eben der gierig-korrupte Banker) ein sozialkritisches Porträt der USA, das aber betont von seinen demokratisch-egalitären Elementen lebt. Am Ende setzt sich die Zukunft in Gestalt der beiden Außenseiter, des vorgeblich kriminellen Helden John Wayne und der Prostituierten Dallas, die seine Ehegattin wird, durch. Weder Ford noch Capra ging es um sozialistische Propaganda, sondern um die amerikanische, gleichermaßen kommunitäre wie individualistische und egalitäre Demokratie sowie ihre zukunftsgewandte Dynamik, die gleichermaßen gerade in den lokalistischen wie ländlichen Traditionen wurzelte.

Bei Capra liegt die gesellschaftliche Zukunft strukturell in den modernen Suburbs, in Bedford Park, das letztlich Levittown vorwegnimmt. Aber er betont, wie Ford, die Bedeutung der kommunitären Traditionen und fügt ihnen ein weltanschaulich kohärentes, komplexes Panorama von Ideen aus der katholischen Soziallehre und dem demokratisch-egalitären Populismus der *Jeffersonians* hinzu. Damit gelingt es ihm überdies, ein Konzept von Männlichkeit zu etablieren, das diese gerade nicht in der Krise sieht. Männlichkeit wäre demnach die tugendhafte und am Prinzip der Gerechtigkeit sowie der Freundschaft ausgerichtete Pflichterfüllung an dem Ort, an dem man steht. Nicht im Krieg, dem Abenteuer in der Ferne oder im Außerordentlichen bewährt sie sich, sondern im Büro, in der Familie, unter Freunden, in der sozialen Not der Gegenwart. Lange bevor in *Rebel Without a Cause* (1955) oder *The Man in the Grey Flanel Suit* (1956) die Krise suburbaner Männlichkeit beschworen wurde, aber auch lange bevor in der amerikanischen Soziologie der späten 1950er Jahre sowie in Filmen wie *The Graduate* (1967) oder *American Beauty*

---

37 Vgl. Will Chen, FBI Considered „It's a Wonderful Life" Communist Propaganda, in: Wise Bread, 24.12.2006.

(1999) die Kritik am Konformismus von Suburbia selbst schon zum Stereotyp gerann, nahm Capra all dies bereits vorweg. Selbst von Thornton Wilders Theaterstück „Our Town" aus dem Jahr 1938, dem es kritisch um die Belanglosigkeiten des Kleinstadtalltags ging, nahm der Regisseur etwas auf, ohne sich aber in der Kritik zu verlieren. Ganz im Gegenteil heroisiert er das Heldentum des Alltags (besonders deutlich in den Szenen zu Front und Heimatfront im Zweiten Weltkrieg,[38] wo beide Welten einander fast gleichgestellt werden) und bietet gesamtgesellschaftlich relevante Lösungen an. Diese mögen rührselig und rückwärtsgewandt erscheinen, sind es aber nur bedingt. Ein Großteil des süßlich-kitschigen Tons der Geschichte ist Genrekonventionen des Weihnachtsmärchens geschuldet. Der sachliche Gehalt freilich bleibt davon unberührt.

Insbesondere greift die These Thomas Klingenmeiers, Capra sei in seinem Film entweder ultrakonservativ oder zeichne alles nur unter dem Vorzeichen bitterer Ironie angesichts der Unmöglichkeit des Erzählten, deutlich zu kurz.[39] Die soziokulturellen und theologischen Inhalte von *It's a Wonderful Life* bleiben demgegenüber sogar für die Gegenwart anschlussfähig. Dies gilt für die molinistischen gnadentheologischen Aspekte, die angesichts des Schweigens heutiger Theologie zur Gnadenfrage, fast könnte man von Gnadenvergessenheit sprechen,[40] beziehungsweise der intellektuell schlichten Gleichsetzung von Gnade und Freiheit regelrecht erfrischend wirken.[41] Die Diskussion dieser Inhalte steht obendrein einer zwischen den 1930er und 1960er Jahren weit verbreiteten Haltung nahe, die den Katholizismus geistig, sozial, aber auch populärkulturell (in Spielfilmen von *Boys' Town*, 1938, bis zu *A Nun's Story*, 1961) als Gesprächspartner ernst nahm.[42] Vor allem aber trifft es auf die Kombination von katholischer Soziallehre mit genuin amerikanischem demokratischem Denken zu. Es ist bezeichnend, dass die Frage gerechter Wohnbedingungen für die Armen in den USA bis heute ungelöst ist, sich sogar dramatisch verschärft hat.[43] Dies trifft nicht minder auf die unter neoliberalen Diskursbedingungen weiterhin aktuelle Frage zu, wie die elitären *special interests* mit dem Recht der Mehrheit, der berühmten 99 Prozent, in Übereinstimmung zu bringen wären.

---

38 *It's a Wonderful Life*, 01:08:30–01:09:53.
39 Vgl. Klingenmeier, Ist das Leben nicht schön?, in: Friedrich (Hrsg.), Filmgenres.
40 Zu den aktuellen gnadentheologischen Diskussionen vgl. z. B. Ulli Roth, Gnadenlehre, Paderborn 2003.
41 Zum Wandel des Gnadenverständnisses im Umfeld des II. Vatikanischen Konzils vgl. Henri de Lubac SJ, Die Freiheit der Gnade, 2 Bde., Einsiedeln 2007.
42 Eine kritische Darstellung des intellektuellen Relevanzverlustes katholischen Denkens seit dem II. Vatikanischen Konzil bieten Robert Royal, A Deeper Vision. The Catholic Intellectual Tradition in the Twentieth Century, San Francisco 2015, sowie – deutlich polemischer – Ross Douthat, Bad Religion. How We Became a Nation of Heretics, New York 2012.
43 Vgl. dazu die Untersuchungen des Soziologen Matthew Desmond, Zwangsgeräumt. Armut und Profit in der Stadt, Berlin 2018. Dessen Lösungsvorschläge (S. 381–407) erinnern in bemerkenswerter Weise an George Baileys Ansätze.

Und schließlich bleibt es eine ungelöste Frage, wie sich Einzelperson und Strukturen in modernen (post-)industriellen Gesellschaften zueinander verhalten, gerade in Anbetracht neuerer biotechnologischer und kommunikationstechnischer Entwicklungen sowie der Herausforderungen von Transhumanismus, ethischem Relativismus oder Emotivismus und globalem Pluralismus. Man muss nicht sämtliche Lösungsvorschläge aus Capras Märchen akzeptieren, aber vor dem Hintergrund anhaltender Diskussionen um den gesellschaftlichen Zusammenhalt in den USA waren und bleiben sie von einer gewissen Aktualität. Insbesondere bieten sie eine Perspektive, die nicht von vornherein mit den dominanten Diskursen von Moderne und Postmoderne identisch ist – und gerade deswegen zu einer echten Pluralisierung des Denkens beitragen können.[44]

---

[44] Vgl. beispielsweise die Debatten um den Molinismus im zeitgenössischen evangelikalen Baptismus etwa bei Kirk R. MacGregor, Luis de Molina. The Life and Theology of the Founder of Middle Knowledge, Grand Rapids 2015, beziehungsweise in der analytischen Philosophie bei Eleonore Stump u. a. (Hrsg.), Göttliches Vorherwissen und menschliche Freiheit, Stuttgart 2015. In der analytischen Philosophie wird auch die thomistische Naturrechtstradition neu reflektiert, vgl. etwa Anthony J. Lisska, Aquinas's Theory of Natural Law. An Analytic Reconstruction, Oxford 1997, oder David S. Oderberg, Applied Ethics. A Non-Consequentialist Approach, Malden 2000.

Abkürzungen

AG	Aktiengesellschaft
BAFTA	British Film Academy Award
BArch	Bundesarchiv
BBC	British Broadcasting Corporation
CCD	Civil Censorship Detachment
CDU	Christlich-Demokratische Union
CIE	Civil Information and Education Section
CGCF	Coopérative générale du Cinéma français
CK	Central'nyj komitet (Zentralkomitee)
CLCF	Comité de Libération du Cinéma français
DBK	Deutsche Bischofskonferenz
DC	Democrazia Cristiana
DDR	Deutsche Demokratische Republik
DEFA	Deutsche Film-Aktiengesellschaft
DFF	Deutsches Filminstitut & Filmmuseum
DM	Deutsche Mark
DP	Displaced Person
EKD	Evangelische Kirche in Deutschland
ENIC	Ente Nazionale Industrie Cinematografiche
EUR	Esposizione Universale di Roma
EZA	Evangelisches Zentralarchiv
FBI	Federal Bureau of Investigation
FSK	Freiwillige Selbstkontrolle der Filmwirtschaft
FTP	Franc-Tireurs et Partisans
Gestapo	Geheime Staatspolizei
GHQ	General Headquarters
GI	Government Issue
GmbH	Gesellschaft mit beschränkter Haftung
Gulag	Glawnoje uprawlenije isprawitelno-trudowych lagerej i kolonij (Lagerhauptverwaltung)
HUAC	House Un-American Activities Committee
IHF	International Historic Films
INA	Institut national de l'audiovisuel
KPD	Kommunistische Partei Deutschlands
KZ	Konzentrationslager
MP	Member of Parliament
Msgr.	Monsignore
NATO	North Atlantic Treaty Organization
ndF	neue deutsche Filmgesellschaft
NDPD	National-Demokratische Partei Deutschlands

NHK	Nippon Hōsō Kyōkai (Japanische Rundfunkgesellschaft)
NKWD	Narodnyj kommissariat wnutrennich del (Volkskommissariat für innere Angelegenheiten)
NS	Nationalsozialismus
NSDAP	Nationalsozialistische Deutsche Arbeiterpartei
NWZ	Nordwest-Zeitung
OP	Ordo (fratrum) Praedicatorum (Dominikaner)
ORTF	Office de Radiodiffusion Télévision Française
PCF	Parti communiste français
PCI	Partito Comunista Italiano
PKW	Personenkraftwagen
PNF	Partito Nazionale Fascista
POW	Prisoner of War
PRI	Partito Repubblicano Italiano
PSI	Partito Socialista Italiano
PTBS	Posttraumatische Belastungsstörung
RAA	Recreation and Amusement Association
RDA	Rue des Archives
RSI	Repubblica Sociale Italiana
s/w	schwarz-weiß
SBZ	Sowjetische Besatzungszone
SCA	Service cinématographique de l'Armée
SCAP	Supreme Commander for the Allied Powers
SED	Sozialistische Einheitspartei Deutschlands
SJ	Societas Jesu (Jesuiten)
SMAD	Sowjetische Militäradministration in Deutschland
SNCF	Société nationale des chemins de fer français
SPD	Sozialdemokratische Partei Deutschlands
SS	Schutzstaffel
SSSR	Sojus Sowjetskich Sozialistitscheskich Respublik
STO	Service du Travail obligatoire
stv.	stellvertretend
UdSSR	Union der Sozialistischen Sowjetrepubliken
UfA	Universum Film AG
UK	United Kingdom
U.S./US	United States
USA	United States of America
VKP (b)	Vsesojuznaja Kommunističeskaja Partija (bol'ševikov) (Kommunistische Allunionspartei [der Bolschewisten])
WVD	Wehrmachts-Verkehrsdirektion
WW	World War

ZDF	Zweites Deutsches Fernsehen
ZK	Zentralkomitee

Die Autorinnen und Autoren dieses Bandes

Helmut Altrichter, Dr., Professor (em.) für Osteuropäische Geschichte an der Friedrich-Alexander-Universität Erlangen-Nürnberg; veröffentlichte u. a.: Russland 1989. Der Untergang des sowjetischen Imperiums, München 2009; Kleine Geschichte der Sowjetunion 1917–1991, München ⁴2013; Russland 1917. Ein Land auf der Suche nach sich selbst, Paderborn ²2017; Stalin. Der Herr des Terrors. Eine Biografie, München 2018.

Lilia Antipow, Dr. des., Leiterin des Sachgebiets Öffentlichkeits-, Medien- und Pressearbeit sowie der Bibliothek im Haus des Deutschen Ostens (HDO) München; veröffentlichte u. a.: als Hrsg. zusammen mit Jörn Petrick und Matthias Dornhuber: Glücksuchende? Conditio Judaica im sowjetischen Film, Würzburg 2011; Der lange Abschied von der Unmündigkeit. Aleksandr Tvardovskij (1911–1971), Stuttgart 2019 (in Vorbereitung).

Annemone Christians, Dr., wissenschaftliche Mitarbeiterin am Lehrstuhl für Neueste Geschichte an der Ludwig-Maximilians-Universität München; veröffentlichte u. a.: Amtsgewalt und Volksgesundheit. Das öffentliche Gesundheitswesen im nationalsozialistischen München, Göttingen 2013; Tinte und Blech. Eine Pilotstudie zu Fritz Beindorff (1860–1944) und den Günther Wagner Pelikan-Werken im Nationalsozialismus, Hannover 2018.

Jörg Echternkamp, Dr., Wissenschaftlicher Direktor am Zentrum für Militärgeschichte und Sozialwissenschaften der Bundeswehr und apl. Professor für Neuere und Neueste Geschichte an der Martin-Luther-Universität Halle-Wittenberg; veröffentlichte zuletzt: als Hrsg. zusammen mit Stephan Jaeger: Views of Violence. Representing the Second World War in German and European Museums and Memorials, New York/Oxford 2019; Das Dritte Reich. Diktatur, Volksgemeinschaft, Krieg, Berlin 2018.

Michael Hochgeschwender, Dr., Professor für Nordamerikanische Kulturgeschichte, Empirische Kulturforschung und Kulturanthropologie an der Ludwig-Maximilians-Universität München; veröffentlichte u. a.: Wahrheit, Einheit, Ordnung. Die Sklavenfrage und der amerikanische Katholizismus (1835–1870), Paderborn 2006; Die Amerikanische Revolution. Geburt einer Nation 1763–1815, München 2016.

Tobias Hof, Dr., Privatdozent für Neuere und Neueste Geschichte an der Ludwig-Maximilians-Universität München; veröffentlichte u. a.: Staat und Terrorismus in Italien 1969–1982, München 2011; From Extremism to Terrorism. The Far Right in

Italy and West Germany, in: Contemporary European History 27 (2018), H. 3, S. 412–431.

Hikari Hori, Associate Professor an der Faculty of Letters der Universität Toyo; veröffentlichte u. a.: Promiscuous Media: Film and Visual Culture in Imperial Japan, 1926–1945, Ithaca/London 2017; Gender and Sexuality: Feminist Film Scholarships: Dialogue and Diversification, in: The Japanese Cinema Book, London (in Vorbereitung).

Johannes Hürter, Dr., Leiter der Forschungsabteilung München des Instituts für Zeitgeschichte München–Berlin und apl. Professor für Neueste Geschichte an der Johannes Gutenberg-Universität Mainz; veröffentlichte u. a.: Wilhelm Groener. Reichswehrminister am Ende der Weimarer Republik (1928–1932), München 1993; Hitlers Heerführer. Die deutschen Oberbefehlshaber im Krieg gegen die Sowjetunion 1941/42, München 2006.

James Jones, PhD (University of Sussex, UK); veröffentlichte: ‚These Intimate Little Places': Cinema-Going and Public Emotion in Bolton, 1930–1954, Cultural and Social History, 2019, DOI: 10.1080/14780038.2019.1609801.

Andreas Kötzing, Dr., wissenschaftlicher Mitarbeiter am Hannah-Arendt-Institut für Totalitarismusforschung in Dresden und Lehrbeauftragter an der Universität Leipzig; veröffentlichte u. a.: Kultur- und Filmpolitik im Kalten Krieg. Die Filmfestivals von Leipzig und Oberhausen in gesamtdeutscher Perspektive, Göttingen 2013; als Hrsg.: Bilder der Allmacht. Die Staatssicherheit in Film und Fernsehen, Göttingen 2018.

Andrea Löw, Dr., stellvertretende Leiterin des Zentrums für Holocaust-Studien am Institut für Zeitgeschichte München–Berlin und Lehrbeauftragte der Universität Mannheim; veröffentlichte u. a.: Juden im Getto Litzmannstadt. Lebensbedingungen, Selbstwahrnehmung, Verhalten, Göttingen 2006; als Hrsg. zusammen mit Frank Bajohr: The Holocaust and European Societies. Social Processes and Social Dynamics, London 2016.

Daniel Mollenhauer, Dr., Lehrkraft für besondere Aufgaben am Historischen Seminar der Ludwig-Maximilians-Universität München; veröffentlichte u. a.: Auf der Suche nach der „wahren Republik". Die französischen „radicaux" in der frühen Dritten Republik (1870–1890), Bonn 1998; als Hrsg. zusammen mit Michael Einfalt u. a.: Konstrukte nationaler Identitäten: Deutschland, Frankreich und Großbritannien (19. und 20. Jahrhundert), Würzburg 2002.

Thomas Raithel, Dr., wissenschaftlicher Mitarbeiter am Institut für Zeitgeschichte München–Berlin und apl. Professor für Neuere und Neueste Geschichte an der Ludwig-Maximilians-Universität München; veröffentlichte u. a.: Das „Wunder" der inneren Einheit. Studien zur deutschen und französischen Öffentlichkeit bei Beginn des Ersten Weltkrieges, Bonn 1996; Das schwierige Spiel des Parlamentarismus. Deutscher Reichstag und französische Chambre des Députés in den Inflationskrisen der 1920er Jahre, München 2005.

Harald Salomon, Dr., wissenschaftlicher Leiter der Mori-Ōgai-Gedenkstätte der Humboldt-Universität zu Berlin; veröffentlichte u. a.: Views of the Dark Valley. Japanese Cinema and the Culture of Nationalism, 1937–1945, Wiesbaden 2011; als Hrsg. zusammen mit Michael Kinski und Eike Großmann: Kindheit in der japanischen Geschichte: Vorstellungen und Erfahrungen/Childhood in Japanese History: Concepts and Experiences, Wiesbaden 2016.

Benjamin Städter, Dr., OStR i. E. am Gymnasium St. Ursula, Dorsten und Lehrbeauftragter am Lehr- und Forschungsbereich „Didaktik der Gesellschaftswissenschaften" der RWTH Aachen University; veröffentlichte u. a.: Verwandelte Blicke. Eine Visual History von Kirche und Religion in der Bundesrepublik 1945–1980, Frankfurt a. M. 2011; als Hrsg. zusammen mit Christian Kuchler: Lernen für morgen aus den Blättern von gestern? Historische Tagespresse im Geschichtsunterricht, Göttingen 2016.

Olaf Stieglitz, Dr., Privatdozent am Historischen Institut/Abt. Nordamerikanische Geschichte an der Universität zu Köln; veröffentlichte u. a.: Undercover. Die Kultur der Denunziation in den USA. Frankfurt a. M./New York 2013; Die Komödie als Bewegungsstudie. Spielfilme und ihr Platz in der visuellen Welt des Sports in den 1920er Jahren, in: Jürgen Danyel, Gerhard Paul und Annette Vowinckel (Hrsg.), Arbeit am Bild. Visual History als Praxis, Göttingen 2017, S. 217–235.

Margit Szöllösi-Janze, Dr., Professorin für Zeitgeschichte an der Ludwig-Maximilians-Universität München; Gründerin und Leiterin der Medienstelle am Historischen Seminar, Leiterin mehrerer zeitgeschichtlicher Forschungsprojekte mit medien- bzw. filmhistorischem Schwerpunkt; veröffentlichte u. a.: „Aussuchen und abschießen!" Der Heimatfilm der fünfziger Jahre als historische Quelle, in: Geschichte in Wissenschaft und Unterricht 44 (1993), S. 308–321; In der Wettbewerbsspirale – Imagepolitik und Stadtgesellschaft im nationalsozialistischen München, in: Margit Szöllösi-Janze (Hrsg.), München im Nationalsozialismus. Imagepolitik der „Hauptstadt der Bewegung", Göttingen 2017, S. 7–27.

Personenregister

Abich, Hans 97, 99, 101, 104, 110, 107, 112, 295 f., 303
Adenauer, Konrad 112
Albers, Hans 100
Alekan, Henri 73, 82
Allport, Alan 131 f., 136, 138, 144
Alverdes, Paul 289, 294
Amidei, Sergio 231
Anderson, Joseph L. 53, 177 f.
Andrejew, Boris 284
Andrews, Dana 114, 117
Antonucci, Vittorio 231
Aoki, Hōh 146–148, 152
Aquin, Thomas von 315
Aristoteles 315
Armand, Louis 83
Atsuda, Yuji 151
Audry, Colette 73, 84
Auriol, Vincent 259

Báky, Josef von 100
Ballakso, Viktoria von 212
Balthoff, Alfred 33, 37
Barrot, Jean-Pierre 84
Barrymore, Lionel 309
Bartali, Gino 237, 246
Bartolini, Luigi 229, 231 f., 238
Bassetti, Remo 237
Baudrier, Yves 73
Bauer, Josef Martin 100
Bazin, André 83
Behn-Grund, Friedl 1, 39
Bellos, David 249, 251 f., 255–258, 263 f., 267
Bennett, Compton 8, 130
Beria, Lawrenti 284
Berliner, Alfred s. Balthoff, Alfred
Beyer, Hans-Joachim 210
Bildt, Paul 185, 193, 210, 212
Birgel, Willy 39, 43
Bluhm, Walter 185, 193
Blum, Léon 264
Bösch, Frank 27
Borage, Frank 172
Borchert, Ernst Wilhelm 1
Borchert, Hertha 97

Borchert, Wolfgang 8, 98, 101, 104–107, 110, 112 f.
Bordwell, David 154, 159, 163
Borsche, Dieter 289 f.
Box, Muriel 130
Box, Sydney 130
Boyce, Michael 133, 139, 144
Brackett, Charles 126
Brauchitsch, Walther von 285
Brauer, Charles s. Knetschke, Charles
Braun, Harald 3, 43, 109, 289, 292, 294–296, 298, 303–305
Brauner, Artur 48–50
Brecht, Bertolt 37, 209
Butschma, Amvrosi 275
Buzzell, Edward 171
Byrnes, James F. 264

Capra, Frank 10, 307, 308, 311–324
Cardoza, Anthony 247
Carell, Lianella 229, 231
Chaplin, Charlie 149, 249
Chatschaturjan, Aram 274, 283
Churchill, Winston 66, 119, 256, 270, 284 f.
Clarieux, Jean 73
Clément, René 7, 12, 73–78, 82–84, 88–94
Cohen, Lizabeth 119
Collins, Ray 120
Conde, David 55, 170
Coppi, Fausto 237 f.

D'Azeglio, Luigi Taparelli 318
Dechert, Antje 28
Decomble, Guy 250, 253
De Gasperi, Alcide 228, 231, 246
Deighton, Anne 142
Deltgen, René 289
DeMille, Cecil B. 293
Desagneaux, Jacques 73
De Sica, Vittorio 6, 9, 229–232, 235, 238–240, 242–247
Dickens, Charles 316
Diesel, Rudolf 189
Diki, Alexei 283
Di Salvatore, Maria 238
Donskoi, Mark 275

Dostojewski, Fjodor Michailowitsch 281
Dower, John W. 53, 179
Dudow, Slatan 9, 209–212, 214–216, 220 f., 224–226
Dürr, Susanne 89
Duggan, Christopher 227, 245
Du Maurier, Daphne 130
Dunajewski, Isaak 278

Ebert, Roger 251
Ehre, Ida 41 f.
Einegg, Erich 185
Eisenstein, Sergei 281 f.
Eisler, Hans 210

Fadejew, Alexander 277
Fehrenbach, Heide 29
Fellini, Federico 230
Ferro, Marc 3, 16 f., 20–22
Fiedler, Stefan 304
Fledelius, Karsten 18
Flint, Thomas P. 314
Florath, Alberth 97
Ford, John 322
Fowler, Edward 165
Francis, Martin 140
Franco, Francisco 246
Frankeur, Paul 250, 253
Freiberg, Freda 175
Friedhofer, Hugo 117
Friedrich, Ruth Andrea 197
Fujita, Susumu 52, 58

Gaillard, Pol 91
Gaulle, Charles de 4, 78–81, 90 f., 93, 255–258, 263, 268
Gebühr, Otto 188
Geertz, Clifford 23
Gelowani, Michail 285
Gerassimow, Sergei 277
Gerbeau, Roland 266
Gerhardt, Paul 298
Geschonneck, Erwin 110
Gilliat, Sidney 171
Goebbels, Joseph 36, 40, 101, 187–190
Goldwyn, Samuel 115
Gomikawa, Junpei 72
Goodrich, Frances 308
Gordon, Robert 238

Gosho, Shoichi 158
Gottschalk, Joachim 34–36
Gottschalk, Meta (geb. Wolff) 35 f.
Gottschalk, Michael 34 f.
Grahame, Gloria 309
Grant, Cary 312
Greenberg, David 15

Hackett, Albert 308
Halley, Ina 212
Hara, Setsuko 53, 58, 71, 169 f.
Harbich, Milo 191
Harlan, Veit 36, 45, 101, 193
Hartmann, Susan 134, 140
Haselbach, Gerhard 185
Hasumi, Shigehiko 163 f.
Hatoyama, Ichirō 56
Hayworth, Rita 234
Herlinghaus, Hermann 209
Hermann, Hugo 225
Hess, Werner 293, 296
Higashikuni, Naruhiko 65
Hindemith, Harry 185, 193, 210, 212
Hinds, Samuel S. 309
Hinkel, Hans 36
Hirohito 172
Hisaita, Eijirō 52, 54 f., 58
Hitchcock, Alfred 25, 238, 311
Hitler, Adolf 38, 40, 186, 189, 197, 284 f.
Hobson, Valerie 130, 139
Hofmannsthal, Hugo von 289
Holm, Claus 33
Holve, Dolores 212
Horn, Dieter 97
Horney, Brigitte 36
Howard, Leslie 171
Hughes, William 22
Hurwicz, Angelika 212

Ihering, Herbert 224
Iida, Chōk 146, 151 f.
Itami, Mansaku 66

Jacobsen, Wolfgang 189
Jakobson, August 276
Jancovich, Mark 17
Jarmusch, Jim 151
Jefferson, Thomas 319
John, Karl 97, 101

Johnson, Celia 133
Johnson, Nunally 128
Jones, Jennifer 128

Kaes, Anton 3, 22–24
Kästner, Erich 188
Käutner, Helmut 41f., 46, 101, 109
Kano, Ayako 180
Kant, Immanuel 316
Kantor, MacKinlay 114, 116
Karns, Todd 309
Kaurismäki, Aki 151
Kawamura, Reikichi 146, 152
Keaton, Buster 249
Keenan, Joseph B. 65
Keitel, Wilhelm 189
Kerr, Deborah 133
Kiaup, Georg 185
Kinoshita, Keisuke 55
Kitagawa, Fuyuhiko 178–180
Kiyomi, Imoto 158
Klingenmeier, Thomas 323
Klinger, Paul 34f.
Klöpfer, Eugen 35
Knef, Hildegard 1, 43
Knetschke, Charles 185, 194f.
Knopp, Guido 16
Kobayashi, Masaki 72
Koch, Anton 296
Kondō, Hidezō 66
Konishi, Shigenao 56
Kōno, Akitake 52
Konoe, Fumimaro 57
Korn, Karl 304
Kosinzew, Grigori 275, 281
Kowa, Viktor de 43
Kowaljowa, Marina 284
Kozloff, Sarah 117
Kracauer, Siegfried 3, 12, 19, 20, 37f.
Krahl, Hilde 97, 101, 110
Krien, Werner 185, 193
Kroll, Herbert 299
Kurosawa, Akira 6f., 10f., 52f., 55–58, 65, 67–72, 147, 151, 169, 171
Kusmina, Jelena 275
Kusuda, Kiyoshi 57

Lamprecht, Gerhard 9, 185–195, 197–208
Landguth, Inge 210

Lang, Fritz 101
Langhamer, Claire 137, 141
Langlois, Suzanne 73
Laurent, Tony 73
Lanzmann, Claude 93
Launder, Frank 171
Laval, Pierre 93
Le Chanois, Jean-Paul 81
Leibelt, Hans 185, 193
Lenin, Wladimir Iljitsch 278
Lennig, Walter 207
Leo XIII., Papst 318, 320
Lewis, C. S. 310
Liebeneiner, Wolfgang 8, 97, 101f., 104–107, 109f., 112f.
Lindeperg, Sylvie 73f., 90
Loebinger, Lotte 185, 193
Löhr, Hans Albrecht 206
Loy, Myrna 114, 117
Lubitsch, Ernst 149
Luft, Friedrich 207
Lukow, Leonid 10, 279

MacArthur, Douglas 54, 69
MacPhail, Angus 238
Maetzig, Kurt 7, 33, 36–38, 40, 45, 50f., 109, 192
Maggiorani, Lamberto 229, 231
Magni, Fioreno 237
Malle, Louis 93
Mamiya, Michio 158
Mandell, Daniel 117
Mann, Thomas 187
March, Fredric 114, 117, 127
Maria Stuart, Königin von Schottland 294
Marquet, Henri 250f.
Marx Brothers 249
Matsuzaki, Keiji 52
Mayo, Virginia 114, 117
McKechnie, James 130, 139
Medwedkin, Alexander 276
Meinecke, Friedrich 111
Meissner, Hans 35
Metz, Christian 14
Michel, André 82
Milland, Ray 126
Mimura, Hideko 156
Mitchell, Thomas 309

Mizoguchi, Kenji 6, 8, 10, 147, 167–169, 173–176, 178 f.
Mizukami, Reiko 160
Molotow, Wjatscheslaw Michailowitsch 282
Moltke, Johannes von 29
Monaco, James 14
Monnet, Jean 263
Montanelli, Indro 236
Moulin, Jean 78
Müller, Erika 97
Müller-Debus, Wilhelm 304
Mulvey, Laura 26
Murata, Chieko 148, 160
Mussolini, Benito 227, 240
Mussorgsky, Modest Petrowitsch 61

Nagata, Mitsuo 167, 174
Nakai, Asakazu 52, 68
Namer, Gérard 79
Natuski, Masako 158
Neale, Steve 128
Nielsen, Hans 289
Nosaka, Akiyuki 158
Nußbaum, Magdalena von 185

O'Donnell, Cathy 114, 117
Ōkochi, Denjirō 52, 58
Ophüls, Marcel 93
Orsi, Robert 312
Ōtsuka, Kano 71
Ozaki, Hotsumi 57 f., 170
Ozawa, Eitarō 146
Ozu, Yasujirō 6, 8, 10, 146–166, 170

Painlevé, Jean 81
Pawlenko, Pjotr 284
Peck, Gregory 128
Pédrono, Yves 258
Perinelli, Massimo 18, 22
Perwenzew, Iwan 283
Pesch, Heinrich 318
Pétain, Philippe 91, 93, 267 f.
Petrow, Wladimir 283
Pius XI., Papst 317
Pius XII., Papst 317, 320
Platon 315
Ponto, Erich 97, 110
Potter, Claire Bond 15
Prager, Willy 33 f., 37, 47

Peck, Gregory 128
Pudowkin, Wsewolod 281
Pyrjew, Iwan 277

Raeder, Erich 189
Rappaport, Herbert 276
Rasp, Fritz 185, 193, 206
Reddy, William 24
Redgrave, Michael 130, 136
Reed, Donna 308 f.
Reisch, Günter 190
Reynaud, Paul 256
Richie, Donald 53, 65, 178
Riederer, Günter 4, 17 f.
Riefenstahl, Leni 189
Rockefeller, John D. 322
Romano, Renee C. 15
Romm, Michail 274
Room, Abram 277
Roosevelt, Franklin Delano 66, 270, 284 f., 308
Roosevelt, Theodore 322
Rosenbaum, Jonathan 160–162, 164
Rossellini, Roberto 6, 198, 208, 230, 240, 243, 246 f.
Roth, Paul Edwin 210, 212
Rousso, Henry 79
Russel, Harold 114, 117
Ryan, John A. 318
Ryū, Chishū 146, 148, 151 f., 162

Saeki, Kiyoshi 171
Saitō, Ichirō 146
Saitō, Ryosuke 148
Saitschikow, Wassili 275
Sakamoto, Takeshi 146, 151
Sano, Shuji 148, 160
Sarnow, Hedda 185, 193
Satō, Tadao 58, 163
Sauvy, Alfred 263
Sawtschenko, Igor 283
Schaeffer, Pierre 264
Schaufuß, Hans 206
Schiller, Friedrich 33, 46
Schleif, Wolfgang 39
Schmitz, Sybille 39, 43
Schneider, Irmela 27
Schneider, Siegmar 210, 212
Schnurre, Wolfdietrich 2, 42
Schostakowitsch, Dmitri 275, 277, 284

Schtscherbina, Wladimir 282
Schweikart, Hans 33, 35 f.
Sekigawa, Hideo 56
Shandley, Robert R. 198
Sherwood, Robert E. 114, 116
Shibuya, Minoru 173
Shigehara, Hideo 150
Shimizu, Hiroshi 157 f.
Shunsako, Shimamura 158
Silverman, Kaja 124
Sokrates 315
Sorge, Richard 57, 170
Spicer, Andrew 144
Staiola, Enzo 229, 231
Stalin, Josef 9, 80, 270–272, 279–286
Staudte, Wolfgang 1, 105, 186, 191, 196, 206
Steppat, Ilse 33, 35, 41
Stewart, James 30, 308 f.
Stöhr, Willi 35
Sträßer, Carl 108
Summers, Julie 129 f., 138, 143
Swerling, Jo 308

Tadao, Ikeda 146, 151
Takahata, Isao 158
Takamori, Saigō 157
Takasugi, Sanae 167
Takigawa, Yukitoki 56–58, 170
Tamura, Taijirō 176
Tanaka, Kinuyo 148, 160, 167, 173 f.
Tarbell, Ida 322
Tati, Jacques 9, 12, 249–252, 257 f., 262–269
Tatischeff, Dimitri 250
Tatischeff, Sophie 251
Temple, Shirley 108
Thiele, Rolf 97, 99, 101, 110, 295 f.
Thiess, Frank 190
Tiomkin, Dimitri 308
Tjulpanow, Sergei 191
Togliatti, Palmiro 228
Tōjō, Hideki 56, 65
Trauberg, Leonid 275, 281
Travers, Henry 308, 310
Trenet, Charles 266
Trinkaus, Hans 185, 195
Truman, Harry 120

Tschaikowski, Peter 283
Tschiaureli, Michail 284
Tsumura, Hideo 71, 178–180
Tsunoda, Tomie 167, 174
Turek, Ludwig 210, 212, 225

Ullrich, Luise 289
Umberto II., König von Italien 227
Umgelter, Fritz 100
Utecht, Siegfried 185, 195

Vetter, Christoph 91
Viktor Emanuel III., König von Italien 227
Voelkner, Angelika 289

Wangel, Hedwig 97
Wayne, John 322
Weber, Alain 91
Weggel, Andreas 187
Wehner, Herbert 193
Weiser, Grethe 97, 110
Wenders, Wim 151
Wenkhaus, Rolf 206
Wheeler, René 250 f.
Wilder, Billy 101, 126, 188
Wilder, Thornton 323
Wilson, Sloan 128
Wirta, Nikolai 283
Wolf, Friedrich 276
Wright, Teresa 114, 117
Wyler, William 8, 114–118, 122
Wyman, Jane 126

Yamamoto, Kajirō 56, 58
Yoda, Yoshikata 167
York, Eugen 48 f.
Yoshikawa, Mitsuko 154
Yoshimoto, Mitsuhiro 68

Zampa, Luigi 230
Zanuck, Darryl F. 128
Zavattini, Cesare 229–232, 238
Zeller, Wolfgang 39
Zille, Heinrich 188, 193

www.ingramcontent.com/pod-product-compliance
Lightning Source LLC
Chambersburg PA
CBHW082034230426
43670CB00016B/2654